| 作者简介 |

张宏杰

广东潮汕人，知名作家，资深留学规划师。1993年—1999年在北京信息科技大学、清华大学求学并开始写作，从此步入文坛。至今已出版二十余部作品。其中，中篇小说《白与黑》被改编为电影《难以置信》；长篇小说《清华制造》被改编为电视剧《中国造》，并在中央电视台播出。

出版的留学系列作品有：《寄托的一代》《哈佛主义》《留学，我们一起去美国》等。

目前从事写作及留学咨询，专注美国名校申请。

留学美国全规划

张宏杰 | 著

Planning for Study in America

作家出版社

目录

序言　出国留学的意义是什么　　　　　　　　　　／001

第一章 >>> 为什么要出国留学

一、中国人的留学往事　　　　　　　　　／003
二、留学是重要的人生规划　　　　　　　／009
三、留学美国的理由　　　　　　　　　　／017

第二章 >>> 美国大学申请趋势

一、去美国读本科还是读研　　　　　　　／026
二、美英名校联申已成新趋势　　　　　　／031
三、留学迎来全面回暖　　　　　　　　　／034
四、留学申请是一次冒险的过程　　　　　／037

第三章 >>> 美国名校本科申请规划

一、美本录取形式及申请人评估　　　　　／044
二、申请需要的各种考试　　　　　　　　／051
三、美本怎么规划背景提升　　　　　　　／059
四、如何选择适合自己的大学　　　　　　／064
五、选专业要考虑兴趣与职业方向　　　　／069
六、美本申请需要什么材料　　　　　　　／073

七、申请文书写作　　　　　　　　　　/ 076

　　八、面试准备和定校　　　　　　　　　/ 083

第四章 >>> 美国名校本科转学规划

　　一、什么时候申请转学最合适　　　　　/ 089

　　二、本科转学需要准备什么　　　　　　/ 094

　　三、学分转换与换专业机会　　　　　　/ 098

第五章 >>> 美国研究生留学如何准备

　　一、国内考研与出国读研哪个更好　　　/ 102

　　二、在美国和英国之间做出选择　　　　/ 110

　　三、找留学机构或 DIY 申请　　　　　　/ 115

　　四、申请常识与前期准备　　　　　　　/ 123

　　五、美研申请流程及时间规划　　　　　/ 126

　　六、申请所需的标准化考试　　　　　　/ 130

　　七、如何准备申请材料　　　　　　　　/ 133

　　八、申请所需的各项费用　　　　　　　/ 135

第六章 >>> 综合评估与背景提升

　　一、"小虾"与"大牛"不一样的申请策略　/ 139

　　二、为什么要重视背景提升　　　　　　/ 142

　　三、如何提升申请竞争力　　　　　　　/ 145

第七章 >>> 精准选校与专业考虑

　　一、如何精准选校　　　　　　　　　　/ 151

　　二、选校的成功经验　　　　　　　　　/ 157

三、专业与学校排名哪个更重要　　　　　　　　/ 164
四、跨专业申请的难度有多大　　　　　　　　　/ 168

第八章 >>> 如何准备申请文书

一、简历（CV）的写作　　　　　　　　　　　　/ 172
二、个人陈述（PS）的写作　　　　　　　　　　/ 175
三、申请成功者写 PS 的经验　　　　　　　　　/ 177
四、美研申请短文（Essay）写作实例　　　　　/ 182
五、需要什么样的推荐信　　　　　　　　　　　/ 191

第九章 >>> 正式申请与 offer 选择

一、网上申请和邮寄材料　　　　　　　　　　　/ 199
二、大学成绩单如何做认证　　　　　　　　　　/ 203
三、套磁与面试　　　　　　　　　　　　　　　/ 208
四、申请结果　　　　　　　　　　　　　　　　/ 214
五、拿到美国名校 offer 的感想　　　　　　　　/ 219

第十章 >>> 美国留学费用与奖学金申请

一、美国大学高昂学费及生活费　　　　　　　　/ 232
二、美国大学奖学金种类　　　　　　　　　　　/ 236
三、申请硕士会有奖学金吗　　　　　　　　　　/ 240

第十一章 >>> 美国签证与赴美准备

一、美国签证流程及材料准备　　　　　　　　　/ 245
二、美国签证经历　　　　　　　　　　　　　　/ 250
三、办理出国手续及赴美准备清单　　　　　　　/ 259

第十二章 >>> 美国名校录取的文书 PS 实例

一、哈佛大学全奖录取的 PS / 265

二、斯坦福大学全奖录取的 PS / 273

三、麻省理工学院全奖录取的 PS / 279

四、耶鲁大学录取的 PS / 286

五、杜克大学商学院全奖录取的 PS / 292

六、哥大、宾大和密歇根大学录取的 PS / 298

第十三章 >>> 美国名校申请成功案例解析

一、留学哥伦比亚：渴望追求不平凡 / 306

二、留学哈佛：从迷茫到追求真理 / 313

三、留学普林斯顿：有一种奇迹般的感觉 / 322

四、留学耶鲁：过程比结果更重要 / 332

五、留学杜克商学院：大学挂科也能拿到全奖 / 344

六、留学斯坦福：一颗牛心永不灭 / 350

七、留学麻省理工：1% 的运气加上 99% 的实力 / 360

附录一　英国留学申请规划 / 368

附录二　加拿大留学申请规划 / 380

附录三　中国香港升学申请规划 / 391

后记　你想上比清华更好的大学吗 / 399

序 言
出国留学的意义是什么

一

自然界有一种现象：当一株植物单独生长时，显得矮小、单调，而跟众多同类植物一起生长时，则根深叶茂，生机盎然。

人们把植物界中这种相互影响、相互促进的现象，称为"共生效应"。人类群体中也存在"共生效应"，即人们在从事日常劳动、工作或学习的时候，会受到群体中成员的智慧、能力及以往的劳动成果的影响，在思维上会获得很大启发，能力水平会获得提高。这就是大家常说的：跟优秀的人在一起，会让你变得更加优秀。

英国"卡迪文实验室"是剑桥大学物理科学院的一个系，从1904年到1989年的85年间一共产生了29位诺贝尔奖获奖者，占剑桥大学获诺奖总数的三分之一，其科研效率之惊人，成果之丰硕，举世无双。它是"共生效应"一个杰出典型。

记得当年在清华的时候，我听到一位高年级的清华学生说，清华最厉害的地方是把全国最优秀的一批高中毕业生集合在一起学习，大家可以学习对方的长处。

美国国际教育学会（Institute of International Education，简称IIE）每年都会发布门户开放报告，该报告通过数据分析赴美留学的国际生以及美国学生赴外留学的具体情况，《2020年美国门户开放报告》显示，在 2019—2020 学年，在美国学习的国际生人数约 108 万，美国高校的国际学生人数连续 5 年超过 100 万，达到约 108 万人，占美国高等教育总人口的 5.5%。根据美国商务部的数据分析，2019 年国际学生为美国经济贡献了 410 亿美元。受到 2020 年全球疫情的影响，美国高校的国际学生人数整体略有下降，但报告显示，中国仍然是美国最大的国际学生来源国，中国学生赴美人数连续 16 年增加。在 2019—2020 学年期间，美国有超过 37.2 万名中国留学生，占美国所有国际学生总数的 34.6%，再次位居第一，这也是中国连续 11 年成为最大国际学生来源国。印度是美国第二大国际学生来源国，人数达到 19.3 万。

2022 年 11 月，美国国际教育协会发布最新一期的《2022 年美国门户开放报告》，该报告采集了美国约 2800 所大学的国际学生入学情况，基本能够全面反映在美留学生的实际情况。赴美留学国际生的情况究竟如何？近两年受疫情影响，在美留学生的数量变化尤为明显，在 2019—2020 学年，在美留学生数量出现 13 年来的首次下降，但降幅很低，仅为 1.8%；在 2020—2021 学年，在美留学生总数持续下降，缩减比例高达 15%；在 2021—2022 学年，美国的国际生人数为 948519 人（包含在读生和 OPT 阶段学生），跟上一学年的 914095 人相比，增加了 3.8%，人数小幅度回升，说明留美大环境在逐渐转好。另外，90% 的国际生来到了美国大学校园进行线下面授学习，而在上一学年，只有不到一半的学生选择线下授课。

在 2021—2022 学年，不同学历阶段的学生人数有增有减，研究生人数在上一学年出现 12% 的降幅后，今年强势反弹，猛涨 17%，达到 385097 人，超过了本科生人数，这也是近 10 年来研究生人数首次超过本科生人数。博士生人数达 135530 人，同比增加 2.1%。但在 2021—2022 学年，本科生总数依旧是下滑趋势，2022 年在美留学的国际本科生有 344532 人，比上一学年的情况好了不少，下降比例为 4.2%。

报告显示：在 2021—2022 学年，中国大陆学生赴美读本科学位的人数是 109492 人，占中国大陆赴美留学生总数的 37.7%，占比下降 12.8%。中国大陆学生赴美读研究生学位的人数是 123182 人，占中国大陆赴美留学生总数的 42.5%，占比上升 3.6%。可见在国内考研竞争越来越激烈的形势下，更多的人选择出国读研。

随着疫情的稳定，美国依旧是国际学生的留学首选国家。中国连续 13 年成为美国最大的留学生群体生源地，占在美留学生总数的 30.6%。排名第二的是印度，留美学生人数占国际学生总数的 21%，中国与印度在美留学生人数之和占据了美国国际学生总人数的一半以上，其次是韩国与加拿大。

从《2022 年美国门户开放报告》可以看出，赴美留学依然是很多中国学生的重要选择，随着疫情的稳定，赴美留学也在逐步回暖。目前，中国学生主要留学目的国是美国、澳大利亚、英国、加拿大和日本。

来自世界各地的留学生对美国经济产生了积极的影响，他们还为美国的科学技术研究做出了贡献，美国大使馆高级文化事务官员耿欣说："美国以其世界级的学院、大学和研究生课程，为接待来自世界各地的学生而感到自豪。我们很荣幸有这么多中国学生把美国作为其在中国境外教育的首选目的地，我们把中国学生在美国校园的存在视为对我们两个社会友谊的投资。因此，当中国学生来到美国学习，他们不仅丰富他们的教育和职业前景，也在加强我们两国间友谊的纽带。"

"今天的青年是明天的领袖，"负责教育和文化事务的美国助理国务部长安·斯托克说，"国际教育在美国和全世界新兴领导人之间建立牢固持久的关系，学生们带着新视角和全球性技能组合回到家乡，这将使他们能够建立更加繁荣稳定的社会。"

"学术和智力交流助推创新的步伐，并为下一代人当全球公民做准备，"美国国际教育学会的古德门博士说，"今天的学生将成为未来企业和政府领导人，他们的国际经验将让他们能够建立一个繁荣和更加和平的世界。"

在中国的大学校园里，很多人都梦想着要上世界名校，出国留学成了许多大学生毕业后的选择，一位北大女生在自己的博客上写道：

一个多世纪前就有后脑勺留着辫子的幼童跋涉重洋，而如今选择飞跃（飞跃一词来自水木清华 BBS 的飞跃重洋版，指出国留学）的也似乎都是最有远见卓识的国人，当然，并不清楚他们每个人的路是否好走，是否可以回到故乡。记得在未名 BBS 上曾注意到一个签名档："孩儿立志出湘关，学不成名誓不还。埋骨何须桑梓地，人生无处不青山。"很是震撼，道理却是相似的。最重要的，如《纯粹理性批判》中所提出的三个问题："我能够认识什么？我应该做什么？我可以希望什么？"想清楚了，飞与不飞都是一样的。

对于过去，飞跃意味着放弃国内选择的机会成本；

对于现在，飞跃意味着数年之后再数年的寒窗与孤独；

对于未来，飞跃则意味着巨大的不确定性——让人却步又让人迷恋的不确定性！

二

因为疫情的缘故，很多学生的留学规划都受到一定影响，但出乎意料的是，国际学生赴美留学申请依旧热度不减。赴美留学的趋势没有改变，中国仍然是美国最大生源地，赴美留学的中国学生人数连续增加，而且是逆势增长。全世界优秀的学生依然拥向美国，很好地实践了这个逻辑：哪里有优质的教育资源，学生就往哪里去。

美国国际教育学会总裁兼首席执行官 Allan E.Goodman 表示："在教育比以往任何时候都重要的时候，美国继续欢迎来自世界各地的国际学生。"业界人士预测未来留学趋势：随着疫情的逐渐缓解，中国家庭在留学考虑上最顾虑的两个因素已经向积极的方向改变，申请赴美国留学的人数必然回暖。

在世界暴发疫情的不利出国留学的形势下，还有那么多中国学生选择出国留学，除了因为美国、英国等西方国家的教育发达以外，还跟国内的大学教育现状有关。根据教育部统计数据，2021 年全国高考报名人数为 1078 万人，本科录取率为 41.63%。意思是大约有六成的考生上不了四年制的本科，他们只能上专科，或者复读。能够考上 211 和 985 大学的比例就更少，为了上一所好大学，很多中国学生只好把目光投向海外。

全国一共有 39 所 985 大学，985 工程大学也叫世界一流大学，1998 年 5 月 4 日，为了实现现代化，我国提出要建设若干所具有世界先进水平的一流大学。211 大学一共有 116 所，所有 985 大学也是 211 大学。211 大学是当年提出面向 21 世纪、重点建设 100 所左右的高等学校和一批重点学科的建设工程，是中国政府实施"科教兴国"战略的重大举措。中国高考的竞争太激烈，想上一所 985 或者 211 大学很难，但是，一个中国高中毕业生只要有一个 80 分的托福成绩就可以上一所美国前 100 名的大学。

上本科是这样，读研究生也一样竞争激烈，在国内要考一个 985 或 211 大学的硕士研究生很难，而去美国读个排名前 100 的大学的硕士研究生比较容易，去英国或者澳大利亚就更简单，只要付得起学费和生活费都很好办。

一位广州中山大学的男生申请到英国伦敦政治经济学院的硕士项目，他跟我说："我觉得出国留学比考研容易，有人说出国留学要考托福、GRE 很辛苦，可是考研也一样要考试呀，也很辛苦，而且，考研你只能报考一所大学和一个专业，但是出国留学你可以申请很多所大学和好几个专业，被录取的机会很大。还有，以我的条件想考上本校的研究生很难，但是我申请出国留学却能被世界名校录取，英国伦敦政治经济学院在世界排名前 50，而中山大学在世界排在两百多名了。"

一位被藤校哥伦比亚大学录取的中国人民大学女生跟我说："我的本科成绩一般，GPA（平均成绩点数，一般是 4 分制）只有 3.4，所以刚开始不敢申请美国排名前 10 的大学，最后想碰一碰运气申请了哥伦比亚大学，结果被录取了。其实申请美国名校并没有自己想象的那么难，我对大学生的忠告是要敢于申请世界名校。如果让我再申请一回，我要把美国前 10 名的大学都申请一遍！"

一位上海财经大学的大四女生，在本科毕业时被耶鲁大学录取，生物统计硕士项目，她班上还有同学被芝加哥大学录取，这样好的申请结果是他们系里以前没有的情况。

所以说，美国 TOP10 大学或者藤校不像以前那样只有清华、北大的学生才有资格申请得到，国内很多 985 或者 211 大学的学生都有机会，特别是申请硕士，比申请本科更容易申请到心仪的名校。

不管是去美国上本科还是读研究生，是我们这个年代的学生和家长都会考虑的问题，在条件允许的情况下，接受更好的大学教育是明智的选择，也是重要的人生规划。

一位北京大学经济学院大四女生跟我说："现在有一个留学的机会摆在我面前，我已经下定决心去美国留学，将来我可能会后悔；但是，如果放弃去美国留学的机会，将来我一定会后悔，所以我选择了可能会后悔的这条路去走。"这个女生后来去了华盛顿大学西雅图分校读硕士，当年高考她是省文科前 10 名。

为什么要选择去美国留学？每个人都会有自己的理由，但是，大家公认的是美国有很多超一流的好大学，美国大学的文凭是响当当的。在 2023 年 QS 世界大学排名前 100 的榜单上，美国占了 27 所，英国有 17 所，加拿大有 3 所，澳大利亚有 7 所，而中国大陆有 6 所（排名从高到低：北京大学、清华大学、复旦大学、浙江大学、上海交通大学和中国科学技术大学），中国香港有 5 所（排名从高到低：香港大学、香港中文大学、香港科技大学、香港城市大学和香港理工大学）。

有人会问：这个排名真的有用吗？当然很重要！举个例子，毕业找工作的时候，许多大企业的招聘会参考求职者毕业院校的世界排名，不少一线城市的人才引进会参考排名，比如最新上海公布的人才引进政策，宣布世界排名前 50 高校毕业的留学生，全职来沪工作即可落户；世界大学排名 51—100 名的留学生，全职来沪工作并缴纳社保满 6 个月即可落户。北京也一样有优待世界名校毕业的留学生落户的政策。只要是泰晤士（THE）、USNews、QS、软科，都是被认可的排名。

一位去哈佛大学攻读语言学博士的北大女生跟我说："我要出国留学肯定是去美国，因为美国大学的语言学研究是最棒的。我也考虑过去欧洲大学，但是欧洲大学的语言学还是没有美国大学好，所以我留学考虑的因素是：第一是自己喜欢的专业，第二是导师的水平，第三是大学的名次。"

一位去麻省理工学院攻读物理博士的清华男生跟我说："上大四的时候我有出国留学的想法，但不是很明确，在清华上硕士研究生才真正定下来要出国留学，因为在研究生阶段了解到我们国内研究生的教育现状，觉得跟国外大学相比还是有很大差距，所以我觉得自己继续搞物理研究的话必须出国深造。我的父母也希望我能够出国深造，我不觉得他们这个想法很俗套，而是很自然。我这么费劲申请留学，最大的原因是为了在我所从事的专业研究里有所成就，我现在要去的那个 MIT group 是全美第一，里面有一个诺贝尔奖获得者，还有两位院士。业内有一个流行说法：'出国后，首先是跟随大师，然后跟大师一起并肩前进，最后是超越大师。'为什么我们国家在 20 世纪二三十年代出国留学的那批人回来后都非常有成就？比如钱三强、周光召……很重要的一个原因是，他们去美国后跟随大师们搞研究，最后超越了那些大师。"

追求卓越，做最好的自己！很多申请到美国名校的学生到最后发出感慨：留学申请的过程比结果更重要！因为在准备留学的过程中不但发现了自我，还把自己的能力发挥到极致，让自己的人生达到一种从未有过的高度，这难道不也是一种人生的收获吗？

三

　　出国留学是人生的一个选择，但绝不是唯一的选择，也不一定是最佳的选择，这个因人而异。事业上的成功并不取决于你有没有出过国在世界名校拿过什么学位，而是在于你的能力、勤奋和机遇。但是，前人的经验告诉我们，出国留学可以增加你的学识，提高你的能力，开阔你的视野，对你想要的事业成功会有所帮助。

　　一位留学英国的中国学生这样说："个人认为留学带给我的最好的东西，不是在校园里学到了多少，而是在全新的社会里我的思想改变了多少，文化冲击还真的能冲点东西出来。比如，我不想乱花钱了。留学要花很多钱，我也很痛心，一直想着花了父母这么多钱实在不想再花了，所以就开始想着要去打工。这时候我感觉自己长大了一点，人生好像也过得有意义了一点。再比如，我开始思考未来了。我问身边的人为什么在学他们现在所学的？为什么在做他们现在所做的？在中国同胞那里得到的答案出奇地一致：不学赚不到钱啊。在其他国家的留学生那里得到的答案也是很出奇地一致：我喜欢现在做的事情啊。这个调查结果给我幼小的心灵造成了强大的冲击感，毅然决然地选择读研究生时转专业，做自己想做的事情。"

　　一位留学日本的中国学生这样说："我觉得经历了留学之后任何人都会在价值观上有所改变，比如说现在很在乎国外大学文凭在劳动市场上的价值，可当你到国外后可能会思考国外大学文凭真的能让自己幸福吗？许多留学生的生活十分独立，平时很孤独，因此关注的重点落在了如何取悦自己上，而不是别人如何看待自己。出国前，我曾幻想着在日本的名牌大学好好提升自身能力，参加各种IT类竞赛，将来进大企业工作，走向人生巅峰。如今我的理想是在河畔安静的地方开一间小咖啡店，自给自足之余，能拥有平静的每一天，在咖啡的香气里看看书敲个代码。可能这就叫被残酷的现实磨平了棱角，我不知道。我渐渐学会跟这种生活和平相处，跟自己争强好胜的性格妥协。有一次晚上去新宿办事，穿梭在人山人海的大街上，当我和无数人一起过马路时，不禁感慨：东大（东京大学）毕业怎样？哈佛毕业又怎样？在无数个这样的时刻，我们都只是大海里的一滴水，是浩瀚宇宙中的一粒尘埃。这个事实不会因为文凭不同而有所改变。找到自己真正想要的，并发现想要实现那些目标可能并不需要金贵的文凭作为铺垫，而是重在日常生活中去思考和行动，可能这是我留学最大的意义。"

一位准备留学的大学新生这么说："相信经历过高考的人都懂，一张试卷决定你去哪所学校，接受什么样的教育，我们不能说高考不好，我是觉得这样就把高考的决定性无限放大，而你自己的选择权会很小。我在大一的时候决定要出国，在考研跟留学之间选择了留学。在我看来，你走哪个方向远比你走得快慢要重要很多。留学不仅仅是为了获得一张国外大学文凭，留学会给你一个飞速成长的机会。"

留学到底有什么好处？也许每个人都会有不一样的体会，但是以下几点已经是一种共识：

第一，留学不同于高考和考研，不会因为一次考试就决定你的去留，你可以考很多次托福，你可以同时申请很多所国外大学，最后从中选择你想读的大学和专业；

第二，留学会让你结识更多优秀的人，也不是说不留学的人就不优秀，但是，在国外的学校你可以遇到大量非常优秀的来自世界各地的同学，包括清华、北大的学霸，跟这样优秀的人一起学习，你可以学到别人的长处；

第三，在国外陌生的环境，你没有办法不让自己迅速强大起来，这种独立生活跟生存的能力是你必须尽快学会的；

第四，你会考虑花费的金钱成本和时间成本是否值得，你要学会对自己的选择负责；

第五，就业的问题，在找工作时国外大学文凭是否有优势，这是在你准备留学之前就应该考虑好的。

如今，社会对海归、对留学的关注，似乎已经从出国留学最初的目的——个人深造、知识技能的增长，转变到付出的回报，所谓的回报，关注的是海归就业的薪资、工作岗位的好坏。一旦有海归的薪资低于国内一些普通大学毕业生的薪资水平，或者说是工作岗位比那些国内普通大学毕业的学生还差，这样的例子会被广泛地传播，会被无限放大，似乎这样的例子足以代表所有的留学生，其最终也会发酵成为一个判断出国留学是否有意义的例子。比如说，有一个学生去美国念了四年本科回来后，一个月只有6000元工资（毕业于美国排名100以外大学），需要工作多少年才能把留学花掉的200万元挣回来？按一年8万元工资计算，需要工作25年才能赚回来。最后得出的结论是，留学得不偿失，非常划不来。用这种推论来证明留学没有意义是片面的，甚至是错误的。再说了，一个毕业生刚工作月薪是6000元，不可能工作5年后还是6000元呀！不能仅仅用收入来衡量留学的价值，因为还有别的回报，比如在留学中可能收获了爱情和友谊，有的学生在国外留学几年后变得独立，更加有责任心……这些都不是能用金钱来衡量的。

对于留学的收获，有一位中国留学生这样总结说："很多人问我出国几年到底学到了什么，收获了什么？我告诉你们，最重要的不是英语水平的提高，不是拿到毕业文凭，对我而言就是两样东西：一是获得了一种把我放到任何国家、任何陌生的地方而我都能生存下去的能力，还有就是一种名车豪宅也动摇不了我愿意每天坐公交车去追求简单梦想的平淡心态。而我认为这两样东西足以让我受益终身。"

我认识一个从英国留学回来的男生，他在英国读完本科后又念了一个传媒硕士，学校不是很有名气，本科念的是英国排名90多的大学，硕士念的是英国排名30多的大学，回国后先在北京一家传媒公司当英语主持人，工资只有8000多元，根本就不够在北京的开销，每个月还要跟父母要生活费。一年后他到深圳一家有编制的广电集团上班，一个月的工资只有6000元，但是，他利用自己是电视台双语主持人的身份在外面接活，主持一场活动的收入是5000—10000元，每个月收入好几万元，电视台的那点工资不值一提！他说，他在英国留学的那几年，让自己能说一口非常流利的英语，如果不出国留学，那么他现在不可能有这么高的收入，也不可能有一定的社会地位。当年他的高考分数是二本线，他在国内上了两年大学后去英国继续读本科。

其实，关注薪资、关注工作岗位本身并没有错，因为身处社会，要生存，要活得更好，收入确实很重要，但是，大家对海归的关注点不能只是薪资和其工作的好坏这样的结果，而忽略了其最基本的个人实力或技能。

有人想出国留学，但是有所顾虑，担心结果与自己的预期不符。如果大家都说出国留学好，那你就一定会出国留学吗？如果大家都说现在出国留学的意义不大，那你就一定不会出国留学吗？留学的意义不仅仅取决于留学后的待遇和回报程度，关键在于你留学的初衷是什么。

往往只看到别人的结果，却忽视了自己的初衷，别人所谓的好的结果，所谓的有意义，放在你自己身上不一定是那么回事。如果是这样的话，留学还没有开始，你就已经输了，因为你已经误认为别人的终点就是你的终点。

做一件事谁也无法保证结果如何，没人能在这个时候保证你一路平坦波澜不惊，更不要期待一个万无一失、一步到位的选择，也不能够保证你鱼和熊掌兼得，人这一生谁不是一路跌跌跄跄走过来的呢？

其实那些认为留学有意义的人，都是目标明确的人，他们很清楚自己想要什么，也知道留学能带给自己什么，并且最终留学也确实带给他们很多东西。

至少有一点是可以肯定的，如果决定留学的话，最好能读一所名校，比如美国 TOP50 大学（次之 TOP80 大学），或者世界排名 TOP100 大学，有一流的师资，有优越的学习环境，特别重要的是，可以跟一群来自世界各地优秀的人在一起学习。环境会影响和改变一个人，因为人是有社会属性的，跟优秀的人在一起，欣赏别人的优点，激励自己去努力。

国内大学经过多年的扩招后,大学生的含金量远远不如我们父辈时期,但是,你会因为大学生数量庞大而不读大学了吗?留学生的数量也是越来越多,其实和留学的意义没有多大关系。出国留学是一种体验,也是一种选择。留学的意义不只是学历和就业,还有体验不同的文化和风情,学习不同的思维模式,跟志同道合的伙伴发掘新的爱好……体验与收获,那才是留学的意义!

四

十多年来,我一直在做留学咨询,帮助学生申请出国留学,同时写了很多本关于留学的书,经常收到读者的来信,有咨询留学的,也有表达心声的。

一位浙江的大一新生给我写信说:"有一段时间我真的很麻木,也许很多大一学生都有这样的问题,但我是幸运的,因为就在那时我发现了你写的书《哈佛主义》(作家出版社出版),看到了北大、清华那群人的目标、理想、奋斗历程……发现自己真的好渺小,原来自己忧虑的事情简直就是沧海一粟,不值一提,于是振奋精神开始了全新的生活。"

一位广州华南师范大学的大三女生来信说:"这几天我正在看你的一本书《哈佛主义》,看了之后我很激动,很受鼓舞,所以突然间很冲动地想给你写封邮件。你说写这本书的目的就是想唤醒中国年青一代的精英意识,我想在这点上你做到了,起码对于我这样一个正在读大三的学生来说有很大的震撼。你说这本书里的每个主人公的故事都让你心灵激荡,同样地,他们的故事也感染着我,我现在已经上大三了,自从上大三后我一直很迷茫,在理想与现实之间一直摇摆不定,我想很多年轻人刚进大学时都有满腔热情,都有梦想,但到了大三大四恐怕就越来越少有梦想,大家都不得不面对现实。我也遇到这种问题,但我心灵深处一直有一个梦想,我不想轻易放弃。虽然有一段时间我几乎把它给遗忘,但是当我看了你这本书后我又把它找了回来,所以我很感激你,你让我又找回了我的梦想,并通过你书中的那些鼓舞人心的故事给了我寻找梦想的勇气。谢谢你!"

一位安徽的大学生来信说:"在图书馆无意间晃悠,在一排排书架里徘徊,偶然间看到你的大作《哈佛主义》,我当时毫不犹豫就借了这本书,可能最初是'哈佛'的字眼强烈吸引了我。在看完这本书后,我更多的是激动!似乎在看到他们的成功时,我那个美丽的梦想也复苏了……"

一位女大学生来信说:"看了你的书,我真的好激动好激动!有好多话想对你说,可是又不知说什么……你的书《哈佛主义》对我的影响很大!我突然觉得我活得很没有意思,真的!我小时候的梦想就是想做精英,可是现在离我的梦想很远很远了……我现在只是一名专科生,毫无激情地活着……看了你的书后,我原本如死水般的心海被激起了惊涛骇浪,再也不能平静!我不知道我还有没有机会去实现我的梦想,但我起码知道自己再也不能这样活下去,人是应该有一点追求的,对吧?我曾经好长时间迷失了自己,是你敲响了我的警钟,让我找回了自己。谢谢你,宏杰大哥!我想以后我不会再是这个样子,如果我早一些看到你的书,我现在就不会是这个样子,可是我认识你好晚啊,但我还是认识你了!谢谢你!我不知道我以后会不会成功,但我会努力的!"

一位西安的大一女生来信说:"亲爱的朋友,您好!刚刚看完您的《哈佛主义》,觉得里面的人都太优秀了,属于那种精英类型,觉得和他们相比我们都应该去跳楼。我是一名大一新生,说实在的,很迷茫,突然有了那么大把时间,有点不知所措。以前是天天围着高考转,结果转进了一所重点大学,可是进来后就没有目标了,找不到自己的方向和定位,不知道自己该做什么,而且还有一点自卑,觉得有那么多人都比我优秀,自己实在是太渺小了。半年时间很快就要过去,审视一下自己,觉得很心痛,浪费了很多时间,几乎是没做成什么事。

过年回家想了很多，想我的大学要学些什么，做些什么？要不要谈恋爱？怎么让自己很快乐……很多，很多。当我一个人站在机场大厅时，我就想：如果我乘坐的这一班飞机是飞往海外的，那我会是什么心情？之后就很难过了……"

迷茫与困惑向来伴随着年轻人的成长，也是青春不变的主题曲，一部分年轻人走上了留学这条路，去追求自己的理想，实现自我价值。

在做留学咨询的时候，我经常跟学生和家长说："千万不要输在时间上！最后没有被美国名校录取，往往不是因为你不够努力，或者不够聪明，而是因为你准备得太晚了，没有足够的时间去准备留学考试，没有足够的时间去做背景提升来提高申请竞争力，最后是输给了时间。"所以，出国留学要早规划，早准备！

对于一个人的人生规划来说，30岁之前是完成学历教育的阶段，30岁到40岁是积累财富的阶段，40岁到50岁是谋取社会地位和名望的阶段。所以在30岁之前就要好好求学，去学习知识，让自己变得更加有智慧。那些在30岁之前成为千万富翁的人一般是有特殊原因的，用不着去羡慕。人生需要计划，30岁之前应该尽可能去接受最好的教育。

不管你是否选择出国留学，有一条叫"出国留学"的路摆在那里。就像登山一样，山就在那里，你可以忽视它，但是总会有人去登。

留学可以改变一个人的命运，尤其是上一所世界名校。从准备托福考试到美国名校录取，至少要花两年时间，如果两年时间的辛苦付出能够换来未来20年的人生坦途和辉煌，那么这两年的付出是非常值得的。

一位去哈佛大学念博士的女生在赴美前跟我说："谁都想成为最优秀的人，如果到最后我没有实现这个目标的话，我也不会为此而消沉，或者失去生活的勇气，因为你选择走这条路，就注定看不到另一条路的风景。不管什么原因，我走上留学这条路了，我相信在这条路上会看到很美的风景，而我要想清楚的是，自己要以什么样的心态来欣赏这些风景。"

如果决定了留学，就要把留学的意义最大化！要么珍惜国外的人脉与机会，无论将来是回国还是留在国外，都能把一纸文凭变成属于自己的不可替代的能力；要么珍惜世界名校的资源，去学习在国内学不到的东西，站在巨人的肩膀上为人类科研事业增添一个点；要么珍惜他国的文化社会环境，摒弃过去的思维模式，以开放的心态让自己在文化冲击与交融中成长为更加完整的人……

有的人还在犹豫要不要出国留学，质疑自己是否有能力申请到世界名校，质疑自己是否能适应国外的生活和学习环境……其实，路都是自己走出来的，既然前面有那么多人选择了留学这条路，至少说明这条路是不错的选择。

留学的意义在哪里？一种是看得见的意义，如果能上一所名校，大概率能让你找到一份收入丰厚的工作，买房买车，甚至实现一个阶层的逆袭，也就是让你获得世俗意义上的成功；另一种是看不见的意义，它能够在无形中影响你看待问题的角度、解决问题的方式，甚至影响到你的人生观、世界观和价值观的形成，或许会影响你的一生。

几千年来的中国科举考试和"学而优则仕"传统，仿佛让"知识"和"权力"画上了等号，"学历"象征着"优秀"，在很多家长的心目中，认为学位比教育经历本身更重要，博士一定比硕士强，本科生的学历肯定不够用，不读个硕士不算有出息。一位当年以省高考状元考进北京大学法学院的女生临毕业时跟我诉苦说："我妈妈一直反对我本科毕业就出来工作，她希望我至少要在北京大学读个硕士，或者出国留学读个硕士。我妈妈单位的很多同事经常有意无意地问她，你女儿在北大毕业后干吗？有没有出国留学？我妈妈就很痛苦，好像我没有出国留学就没有出息一样，毕竟当年我是省高考状元啊。现在本科毕业了，我决定要找工作，我有我的人生选择。"

在选择留学美国之前，有多少人真正了解过美国的高等教育呢？其实，美国的大学跟市场紧密相连，商学院、法学院、医学院是以求职为导向的学院，学术类硕士和博士属于学术圈。其实，博士生、硕士生不代表比本科生更聪明，读什么学位是个人的选择，想做学术就选择一直读到博士去，那是很少一部分人的选择而已，不见得一个博士生将来的社会地位就比本科生高。以前经常听到清华、北大的学生为了拿到奖学金不得不申请博士，有些人在美国大学读了两年拿到硕士学位就走人了，实在读不下去。

出国留学是件好事情，但是在作决定之前，如果能对国外的高等教育，尤其是本科之后的研究生教育多一点了解，知道自己想要什么，也知道可能会获得什么；对名校情结多一点平常心，对人生除了一个接一个的标签之外还有一点其他追求，那么"留学"这件事会变得更美好。

一个人想追求卓越与成功，必须经历三个阶段：首先是认识自我，然后实现自我价值，最后超越自我。出国留学是实现人生理想的一个途径，不管出国不出国，都不要后悔自己的选择，相信一句话："你做的所有选择都有意义！"

有时候我在想，当一个留学规划师的意义又在哪里呢？以自己丰富的经验，帮助那些站在人生十字路口的少年或年轻人找到未来方向，帮助他们更好地规划自己的升学生涯，这将影响到他们未来的人生发展，意义和价值可想而知。

从事留学咨询十几年来，我帮助过几百位中国学生走进哈佛、耶鲁、斯坦福等美国顶尖大学的校门，见过太多充满焦虑甚至是无助的家长和学生。

我一直想写一本对想去美国留学的人们有实质帮助的留学指南书，告诉他们怎么去作留学规划，去申请学校……最终拿到梦想大学的 offer！于是，我付出极大的努力和心血写成此书——《留学美国全规划》。想考托福的人们都会买一本俞敏洪的红宝书，我希望准备留学的人们也会像看红宝书一样看一看这本《留学美国全规划》，托福考高分很重要，但是，懂得怎么进行留学规划和留学申请更加重要！

对书中拿到 offer 的申请人来说，已经实现了飞跃梦想，在他们的身后，又有一批年轻人追赶着他们的脚步……追赶者需要借鉴前人的成功经验，还需要前进的动力，也许这本书还可以给他们带来追求梦想的力量。

这本书用大量的留学申请成功案例进行分析，总结了行之有效的申请攻略，指导人们怎么做留学规划。这是一本告诉人们如何申请到美国名校的留学指南书，也是一部催人奋斗的青春励志书。

出国留学对于每个人的意义各有不同，终究没人能给出一个标准答案。当你真正踏出国门，体验另一个国度的生活、环境和人文，你会发现你所收获的远比你想得到的多。那些留学过的前人告诉我们：留学是一段任何时候回忆起来都将会给你无限鼓舞的人生经历，那些你从未经历过的事情你都做到了，未来人生有再多的困难你也一定可以面对。

百度创始人李彦宏曾经回忆说："20年，弹指一挥间。在美国留学、工作的这段时光对我而言意味着广泛的资讯、丰富的经历和更为开阔的视野，这一切练就了我独立思考的能力和判断力，改变了我很多思维方式。"留学经历重塑了李彦宏，也改变了他的人生轨迹，他在《留学改变我的世界》一文中写道："正如25年前的那个圣诞，我背着行囊来到美利坚一样。那一瞬间，我记起胡适先生在1917年留学归国后首次演讲中曾引用过《荷马史诗》中的那句话：'You shall see the difference now that we are back again.'（中文意思：如今我们回来了，你们看便不同了。胡适在那次演讲中把这句话作为少年中国精神的总结。）是的，未来的世界将变得不同，我们让自己变得不同了！"

一位去美国攻读博士学位的北大女生曾经跟我说："你在国内接受了这么好的高等教育，你有这样的出国留学机会，你不去争，那么就是你自己傻，或者懦弱了。"

如果你选择了留学这条路，那么就勇敢地往前走吧，当你学成回来时，你将从此与众不同！

张宏杰

2023年5月

第一章

为什么要出国留学

当年，水木清华BBS有个"飞跃重洋"版非常活跃，清华学子会说："牛人都会选择飞跃！"这里的"飞跃"仅仅是指以个人的能力（才力或财力）出国留学，并不包括偷渡、移民、避难、劳务输出、F-2陪读、公派出国求学或者工作，更不包括公款或私款出国旅游兼考察。

孔子在《大学》篇里说："大学之道，在明明德，在亲民，在止于至善。"

希望每个打算走上留学路的人都能够静下心来，放下手中的托福红宝书，走出教学楼，走出无尽的郁闷与烦恼，看看无尽的星空，然后静静地想一想："我为什么要走留学这条路？"

并不是每个人都能够想出一个确切的崇高理由，甚至很多人在出国之前都还不清楚自己出去的目的。但是，在夜阑人静的时候，仔细地想一想这个关键的问题，这个思考过程本身也一定会让你获益良深。

首先，如果没有认真地思考过这个问题，那么很可能会倒在备战GRE考试的途中。看看水木清华BBS飞跃重洋版上那么多报offer的所谓"牛人"，有谁知道他们背后付出了多少？甚至是那些由于各种原因而没有拿到offer的人，你又哪里知道他们背后的辛酸。桃李春风一杯酒，何其美好！可是在此之前，也一定是那江湖夜雨的十年苦灯，是那寂寞、无聊的数百个日日夜夜。更何况，沉舟侧畔，未必便能千帆并过。你又怎么能肯定自己不是这沉舟之一？那些何其意气风发的

GT（指考GRE和TOEFL）大军，最终坚持下来的不到一半；曾经听说过，有不少人在痛苦的准备后却经历了没有offer的打击，从此消沉。

为什么要出国留学？一位被MIT录取的清华男生说出了自己的心声：

> 退一步讲，就算你拿到了offer，顺利飞往美利坚，就真的可以万事大吉吗？当年拿到清华的录取通知书时的激动，现在想起来，还有几个人仍然会激动不已？相信有很多人在来到清华的短短一个月之内，这种兴奋感就已荡然无存，取而代之的是抱怨，甚至是失望。那么，你怎么知道自己去了MIT、Stanford不会有同样的问题？
>
> 并不是说要你在出国前就想清楚一切问题，并不是要你坚守一个不变的信仰，也不是要你一定要树立起一个所谓的伟大目标。"天行健，君子以自强不息；地势坤，君子以厚德载物。"这是含义隽永的清华校训，这两句话也可以作为出国留学者的座右铭。如果你在清华园不是苛求于她的点点滴滴的不足，而是全身心地融入其中，去汲取她最丰富的营养，那么这四年的时光可以获得多少让人终身受益的东西！
>
> 无数的大师在清华讲演，多少全国最优秀的同龄人生活在你的周围；你可以背上书包，在可以控温的自习室里上课、学习；你可以在图书馆拿上一本书，找个僻静的角落读上一天；你可以在初夏的清晨骑车到荷塘，伴着呱呱的蛙鸣大声地朗诵自己喜爱的词句；你可以在深秋的傍晚漫步到工字厅，携着恋人的手一起看那檐角的斜阳……这一切的一切，该是多么惬意多么美好的大学四年！
>
> 不管你是怀着怎样的目的出国，也不管你在出国之前是满心的"报效祖国"还是纯粹的"East and West, Money is Best（无论在东方还是西方，金钱是最好的）"，认真地想一想这些问题，都是极有裨益的。

一、中国人的留学往事

在美国耶鲁大学的名人堂里，有一个中国人的肖像与布什、克林顿等政界名人肖像一起并排悬挂着；在中华世纪坛的青铜水道上，这个中国人的名字镌刻在上面……他是谁呢？他就是"中国留学第一人"容闳。

1847年1月5日，19岁的广东青年容闳跟随布朗牧师坐船由香港起航，过好望角，进大西洋，驶向美国东海岸……用今天准备出国留学的人的话来说，真的是"飞跃重洋"！到美国三年后，容闳考入耶鲁大学，1854年（咸丰四年）以优异成绩毕业，成为毕业于美国大学的第一个中国留学生。1854年冬天，容闳学成回国，回到阔别多年依然充满战乱、贫穷和愚昧的祖国。容闳在耶鲁大学的最后一年就初步想好了自己将来要做什么，他坚信下一代中国青年应当能有机会接受他经历过的西方的大学教育。通过学习西方的先进技术，中国或许可以变得强大。

容闳带着梦想回来，为了实现这个梦想，他整整奋斗了一生。容闳是中国近代史上出国留学的开拓者，也是官派留学的首倡者。早期的中国留学生满怀报国之志，刻苦学习，他们的坎坷经历也是中国近代史的一个缩影。

1863年，容闳结识了曾国藩，多次游说这位当时在清政府中最有权势也最有远见的高官来实施他的留学生派遣计划。1870年，曾国藩终于被容闳说服，决定领衔上书，奏请朝廷派遣子弟出洋学习。

在清朝末期以前的数千年中，我们中华各个朝代一直以其悠久灿烂的古代文明吸引着众多邻国学子们前来求学，尤其以汉朝和唐朝为盛，而从来没有派遣过大量学生前往他国留学。但是，鸦片战争爆发以后，清朝大败，再到1860年，英法联军攻大沽、占天津、进北京，一路烧杀掠夺，大清帝国早已变得面目疮痍，民不聊生。万般无奈之下，一直做着自己千秋大梦的清政府终于有了"师夷长技以制夷"之议,开始了中国教育史上千古未有的留洋运动。

中国人原本的留学目的是:"以他人之长,补我所不足,庶令吾国古文明,得新生机而益发扬光大,为神州造一新旧混合之新文明。"容闳毕业于耶鲁,他说:"与其说以自己作为第一个毕业于美国大学的中国人而自豪,还不如说是因为自己是第一个毕业于西洋大学的中国人而痛楚。"

当时整个留学计划分四年进行,每年选30名12岁到15岁之间的幼童赴美,四年共120名,留学期限为15年。清政府制定的《出洋幼童管理办法》中写道:"学习时间总计为15年,凡报名考试合格者,须与政府签订生死合同;学生在美国学习期间,生死病故,各安天命,政府不赔偿。"15年后,每年分30名一批回国。容闳被任命为"选带幼童出洋肄业局"副监督,他负责招选第一批幼童。官费留学相当于现在的公派留学,不用自己掏钱,这样的机会在现在是人们求之不得的,可在当年,出国留学如同去南极探险一样充满冒险性,生死难料,报名的人很少。内地招生不足,大部分是在相对比较开放的沿海地区招到的,第一批赴美的30名幼童中有25人来自广东。

在容闳的不懈努力和曾国藩的推动下,中国首批官费留学生赴美留学,这群留学生都是幼童,被称为"留美幼童"。去留学的孩子的家长必须签字画押,就是签生死状。我们所熟知的詹天佑就是当时留美幼童之一,为了去美国留学,必须签生死状,詹天佑的父亲詹作平出具保证书:"兹有子天佑,情愿送赴宪局带往花旗国肄业学习技艺,回来之日听从差遣,不得在国外逗留生理。倘有疾病,生死各安天命。"

1872年8月12日,30名穿着长袍马褂、拖着辫子的中国幼童在上海港登上一艘邮船,这艘载着30名中国幼童的轮船乘风破浪,穿越无边无际的大洋,驶向遥远的美利坚合众国……中国近代史上第一次大规模的公派留学就这样开始了。

在清朝洋务派的斡旋下,从1872年到1875年,一共有120名官派留学生(幼童)分四次踏上美利坚合众国的土地,主攻"西技"。两年后，近百名中国海军留学生分赴欧洲各国学习，主攻"西战"，其中有刘步蟾，回国后在北洋水师任镇北炮舰舰长、北洋海军右翼总兵兼旗舰"定远号"管带、代理提督，最后在中日甲午海战中以身殉国……晚清时期的留学生中，比较有名的还有近代资产阶级启蒙思想家严复，他也是个翻译家，1877年（光绪三年）被公派到英国留学，1879年回国任福州船政学堂教习，次年任天津北洋水师学堂总教习，后升任总办，在1912年任北京大学首任校长，他是"精通西学第一人"。

1881年，保守派压倒了洋务派，清政府撤回了全部留美学生，原本长达15年的留学计划最终在1881年半途夭折。这些被召回的"留美幼童"却并未有辱使命，他们几乎参与了清末民初所有重大的历史事件，许多人还成了中国近代史上的佼佼者。其中在中国近现代教育事业做出贡献的有：民国政府第一任国务总理、复旦大学创办人唐绍仪，清华学校（1912年，清华学堂改名为清华学校）第一任校长唐国安等。

当年的"留美幼童"有70%来自广东，18%是江苏人，剩下的来自浙江、安徽、福建和山西等省份。每个幼童都是大清国精挑细选出来的，不仅要相貌好，品行好，天资聪慧，而且连姓名也有要求，必须大气。120名幼童赴美，开启了近代中国人留学的先河。

为了减少人才流失，清政府《出洋幼童管理办法》中写道："学生学成毕业后，不许逗留美国，必须回国服务。"无论多么严格，还是有叛逃者。这点很像现在的公派留学生，国家出钱，学成后必须回国服务几年，如果违规，必须交还国家出的"培养费"。

清朝末期的留学潮可以说是出于学技术，应用色彩很浓。到了民国时期出现的留学潮，则是为了追求社会美好的理念。1915年，知识界的李石曾（1902年留法）、蔡元培（1907年留德）、吴稚晖（1901年留日）等人提倡"勤以做工，俭以求学"，发起成立"留法勤工俭学会"在法国里昂和北京等地设立分会，招收自愿赴法求学的青年，中国杰出的领导人邓小平就是在那个时候赴法留学的。民国时期的留学生当中，除了杰出领导人邓小平外，赴法勤工俭学的还有周恩来、陈毅、聂荣臻、钱三强和严济慈等；赴苏留学的有刘少奇、任弼时等。那些留法和留苏的学生们都投入轰轰烈烈的革命中去，最后成为这场战斗中的先锋和领袖。

新中国成立后，毛主席、周总理等有远见卓识的领袖对留学生极为重视，比如运用外交手段将诸如钱学森、钱三强、王淦昌、邓稼先等为代表的知识人才引回国内。可以说，是在这批归国科学家的带领奋斗下，才有中国的"两弹一星"。如果没有他们，中国的"两弹一星"要晚很多年才会被研发出来。

事实证明，那个时期留学欧美或留学苏联的中国青年，后来大部分成为新中国各个领域的奠基人，他们有远大的抱负和崇高的理想，值得今天准备出国留学的中国青年学习。

历史车轮驶入 1978 年开始的改革开放时代，杰出领导人邓小平同志在 1978 年作出大规模派遣留学生的批示后，中国迎来了最大的一次留学热潮。这时中国的改革开放刚起步，中西方的对立还严重存在，留学生大多是经过严格挑选后公派出去的，他们几乎都是公费生，绝大部分是访问学者，少部分是研究生和本科生。对于许多访问学者来说，出国留学是一项组织安排，他们都很感谢党和组织的培养；对于研究生和本科生来说，大多必须经过考场上的竞争，他们最后能被选上往往是因为他们的高考或研究生考试的成绩优异，特别是外语成绩很好。

20 世纪 80 年代初，出国留学只是少数著名科学家和一些幸运的名牌大学高才生的事情，不是随便什么人都能做"出国梦"的。1981 年 1 月 14 日，国务院批转了教育部等七个部门"关于自费出国留学的请示"，并颁布《关于自费出国留学的暂行规定》。放开自费留学的政策后，出国留学的渠道随之增多，比如校际交流、地方集资、部门公派和自行联系等等，立即引起"出国热"在全国升温，这一阶段首先形成的是留美热。据统计，在 1984 年以后，出国留学的人群有一半以上是去美国留学。

在 80 年代中后期，出国热继续升温，自费留学和单位公派留学的规模迅速扩大。紧跟"留美热"的是留日热、留加热，还有后来的留澳热、留英热……1983 年，自费留学人数仅有一千多人；三年后的 1986 年，自费留学的人数达到一万多人，猛增十倍；到了 1987 年，自费留学的人数骤然突破十万大关……这一阶段的出国留学人员可谓是鱼龙混杂，自费留学成为不少人出国打工挣钱或移民定居他国的捷径。

在 1980 年以后出国留学的人潮中，有两个人在创业界非常具有代表性，一个是张朝阳，一个是李彦宏。

1986 年张朝阳毕业于清华大学物理系，同年考取李政道奖学金赴美留学，1993 年底在麻省理工学院（MIT）获得博士学位，并继续在 MIT 从事博士后研究。1994 年任 MIT 亚太地区（中国）联络负责人，1996 年在 MIT 媒体实验室主任尼葛洛帝教授和 MIT 斯隆商学院爱德华·罗伯特教授的风险投资支持下创建了爱特信公司，成为中国第一家以风险投资资金创建的互联网公司。1998 年 2 月，爱特信正式推出"搜狐"产品，并更名为搜狐公司，张朝阳任公司 CEO。2000 年 7 月 12 日张朝阳带领搜狐公司在美国纳斯达克上市，搜狐从一个圈内知名企业发展成为一个国际品牌。

出身北大的李彦宏同样具有传奇色彩，他在 1987 年考入北京大学信息管理系，1991 年毕业，赴美国纽约州立大学布法罗分校攻读计算机科学硕士学位。毕业后，李彦宏先后担任道·琼斯公司高级顾问、《华尔街日报》网络版实时金融信息系统统计者。1996 年，因发明全球第二代搜索引擎核心技术"超链分析"而在美国获得专利；2000 年初，携风险投资回国，与好友创建百度网络技术有限公司；2005 年 8 月 5 日，百度在美国纳斯达克上市，李彦宏荣膺 2005 年 CCTV 中国经济年度人物；2006 年 9 月，在胡润 IT 富豪榜中，李彦宏名列全国第十；到了 2018 年，李彦宏进入福布斯中国富豪榜的第 8 名，身价 1007 亿元。

再后来，必须提到从美国留学归来的王兴，在 2021 年的中国富豪榜上，中国富豪排名大换血，美团创始人王兴意外地挤进前十，以 2020 亿元的身价排在第 10 名，把张朝阳和李彦宏甩在后面。王兴出生于 1979 年，当年保送清华大学电子工程系，毕业后赴美留学，在特拉华大学攻读电子与计算机工程系博士学位，中途退学回国创业，在他十多年的创业生涯中是屡败屡战，最终走向人生辉煌。

在创业界的留学生中，张朝阳、李彦宏和王兴具有代表性，在教育界、科技界、文艺界……有很多做出卓越成绩的海归，数不胜数，他们在各自领域的事业上都获得了巨大的成功。

20 世纪 80 年代，我国推选出 283 名科学院院士，这批院士当中有过欧美留学经历的占了 70%，留美院士占有留学经历中的大多数。2018 年有过一次调查和统计，自 2000 年以来，大约 85% 的中国科学院院士、75% 的中国工程院院士、80% 的国家 863 计划首席科学家，都有过海外留学或出国工作经历。

中国科学最高荣誉奖"国家最高科学技术奖"获得者，80% 有海外留学经历：首届获奖人之一吴文俊，留学法国；2001 年获奖人之一黄昆，留学英国；2002 年获奖人金怡濂，留学苏联；2003 年获奖人之一王永志，留学苏联；2005 年获奖人之一叶笃正，留学美国；2007 年获奖人之一闵恩泽，留学美国；2008 年获奖人之一徐光宪，留学美国；2009 年获奖人孙家栋留学苏联，谷超豪留学苏联；2010 年获奖人之一师昌绪，留学美国；2011 年获奖人吴良镛留学美国，谢家麟留学美国；2012 年获奖人之一郑哲敏，留学美国；2013 年获奖人程开甲留学英国，张存浩留学美国；2016 年获奖人之一赵忠贤，留学英国；2017 年获奖人之一侯云德，留学苏联；2018 年获奖人刘永坦留学英国，钱七虎留学苏联；2019 年获奖人曾庆存，留学苏联；2020 年获奖人之一王大中，留学德国……

在民间有"中国诺贝尔奖"之称的"未来科学大奖"，代表着国内最新锐、原创性的基础科学奖项，其中 2016 年获奖人卢煜明留学美国、薛其坤留学美国；2017年获奖人施一公留学美国、潘建伟留学奥地利、许晨阳留学美国；2018年获奖人李家洋留学美国、张启发留学美国、马大为留学美国、周其林留学瑞士、冯小明留学美国……90%以上获奖人有海外留学经历。

出国留学是中国青年成就学业、了解世界的重要途径，留学归国人员是中国科创事业的重要力量，40多年来，双向流动人数一直在快速增长。1978年是中国改革开放刚打开国门的一年，那一年选派出国留学人员800余名，回国留学人员248人；到了2019年，出国留学总人数超过70万人，同时有超过58万人学成回国。从1978年到2019年，各类出国留学人员累计超650万人，回国留学人员累计达420余万人。2020年留学生学成回国77.7万人，2021年回国就业学生超过100万人。

自改革开放以来，中国通过留学生政策向海外输出了大量人才，有超过一半的人员选择了回国，成为建设国家的中坚力量。随着经济全球化和经济转型升级、建设创新型体系的时代背景下，日益扩大的海外留学归国群体正在成为科教文卫领域的栋梁，成为中国科技力量创新的重要推手，成为中国发展知识服务产业和第三产业的重要力量。

170多年前，有了第一个中国留学生，120名幼童赴美开启了近代中国留学先河；170多年后的今天，一批又一批的中国学子怀着梦想飞越重洋……如今，中国早已成为世界上最大的留学生输出国，出国留学不再是难事，难的是保持一颗赤子之心和一份家国情怀。

二、留学是重要的人生规划

考上一所好大学，对自己一生的发展来说是可靠的保障。在就业市场上，那些稍微好些的单位人事经理是最"势利"的，如果你的毕业文凭不是985或者211大学的，连个面试的机会都不给你。有一位北京家长，她的儿子是我的学生，由我帮他全程申请学校赴美留学，这位家长在北京一家跟建筑相关的大型国企当人事经理，她说他们单位一年也就招几个人，基本上就挑清华、北大的毕业生。

高考是一个人才筛选的机制，相对来说比较公平，但是现实很残酷，考上211或985大学有多难？比211或985容易的是一本，但是想上一本也不容易。以2022年高考为例，全国考生达到1193万人，2022年本科一批的录取情况中，在达线率的29个省市中，一本达线率达到30%以上的省市有6个，分别为北京、重庆、辽宁、天津、陕西、上海；达线率在20%—30%之间的省市有11个；20%以下的省市有12个。大部分地区的考生，能够达到一本线的概率低于20%，而且上线并不意味着录取，实际能考上一本大学的更少。

如果想要考上一本大学，你的成绩须排到省份前10%—15%，那么想要考上211大学则你的成绩须达到该省的前5%，而考上985大学则成绩须达到该省的前1.62%。

全国各省市211大学（共116所）录取率平均为5.01%，就是说全国每100个考生大约有5个人能考上211大学。录取率排前三的是：北京（14%）、上海（13.58%）和西藏（12.95%）；倒数前三的是：广东（2.74%）、甘肃（3.50%）和安徽（4.10%）。可见录取率很不平衡，广东的录取率还不到北京的零头。

2022年全国各省市985大学（共39所）录取率排前三的是：天津（5.81%）、上海（5.33%）和北京（4.29%）；倒数前三的是：安徽（1.1%）、河南（1.14%）和贵州（1.19%）。全国985大学平均录取率是1.62%，就是说100个考生，平均只有一个半左右能上985大学。

再看看2020年全国高考的数据，从录取率来看，用考生人数前三的省份比较一下：河南考生115.8万人（人数排名全国第一），一本录取率7.8%，211录取率4.1%，985录取率1.1%；广东考生77.9万人（人数排名全国第二），一本录取率是11.2%，211录取率是2.7%，985录取率是1.3%；山东考生76.9万人（人数排名全国第三），一本录取率10.6%，211录取率4.4%，985录取率1.5%。全国录取率最高的是北京，考生4.9万人，一本录取率30.5%，211录取率12.7%，985录取率5.8%。

从录取率可以直观看出来，能上名校的毕竟是少数（暂且把一本线的大学算为名校），那些上普通大学的学生有很多是不甘心的，肯定有很大一部分人在计划着考研或者出国留学，希望提升一下自己的学历背景，将来在职场上比较好找工作。

从一本线往下走，包含普通的本科招生，有公办和私立的大学，根据教育部发布的数据，2020年全国高考报名考生数达1071万人，本科录取人数为471.24万人左右，不足50%。而2019年全国的本科录取率还只有44%，就是说有56%的考生无缘本科。再以2021年广东省高考为例，报考78.3万人，其中报名夏季高考63.6万人，实际参加考试60.8万人，本科录取31.18万人，专科录取14.87万人。如果按实际参加考试60.8万人计算，则2021年广东夏季高考的本科录取率超过51%，专科录取率超过24%。

在这些没有机会上本科的考生中，有很大部分考生接受上专科，有一部分回到学校复读继续参加高考，有一部分考生直接走进社会……作为家长，自己的孩子连普通本科都上不了实在难以接受，只要经济条件允许，一般都会考虑送孩子出国留学。

考大学竞争激烈，考研更是如此。2022年考研人数为457万人，相比2021年增长了80万，增幅21%，再创历史新高，可是录取人数也只有110万人左右，录取率只有24.22%。

在学历内卷的时代，本科学历似乎已经不再具备多大优势，继续读研究生、拿到更高的学历成为大多数学生被迫选择的新出路。有机构预测，2023年的考研人数会突破550万大关。考研人数正在飞速增长，但高校的资源是有限的，研究生的名额是有限的，于是，在考研热的同时，出国留学自然而然成为后疫情时代的另一条赛道。

有专业机构调查统计，院校背景越好的学生，反而会更加倾向于出国留学：双一流院校的学生出国比例为4%，而普通一本和专科院校的学生分别为0.9%和0.5%。其实，出国留学这条赛道一直存在，只不过在后疫情时代，正在有越来越多的人踏上这条赛道。《人民日报》

海外版就曾发布标题为《2022年留学市场将持续回暖》的文章，预测未来的留学热度将不降反升。

从2023年QS世界大学排名前100的榜单来看，进入前100名的中国大陆的大学有6所：北京大学（TOP12）、清华大学（TOP14）、复旦大学（TOP34）、浙江大学（TOP42）、上海交通大学（TOP46）和中国科学技术大学（TOP94）。其他几所中国名牌大学排名（TOP300）是：南京大学（TOP133）、同济大学（TOP212）、哈尔滨工业大学（TOP217）、南方科技大学（TOP226）、北京师范大学（TOP262）、中山大学（TOP267）。

在2023年QS世界大学排名前100的榜单上，美国大学占比最多，一共有27所。排在第二的是英国，有17所，英美两国进入QS世界大学排名前100的学校占了半壁江山，可想而知为什么中国学生非常踊跃要去英美两个国家留学。申请英国大学的时候，很多人也会考虑中国香港的大学，进入QS全球前100名的香港大学有5所：香港大学（TOP21）、香港中文大学（TOP38）、香港科技大学（TOP40）、香港城市大学（TOP54）和香港理工大学（TOP65）。

加拿大的大学比较少，全国也就100所左右，大家关心的也就是排名前十的那几所大学。能够进入QS全球前100名的大学只有3所：麦吉尔大学（TOP31）、多伦多大学（TOP34）和不列颠哥伦比亚大学（TOP47）。

在考虑出国读研的时候，中国学生留学选择的主流目的国一般是三类：一类是美国，一类是英国，一类是加拿大、澳大利亚。除了这三类外，还有就是考虑中国香港的大学。跟美国、加拿大、英国和中国香港相比，澳大利亚的大学是最好申请的，如果是读硕士研究生，大学本科成绩（GPA）即使是70分到80分（百分制）或者学分积2.5至3.0（4分制），也能申请到名校。但是，GPA低于3.0的话，不可能申请到美国排名前80的大学。

我带过一个学生路某，当年高考完后上不了本科，父母给她找了一家留学中介办理去波士顿一所大学（美国排名 130 左右）读预科（纯语言班），读了一年后英语水平没上去，上不了正式大一，只好回国。找到我时，路同学的托福只有三十多分，真是怀疑她在美国读了一年语言班白读了，于是先安排她参加托福培训，最后她的托福考了八十多分，没有 SAT 成绩，最后申请到爱荷华大学（当年全美排名 80 左右），念金融专业。到大四时，她找我帮她申请美国排名前 50 大学的商科硕士，可是她的 GMAT 连 500 分（满分 800 分，申请美国 TOP50 大学的商科需要 680 分以上）都没考到，大学 GPA 也只有 3.15，结果可想而知，美国排名前 50 的大学肯定不会录取她。她的学习能力确实不行，但是她一直有一个世界名校梦，想读研究生时上一所 QS 世界排名前 100 的大学。

回国后，路同学先在北京找了份工作，收入一般，她想出国读个名校硕士。她给我发微信说："可以用四个字来形容我现在的处境——生活堪忧，以一个普通大学的本科文凭在北京很难混啊。"

路同学不想继续考 GMAT，她知道自己考不了高分，只能以自己目前的条件来申请，美国的大学不考虑了，她想去英国留学。费了一番功夫，我帮她申请到了英国的利兹大学和纽卡斯尔大学，这两所大学的商学院都录取了她。

利兹大学在英国的排名是 TOP16，在 2023 年 QS 世界大学排名是 TOP86。从 QS 世界大学排名来比较，利兹大学比国内的中国科学技术大学（TOP94）、南京大学（TOP133）、同济大学（TOP212）、哈尔滨工业大学（TOP217）、北京师范大学（TOP262）和中山大学（TOP267）都高，而这 6 所国内大学都是 985 大学。以路同学的学习能力，当年参加高考只有 300 多分，连一个普通本科都上不了，就别说 985 大学了。可是，通过走出国留学这条路，她最后拿到的最高学历将是 QS 世界前 100 名的利兹大学的硕士学位。

利兹大学算是世界名校，硕士项目一年制，一年学费约 2.5 万英镑，包括生活费在内，花个 30 多万元就可以把这个硕士学位拿下来。

还是很合算的，回国工作三年可以把留学费用赚回来。有了利兹大学的硕士文凭，比她目前的工资一年多赚十万元应该没什么问题。从商业角度来说，出国读名校硕士是一项不错的投资。

出国留学读个名校硕士学位，除了增加收入，还有很多的收获，比如北京、上海的落户政策，北京户口在全国来说含金量最高，2022年北京最新留学生落户政策如下：

1. 在国外获得硕士（含）以上学位；或者出国前已获得博士学位，出国进行博士后等访问研究。

2. 原来规定出国留学一年以上，满365天护照出境记录为准。目前的政策是留学期间去其他国家旅游时间不扣除；学业结束后第一次回国护照上的入境时间为准（一般情况英国9月课程结束回国，再回去交毕业论文或者参加毕业典礼的时间均不算）。

因为新冠疫情原因，很多留学生（尤其是一年制硕士）在国外就读时间无法满足365天的硬性条件，在2022年新版本的落户政策改动了，取消"出国1年以上"限制，如果留学生在新冠疫情期间在国内进行线上教学的话，这些时长同样可以累积计算。就是说，留学生在国外的时间未满365天，也可以申请落户北京，需要准备的材料也不同，分为：正常落户，提交"通用材料"；不满1年落户，提交"通用材料"和"额外材料"。

通用材料：单位接收函、留学回国人员证明、国外学位学历认证书、北京市社会保险个人权益记录、个人所得税纳税记录、档案保管证明和留学人员户口本等。

额外材料：单位基本信息、落户人员基本信息（录取通知书/留学签证/学业正常开始&结束时间/网课开始&结束时间/毕业时间/成绩单）、学校授课通知（学校听课通知、网课通知、停航通知）。

3. 原来要求学成"回国两年内"通过在京用人单位递交申请材料，最新版本是取消"回国两年内"落户时间限制，由于疫情的影响，备案单位如有已接收的留学人员在此期间回国超过两年，单位可正常在线提交此类留学人员的在京就业落户申请。

4. 年龄在45周岁（含）以下。

5. 出国前已与原工作单位解除劳动关系。

（注意：不要为了不断社保而去找一家单位挂社保。曾有人出国期间一直在挂靠社保，导致无法办理落户。）

6. 回国后与在京单位建立正式劳动关系，并按要求缴纳北京市社保3个月以上。

7. 落户指标：工作单位有户口指标，且愿意提供指标。

再看上海的落户政策，要求学历如下：

1. 国内双一流大学本科＋境外硕士；

2. 国内非双一流大学本科＋境外高水平大学硕士；

3. 境外本科＋境外硕士。

只要符合上面三项中的一项就可以落户上海，对于在国内上非双一流大学的学生来说，为了落户上海，就很有必要出国读个硕士。境外高水平大学，指的是境外世界500强院校，可以参考4个世界TOP500高校排名，以上海人力资源和社会保障局确认后发布的为准，参考英国《泰晤士报》、《美国新闻与世界报道》、QS世界大学排名或者上海软科世界大学学术排名。

而且，2022年上海加大留学人才引进力度，推出留学生归国直接落户上海条件：

1. 新政策之一：毕业学校排名在世界前50名大学的留学生，无须社保缴纳基数和缴纳时间要求，全职来沪工作后可直接落户上海；

2. 新政策之二：毕业学校排名在世界前51—100名大学的留学生，全职来沪工作并缴纳社保6个月就能落户上海。

境外学习时间要求：本科，720天及以上；硕士，180天及以上；博士，360天及以上，如果是中外合作办学、联合培养等性质毕业生，要求180天及以上。

疫情导致境外学习时间不够的，提供网课相关文件申请。

申请 QS 世界大学排名前 100 的英国大学，如果你是国内大学的大学生，一般要求申请人来自 985 或者 211 的大学，至少是中国网上排名前 200 的大学，就是说英雄要问出处，但是申请美国大学没有这个要求。

2020 年全球疫情给留学生的求学以及求职都带来深刻影响，进入 2021 年后，在全球特殊时期的背景下，令人意外的是，留学英国的人数不降反增！2021 年 5 月 20 日，中国驻英国大使馆官网公布一条信息：2020 年中国在英国留学人员总数约为 21.6 万人，是英国高等教育最大的国际学生群体。在美国，中国留学生人数也是所有国家中人数排第一，在英国的中国留学生人数也是排第一，可见每年中国的留学大军队伍是多么庞大。再加上去其他国家留学的人数，目前一年出国留学的中国学生总人数高达 70 万人。

对于更优秀的学生来说，留学美国还是首选。我曾经带过一个女生熊同学，本科就读于东北财经大学，念 Bachelor in Economics 专业，GPA3.6/4.0，毕业后去德国汉堡大学（University of Hamburg）读了一个硕士，专业是企业经济学，回国后在某高校工作一段时间，决定去美国读研究生。我在办公室接待了熊同学和她的父亲，为她制订了美国留学规划方案。经过一段时间的培训，她的托福考了 103 分，GRE 考了 321 分。她已经在德国汉堡大学拿到一个硕士学位，还要去美国继续读硕，目标是美国排名前 30 的大学，想念统计专业。

深入交流几次后，学校确定为：哥伦比亚大学、约翰·霍普金斯大学、杜克大学、康奈尔大学、加州大学洛杉矶分校、卡耐基·梅隆大学、北卡罗莱纳大学教堂山分校、纽约大学、加州大学戴维斯分校和伊利诺伊大学香槟分校等。申请结果下来，排名最靠前的哥伦比亚大学录取了她，她非常满意，实现了自己的常青藤梦想！她的父亲是大学教授，我跟她父亲说哥伦比亚大学的学费很贵，而且又在纽约，生活费也很贵，她父亲微笑着说："没关系的，哥大是世界顶尖大学，花多少钱也要让女儿去读。"

我认识一个男生，他的经历也很有代表性，当年他的高考分数偏低，上了广东一所专科学校，很不甘心，毕业时选择出国留学。在几个主流国家中做比较后，他去了澳大利亚，申请到昆士兰大学的"专升硕"项目，就是先读完本科，然后继续念硕士，经过几年的奋斗，终于拿到昆士兰大学的会计硕士文凭，回国后在一家上市公司上班，起薪是一万五千元。在2023年QS世界大学排名中，昆士兰大学排在TOP50。这是高考差等生逆袭的成功例子，一个连普通本科都考不上的差等生最后成了世界名校的硕士毕业生。如果这个男生以一个专科毕业生的学历在社会上求职，想找到月薪一万元的工作会有多困难。

只要是申请海外好大学，然后去提升自己的学历，对自己的未来肯定是有好处的。我说的留学，前提是去读好大学，而不是烂大学。

如果下定决心申请海外名校，自身条件好一些的可以考虑QS世界排名前100的大学，差一些的可以考虑QS世界排名前200的大学。只要是在QS世界排名前100或前200的大学毕业，留学回国后，你在用人单位的人事经理眼里，就跟国内985、211大学毕业生一个级别，可以享受同等待遇，甚至是更好的待遇。

常言道：只要是金子，在哪里都能发光。不一定是留学过就一定能获得成功，也不一定是留在国内读研或工作就比留学差。在出国留学这个选择面前，要保持一个平和的心态，不要把出国留学当作一个人生目标，它只是实现你人生目标的一个途径。

三、留学美国的理由

美国的精英大学吸引着世界各地的学子前去求学，想留学的人对美国大学要有所了解，包括自己想申请的专业，以及在专业领域里的大学教授水平如何。申请学校的时候，要根据自己以后的发展方向来选择适合自己的大学。对一个人的前途来说，名校出身很重要，如果自己能在名校就读，除了能力得到很好的培养，还有珍贵的校友资源。

美国最好的大学一般分布在东海岸和西海岸，以及五大湖地区，那些经济发达的地区，教育也比较发达。选择学校跟地域联系在一起，好比国内大家都想去北京、上海和广州上大学一样，毕业后也方便在学校的所在地找工作。

多年以前，我在北大的一份学生刊物上看到一位即将赴美留学的北大女研究生写的一篇文章，文中写道：

似乎是转眼之间，在北大的七年就已经过去了，蓦然发现自己站在了人生十字路口，主观愿望和客观限制之间的挣扎、对未来的思索……这一切原来是那么遥远，在临近毕业的时候变得逼人和清晰。

为什么要出国？除了干净的空气、琳琅满目的商品，美国还有什么？对于有志向的中国青年来说，美国有先进的科技、高水平的高等教育，美国是一个新的文化，是我们了解世界的窗口。我们正年轻，为什么不到处走走？虽然申请出国的过程折煞了人，虽然新东方说从绝望中寻找希望，最后觉得一切的付出还是值得的。

终于到了曲终人散的时候，我舍不得离开这美丽的校园和可爱的同学，但是在这人生的十字路口，我们不得不要分别。"我挥一挥衣袖，不带走一片云彩。"此刻的我比任何时候都更明白这首诗背后的心境，我们曾经是燕园的流水，水流潺潺，流向祖国和世界的各个角落，带着美好的回忆，带去永恒的精神。

准留学生们对美国的印象有这么一点共识：美国是一个文化包容性极强的国家，不同肤色、不同语言、不同民族、不同文化背景的人，都可以找到适合自己生存的土壤，身处美国，也许就身处世界中心。

时至今日，中国经济的蓬勃发展让世界刮目相看，中国学生已经不再羡慕美国的物质生活，更多的是为了学到知识，学到先进的技术，体验不同的文化。

本科生毕业时一般有三条出路：一是在国内读研究生，二是出国读研究生，三是参加工作。

赵婧赴斯坦福大学攻读土木工程专业硕士学位，获全额奖学金，她的留学理由是："我在大二的时候开始考虑留学，我是一个喜欢改变的人，有改变才有可能改善条件，我喜欢新的环境，喜欢换一个环境生活，喜欢尝试新的生活，而选择留学很符合我的性格。如果一定需要一个理性的留学理由的话，那我会说是为了挑战自己，为了拥有更大的发展空间。我们现在处在求知识的阶段，没有必要把自己钉死在一个地方，而应该 keep moving，不断体验新环境，寻找最适合自己发展的地方。另外，或许还有这样一个因素：我在进清华之前，对这里充满了向往；来了之后，发现这里有很多其他大学没有的地方，但也有许多不能让人满意的地方，我选择出国留学，也想看看真正所谓的世界一流大学是什么样子的，开阔一下自己的眼界。"

孙楠赴哈佛大学工程学与应用科学系攻读博士学位，获全额奖学金。我问他为什么选择出国留学，他说："上高中的时候，我们班就有一些人萌生了出国留学的想法，当时有人想出国念本科，还有一批人想先在国内读四年的本科沉淀一下再走。高中的时候我有出国的想法，当时没有确定下来，所以我先在国内读四年本科，再看一看自己是不是真的适合留学。到了清华，我之所以决定在读研究生阶段出国是因为我比较喜欢电子工程，在电子工程领域，国外领先国内很多。我们学了很多课，越往深处挖掘就越觉得国外的舞台更大，研究实力更强，会有更广阔的空间提升自己的能力。美国大学的科研水平比国内大学要好很多，不光是仪器设备比我们好，他们的思维方式也跟我们不一样。如果一个人只是在中国的教育体制内成长起来，在思维上会受到一定的限制。我们常说国外的创新能力比较强，国内学生的应试能力很强。我不知道国外的创新能力到底是怎么回事，我想出去看一看，这也是它吸引我的地方，所以就打算出国留学了。"

张晓梦毕业于清华大学生物医学工程系（本科），赴斯坦福大学电子工程系攻读博士学位，获全额奖学金。对于自己出国留学，她这样说："我比较乐观、开朗，很喜欢与人交流，乐于通过各种渠道获得信息，了解人们生活在一种什么样的状态。正是我这样的一种性格特点，决定了我在很小的时候就产生了出去走走、看看的想法，不甘心于把自己的生活空间局限在中国的国界线以内。在高中时我就有过出国读本科的想法，那时候我要参加学科竞赛，没有足够的时间去准备。虽然从小到大我的很多决定有我父母的意愿在里面，但我个人认为其中最为主要的决定因素还是出于我的性格。另外，从我所学的专业领域来讲，如果我选择留在国内继续读研，可能不如出国去接触一些新鲜的东西。就我所学的这个专业领域的技术来讲，美国确实比国内更先进一些，在美国大学我能学到更多的知识。"

张子陶毕业于清华大学土木工程系，赴美国西北大学攻读交通与规划专业博士学位，获全额奖学金。后来他在西北大学辅修了一个金融硕士，回国后在一家著名基金公司做投资经理。他是如何走上留学美国这条路的？他说——

刚进清华的时候我特别满足，觉得自己能进清华已经够了，而且我认为在清华能考及格就可以。一开始我是班长，还做了我们班的足球队队长、篮球队队长，带着大家一起玩。第一学期期末考试考完后，我的平均分有八十多分，当时我高兴得不得了。虽然当时我的成绩只排在年级第四十多名，我还是很高兴。不但各科都及格，还能上80分，了不起啊！当时我觉得自己的人生完整了，这就足够了，而且看起来我还能免试读清华研究生。

但是很快，在大一下学期我遇到了一个人，这个人对我来说非常重要,他叫 Biondi。可以说他改变了我一生,这个人的经历让我明白,很多事情只要敢想就可能做到。他原来是清华计算机系的学生,从大二开始申请转学,想转到美国大学重新读本科,他在大二申请失败,在大三申请又失败,在大四又申请……那时候再申请就是破釜沉舟。他在大四申请的时候我在香港大学做交换生,他去香港找我,然后我陪他去考 ACT。那一年,他考了 ACT 全球第一高分:满分!而且在那一年,他拿到诸如斯坦福、加州理工、达特茅斯一系列美国名校的全奖。当时他放弃了清华计算机系的学士学位,直接出国重新读本科。他拒绝了加州理工和斯坦福的 offer,而是去了达特茅斯学院。我问他为什么,他说:"就是向往这么一种生活,这就是我追求的生活,而且我觉得我能做到。"他原来是学计算机的,但是他出国之后去学语言学。我问他为什么不去加州理工,为什么不去斯坦福。他说那里有些浮躁,而且他觉得达特茅斯比较贵族化一些,那里是一种像英国传统贵族式的教育,他觉得那里每个人都有很深刻的思想,他喜欢那种校园氛围。

  他曾经给我写过一段话说:"很多时候,改变是最困难的事情。但是,如果你愿意改变的话,你的进步远远超过那些普通人的成长速度,因为在改变的过程中需要你付出很多很多的代价。"我觉得他本身就是一个传奇,他敢于放弃,并不是每个人都敢于放弃。他让我觉得我一定要做一些有意义的事情,所以到了大一下学期我就开始改变,那个学期,我所有课程的成绩都在 90 分以上,那时候我的成绩就排在班级第一名。从大二开始我疯狂做社会工作,我参与组织校园歌手大赛两次,清华校园歌手大赛是学校最大的活动,水木年华的歌手就是从那里走出来的。我还去做志愿者,在团委工作……凡是在清华能拿得出手的活动我都做过。

后来我又有机会去香港交流，这时候又是 Biondi 跟我说："我觉得你应该去美国留学，这是一种改变，你可以从中学到很多东西。"于是我决定先申请去香港大学做交换生，先了解一下外面的情况。其实，当时我已经决定在校学生会继续做下去，接下来可以做到比较高的职位。他对我说："你看你想得到什么，在学校学生会或者艺术团做的这些东西，过了五年以后，没有人会记得，但是你出国的经历，你认识的朋友，认识的老师、同学，这些资源可能会让你受用一辈子。"

我在申请去香港大学做交换生的时候，Biondi 帮了我很大的忙，面试的时候我是第一个，面试老师听完我的个人陈述后就问了我一句话："你为这次面试准备了多久？"我说："一天多一点的时间吧。"他说："我没有问题了，你在香港大学肯定会过得很好。"他什么问题都没问我，我几乎是直接通过的。

最后我作为交换生去了香港大学，而且我是我们系那一届被派去的唯一的一名交换生，确实是受益匪浅，在香港的那段时间也是我在大学里过得最快乐的时光。在香港大学我认识了一批人，这些人属于中国各个高校非常优秀的一批人。在那里我还遇到了非常好的老师，这些老师至今跟我关系都非常好。

从香港做交换生回来后，我决定要出国留学。当时我就想：生活是可以改变的，而且可以活得更有意义一些。我爸是本科生，我妈是研究生，所以我至少要读个博士。如果我在清华从本科一直读到博士毕业，一共要读九年时间，可能自己都读傻了，所以我决定换个环境。

刘庆民毕业于北京大学经济学院（本科），赴斯坦福大学商学院攻读经济分析与政策专业博士学位，获全额奖学金。我问他为什么要出国留学，他说——

> 在高中时老师经常跟我们讲，他教过的哪个学生上大学后出国留学了，从老师的表情能看出来，出国留学好像是一件很荣耀的事情。当时我还没有接触过出国留学的人，但我想出国留学肯定是一件很好的事情。
>
> 考进北大以后，发现周围的人绝大多数都在准备出国留学，或多或少对我产生了一定的影响。我是一个不太会适应环境的人，我总是在想：北大这个环境为什么会有这么多人出国？我也跟一位师兄探讨了一下，他说："最优秀的学生基本上都出国了，那我们也出国呗。"可我不是一个随波逐流的人，我就跟一些老师接触，他们都认为国外大学有更好的科研环境，有更好的教育体系，如果你是个人才，那么很容易让你脱颖而出。
>
> 申请学校之前我对未来职业的选择很清楚，我要做一个一流的经济学教授，做一个一流的经济学家。我非常喜欢经济学，美国大学的经济学是个很成熟的学科，它在解释问题的时候确实能让你感到一种震撼力。既然这样，出国留学就是我人生一个必备的规划。

随着中国经济的快速发展，中国家庭富裕起来了，家长们开始有经济能力送孩子去美国自费留学，而且留学趋向低龄化，从出国读研究生到出国念本科，再到出国读中学……

如果去美国读本科，从高一就要开始规划和准备。美国大学录取是申请制，它是综合考量一个学生的条件进行录取，如果托福分数、平时成绩不太理想，那么可以通过自己的获奖经历、课外活动和申请文书来提高自己的竞争力，最后也能上名校。正因为它不是以分数定终身，所以发挥的空间很大。

如果想去美国读研究生，也要趁早开始准备。申请美国名校的硕士或博士项目，大学的 GPA 列为第一重要，如果大一不好好学习，考试成绩不理想的话，想在大二、大三把 GPA 的分数拉高，任务非常艰巨，而且，大二、大三要备考托福，还要考 GRE 或者 GMAT，还有科研项目或者实习……每个环节都要做到最好，最后才能拿到理想大学的 offer。

第二章

美国大学申请趋势

分析近年的出国留学形势，不得不提到新冠肺炎疫情的影响，很多人深受其害，叫苦不迭！特别是2020年疫情大暴发，美国的疫情最严重，很多人拿到美国大学的offer却不敢去了，最后选择上网课；很多已经开始申请美国大学的学生，在惊恐之下，加申了英国、中国香港的大学。我见过一个国际学校的学生，感觉很夸张，竟然一起申请了美国、加拿大、英国、新加坡等四个国家的大学，然后把中国香港的大学也一起申请了，他们一家人的意思是，等申请结果出来后，看哪个地方的疫情不严重就去哪里上大学。

很多准备出国留学的学生或家庭都会面临一个问题：还要不要出国留学？还要不要去美国留学？如果不出国留学，那么参加国内高考又会怎么样？如果不出国读研，加入国内考研大军是否能突出重围？

2022年11月，美国国际教育协会（IIE）发布最新一期的《2022年美国门户开放报告》，该报告采集了美国约2800所大学的国际学生入学情况，基本能够全面反映美国留学生的实际情况。赴美留学国际生的情况究竟如何？近两年受疫情影响，在美留学生的数量变化尤为明显，在2019—2020学年，在美留学生数量出现13年来的首次下降，但降幅很低，仅为1.8%；在2020—2021学年，在美留学生总数持续下降，缩减比例高达15%；在2021—2022学年，美国的国际生人数为948519人（包含在读生和OPT阶段学生），跟上一学年的914095

人相比，增加了 3.8%，人数小幅度回升，说明留美大环境在逐渐向好。另外，90% 的国际生来到了美国大学校园进行线下面授学习，而在上一学年，只有不到一半的学生选择线下。

在 2021—2022 学年，不同学历阶段的学生人数有增有减，研究生人数在上一学年出现 12% 的降幅后，今年强势反弹，猛涨 17%，达到 385097 人，超过了本科生人数。博士人数达 135530 人，同比增加 2.1%。但在 2021—2022 学年，本科生总数依旧是下滑趋势，2022 年在美留学的国际本科生有 344532 人，比上一学年的情况好了不少，下降比例为 4.2%。这也是近 10 年来，研究生人数首次超过本科生人数。

报告显示：在 2021—2022 学年，中国大陆学生赴美读本科学位的人数为 109492 人，占中国大陆赴美留学生总数的 37.7%，占比下降了 12.8%。中国大陆学生赴美读研究生学位的人数为 123182 人，占中国大陆赴美留学生总数的 42.5%，占比上升了 3.6%。可见在国内考研竞争越来越激烈的形势下，更多的人选择出国读研。

一、去美国读本科还是读研

对于学习成绩一般的学生，能上个美国前 100 名的大学也不错；对于比较优秀的学生，他们不甘心在国内上个普通本科，只要做好充分准备，去美国读个前 50 名的大学大有希望；对于学霸来说，可以把目标定得更高，就是美国前 30 名大学或者藤校！

美国有三千多所大学，涵盖众多的专业和课程数量，几乎每个学生都可以根据个人情况找到适合自己的院校和专业。在众多来自国内和国际的申请人中发现真正优秀的人才，美国的高等院校还会对学生的个人特长、领导能力、社会经验、学术潜力及其他综合能力进行评估。

为了给学生充分的时间考虑自己的兴趣和将来的发展，美国大学一般不要求本科一、二年级的学生选择明确的专业，除了某些专业特殊要求的课程，本科一、二年级的课程基本上为所有学生共同设置，即使已经定了专业的学生也可以提出申请重新选择专业。另外，在申请研究生学位时，学生可以根据自己的实际情况选择与本科不同的专业。

自由选择专业对很多中国学生有很大吸引力，像中国学生拿到大学录取通知书的时候，基本上已经定下来你在大学四年要念的专业，有很多学生进入大学后，发现自己并不喜欢自己所念的专业，想要转专业很难，想回去参加高考代价又太大，所以，有很大比例的学生只好硬着头皮读完大学四年。临毕业时，有一小部分跨专业考研去了，或者换个专业申请出国留学。如果是在美国大学念本科，选择专业很灵活，基本不会出现很郁闷地读完大学四年的情况。

在美国大学攻读学士学位期间，大一学生被称为"Freshman"，大二学生被称为"Sophomore"，大三学生被称为"Junior"，大四学生被称为"Senior"。想获得学士学位，学生必须选修主干课以外的其他课程，这也是基于美国本科通识教育的一个原则，即学生一定要涉足好几门学科的学习，在一些学位课程学习中，要求学生必须选修第二专业，并且还要选修其他课程。

美国大学大多数课程都会有一定的学分值，通常是按照其课时的多少来计算，大多数课程的学分是3或4学分，也有1学分或2学分，有的甚至高达5学分，所有学生必须在完成规定的最低学分后才能毕业，本科毕业要求的学分一般是120学分左右，本科学生通常不要求写毕业论文。

获得学士学位后，如果要读研究生，必须参加研究生入学考试，即大家所熟知的GRE或者GMAT。除此之外，研究生入学还要考虑学生本科课程的GPA。

在美国，有很多文理学院（Liberal Arts College）虽然学校规模小，但是有上百年的历史，非常有特色，是另类美国本科精英教育。与综合性大学相比，文理学院更注重教学而非研究，给学生们上课的是真正的教授，管理人员更愿意提供个性化服务。文理学院的毕业生在美国大学毕业生中的比例不足4%，但是在《福布斯》美国最富有首席执行官排行榜上，他们占8%；在美国历任总统中，他们占19%。可见学校的教学质量和声誉不在于规模大与小，而在于它的办学理念和优良传统。

中国的高考制度是分数决定制，划一条分数线，多少分上一本，多少分上二本……而美国的本科申请，不只是看学生的分数多少，还要考核学生的综合素质，仅仅有非常骄人的SAT（美国高考）成绩，不能保证你上美国顶尖大学。至于分数，中国高考一年一次，而SAT一年可以考七次（在3月、5月、6月、10月、11月和12月的第一个星期六，以及8月最后一个星期六举行），如果SAT成绩不是特别理想，申请人在其他方面的综合背景有特别的优势，一样可以申请到美国名校。美国的本科申请制度更加科学和人性化，更注重一个人的综合发展，不像国内过分强调成绩，而忽视了其他的重要素质。所以，对于具备一定经济条件、希望孩子能够在一个国际化的环境里面全面发展，同时也希望孩子能够有机会进美国名校，家长完全可以考虑送孩子去美国读本科。

近十多年来，越来越多的中国学生在高中毕业后赴美留学，接受美国大学的本科教育。大学本科四年的教育对一个人的成长至关重要，在中国国内完成高中学业，经历了12年的基础教育后出国读书，在海外完成本科教育，这类人才在以后最有可能发展成为横跨中外文化的精英人才，而且这类人才在国内已经越来越多，在各个行业受到重视，个人的能力和价值均得到体现，证明他们在美国大学上本科是成功的。

在未来的10—20年，去海外留学念本科的人数将赶上研究生海外留学，会出现越来越多的跨文化精英，随着中国经济的全球化发展，他们也将穿梭到世界各地和各个舞台，不仅仅是过去的理工科专业毕业的精英，将会涌现文艺、金融和经济等学科的精英人才。

本科教育对一个人的成长和成才非常重要，如果家庭有足够的经济能力支持孩子在美国四年的学费和生活费，可以考虑让孩子在高中毕业时去美国读本科。高考竞争太激烈，想进985或者211大学的竞争更加激烈。

是出国读本科，还是出国读研究生？首要的问题是经费，如果家里供得起四年本科的留学费用（在150万—200万元之间），那么可以考虑高中毕业就去美国留学。特别优秀的学生有机会获得美国大学的奖学金，如果想申请奖学金，最好是申请文理学院，美国的文理学院比综合性大学容易给奖学金。

曾经有一位家长找到我，希望我能帮她女儿申请到奖学金，至少是半奖（免学费），因为她只有80万元存款，不够她女儿在美国四年自费留学的开支。其实，她女儿的自身条件不是特别好，托福只有102分，SAT的成绩只有1900多分（满分2400），也没有获过什么响当当的奖项。我亲自负责她女儿的申请，特别是申请文书，可谓费尽心思。申请13所美国文理学院和3所美国综合性大学，最后录取了13所学校，其中有8所学校给了奖学金，有一所排名前30的文理学院给她全额奖学金（四年全给），申请的结果超出了预期，真是皆大欢喜！

还有一位家长着急找到我，希望我能帮她儿子申请到美国TOP10大学，而且还要全额奖学金！这个要求确实把我吓一跳，不过，等她告诉我她儿子已经拿到了国际奥林匹克数学金牌时，我才长长地吁了一口气。她儿子已经被北京大学数学系保送录取，但是不想在国内大学读本科，准备放弃北大的保送名额。最后申请到麻省理工学院，而且是全奖。像这类学生是个案，以获得国际大奖为申请最大优势，每年的成功者是极少数，大部分人留学还是要自费。

对于家庭经济条件一般的学生，如果要实现留学梦，只能等本科毕业出国读研究生。对于学习成绩特别好的名校大学生，可以考虑申请博士研究生，美国大学的博士项目一般会提供全额奖学金。要实现这个梦想，一定要考上国内名牌大学，最好是读理工科专业，这种专业比较好申请奖学金，念文科或商科很难申请到奖学金。

国内大学的本科生申请出国留学一般是申请读 master（硕士）或 PhD（博士），申请 master 的学生很难拿到奖学金。美国大学有一套完善的 PhD 培养体制，要求很高，必须有独立创新的研究成果才可以毕业。对于 master 的要求就没那么高，比较容易毕业，美国大学的硕士项目一般是念一年半或两年时间，也有一些专业只需要一年时间，比如教育学。

毕业后想进工业界工作，读 PhD 或 master 都可以；如果想进学术界，那么必须要读 PhD！

博士学位是学生在美国可获得的最高学位，包括 PhD（Doctor of Philosophy，哲学博士）、J.D.（Doctor of Law，法学博士）、M.D.（Doctor of Medicine，医学博士）和 D.D.S（Doctor of Dental Surgery，牙医博士）等学位。要获得博士学位，学生必须提交博士论文，参加考试，进行创新研究和论文答辩，大多数博士学位课程的学习时间为硕士研究生毕业后再读 3 年，前两年主要是课堂教学和专题讨论，后面一年或更多的时间用于完成毕业论文。博士毕业论文必须是学生自己的研究成果，包括论证观点、设计，这些都必须是以前没有出版过的。目前有不少院校招收的国际留学生，直接进入学校的实验室进行项目研究，然后撰写论文。

20 世纪 90 年代，能去美国留学的中国学生，一般是去读博士，因为申请博士才有全额奖学金，申请硕士很难拿到奖学金，很多中国家庭没有经济能力供孩子自费留学，不像现在很多家庭能拿出 100 万元或者 200 万元给孩子留学。申请博士被录取的话一般都会有全额奖学金，这笔钱交完学费后，还足够生活费支出。现在很多家庭付得起美国大学学费，申请硕士容易被录取，也比较容易毕业。如果不想在学术界发展，读个名校硕士学位已经足够让自己将来找到一份好工作。

多年以前，一位去哈佛攻读化学博士的北大女生跟我说："其实，我们这些申请出国读博士的学生有一半以上并不喜欢自己的专业，但是，只有申请博士才会有全额奖学金。大部分学生家里无法拿出一大笔钱支持自费留学读硕士，那么只好自己想办法了，像数学、物理、化学等基础学科的博士比较容易申请到奖学金，美国人自己不爱读这些枯燥乏味、毕业后工资又不高的基础学科专业。"

我认识一个去哈佛大学念数学博士的北大女生，她本来是北大数学系的本科生，各方面都很优秀，最终顺利申请到哈佛的数学博士项目，获得全额奖学金。她去哈佛念两年后拿到一个硕士学位就不读了，马上在美国找工作。如果是直接申请哈佛的硕士项目，很难拿到奖学金，像她这种先申请博士项目、中途终止学业的好处是：也一样拿到了硕士学位，但是这个硕士学位不用自己花钱去读。她离开哈佛后，去华尔街闯荡，先是去瑞士第一银行，然后是普华永道，最后是高盛银行。有一次她出差来北京，住在豪华的五星级酒店，我跟她见了面，她无比骄傲地说："我终于找到了自己最喜欢的职业，就是做金融销售。"她的工作就是把高盛银行的金融产品卖给中国的各大银行，而她作为高盛银行的高级代表不停地跟各个银行的行长们见面洽谈，她说她非常喜欢这份职业，也很享受这样的工作。

相比之下，现在的学生还是比较幸运的，很多家庭供得起孩子自费留学，也就没必要为了出国留学而不得不申请自己不喜欢的专业的博士项目。

二、美英名校联申已成新趋势

自从新冠肺炎疫情暴发以来，给准备出国留学的学生造成了极大的困扰。2020年年初，由于美国疫情最为严重，中国学生把留学的方向对准了英国，但是到了年末英国疫情也大暴发，大家又开始把目光投向别的国家，甚至想到了疫情没有那么严重的新加坡。对于很多学生来说，他们有很长一段时间都不知道该去哪个国家留学才好，于是陷入严重的焦虑和困惑之中。

那些已经在国际学校上学的高中生，早已放弃了国内高考，出国留学是不会改变的。对于成绩比较优秀而家庭经济比较宽裕的学生来说，一般会选择去美国或者英国留学。大家清醒地认识到，美国依然拥有世界上最好的教育资源，所以不会轻易放弃原本计划的美国留学。受美国严重疫情的影响，很多学生本来决定去美国留学，不得不考虑把英国的大学也一起申请了。

2021年6月，深圳某知名国际学校的一个男生被20所世界名校录取，引爆朋友圈。这个学生是在疫情之下留学申请的典型例子，他的offer分别来自13所美国大学、2所英国大学、3所加拿大大学和2所中国香港大学。13所美国大学（按排名从前往后）是：圣母大学、加州大学伯克利分校、弗吉尼亚大学、佐治亚理工学院、加州大学欧文分校、波士顿大学、伊利诺伊香槟分校、普渡大学等，专业基本都是电子工程；2所英国大学分别是：帝国理工学院和爱丁堡大学，专业是电子工程；3所加拿大大学分别是：麦吉尔大学、多伦多大学和滑铁卢大学，专业是商科和数学；香港的两个offer是香港大学的工程科学和工程两个专业。

这个学生很优秀，硬件和软件均属于一流水准。有记者采访这个学生为什么申请那么多个国家或地区的大学，学生说自己最想去的是美国，考虑到疫情才加申了加拿大、英国和中国香港的大学。在被录取的这些学校中，他最想去的是加州大学伯克利分校，该校的工程学院全美排名第一。

在疫情之下，去美国留学的中国学生确实减少了一些，但是申请美国名校的人数却在增加。根据美国国家学生信息交换所研究中心的数据分析，2020年美国本科的入学率下降了，其中社区大学的入学率下降幅度最大，其次是公立四年制大学，而很多私立大学受到的影响并不大，以常青藤盟校为代表的名校基本不受影响。美国留学之路虽然阻力重重，但是依然有不少家长看到了机遇，并为上美国名校奋力一搏！

英国教育部门出台了很多对留学生有利的政策，直接促使了赴英国留学申请数量的剧增。留学英国的优势很明显：中国留学生有更好的机会进入名校就读，PSW 签证重启使得留英工作机会大大增加，新政策支持中国学生移民及就业，留学环境相对安全。赴英国留学热潮将会持续，名校竞争也将进入白热化阶段。

近两年来，国际环境的不确定性促使很多学生选择"美英双申"，还有一部分学生采取"多国混申"，除美英之外，进一步将目的地拓宽至加拿大、澳大利亚、新加坡等国家，甚至把香港的大学也申请上。美英双申无疑给学生们创造了更多的选择空间和规划未来的可能，但是准备起来也并非易事。

比如申请文书准备，美国大学的申请文书更偏向于描述自己过去发生的事情、自己最真实的经历，展现出一个学生的软实力，比如品质、领导力等很难量化的东西；而英国大学的申请文书最重要的是要展现出自己对于所申请专业的热情，你为了这个专业做了什么准备，以及你对于自己未来的职业规划是什么。

从课外活动上看，这两个国家的大学的重视程度也不同：美国大学更加重视课外活动，喜欢多才多艺的学生，比方说音乐或运动方面的天赋，参加过大型活动、兼职打工、做义工或者担任学生干部等；英国大学申请更侧重于学术方面，课外活动属于锦上添花，而且最好与申请领域有关，比方说学术讲座、发表论文等。

不管是"美英双申"，还是"多国混申"，准备起来要付出更多时间，即使是找留学机构帮忙，每个学校的申请文书写作需要学生参与，对学生来说是不小的挑战。建议以一个国家为主，其他国家或地区的申请为辅。对于那些国际学校的学生，如何用所学的课程（常见的国际课程有 IB、AP、A-Level 等）同时申请多个国家是个大问题，具体问题要请教专业人士分析，最后制订适合自己的留学规划方案。

国内高考竞争依然激烈，每年都有一部分考生分流出来加入出国留学的队伍当中，而且，更大的留学群体是他们上高中时就放弃了国内高考。在未来很长一段时间，这股留学大军的人潮不会减少，美国或英国的名校永远是他们追逐的目标。

三、留学迎来全面回暖

在新冠肺炎疫情期间，一些专门做美国留学申请的留学中介（或叫留学咨询机构）也很倒霉，很多学生不签约，甚至还有退费的，最后搞得一些留学机构倒闭了，最典型的是一家年收入高达两三亿元的高端留学机构（全国连锁，收费最贵）在2021年倒闭了，这家机构的总裁和总经理我都非常熟悉，最风光的时候，这家留学机构的中外员工有七八百人，开个公司年会竟然花了三百多万元！到了2022年，又有一家主要做美国留学的全国连锁留学机构宣告破产，这家有十几年历史的老牌留学机构在高光时刻也是年收入亿元以上，全国有十几家分公司。

从这两家年收入超过亿元的留学巨头倒闭就可以看出，在疫情大流行的三年时间里，留学美国的中国学生人数确实减少了，我们从美国发布的权威报告可以看出留学美国的状况。

根据《2020年美国门户开放报告》数据显示，美国国际学生总人数约为108万人，国际学生群体占美国高等教育所有学生的5.5%，中国仍然是美国最大的国际学生来源地，在美国的中国学生数量连续16年增加，一共有37.2万中国学生。在全世界赴美留学近110万人的国际学生当中，就读本科的人数最多，约为41.9万人，但是比2019年下降了2.9%（跟2020年全球疫情有关）；攻读研究生学位的人数约为37.4万人，下降约0.9%；非学位项目的学生人数下降6.6%，为58201人。

2020年在美国就读大学本科的中国留学生有148160人，比2019年减少0.5%，占中国赴美留学生总数的39.8%；在美国就读研究生学位的中国留学生有137096人，比2019年增长2.8%，占中国赴美留学生总数的 36.8%；非学位生人数为 15896 人，比 2019 年减少 7.8%；选择性实习学生人数为 71380 人，比 2019 年增长 1.9%。在美国就读大学本科的中国留学生人数已连续 6 年超过读研究生的人数，但在 2019—2020 学年稍有下降，赴美读研人数反而增速变大，在 OPT 政策的推动下，中国研究生人数增长 3%。

《2021 年美国门户开放报告》数据显示，在美国留学的国际学生总数为 914095 人，比去年减少了 15%，国际学生占美国高等教育总人口的 4.6%。2020—2021 学年，美国大学在读国际学生人数减少 15%，在读的中国大陆学生人数下降 14.8%，但仍然是美国国际学生的最大生源地，为 317299 人，占在美所有国际留学生人数的 35%。

2022 年 11 月，美国国际教育协会（IIE）发布《2022 年美国门户开放报告》，在 2021—2022 学年，不同学历阶段的学生人数有增有减，研究生人数在上一学年出现 12% 的降幅后，今年猛涨 17%，达到 385097 人，超过了本科生人数。博士生人数达 135530 人，同比增加 2.1%。2022 年在美留学的本科生有 344532 人，比上一学年的情况好了不少，下降比例为 4.2%。报告显示：在 2021—2022 学年，中国大陆学生赴美读本科学位的人数为 109492 人，占中国大陆赴美留学生总数的 37.7%，占比下降了 12.8%。中国大陆学生赴美读研究生学位的人数为 123182 人，占中国大陆赴美留学生总数的 42.5%，占比上升了 3.6%。

随着疫情的稳定，美国依旧是国际学生的留学首选国家。报告显示，中国连续 13 年成为美国最大的留学生群体生源地，占在美留学生总数的 30.6%。排名第二的是印度，留美学生人数占国际学生总数的 21%，中国与印度赴美国留学生人数总和占据了国际留学生总人数的一半以上，其次是韩国与加拿大。受疫情的影响，中国学生群体依旧是下降趋势，降幅 8.6%，但是跟前一年相比，人数有所增加。从《2022 年美国门户开放报告》可以看出，赴美留学依然是很多中国学生的重要选择，随着疫情的稳定，目前赴美留学也在逐步回暖。

2022年11月进入美国大学申请季，从2022—2023年申请季的申请情况来看，留学美国的人数确实增加了很多。在2022年11月，美国大学本科申请系统Common application（通常被称作Common App，简称CA）发布了截至2022年11月1日的2022—2023年申请季数据报告。在2022—2023年申请季，美国大学本科新生申请人数达749118人，相比于疫情前的2019—2020年申请季的592471人，增长26%。其中国际学生65232名，相比于疫情前的2019—2020年申请季的39995人，暴增63%。报告显示，中国、印度仍然是国际生来源最多的国家。

而且这只是截至2022年11月1日的数据，后面还会有学生申请美国大学，美国大学的申请截止日一般从11月底到次年2月。还有，这只是申请系统CA的数据，加州大学有自己的申请系统，申请的学生数量也是非常庞大。从申请系统的数字可以看出来，赴美国留学正在迎来后疫情时代的全面回温！

此报告数据显示，2022—2023年申请季申请公立大学的人数为1519547人，比2019—2020年申请季的1056076人上涨44%，这也说明越来越多学生偏向申请公立校。相对于私立大学，公立大学的学费较低，可以缓解家庭的经济压力。有很多公立学校的教育质量并不输给私立学校，比如加州大学伯克利分校（还有加州大学的其他分校）、密歇根大学安娜堡分校，教育质量都是世界一流的。

在2022—2023年申请季，最受申请人欢迎的地区是哪些呢？

私立大学：纽约州和麻省的私立大学均收到了超过14万份的申请，纽约州有哥伦比亚大学、纽约大学等；而麻省有哈佛、MIT等知名私立院校。

公立大学：佛罗里达州、北卡、俄亥俄州的公立大学均收到超过13万份申请，这些州有佛罗里达大学、俄亥俄州立大学等知名公立院校。

2022年11月14日，中美两国国家元首在巴厘岛会晤，进行了长达 3 小时的会谈。这是中美元首在新冠肺炎疫情暴发近三年来首次面对面会晤，是拜登就任总统以来两国元首的首次面对面会晤，也是全球瞩目的一次会晤。就在中美元首会晤的同一天，美国发布 2021—2022 年国际教育 OpenDoors 报告（门户开放报告）。

在该报告的发布会现场，美国国务院教育和文化局主管学术项目的副助理国务卿 Ethan Rosenzweig 重申："拜登政府非常明确，美国欢迎中国学生！"

对于此次会晤，美国国际交流联盟（AIE）的执行主任 Mark Overmann 表示："不可否认，中国是而且还将继续是美国国际教育的重要伙伴。"他还表示："十分高兴看到两国首脑会谈，此次会谈对两国学生学者交流有何作用有待于进一步观察，但是中美之间几十年来建立了个人和学术关系，希望这些既有关系能够继续让两国双边教育合作更强大。"

美国全国外国学生事务协会（NAFSA）副主任 Jill Allen 同样强调了中国学生的重要性，他同时表示："如果没有来自全世界的 STEM 人才，美国在同中国的技术领域竞争中将落后。这需要从美国大学欢迎招收这些 STEM 人才开始！"NAFSA 同时呼吁美国政府改变签证政策，以吸引更多的国际学生，包括外国留学生在申请赴美学生签证时无须声明毕业后无意向在美国工作。

四、留学申请是一次冒险的过程

多年以前，在进入留学申请季的时候，水木清华、北大未名 BBS 的"飞跃重洋"版上都会掀起"为什么要出国"这个问题的大讨论，大家各说各的，最后谁也拿不出一个很有说服力的、大家都认同的理由，结果是有一群已经出国的人跳出来说："每年都讨论这个问题，每年都讨论不出一个结果，所以大家都别争论这个话题了，乖乖地去准备申请的东西，踏踏实实地做就是了。"

出国留学是人生的一个选择，但绝不是唯一的选择，也不一定是最佳选择，这个因人而异。事业上的成功并不取决于你有没有出过国，在世界名校拿过什么学位，而在于你的能力、勤奋和机遇。但是，前人的经验告诉我们，出国留学可以增加你的学识，增强你的能力，开阔你的视野，对你想要的事业成功会有所帮助。

常言道：只要是金子，在哪里都能发光。不一定是出国留过学就一定能获得成功，也不一定是留在国内读研或工作就比出国留学差。所以，在出国留学这个选择面前，要保持一个平和的心态，不要把出国留学当作一个人生目标，而是把它当作实现你人生目标的一个途径，如果出国留学这条路走不通了，你还可以找其他的道路，而你的人生目标还在那里招引着你前进。要知道，出国留学这条路并不好走，想申请到美国名校全奖的话，那更是难上加难！

几年前，有一个清华化学系的大四学生，他被美国耶鲁大学录取，并获得全额奖学金，他跟我说："留学申请是一次冒险的过程，从一开始联系学校就具有冒险性，我把家里的全部积蓄投进去了，我把自己所有的材料寄过去，对方要不要我？这本身就是一次很冒险的过程。美国有三千多所大学，我为什么就选择那么十几所大学来申请？我的判断力准不准？我能否幸运被录取？我要是申请其他学校，很可能会被其他学校录取。"

选择出国留学确实要三思而行，有一类是盲目型的，随大流的，看到别人在准备出国，自己也跟着做，正如水木清华 BBS 的"飞跃重洋"版上写的那样："阿 Q 看到一群戴白盔甲的战士一同嚷着'同去，同去'，于是阿 Q 也就跟着去了。"可以说有不少出国留学的也像阿 Q 去参加"革命"一样。一位即将赴美留学的清华男生跟我说："整体上是随大流，但涉及每个具体的人，他作出的决策都有感性的认识和理性的认识。我在感性上觉得出国好，一出国几个月就可以住小洋楼，自己有辆车开……同时有理性的认识，我从理性上认为应该怎么做，如果这是去犯罪的话，那再怎么洋房再怎么汽车我也不会去的，但是从理性上分析，留学对自己是有好处的。这样的话，感性认识和理性认识达成了一致，也就选择了留学。"

对于一些人来说，因为不了解出国这件事，所以就别提理性的认识了，连感性的认识也没有。

一位去美国宾夕法尼亚大学攻读经济学博士学位的清华女生说："我周围的那些人，真的发自内心喜欢去考托（托福）考 G（GRE）然后出国留学的人很少。很多人都是受别人的影响，我觉得百分之八九十的人都是受别人的影响，然后自己才去想，才去做。对出国刚开始的认识，并不是每一个人都非常清晰，看到大家都在考托考 G……都花了那么多钱，可大家都不是傻子，心想那些钱投进去肯定会有回报。这么说，出国一定不会差啊，要是一点好处都没有，那大家干吗考托考 G 呀？既然这样，那我也先考着试试看。考完了又听说，噢，这个人出国了，那个人也出国了，到美国后又怎么样……于是，自己了解多了就会分析和判断，最后也去申请了。也没有人逼你出国，归根结底，还是你自己心里痒痒得想出去，才会去考托考 G。被动的是受群体的影响，那种被动也转化为了心理上的主动。没有人说你不出国就找不着工作，就怎么怎么样，归根结底还是你心里想过得更好，想找更好的工作呀。"

可以说，从开始到上托福班到拿到美国大学的 offer 是一条漫长的路，走这条路的中国学子有别人难以想象的酸甜苦辣，他们所付出的一切是否值得，也许只有他们自己知道。如今的中国大学校园里，有无数的大学生在做着留学梦，也许出国初衷并不一样，但是却走在同一条路上。

申请出国留学的人群大概有几类：一类是真正想出去深造的，以提高自己的学术能力，将来在自己研究的领域有所建树，想做学术的人出去往往是读 PhD（Doctor of Philosophy，中文翻译为"博士学位"），而且只要被美国大学录取，一般都有全额奖学金；一类是想将来找一份好工作的，他们将来想在工业界或金融界发展，他们当中有的能拿到奖学金，有的是自费；一类是随大流的，看到周围的同学很多在申请出国，那么自己也去申请，结果如何听从命运的安排，他们出国留学没有什么明确目的，走一步看一步；一类是追求物质享受的，觉得美国是天堂，到了那里能过上不一样的生活。

不管是哪一类人，作出出国留学决定最好能够对自己的未来有一个详细或大概的计划，如果是糊里糊涂地为出国留学做准备，那么往往在遭受几次打击后便半途而废；那样的话，不仅是浪费了金钱、时间和青春，甚至影响到自己处世的心态，对自己非常不利。

对于大学生来说，不管是哪一种出国留学，都要想一想下面的问题：

1. 将来想进入什么行业？

从目前中国学生申请出国的状况来看，能拿到美国大学全额奖学金的，大部分是去读理科或工科的。读理科的话，那么将来基本上是在学术界寻求发展。如果想进学术界，那么就是走学术这条路：读 PhD，读博士后，做副教授，再到正教授……一步一个脚印走下去，脚踏实地，而第一步就是到美国大学读 PhD，多发表论文。走学术这条路的人在出国之前不用想太多，基本上就是按部就班，尽可能地申请到排名靠前的美国名校，如果能在名教授手下做研究那就更好了。

在美国大学拿到 PhD 学位后，一般会申请大学教师职位，对于基础科学来说，基本上没有人能够一毕业后就获得大学教职，一般都要先做博士后（Post doctor）。美国大学招收新的教师，一般都不会收比本校差的学校毕业的博士。如果想进入学术界做教师（助教、副教授或教授），一定要去一个排名靠前的学校，否则将来读了一个不太知名的学校，会找不到大学教职的。当然，也有人说先出去再说，到了美国以后还可以申请别的学校，这是一条不得已而为之的路子，但成功的人又有多少呢？

读工科的学生也比较好申请奖学金，他们在美国大学读完博士后一般是进入工业界，不同专业的博士找工作难度不一样。搞基础科学研究的人想进入工业界很难，总之，没有什么市场应用价值的学科，想在工业界找工作都很难。在美国，工业界公司雇用你的首要标准不是看你发表的文章，而是看你的工作经验怎样。还有，你的学校出身没有那么重要，二流大学或三流大学的博士毕业后也可以找到很好的工作，这跟在学术界求职的情况很不一样。

在出国留学的人群当中，学商科的人比较少，原因有两个，一个是学校不好申请，另一个是很难申请到奖学金，高额的学费是一般的中国家庭承受不起的。出去读商科的人，要提前做好自费留学的准备。如果能如愿以偿进入金融界的话，收入是非常可观的，可谓前程似锦。美国名校的商科很难申请，竞争更加激烈，因为美国本土的学生就喜欢读商科，国际学生跟美国本土学生竞争，除非特别优秀，否则很难胜出。为什么每年那么多优秀的中国理工科学生能够申请到美国大学的硕士或博士的录取？这个跟他们美国本土学生不太想读理工科也有关系，特别是物理、化学基础学科，毕业了还不好找工作，工资又低，美国本土学生才不喜欢这些学科呢。

出国之前应该想一想自己以后要干什么，具体做什么工作暂时想不清楚没关系，但是要想清楚自己人生发展的大方向，是进学术界、工业界，还是进金融界？指导方向大致如此：想以后进公司工作，那么就不要去学什么基础学科，因为学基础学科的话，将来想进工业界很难；想走学术这条路，那么就应该读一个名气大一点的好学校，选一个好导师，老老实实地把 PhD 读下来，别的暂时不用想太多。前人的经验告诉我们，在美国大学读 PhD 是很辛苦的，要有心理准备，有不少人来到美国读到一半发现自己不适合读 PhD，只是拿到了 Master（硕士）就走了，甚至有的退学打道回府了。

2. 读 Master，还是读 PhD？

大学生出国留学一般申请读 Master（硕士）或 PhD（博士），而读 PhD 的比较多，因为美国一般只给申请 PhD 的学生提供奖学金，申请 Master 的学生一般很难拿到奖学金。其实，申请 PhD 的学生有的是因为 PhD 项目提供奖学金所以申请它，他们到了美国那边往往读到一半拿了个硕士学位就跑了，或者转学转专业，或者在美国找工作。

美国大学有一套完善的 PhD 培养体制，当然要求也很高，你必须有独立创新的研究成果才可以毕业。对于 Master 的要求就没那么高了，比较容易毕业，一般是念两年。而去英国读 Master 更容易拿到学位，用一年的时间就可以了。每个国家的 PhD 或 Master 的含金量是不一样的，毕业后工作待遇也不一样。

毕业后想进工业界工作的话，读 PhD 或 Master 都可以；如果想进学术界，那么最好是读 PhD。

第三章

美国名校本科申请规划

在申请美国大学本科的时候,有人问普林斯顿大学官方:"贵校更看重申请人哪个方面?"

普林斯顿大学官方这样回答:"普林斯顿大学对每个申请人都单独审核,从而对申请人的各个方面有一个全面的了解。我们并没有固定的理想申请人的标准或者理想分类。实际上,这些即将到来的学生所带来的特长、个人魅力、丰富多彩的个人经历以及不同的观念恰恰构成了普林斯顿的一项最大的优势。我们希望所有普林斯顿大学的学生都能拥有正直、强烈的学习兴趣,对学术和非学术的贡献的追求。许多学生同时会带来非常有特色的学术和课外活动特长及成就。除了这些基本特质,我们会考虑每一名候选人将会对我们的团体做出怎样的贡献。"

那些已经达到美国名校标准化考试(托福、SAT等)分数线要求的学生,不如多花点时间来改变自己。不要单纯看重考试分数,有些学生的托福、SAT分数不是很高,最后他们也能拿到美国TOP30大学的offer,因为他们拥有自己的特长、个人魅力以及多姿多彩的个人经历,这些特殊背景构造了他们独有的故事,也丰富了申请文书的内容,最终获得美国名校的青睐。

千万不要以为有了近乎满分的托福、SAT分数就可以高枕无忧,美国大学从来不缺高分学生,学校更希望看到有独特个人经历、拥有特殊才能或具备卓越领导力的申请人!

作为一名资深留学规划师,我经常跟我的学生说:"千万不要输在时间上!"对于犹疑不决给孩子报名参加托福培训的家长,我总是苦口婆心劝他们要早准备,如果时间耽误了,就是把孩子的前程给耽误了!

无数留学成功案例证明:出国留学越早规划越好!中国高中生申请美国名校最重要的条件是托福和SAT分数要高,只要这两个分数足够高,加上一流水准的申请文书材料,那么就可以申请到美国名校。至于美国大学很看重的GPA,对于中国大陆学生来说,除了个别学校(特别是国际学校或者省重点高中的国际部),大部分学校都会配合学生开出很高的成绩单来。还有推荐信、申请文书,以及背景提升,这些家长只要肯花钱就能找到留学机构帮忙。但是,像托福、SAT备考,参加各种背景提升的活动,还有参加一些比赛,都要自己付出努力。

一、美本录取形式及申请人评估

美国大学本科有秋季和春季入学,大部分是申请秋季入学,比如2021年秋季入学,必须在2020年10月至2021年1月之间的时间段来申请,也有一小部分美国大学的申请截止日在2月至4月。美国大学本科申请最常见的有三种方式:EA(Early Action,非约束提前录取,简称EA)、ED(Early Decision,有约束提前录取,简称ED)和RD(Regular Decision,常规申请,简称RD)。选择EA或ED申请的学生,相比RD有更高的录取机会。选择EA,如果被拒了,你不能继续申请这个学校的RD,只能申请别的学校的RD。一所大学的申请方式只能选择一种,所以要慎重考虑,你的条件满足了学校的要求才能去申请。有一部分学生选择早申请,前提是托福、SAT等入学考试成绩已经考到比较理想的分数。

有人会问:"既然EA的录取率跟ED一样都很高,而且EA没有所谓的约束性，谁还会选择 ED？"原因是很多美国大学有 ED，但是没有 EA。

很多美国 TOP30 大学，ED 的录取率比 RD 高出两三倍，所以有很多优秀学生会选择 ED 申请。ED 一般分为两轮，即 ED1 和 ED2，具体如何要看各个学校的设置，ED1 出结果后，ED2 才会终止申请。同一时段只能选择一所学校申请 ED，除非申请 ED1 被拒，才能选择另一所学校申请 ED2。如果 ED 申请收到 offer，原则上必须接受，并且撤回其他学校的申请。

ED 和 EA 的申请寄送材料截止时间一般为 11 月初，最晚在 11 月中旬。ED 在 12 月中旬就能知道录取结果，想知道奖学金的情况，要等到次年的三四月份，那么在知道是否有奖学金之前你要决定是否接受该校的录取。理解这一点很重要，如果你的确被该校在 ED 中录取，而你也接受了该校，那么你就得接受该校给你的任何奖学金方案，或没有奖学金的决定。美国有三百多所大学给申请人提供提前决定的录取机会，一般来说，这些都是排名靠前的大学。

ED 只能申请一所学校，如果被学校录取了必须要去，不能拒绝。选择 EA 的话，可以申请几所学校，学校录取了可以选择不去，甚至可以等到常规录取有结果后再答复。ED 虽然只能申请一个学校，但录取率会比 EA 要高。在现实的申请中，如果在 ED 和 EA 中选择的话，大部分人会选择 ED，申请不到学校也不会影响后面的 RD 申请。

申请提前录取的结果会有两种情况：一种叫"Deferred"（延迟决定），也就是说，你的申请既没有被接受也没有被拒绝，你的申请将被推迟到常规录取（RD）的阶段，与其他申请材料一起重新评估、重新考虑；另一种叫"Denied"（拒绝接受），顾名思义就是你的申请已被明确地拒绝（并且在一年内不会再考虑你的申请），你必须在常规录取阶段另行申请其他学校。

RD 是常规的申请方式，是美国高校最基本、规模最大的招生方式，在申请中所占比例最大，学生可以同时申请多所大学，录取以后，学生可以自己决定就读的学校。常规录取最早截止日是加州大学系列分校的 11 月 30 日，截止日期大部分集中在当年申请的 12 月至次年的 1 月，个别学校截止日期在次年的 4 月（如匹兹堡大学的截止日期是 4 月 1 日）。

在常规申请中，有的学校会采用滚动录取（Rolling Admission），没有所谓的申请截止日期，就是在收到学生的申请材料后，立即开展审核工作，最快可以在两个星期内通知该生是否被录取，一般会在一个月内通知该生是否被录取。

还有一种录取方式是针对海外学生的双录取，实际上是有条件录取（Conditional Offer），即语言和专业课同时录取。主要针对那些母语为非英语的国际学生，学习成绩符合或基本符合美国大学的入学要求，但语言成绩还没有达到学校的要求。通常情况下，录取学校会发出两份录取通知书：一份是该校的语言中心录取通知书，另一份是该校的本科有条件录取信。学生入学后，先进入语言中心学习英语，语言过关后，则无须另行申请，可以直接进入大学本科学习。

美国大学的录取标准跟中国高校的录取标准差别非常大，申请美国大学的话，申请人的学术能力重要，非学术能力也很重要，而且评估学术能力有多项考核标准，标准入学考试（类似中国高考）成绩只是其中一项指标。

什么样的学生可以上美国名校呢？当然是学习好、有特长的学生。美国大学综合考量一个学生，这给学生很多机会，考试成绩差一些，可以在别的方面弥补，比如参加过什么比赛、获得过什么重要奖项、参加过什么社团、做过什么公益……这些都是加分项。

美国大学招生委员会可以从诸多的申请材料中获得所有关于你的信息，通过对这些信息有条理的分析和评判，从中得出你是否适合在该校学习。

在学习能力方面，大多数学校当然喜欢成绩好、分数高的学生，但他们更喜欢那些在学习上表现比较稳定或者目前正处在上升阶段的学生。美国精英大学喜欢那些愿意挑战自己智力和极限的学生，以及那些不断扩大知识面、发展个人兴趣爱好的学生，他们也喜欢那些对某个专业领域有浓厚兴趣的学生。

在课外活动方面，美国大学感兴趣的是：你是如何打发学习以外的时间的？你在课堂之外是一个什么样的人？如果你在学习之外还有所专长，那么你在该项活动中所取得成就的大小肯定能引起招生官的注意。相对那些没有什么课外特长的人来说，你的特长是不是有价值并不重要，只要你在该项活动中的投入比在其他爱好上投入得多，并能说出为什么更喜欢该项活动，就可以取得较好的效果。招生官一般都希望申请人能抓住这个机会，充分地表现自己。这方面在申请中的Essay（短文）会问到，比如问你：如果明天下午有时间你会干什么，你喜欢参加什么活动，等等。

在申请材料中突出个性化。申请个性化会最大可能地帮助你在众多申请人中脱颖而出，而个性化的策略就是要在申请过程中向招生官介绍你是谁，充分展现你的特点。

招生官看重什么呢？首先是对申请人的整体评估，然后看你有没有自己的特点——比别人优秀的东西。每一位申请人都会被招生办公室的数位审核者评估，然后划分一个等级。这些评级会在招生委员会的会议上进行审核，由全体招生委员作出决定。在决定录取之前，委员们通常从以下几方面对申请人进行评估：

1. 学习成绩单

在申请美国大学的时候，不同学校对于 GPA 的要求不同，学生一定要弄清楚自己的学习成绩是否达到了相关学校的成绩要求。

什么是 GPA？

GPA 英文全称是 Grade Point Average，即平均成绩点数，或称平均分数、平均绩点。GPA 有多种"规格"，例如 4 分制、4.5 分制、5 分制，也有不同的算法。GPA 的精确度往往达到小数点后 1 到 2 位，如：3.0、

3.45。一般而言，绩点与百分制均分是这样对应的（以 4 分制为例）：75 分以上对应 2.5 以上的绩点，80 分以上对应 3.0 以上绩点，85 分以上对应 3.5 以上绩点。

GPA 反映申请人的学习能力，是世界名校选拔优秀学生的重要依据。虽然只是个简单的数字，但 GPA 却很直观地反映了你在校期间的学习成果，也是学习能力的一个体现。很多学生平时花很多时间和精力去准备雅思、托福考试而忽视了 GPA 的重要性，这是得不偿失的，一定要先保证 GPA 获得高分的情况下，再把其余的时间和精力去准备出国英语考试。

高中 GPA 和班级排名是衡量学习能力的一个重要指标，美国高校青睐班级排名前百分之十的学生，但是仅有一个漂亮的高中成绩是远远不够的，美国大学更加关注的是申请人的综合素质与能力。

在美国上高中的学生，他的成绩单比国内学生重要，因为在中国，由于学生提供的成绩单一般有水分，没有可比性，大家都是平均 90 分以上，学校很容易盖章，不为难学生。这种情况美国大学也明白，所以成绩单不可缺少，但是已经不是很重要了。美国高中是 9 年级至 12 年级，一共 4 个年级，所以中国学生需要提供初三成绩单，初三相当于美国学校的 9 年级。

在准备申请材料时，学生要到自己原来上初三的学校开出官方成绩单并盖学校公章，用学校的信封装上，并在信封的封口处盖章，这是初三的官方成绩单。而高中成绩单另外开出来，也一样盖章，在读生还要开在读证明，毕业生就要把毕业证书那一页翻译成英文成为毕业证明并盖章。

2. 托福、SAT 等考试成绩

对于中国学生来说，托福和 SAT 标准化考试成绩在申请中最重要，其中 SAT 分为 SAT1 和 SAT2，申请美国综合排名前 50 的大学，一般要求 SAT1 成绩；申请美国综合排名前 30 的大学，除了要有 SAT1 成绩外，很多学校还要求 SAT2 成绩。托福成绩可以判断出学生的英语水平，而 SAT 成绩可以预测学生进入大学后的学习能力。也可以用雅思代替托福成绩，一般申请英联邦国家的大学用雅思成绩。

申请美国大学用托福和 SAT 两项成绩比较多，正因为托福、SAT 这两项成绩很重要，所以决定要留学美国的学生最好从高一开始参加托福培训，越早准备越可以考出高的分数，等托福达到 80 分以上的水准后再参加 SAT 培训。

托福是申请美国本科最基础的条件，考 100 分（满分 120 分）相对有竞争力，考 80 分算一般。想进美国 TOP50 大学，托福最好有 100 分；想进美国 TOP30 大学，托福最好能上 105 分；想上藤校的话，托福都是奔着 110 分去的，最少也要有 108 分。

有的学生本来想申请英国或澳大利亚的大学，所以学习雅思，并且参加了考试，后来改变主意想去美国留学，但是已经考了雅思就不想考托福，所以也可以用雅思成绩来申请美国大学。

SAT 俗称"美国高考"，是美国大学评判学生能力和录取学生的重要标准，相当于中国高考。不限制考试次数，但通常建议不超过三次。它跟托福考试的区别在于：托福考查的是学生的语言能力，而 SAT 考查的是学生的逻辑推理能力。

ACT 是对学生综合能力的测试标准，这个考试被很多美国大学承认，但以中部和西部大学居多。ACT 跟 SAT 不同，ACT 考试更像学科考试，更强调考生对课程知识的掌握，同时也考查考生独立思考和判断能力。ACT 满分是 36 分。

AP 课程在申请中绝对加分，并且在入学后能转换大学学分，如果时间允许，建议尽可能多修几门（首选数学、物理、宏观经济学、微观经济学、统计学、化学等）。AP 满分是 5 分。

我曾经带过一个女生，她是北京某国际学校的 AP 班学生，到了 11 年级，托福才勉强考了 60 分，家长很着急，跟我抱怨说："学校让我孩子学那么多 AP 干吗？我孩子连托福 80 分还没考过呢，天天还在学死 AP！"最后，这位家长在我的建议下，让孩子转学到一所普通中学的普考班去，当年家长让孩子去国际学校读 AP 班就是个错误的选择。离开国际学校后，集中时间和精力备考托福和 SAT，最后这个女生被美国 TOP50 大学录取。

3. 学校要求的申请文书

美国大学的申请系统需要文书写作，比如 Common App 通用申请系统对文书的要求是从七个题目中选择一个，这个题目是你最有话想说、最想跟别人分享、最能体现你的性格特点的，字数不超过 650 字且不能少于 250 字。这篇主文书可以用在系统内的所有高校，适用提前申请（EA/ED）和常规申请（RD）。

另外，还有 UC 申请系统的文书，加州大学（University of California，简称 UC）的本科申请系统是共用的，从 8 个题目中选出 4 个题目来写，每篇文书不超过 350 个单词。

除了申请系统的主文书以外，很多美国大学还要求写 Essay（短文），题目和数量各不一样。文书非常重要，一篇有创造性的文书会让你脱颖而出，文书可以展示你的写作能力和思路，招生委员会的委员们可以通过文书了解申请人。Essay 在名校申请中的分量很重，中国很多优秀学生的各项考试成绩往往不分上下，而申请文书却能够将大家区分开来。

4. 推荐信

老师跟学生平时有很多接触，也了解学生，所以让老师写推荐信是必要的。老师可以在推荐信中写出学生的兴趣、能力等等，这些都是招生委员会的委员们想看到的。除了老师以外，还可以找高中的校领导写推荐信，在信中总结学生的学习情况，以及品质、性格和特长等。

5. 面试情况和个人特长

一般是美国排名前 20 的大学才会有面试这一环节，面试的形式有线下面对面，还有网络视频面试。如果是面对面的形式，一般由学校安排面试官在国内跟学生见面，有的面试官是直接从美国飞过来的大学教授，有的面试官是该校毕业的在中国工作的校友。

在个人特长方面，获得过全国性或世界性大赛的奖项对申请有很大帮助，比如获得国际奥赛数学金牌，或者获得过什么体育、音乐等国家级大赛奖牌。大多数学校希望录取的新生尽可能不一样，形成一个多元化的集体。成功的申请人不是那些表现得什么都会一点的人，而是在某一方面表现非常突出、其他方面也很不错。

参加国际竞赛对申请帮助很大，国内的大奖尽管不如国际的大奖，但是有总比没有强，部分国际性奖项甚至可以替代 SAT/ACT 成绩。我带过一个学生，他是国际奥林匹克数学比赛金牌获得者，他在高三还没毕业时就被北京大学数学系录取（保送），但是最后他放弃了北大，选择去美国留学，当时美国排名前 10 的大学，除了麻省理工学院以外，其他学校均需要 SAT 成绩，而他只有一个托福成绩，来不及考 SAT，最后麻省理工学院录取了他。

6. 个人能力和课外活动

个人能力和课外活动是招生委员会用来衡量学生是否全面发展的依据，如果你在某些领域有特殊的天赋，比如文学、音乐或其他，你应该把相关证明或作品（如 VCR 和画册）直接寄送到招生办公室，美国大学通常会考虑破格录取你。参加公益活动对于申请美国大学的作用也不可忽视，尤其是申请名校。

曾经有一个学生想去美国大学读传媒，她在高中写了一部长篇小说，然后出版成书。在书出版后，她到一些乡村小学开展送书活动，把稿费送给上学有困难的农村学生。这个出书项目对申请帮助很大，她最后被一所美国 TOP10 大学录取。当然，她的硬件也不错，就是说学习成绩、托福、SAT 成绩达到美国 TOP10 大学的录取要求。

二、申请需要的各种考试

有些学生天生喜欢学习语言，在学英语方面有优势，这样他的托福、SAT 成绩容易比很多人考得高。我曾经带过一个托福小班，学员有清华毕业生、专科毕业生、高三学生……最后申请时，托福考得最高的不是那个清华毕业生，而是那个在读高三学生。他们的托福试题是一样的，那个高三学生考了 106 分，而"清华毕业生"在清华念了四年大学后，托福才考了 91 分，英语不是他的强项。

标准化考试是留学申请的一个重要部分，母语不是英语的学生必须参加语言考试，如托福或者雅思，如果想进美国排名前 50 的大学，除了托福或者雅思成绩，几乎所有大学都需要 SAT 成绩。如果在美国念了完整的四年高中，可以不用提供托福或者雅思成绩，但是大部分中国留学生也会考一个比较高的托福分数来申请。如果想申请奖学金，SAT 分数考得越高越好。

能否考取高分，跟自己的英语基础和投入的时间、精力都有关，跟找什么样水准的培训师也有关。一旦选择了出国留学，就要制订好学习计划和考试计划，管理好自己的时间。备战标准化考试，除了参加高价培训班，自己反复做练习题，没有什么捷径可走。有一点很重要，一定要趁早开始，毕竟背单词和做题都特别消耗时间。

申请美国大学绝大部分学生会选择考托福，有一小部分学生由于英语基础比较差会考虑考雅思。想进美国前 50 大学，托福要考到 100 分以上，只有个别学校会接受托福 95 分以上的学生。除了托福分数的要求，还要考 SAT，而 SAT 又分为 SAT1 和 SAT2，我们平时说的 SAT 一般是指 SAT1，满分是 1600 分。有一个原则是，先学托福再学 SAT，一般是在托福考到 80 分以上才能学 SAT，因为 SAT 比较难，必须有一定的英语水平才能学好。

如果托福考到 100 分以上，SAT1 考到 1400 分以上，那么可以申请美国排名 31—50 区间的大学，能否被录取还要看其他条件，不是说有这些分数就一定被录取；如果想申请美国前 30 名大学，托福要考到 105 分以上，SAT1 考到 1450 分以上，一般还要考 SAT2，考两门或者三门，每门 800 分。只有在托福和 SAT 的分数考到比较高的情况下，才有必要考AP，AP成绩属于锦上添花，对申请美国前30名的大学有帮助。

如果一个学生的英语基础比较差，而且英语又不是他的强项，建议他不要上国际学校的AP班，否则很难把AP学好，而且每门AP想通过也不容易，每门AP满分是5分，一般考到4分或5分，到美国上大学时才能转化为大学学分。

如果想进入顶尖的美国大学学习，或者想申请到奖学金，必须通过一些相关考试的高分来证明你自己足够优秀。以下为美国大学承认的各种考试：

1. 托福（TOEFL）考试

托福是由美国教育考试服务中心（ETS）测评研发的对母语为非英语国家的学生的英语语言测试，英文全称是Test of English as a Foreign Language，英文缩写是TOEFL。

托福由四部分组成，分别是阅读（Reading）、听力（Listening）、口语（Speaking）和写作（Writing），每部分满分30分，整个试题满分120分。自2019年8月1日起，托福考试时间被缩短为3小时，较之前缩短了30分钟，整体考试形式、题型和评分标准保持不变，只是阅读、听力和口语部分的题目有所减少。考试的顺序是：阅读、听力、口语、写作。

阅读部分：阅读包含3—4篇文章，每篇文章有10个问题，考试时长54—72分钟。

听力部分：听力包含2—3个对话和3—4个lecture（演讲），每个对话包含5个问题，每个lecture包含6个问题，考试时长41—57分钟。

口语部分：口语部分考查考生在学术环境和校园生活中有效交谈的能力，一共有4道试题，考试时长17分钟。

写作部分：考生需要完成2道写作题目，即一篇综合写作和一篇独立写作，考试时长50分钟。

加试部分：一般实际考试中，考生往往会在听力或阅读部分碰到加试试题，也有可能阅读、听力两部分同时被加试。加试部分不算分，考生事先并不知道哪一部分是加试部分，所以应该认真对待。

其中，考完听力后，中场休息10分钟，之后开始口语考试。

2. 雅思（IELTS）考试

跟托福一样，雅思也是一项国际英语水平测试。雅思全名叫International English Language Testing System，简称IELTS，雅思已成为全球英语测评领导者。雅思考试于1989年设立，由英国文化教育协会、剑桥大学考试委员会和澳大利亚教育国际开发署（IDP）共同管理。

雅思考试分为两种：一种是academic（学术类），用于测试应试者的英语水平是否能够在英语环境中就读大学本科和研究生课程，这一点与托福考试有些类似；一种是General Training（普通培训类），侧重评估应试者是否已具备在英语国家生存所需的基本英语技能。

雅思考试有两种形式：机考和笔考，可以自由选择机考。以前一直是笔考，目前还是笔考占的比例多一些。两种考试模式、考试内容都一样，在考试内容和口语考试环节上，雅思机考和笔试并没有区别，区别在于一个是在电脑上操作，一个是传统的笔试。

机考模式保留了雅思考试一贯的严谨性，在考试内容、评分标准、难度等级、考试题型、考试安全设置等上都跟现行的纸笔模式完全相同。考生能够选择通过机考模式参加听力、阅读与写作三个部分的考试，雅思特有的"人人对话"口语考试模式仍将保留。

每个项目单独计分，满分9分，总分为四个单项所得分数算数平均后取最接近的整分或半分（优先取上）。全部四个单项考试时间大约3小时，下面就按考试顺序为大家详细介绍考试内容：

听力部分（40分钟）：前30分钟内会陆续播放4段语音，依次为生活类双向交流的谈话、生活类介绍性独白、学术类2—4人讨论、学术类独白。全部录音播放完毕后，有10分钟时间可以誊写答题卡。

阅读部分（60分钟）：阅读3篇文章，完成40道题目。

写作部分（60分钟）：写作包括两篇作文题目，前一篇150字，后一篇250字。原则上建议考生用20分钟完成前一篇作文，后一篇作文用40分钟。

口语部分（15分钟）：考试采用一对一的面试形式，没有严格的题型，更为轻松随意且贴近生活。

3. SAT考试

SAT是英文Scholastic Assessment Test的缩写，中文意思是"学术能力评估测试"，考查的是学生的逻辑推理能力，由美国大学理事会（College Board）举办，其成绩是世界各国高中生申请美国大学入学资格和奖学金的重要参考，它与ACT都被称为美国高考。

SAT原来满分是2400分，在2016年春天进行改革，总分变成1600分，新SAT分为阅读（400分）、语法（400分）和数学（800分）部分，写作改为选考。SAT成绩有效期跟托福、雅思一样是两年，新SAT考试时间为3小时，外加50分钟可选的作文考试。SAT一年可以考7次（在3月、5月、6月、10月、11月和12月的第一个星期六，以及8月的最后一个星期六举行）。

SAT考试包括三门固定科目（阅读、语法和数学）和一门选考科目（写作），具体情况分配如下：

阅读（Reading）：包括5篇文章，52道题目，考试时长65分钟，都是选择题，注重基于证据的阅读；

语法（Writing and Language）：包括4篇短文，44道题目，考试时长35分钟，都是选择题，主要考查基本的语法和文本逻辑，阅读和语法一共800分；

数学（Mathematics）：主要由不可以用计算器的部分和可用计算器的部分组成，主要考查问题解决和数据分析、核心代数，以及高等数学基础知识。不可以用计算器的数学部分共20个题目，25分钟；可以用计算器的数学部分共38个题目，55分钟，选择题为主，部分题目为简答题，数学部分总共800分；

写作（Writing）：新 SAT（2016 年改革，原来满分是 2400 分，写作部分算 800 分）写作部分为选考，要求考生先读一篇文章，然后对文章的内容和表达效果进行分析和评论，共 50 分钟。

新 SAT 的写作将从三个方面进行评分：Reading（阅读）、Analysis（分析）和 Writing（写作）。每个分数都是由两位专业的评卷老师完成，每位老师给出的分数范围为 1—4 分，所以最终结合两位阅卷老师的分数后，考生最终成绩单每个方面的分数范围为 2—8 分。跟以往的写作考试不同，这三个分数彼此并不会叠加，也不会与其他单项合并计算，满分的文章分数为 8/8/8（三个分数分别对应 Reading、Analysis、Writing）。

SAT 作文成绩是附加分，不计入总分，但是作文成绩对美国名校申请同样是重要的参考因素。作文成绩由三个单项组成：阅读理解 8 分、文章分析 8 分和英语写作 8 分。如果考生的作文成绩达到 20 分以上，就可满足所有大学的录取要求。如果考生目标院校是美国综合排名 50 以外，可以不必参加作文考试。

我们通常说的 SAT 指的是 SAT1，还有 SAT2 考试，一般申请美国前 30 名大学的学生都会提供 SAT2 成绩，提供两门或三门成绩（每门满分 800 分），美国前 30 名大学只有个别学校不需要 SAT2 成绩。SAT2 考试是 SAT subject test 的简称，它是一种专项考试，考查的是学生的某一个具体学科的能力，我们习惯称作 SAT2，是为了区别于大家最熟悉的 SAT 考试，它们有个共同点，均属于 College Board 主持的考试，报名、查分和寄分等都是在该网站上进行。

SAT2 考试的特点是知识点相对简单，但是覆盖面广、考试题量大、考试时间短、容错率低。所有 SAT2 的考试时间都是一个小时，在一个小时内完成 50—80 道题。考试难度比较低，很多学生一次考三门都能考满分（每科满分 800 分），或者某门只扣个 20 分。一般是在考完 SAT1 以后再去考 SAT2，而且 SAT1 的分数已经达到美国前 30 大学的要求，否则考 SAT2 对申请大学没有意义。

目前SAT2分为数学、科学、语言、英语、历史与社会科学五大类，其中数学类有数学一和数学二两门，科学类有物理、化学、生物三门，语言类有法语、德语、西班牙语等十二门，英语类只有英语文学一门，历史与社会科学类有美国历史和世界历史两门，以上加起来共计二十门考试。SAT2题型特点是：SAT2大部分为选择题，主要考查考生某一专业的知识。

4. ACT 考试

ACT全称是American College Testing，中文意思是"美国大学入学考试"，由美国大学测验组织机构主办，是美国大学本科的入学条件之一，也是奖学金发放的重要依据之一。ACT考试与SAT考试均被称为"美国高考"，它并不是单纯的语言考试，而是对学生综合能力的测试。不仅考查学生对基础课程的掌握程度，也考查学生的一般学术能力，整体难度贴近高中生。ACT考试每年举行6次，具体时间分别是2月、4月、6月、9月、10月和12月，其中2月考试只在北美地区举行。满分36分，成绩有效期是2年，所有美国四年制学院及大学均接纳ACT成绩。

ACT考试分为四个部分：文章改错（English）、数学（Maths）、阅读（Reading）和科学推理（Science Reasoning）。另外，作文为选考。共计215道题，所有题目为选择题。考试时长为175分钟，其中英语45分钟（75道题）、数学60分钟（60道题）、阅读35分钟（40道题）、科学35分钟（40道题），还有一个写作40分钟（选做）。全部是选择题，题目简单，关键是时间不够，但对于中国学生数学应该很简单。写作题作为选考部分，由两个独立评分人给分，满分12分，不计算在总分中，而是单独给出分数。

从难度上看，ACT考试比SAT更容易一些，尤其对中国考生来说，选择ACT考试更容易在短期内获得相对满意的成绩。SAT阅读内容更深奥，还有填空题这一题型，要求考生要有相当大的词汇基础、推理能力和语言能力。而ACT的科学部分要求考生有较强的逻辑思维，考生普遍反映 ACT 数学要难于 SAT 数学。由于时间和精力有限，学生一般不会把 SAT 和 ACT 两个都考了，而是选择一个。

跟 SAT 不同，ACT 考试更像一种学科考试，它更强调考生对课程知识的掌握，同时也考虑到对考生独立思考和判断能力的考查。从时间上看，ACT 考试比 SAT 紧张；从难度上看，ACT 考试比 SAT 更容易一些，尤其对中国的考生来说，选择 ACT 考试可能更容易在短期内获得相对满意的成绩。正因为 ACT 是一个以课程为本的考试，许多要求 SAT Subject Tests 成绩的大学，都会完全或部分豁免 ACT 考生有关的要求。

中国大陆没有 SAT 考场，而 ACT 可以在国内考，这为考生提供了很大的便利。ACT 主办方已经在中国的一些大城市设置了教学考试中心，分别设在北京、昆明、上海、沈阳、天津、武汉和厦门等地。

5. AP 考试

AP 是 Advanced Placement 的缩写，即大学预修课程，AP 课程的考试由美国大学理事会主持，AP 成绩是美国及世界其他国家和地区的部分大学录取学生的重要依据之一，而且，申请美国大学成功入学后还可以转换成相应课程的学分。AP 是美国在高中阶段开设的具有大学水平的课程，已在美国 15000 多所高中里普遍开设，它可以使高中学生提前接触大学课程。已有四十多个国家的近 3600 所大学承认 AP 学分为其入学参考标准。

AP 考试时间定在每年的 5 月份，AP 采取的是 5 分制，3 分以上的成绩为大多数的大学接受，可以在今后上大学时折抵多至一学年的大学学分，少数顶尖大学要求 4 分或 5 分才能折抵大学学分。

目前 AP 考试有 22 个门类、37 个学科：统计学、化学、生物学、微积分 AB、微积分 BC、物理 B、物理（力学）、物理（电与电场）、计算机 A、计算机 AB、经济学（宏观经济）、经济学（微观经济）、英美文学、心理学、美国历史和世界历史等等。

考多少门课程不受限制，但不是越多越好，关键要做到有效，中国学生一般会考 3—5 门，大部分中国学生是为了申请美国名校才去考的。对于申请美国大学本科的学生来说，标准化考试的顺序一般是：托福或雅思，然后是 SAT 或 ACT，这两个重要的分数达到美国前 30 名大学的要求后，才会花时间和精力去考 AP，因为 AP 成绩对申请美国前 30 名大学有帮助。如果一个学生连托福 90 分都达不到，或者 SAT 连 1350 分都达不到，考 AP 没有意义，因为 AP 课程准备起来要花很多时间和精力，考高分很难，还不如把时间和精力用在托福和 SAT 的备考上，把托福和 SAT 这两个分数考高一点，用来冲刺美国前 50 名大学。

要不要考 AP 一定要慎重，一些家长和学生不听建议，自作主张报名参加 AP 考试，有一个家长给孩子报了 10 门 AP，到最后要考的时候，全部放弃了；有一个学生报了 4 门 AP，最后考试分数全部是 2 分，申请时都不敢递交，相当于前面在 AP 备考的时间和精力全部白费了，还影响了托福和 SAT 的备考。

三、美本怎么规划背景提升

跟国内高考不一样，美国大学的招生是申请制，录取体系的考核标准有很多，程序更复杂，不是仅凭一个考试分数就决定是否录取。美国大学的发展目标是构建一个多元化、全面发展的学生群体，录取时都采取对学生进行全面的、综合性评估的方式，也是确保录取的学生除了有卓越的学术能力以外，还有其他重要的素养。

在申请过程中，GPA、语言考试（托福或雅思等）分数、标准化考试（SAT/ACT 等）分数属于硬性标化成绩，也是学生经历的第一道必要"初筛"，这些被称为"硬件"。比如美国 TOP50 大学，GPA 需要在 3.6（88 分 / 百分制）以上，托福要求 100 分以上，SAT 要求 1400 分以上；申请美国 TOP30 大学，GPA 需要在 3.8（90 分 / 百分制）以上，托福要求 105 分以上，SAT 要求 1450 分以上。

随着申请美国顶尖大学的中国学生硬性分数的"水涨船高"，以及目前申请人所呈现的软性背景的雷同性，对于优秀学生来说，拥有独特而高品质的软性背景经历非常重要，如海外官方的背景提升项目、高含金量的学术论文或国际竞赛的经历等，并将这些背景在文书中合理体现，就能在众多申请者中脱颖而出。

在申请美国大学的时候，即使"硬件"已经达到各个排名段的大学录取要求，并不能保证一定被录取，这时候能够让自己脱颖而出的则是"软实力"，这也是除标化外的核心竞争力。软实力指的是：活动奖项、申请文书、推荐信和面试等。申请人的个人背景方面可以规划和加强，背景提升一般是指申请人在学术和课外活动方面取得的荣誉和成绩等等。

学生获奖情况（Honors，荣誉）和课外活动为什么如此重要？因为美国大学需要。Common App是美国大学（本科申请）通用网申系统，除了需要填写个人信息、家庭信息、考试成绩等，还要填写9至12年级（初三到高三）获得了哪些奖项、获得奖项的级别（学生获得的荣誉级别越高越有利于学生的申请），以及课外活动。

一位耶鲁大学的招生官说："很多学生以为学习刻苦、成绩出色就可以被大学录取，实际上这是不够的，我们的想法是，如果你每天回家除了学习别的什么都不做，那么理所当然地你的成绩应该得到A。相比之下，另一个学生的学习成绩跟你一样，但是他参加了很多重要的课外活动，很明显，我们会偏爱后者。"

以美本通用申请系统平台Common App为例，分析一下美国大学对于学生软实力方面的要求。在网申系统CA里，需要填写5个Honors获奖情况（学术方面）和10个课外活动，填写的单元是Honors（荣誉），隶属于Education（教育）下面，是学术方面的奖项，如果是课外活动的奖项不在此系列。Honors单元要简单列举从9年级开始在学术方面的突出成就和荣誉，选项从0—5，有的学生可能没有任何学术奖项，那么只能选择0；有的学生可能有5个以上的奖项，就选5个最重要的奖项来填写，5个奖项足以让美国大学招生官来判断申请人的学术成就。

关于奖项部分，最多可以填写 5 个，需要提供奖项的名字、获奖年级以及奖项级别。题目上有标注是 academic achievements（学术成就），也就是学术相关的奖项，所以需要填写自己在学习上获得的认可，可以写参加竞赛获得的奖项，参加某些项目获得的证书等等，注意获得奖项的时间，需要在 9 年级以及 9 年级之后，而且还要说明这个奖项是属于校级、州/省/地区级、国家级，还是国际级。

除了填写 5 个 Honors 获奖情况外，申请表还需要填写 10 个以内的课外活动，需要填写的内容分为：活动类型、参加活动所在年级（9 至 12 年级）、活动参与时长具体到每年多少周每周多少小时、在活动中具体角色和收获成果。每项活动的细节描写要求是 150 个字符以内，差不多是 20 个英文单词，只能用一些关键词描述一下。

从活动类型上来看，申请系统可选一共有 28 个选项。28 个活动一般会分为四大类型：学术类活动（实验报告、学术论文、课题研究等）、公益类活动（义卖义演、支教陪伴、社区服务等）、社团类活动（学校/跨校社团、模联、商赛等）、个人特长与爱好（才艺、个人发明、技能学习等）。

需要填写的内容有：

1. 活动类型具体提供的选项有：Academic（学术活动，各种竞赛和科研）、Art（艺术类）、Athletics（体育类）的 Club（普通俱乐部或社团）、Athletics（体育类）的 JV/Varsity（学校代表队）、Community Service（义工类的社区服务）、Computer/Technology（计算机或科技相关）、Cultural（文化类）、Dance（舞蹈类）、Debate/Speech（辩论演讲类）、Foreign Exchange（对外交流相关）、Internship（短期实习）、Journalism/Publication（新闻或出版类）、Research（跟科学研究相关）、Robotics（跟机器人项目有关）、School Spirit（跟体育相关）、Social Justice（跟社会公益相关）、Student Govt./Politics（学生会）、Work（Paid、有薪酬的工作）等。

2. 你担任的职位或领导岗位，有所在组织名称也可以一起填写。职位很重要，是属于领导还是普通参与者，给招生官传递的信息很不一样。如果只是随大流参与一个活动，那么这个活动在申请中没有什么竞争力。

3. 描述这项活动的内容，包括取得的成果和获得的认可。

4. 选择这个活动是在什么时候做的，有以下选项：9、10、11或者12年级，还是高中毕业以后。课外活动不能全部放在一年里完成，而是要拉开距离，有持续性。

5. 什么时间参与这项活动：是在上学期间、放假时间，还是全年？

还有就是考查项目的持续性：每周做多少小时？每年做多少周？你是否打算在大学里把这项活动继续做下去？

根据所申请学校的要求，在规划一个课外活动时要考虑几个方面：

1. 关于活动的级别：校级、省级、国家级还是国际级。

2. 关于活动的方向：学术类（如参加某项竞赛获奖）、公益类（如帮助弱势群体）、兴趣特长类（如画画、运动、乐器等）、领导力类（如作为领导者带领别人开展活动）、科研环保类（科研、调查等）、专业能力类（机器人、金融等）。

3. 关于活动的资源：了解现有哪些活动背景，这些活动是否还有继续发挥的空间；分析利用父母、亲戚拥有的资源，结合学生性格特征、将来就读的专业方向，为申请人设计个性化活动方案。

在参加活动期间，申请人的各项能力可以得到锻炼，能够慢慢发现自己喜欢并擅长的专业方向，同时还能获得奖项和证书，以及后期文书写作素材。

课外活动的重要性已经毋庸置疑，它跟托福、SAT一样，是美国大学录取的时候必须考查的一个重要指标。课外活动需要长期准备，并且为之付出努力，最后才能取得较好的结果。如果想等到把托福、SAT考到理想分数才去做课外活动，那么一切太晚了。

活动规划包括四个方面：

1. 学术类活动：向招生官展示自己的学术能力，可以通过参加竞赛、学术科研项目以及大学暑期课程（美国大学暑期学校）的形式来进行学术活动的补充，成果呈现形式可以是论文发表、书籍出版、竞赛获奖以及收获推荐信（大学教授）；

2. 公益类活动：关心社会问题，关注特殊弱势群体，多方面展示申请人的社会贡献精神；

3. 社团类活动：参加校内本身的社团活动，考虑自己的兴趣和申请的专业方向来选择社团；

4. 个人特长与爱好：根据申请人的特长，制定无可复制的个性化活动，并且在申请学校之前得到有效延展，向招生官展示自己的技能爱好，可以是长线坚持的，也可以是业余爱好。让招生官知道你平时除了学习以外，还会参与一些活动来排解压力。

对活动方面的建议是：每个类型都要有，同时一定要突出亮点。活动规划最重要的是想呈现给招生官一个什么样的自己，建议活动有自己明显的特色，既有围绕专业相关的重要活动，又有其他志愿社团等综合活动，让自己全面发展。不要为了扩充数量而做活动，在参加活动的时候，要积极投入，以及有自己的思考，最后有成果展示是最好的。这些对于申请方面是提升软实力的重要因素，也为申请时主文书附加文书的写作提供素材积累。

在规划自己的背景提升时，要特别注意的是：首先要熟悉美国大学录取学生的评估体系，然后背景提升要突出个性化。

很多美国大学录取学生都有其特有的评估体系，比如有一所著名的藤校，招收学生的前提是要先了解这个学生是否具有独特的创造性，是否有旺盛的好奇心和动力去探求新的领域？除了学习本专业的领域，学生是否关心其他领域的东西？是否有广泛兴趣……

以前我带过一个学生，先是被普渡大学拒绝了，他以为美国前50名的大学都不会录取他了，因为普渡大学的综合排名在50以外，结果他被加州大学欧文分校录取了，说明他适合加州大学欧文分校的评估要求。

想申请美国大学的学生，平时除了合理安排学习时间，还要去参加课外活动，参加各种比赛，做志愿者工作等。积极去承担一些组织工作，培养自己的领导力。在这些学习课本以外经历中所表现出来的卓越的组织能力、合作能力、领导能力，有助于让招生官员了解你是一个什么样的人，这些也是美国名校很看重的。

申请大学需要有自己的"亮点"，而背景提升正是在造就自己的"亮点"。进入到高中阶段，平时要花大量的时间和精力去保证GPA拿高分，能用来做课外活动或者参加竞赛的时间也是有限的，所以做什么活动或者参加什么竞赛都要认真考虑和筛选，尽量让自己很出彩。

积极参与这些活动，这些活动的经验和感受也正是后期写作文书的最好素材，因为是你自己亲身体验的。在申请学校时，会有很多个性化的Essay要写，每个学校的题目有所不同，题目多种多样，比如：你成长中遭遇的最大的挫折是什么，你又从中学到了什么？描述你生命中最有意义的一件事情，并解释为什么如此有意义，以及它是如何对你产生影响的……如果你在高中期间做过很多有意思的事情，那么就不用发愁写文书的时候没有素材，所以重视背景提升是一举两得的事情。

四、如何选择适合自己的大学

受全球疫情的影响，美国高校的国际学生人数整体略有降幅，但是中国仍然是美国最大的国际学生来源国。美国国际教育协会发布的《2021美国门户开放报告》显示，在2020—2021学年，中国大陆学生在美学习人数达317299人，相较于2019—2020学年的37.2万人同比下降14.8%，但中国留学生仍以34.7%的占比排在美国国际学生最主要来源国的首位。

在国际生最喜欢的美国大学中，纽约大学又一次拔得头筹，这已经是纽大位居榜首的第 8 个年头。另外，东北大学和哥伦比亚大学紧随其后。不过在入围的前 20 中，只有哥大这一所藤校，更多的是全美综排 50 名、100 名开外的大学，比如综排 117 名的亚利桑那州立大学直接冲到国际生人数排名榜的第 5 名！另外，加州大学共有 5 所学校（UCSD、UCLA、UCB、UCD、UCI）入围，不愧是最受好评的公立大学系统。

其他进入榜单的多是排名 30—50 之间的公立大学，一方面学校够大能容纳更多的国际生，另一方面能进入前 20 的国际生其实并没有那么多，所以这个区间的大学就成为大多数国际生的"第一选择"。

很多申请人在选校过程中会特意选择几所国际生录取率高的学校，国际生一方面增加了学校的多样性，帮助学生体验到不同国家的文化，另一方面也确实带给了学校可观的学费收入。从一定意义上来讲，大学的国际生占比越高，该校的文化更具多样性，国际化水平更高。

2022 年 11 月，美国国际教育协会发布最新一期的《2022 年美国门户开放报告》，该报告显示，纽约大学仍然是国际生人数最多的大学，国际生达到 21081 人。跻身前 10 的还有东北大学、哥伦比亚大学、南加州大学、亚利桑那州立大学、伊利诺伊大学香槟分校、波士顿大学、加州大学圣地亚哥分校、普渡大学和加州大学洛杉矶分校。深受中国学生喜爱的加州大学伯克利分校国际生人数也超过了 1 万人。

在选校的时候，要考虑所选美国大学招收的国际学生名额是多还是少，比如 8 所藤校当中，每年在中国大陆招生最多的达到一百多人，而像哥伦比亚大学才招一二十人，数量差别很大。每年招生人数多，被录取的机会自然多一些。

既然要选择学校，那么一定要先了解美国大学。

美国大学按照资金来源可以分为公立大学和私立大学，按照教育理念可以分为研究型大学和文理学院。私立大学没有政府的拨款，靠捐助解决财政。虽然没有政府拨款，但是美国的私立大学却是最有钱的，常青藤大学的资金储备基本都是几百亿美元。除了资金丰厚，私立大学的另外一个优势是不受政府的控制。美国是没有像中国那样金字塔式的教育监管体系的，虽然美国也有教育部，但是既不出教材，也不管考试。

私立大学不用政府资金，他们就有更多的学术自由，也不需要像公立大学那样倾向性地招收本州的学生，而是择优录取，把名额给全世界最优秀的学生。私立大学也有劣势，第一个就是费用高，私立大学的学费一年在4万美元以上，最高的已经超过6万美元；第二就是申请困难，私立大学学生人数一般都不会很多，再加上教学质量好，申请竞争激烈。

公立大学是依靠联邦和州的教育拨款维持生存，私立大学和公立大学从名字就能看出来，私立大学的名字一般都是以创始人命名的，像哈佛、耶鲁、康奈尔、斯坦福……公立大学一般都是加州大学某某分校，密歇根大学某某分校……公立大学的优势是费用便宜很多，一年学费能便宜两三万美元，还有就是招收人数多；劣势是教学水准平均不如私立大学，还有就是国际学生很难申请到奖学金，比如加州大学一系列分校（包括伯克利），申请本科的时候，官网明确说一律没有奖学金，不管你有多么优秀。

《大英百科全书》对文理学院的定义是："A liberal arts college is a college with an emphasis on undergraduate study in the liberal arts and sciences. A liberal arts college aims to impart a broad general knowledge and develop general intellectual capacities, in contrast to a professional, vocational, or technical curriculum."（中文意思是：文理学院是一所强调文科和理科本科学习的学院。与专业、职业或技术课程不同，文理学院旨在传授广泛的常识和发展一般的智力能力。）

文理学院（Liberal Arts College）是以本科为主的精英式教育，源于欧洲的贵族、宗教的教学传统，其教育哲学为培养具备广泛文化背景、高度道德教养和东西方文明知识的社会领袖人才，而不是像一般美国大学的一个主要目的是培训具体工作技术能力，为社会创造大批的中产阶级工作人员。文理学院注重全面综合教育，强调发掘学生的思维潜能，实现真正意义上的全人发展，其课程设置以基础学科为主，涵盖社会科学、人文科学、自然科学、艺术等门类，没有职业导向很强的学院（如商学院、工程学院），授课采用小班制。文理学院的特点是规模小、环境美、学费高和奖学金高。

选择读文理学院的价值是什么？文理学院两大作用，一是为研究生院输送人才。文理学院的学生都有很扎实的基础学科知识，这对研究生院的高阶学习非常有用。比如威廉姆斯学院，它每年会向哈佛、普林斯顿这样顶尖的研究生院输送大量的人才。文理学院的第二个价值是培养学生通识思维、横向思维的能力。研究型大学倾向培养学生垂直思维，比如学金融的，上的课、读的书全是金融类，学生除了金融其他学科都不懂。在文理学院，学经济的也要学历史，学生物的也学哲学，这样能够让学生的视野更开阔，思维方式更包容，在思考问题以及作决定时看的面也更广。

近几年来文理学院招生面临很多困难，并不是很受欢迎，主要原因是由于科技行业的大发展，还有就是金融危机，导致学生在选校的时候非常在意毕业后的就业问题。因为文理学院的优势是基础学科教育，所以流失了很多生源到工程类院校或者商学院。

从培养人才的层面来看，如果家里经济条件可以的话，本科选择读文理学院，到研究生阶段再读一个知名度很高的综合性大学，也是一种不错的选择。本科教育本来就应该是通识教育，是一个人走向成熟的关键阶段，文理学院的教育在这方面对学生有很大的帮助。文理学院有一大优势是比较容易申请到奖学金，我曾经带过几个学生，都拿到了全额奖学金，有一个中等水平的男生，竟然获得排名四五十的文理学院的半额奖学金。如果一个学生能申请到美国前30名综合性大学，那么他有很大的机会申请到美国前50名文理学院的全额奖学金，对于家庭经济条件一般的优秀学生来说，文理学院也是不错的选择。

想要深入了解一所美国大学，要从哪些方面入手呢？总结起来有以下这些因素：

1. 学校名气

一般都会参考 USNews 或 QS 的排名，大家都想念排名更加靠前的大学。出国留学是去读书，不是去旅游，所以应该把能否在这所大学学到东西放在首位。

2. 学费及给国际生的奖（助）学金

美国大学喜欢录取经济条件相对优越的学生，对于一些成绩非常优秀，但是经济拮据的学生怎么办？学生希望获得学校的资助，大学可以透过奖学金（scholarship）或奖助学金（financial aid）让一部分的学生付比较低的学费，并且自行决定要给哪些学生多少奖（助）学金。国际学生没有资格申请 FAFSA（美国政府提供的经济补助），少了这个重要的金钱来源，一些有经济压力的国际留学生只能选择能提供额外学费补助给国际生的学校。

3. 专业设置

首先要关注目标专业的质量，去系里的网站看这个专业都教哪些课，都是哪些教授教授。

4. 跨系选课

大部分学校都有这方面的要求，比如一学期最多不能选超过多少个学分的外系课程，以及毕业要求修多少外系的课程。

5. 跨学校选课

这是在大学城上学的优势，比如波士顿的哈佛、MIT 和塔夫茨大学，这三个学校的学生都可以互相到对方的学校选课；像卫斯理学院、布兰迪斯、MIT、巴布森学院的学生也可以互相到对方学校选课。有这样的福利一定要争取，所以在选校的时候也要考虑到这个因素。

6. 学生社团

每所大学对自己的学生社团都很在乎，甚至引以为傲，都会在学校官网上详细介绍有哪些学生社团。为什么学生社团很重要？大学四年是结识朋友、建立自己初步的社会联系的最关键四年，学生社团是建立这种联系的最佳平台。

7. 国际学生比例

国际学生比例越高可能会觉得越自在，而且可能种族歧视的情况会较少。国际生较多的大学可能会提供更多相关的活动或社团，在学习之外有丰富的生活体验，对于上本科的学生来说更在乎这个。

8. 国际学生就业服务

规模较大的院校都有专门国际学生服务中心，比如办 OPT、找工作都会用到它。如果一所大学能提供很多实习机会，那么你的求职之路会顺利得多。

9. 地理位置

地理位置能够带来除了学校自身优势之外的城市优势，比如在加州读计算机专业，实习的机会就比其他城市更多；比如在纽约大学念商科，以后就更容易在华尔街找到工作。

10. 校友资源

如果这所大学的校友在你未来想从事的行业的校友力量很强，那么毕业时在这个领域找工作也比较容易。

在考虑完这么多因素后，给自己的选校名单一个梯度，有冲击的学校、有稳当的学校，也要有保底的学校。

最后一步是：把选校名单打印出来，放在自己的面前，让自己安静下来想一想，问自己是否愿意在这张选校名单上的任何一所大学度过未来 4 年的青春时光。如果答案是，那么你的选校不会留下遗憾了。

五、选专业要考虑兴趣与职业方向

选择大学的时候，同时还要考虑自己感兴趣的专业和未来的职业规划。专业选对了，可以增强自己未来的职场竞争力。我带过一个女高中生，她的职业目标就是将来在大学里当教授，准备在美国读完本科以后，继续读硕士和博士。她选择的专业是生物，先是到威斯康星大学麦迪孙分校念了两年，后来转去一所文理学院读完本科。

究竟选哪些专业才会有比较好的职业发展前景？如何选择最适合自己的专业？想要选择适合自己的专业，最重要的是要做好两点：一是要认识自我，对自己有一个真正的了解；二是对未来有规划，了解自己在大学毕业后想干什么。

选择专业时，很多高中生会根据自己的兴趣或者学科优势来选择，比如有的学生喜欢计算机，马上会考虑选计算机专业，但是，这个专业很热门，想申请到美国前50名大学的计算机专业很难，这个时候就会在考虑学校还是专业优先上面为难；有的学生喜欢商科，想选择金融专业，其实，本科申请金融专业是死路一条，很难申请得到美国TOP50大学的金融专业，一般会曲线救国，就是先申请经济学专业，到学校读了一年后再转商科专业。

认识自我不是一件很容易的事，每天忙着上课、复习，忙着应付各种考试，很少有时间去思考：将来我要干什么？有一部分学生实在不知道干吗才好，一直都很迷茫。在申请美国大学的时候，有的学校会有这样的文书题目：你为什么要上大学？你为什么选择来我们学校读书？这个时候逼着你去思考。

有一类学生上大学是为了找到一份好工作，好工作可以分两种：一种是收入很高，还有一种是收入一般但是自己非常喜欢。有这种想法的学生，对自己的未来规划比较清晰，就是奔着找工作去上大学的，谈不上远大理想，但是很实在。

有一类学生有很强烈的名校情结，学什么无所谓，但是学校的牌子要响当当才行。这类学生大部分是还没有想明白将来要干什么，所以先上了大学再说。以前有句笑话说，只要清华大学录取我，让我读扫大街的专业也可以。

有一类学生是随波逐流型的，什么热门学什么，比如大家都说学金融赚钱多，那就学金融；或者学计算机好找工作，那么学计算机。

在作决定之前，先来了解一下美国大学有什么专业是最受欢迎的，既然有那么多人选择这些专业，肯定有它被选择的充分理由。美国著名职业类网站 Vault 公布过最有发展前景的七大职业，这些职业的年薪都很高，这七大职业分别是：数据科学家（相关专业：商科、计算机、数学）、Web 和软件开发人员（相关专业：计算机）、销售代表（相关专业：商科、其他专业学科领域）、信息安全工程师（相关专业：计算机、数学）、医疗健康工作者（相关专业：生物学、化学、健康）、监管代理人和合规律师（相关专业：法律、经济、政治）、可再生能源（相关专业：化学、地球科学、数学、物理、工程）。

以职业高收入为导向去选择专业没有错，但是它并不适合每一个人。难道上大学就是为了赚大钱？或者就是为了成为有钱人？我认识一个在芝加哥大学攻读语言学的中国男生，本来他可以选择商科或者计算机专业，但是他忠于自己的内心，读了一个将来不能赚大钱的冷门专业，是不是很可惜？其实，选择适合自己的专业更重要，他喜欢研究语言，从中找到了乐趣，从而实现自己的人生价值。选择专业时要考虑这个专业是否适合自己，只有适合自己，才有可能学好它，做到出类拔萃。

一些人眼中的低收入专业，其实并没有我们想象的那么"不挣钱"。一些领域内薪酬略高于中等水平的人，其收入水平和商科毕业生挣得其实差不了太多。比如，在专业收入排名中仅居第 60 位的英语专业，如果专业水平很高，可以做同声翻译，或者出国考试培训师，收入是相当高的。回国后当一名托福培训师，一般年收入都可以在 30 万元以上，他们的收费是一小时 300—600 元不等，甚至有上千元的。

有些大学的专业在专业排名上很靠前，但是综合排名并不排在很前面，选择的时候要参考专业排名。比如，纽约大学的金融或经济专业非常出名，专业排名很高，但是综合排名在二十多；像得克萨斯大学奥斯汀分校的会计专业是全美排名第一，但是综合排名在 50 以外；还有，像爱默生学院的传媒专业在全美排名前三，但是这个文理学院连全美文理学院的前 50 都进不去。

如果想根据未来职业方向来选择专业，一定要考虑将来是留在美国工作还是回国工作。比如说法律，就要很慎重，有的法律专业读完了回国找不到对口的工作。

选择专业的时候，要根据个人的兴趣、能力、未来职业规划等方面相结合来选择，总结起来有三点：一是申请人自身的背景与申请专业的匹配程度，二是申请人自身的兴趣以及将来的职业发展规划，三是考虑学校申请的难易度以及成功概率。

在给自己做选择的时候，我们可以了解一下别人是怎么选择的，哪些专业最热门。根据《2022 年美国门户开放报告》显示，在 2021—2022 学年，从国际生入读的专业来看，STEM 专业热度仍处于高位，报告显示，有 54% 的国际生选择入读 STEM 专业。数学和计算机科学类专业超过了工程类专业，成为国际生选择最多的专业，人数较上一学年增加了 10%，占国际生总人数的 21.1%；工程类专业不再是人数最多的专业，占比 19.8%。商科和管理类专业国际生人数基本保持稳定，排名第三，占比 15.5%。

美本和美研在选择专业的时候有很大的不同，申请研究生的话，你在本科已经在读一个专业，大部分会选择本专业申请，只有一小部分会跨专业申请，所以不必为专业的选择过于操心。高中生申请大学，对大学里的很多专业都不了解，比如不知道"自动化专业"到底是干吗的。美国大学有一个好处是，申请的时候有些学校可以不用填什么专业，入学后到大二结束才定专业。即使申请的时候已经选了专业，到美国大学学习一段时间后，发现自己所读的专业并不真正适合自己，可以在大三之前转专业。美国教育部统计显示，约有 30% 的学生在上大学期间至少会换一次专业，在选择专业的时候应避免一些惯性思维。

准备出国留学的高中生，平时忙于学习功课和出国英语备考，没有外力推动的话，他们也懒得去思考专业问题。有的学生是让家长包办，家长以为自己的社会经验丰富；于是自作主张给孩子决定报什么专业。在选择专业方面，家长的建议很重要，但是也要尊重孩子的想法。

我带过某重点高中国际班的一个男生，他很有音乐才华，在学校是个校园歌手，他想去美国读音乐，可是他的父亲坚决反对，说学音乐将来很难找工作，没准就成了一个流浪歌手，每次我和他们在一起讨论留学申请的时候，他们父子俩总是吵架。最后，那个男生坚持选择音乐专业，家长很无奈地接受。

有一个在美国罗德岛念高中的男生，给我的印象非常深刻，他早就决定要学习机械工程，从未改变。他的父亲是石化企业的高管，对孩子的选择很支持。其实，机械工程算是冷门专业，但是他有自己的理想，他想将来成为一名卓越的工程师。

其实，选择大学专业的时候，适合自己的就是最好的。

六、美本申请需要什么材料

美国大学的录取属于申请制，肯定是要准备很多申请材料，而申请材料可以分为硬性材料和软性材料两类，顾名思义，硬性就是固定的，而软性是可以改变的。

硬性材料有以下几种：

1. 中英文成绩单

美国的高中是9年级到12年级，相对应中国的学校是初三到高三，所以需要提供初三成绩单和高中三年成绩单。申请学校时，学生一般是正在念高三的第一学期，所以学生只能开出来初三、高一、高二的成绩单，等申请结束时，高三第一学期也结束了，美国大学会要求补交高三第一学期的成绩。等到录取结束、准备签证时，高三第二学期结束，学生要开出完整的高中三年成绩单，这份完整的成绩单要交给学校，而且去美国大使馆签证时也要带上。所以，高中成绩单要开几次，申请人要有这个准备。

需要注意的是，成绩单必须是中英文的，要盖学校的公章（校务处的章也可以），而且，要配上学校的信封，在信封的封口处也要盖章。如果学校需要成绩单原件，就把装在信封里盖好公章的成绩单用国际快递寄到校方指定的地址去。建议申请10所学校，就要开15封（多备份几份）成绩单出来。如果初三和高中的学校不是同一所学校，那么要分别去两所学校开成绩单。在美国人眼里，没有所谓的初中毕业证，所以初三成绩单只需要初三两个学期的成绩，不需要开初中毕业证明。

2. 毕业证明或在读证明

如果是在校生，需要在高中学校开出中英文的在读证明，跟高中成绩单一起开出来，上面要盖学校的章。如果已经毕业离校，那么开的是中英文毕业证明，也一样要盖章。

3. 语言成绩

申请美国大学一般会考托福，考雅思的很少。

4. SAT 成绩

想申请美国排名前50的大学，一般都会考 SAT 或者 ACT，选择考 SAT 的人较多。

5. AP 成绩

不是每个申请人都会考 AP，一般是把托福和 SAT 考出很高的分数后才会去备考 AP，属于锦上添花，没有 AP 成绩也可以申请美国前30名大学，有实力的学生一般会考 3—5 门 AP。

6. 存款证明

资金类材料主要是提供存款证明，申请美国大学本科一般要到银行存上定期6个月的50万元，银行会开出来中英文的存款证明，有的学校需要邮寄资金证明原件，大部分学校只要求在网申系统里递交扫描件即可。

在申请美国本科名校中，软性材料也非常重要，如果学生的托福、SAT 成绩不是很理想，就要在软性材料上多下功夫，会起到补救的作用。准备软性材料，一般要花两三个月甚至更长的时间，写好后请有经验的人阅读、提意见，然后不断修改。

软性材料有以下几种：

1. 简历（CV）

简历力求简洁明了，格式漂亮一些，文字简明到位，千万避免错误。简历的基本内容一般包括：姓名、家庭地址和邮政编码、联系的电话号码、E-mail 地址、教育经历、社会活动经历、获奖情况和文章发表情况等。

2. 短文（Essay）写作

美国大学的本科申请文书绝大部分是 Essay，除了大学网申系统出一样的题目外（比如 Common App 从 7 个题目选出一个题目来写），每个学校的题目都不一样，每篇 Essay 要求写 200 到 650 字不等，而且篇数有多有少，以两篇或三篇居多。加州大学有自己的申请系统，从 8 个题目中选 4 个题目来写。学校希望通过 Essay 更清楚地了解申请人的个性、背景、思想、价值观、分析问题或解决问题的能力、人生目标、逻辑思维及表达能力等。

申请人要特别注意学校对这些文件的要求，内容和字数都需要严格符合要求，超长就会减分。写得再好，如果文不对题也没用。好的短文是申请人在对所要申请的学校和专业有深入了解的基础上写出来的，注意突出自己的申请优势。

还有一点需要注意的是，学校想看到的是申请人自己的能力。比如，写为什么申请这所学校，应该谈你认为这所学校的哪些具体方面吸引了你，而不是只是过程的陈述。

3. 三封推荐信

美国本科申请一般需要提交三封推荐信，一般要求两封推荐信来自学校的主要任课老师（比如英语、数学），还有一封推荐信来自班主任或校长。推荐信的内容应做到尽量地真实，在老师客观正面评价申请人的同时，应该附上一些事例加以说明。好的推荐信不一定全部是最美的形容词，都是最高的评价。

除了以上所介绍的 CV、Essay 和推荐信外，还要填写学校申请表（application form）、中英文奖状或荣誉证书、特殊作品的英文说明（比如论文发表、出版著作）或作品集（艺术留学需要提供）。

七、申请文书写作

在美国大学本科申请中，申请短文（Essay）非常重要，也是最耗费时间的，需要反复修改，直到符合要求为止。如果申请时分数（包括高中成绩、托福、SAT）达到了学校的要求，那么短文就可能变成你申请最重要的部分。美国大学招生委员会需要有一个依据来区分所有分数达标的学生，这个依据就是申请短文，在短文中除了可以看到你展现出来的写作能力，还有其他重要的东西。

短文是区分你和其他申请人的最佳机会，如果前面的成绩考得好，那么在短文上下功夫，可以更好地保证你被名校录取的成功率；如果前面你的成绩考得一般或者差那么一点，那么在短文上下功夫，可以让你翻盘，有机会被名校录取，有时候一篇短文会改变一个人的命运。

短文是展示你思考能力和写作能力的契机，也是体现你性格、价值观、信念和抱负的机会。每所大学都有自己的申请短文要求，有的差别很大。如果要求你写一件重大事件，要确保写出你从中学到了什么，而不是只写发生了什么。千万不要把它写成一堆流水账，不能只在短文里对事件或活动进行描述，而是必须写出你从这个经历中学到了什么经验或教训。你所写的短文从技术层面来看不管是否正确，你的创造性智慧与思维才是大学招生委员会真正想要了解的，他们已经知道你的英语成绩和考试分数，他们还想了解你用英语表达你个人想法的能力。

下面以美国大学本科申请为例，列举一些学校的申请短文题目，想申请美国大学本科的学生都要事先了解一下要求是什么，要怎么去构思，要有一个心理准备。到申请季的时候，一边要忙于托福、SAT

备考刷分,一边要写申请文书,很多人都忙得不可开交,如果申请文书没有写好,将会导致申请结果大打折扣,这是很可惜的。

例一:Common App 通用申请系统是美国以及其他一些国家的大学本科入学的一站式申请网站,目前已经广泛适用于包括哈佛大学、耶鲁大学等众多名校在内的 740 余所大学。Common App 系统提供了 7 个 Essay 题目,申请人从 7 个题目中挑选一个来写,这篇主文书可以用在系统内的所有高校,最多写 650 字。

该系统要求写一篇主文书,每所高校还需要写补充材料,以便更全面地掌握申请人的个人信息。每个学校需要的补充材料不同,有的涉及家庭背景,有的是关于学习背景和课外活动,有的是需要多写几篇小文书。

1. Some students have a background, identity, interest, or talent that is so meaningful they believe their application would be incomplete without it. If this sounds like you, then please share your story.

如果你认为自己的某些特征,比如背景、身份、兴趣或天赋,是你不可缺少的一部分,它们会帮助你全面地展现自己,那么请分享属于你的故事。

2. The lessons we take from obstacles we encounter can be fundamental to later success. Recount a time when you faced a challenge, setback, or failure. How did it affect you, and what did you learn from the experience?

我们从苦难阻碍中学习到的经验教训对之后的成功至关重要。回忆一次你面对挑战、阻碍或者失败的经历,它是如何影响你的,以及你从中学到了什么?

3. Reflect on a time when you questioned or challenged a belief or idea. What prompted your thinking? What was the outcome?

回忆一次你质疑或挑战某种观念或者想法的经历。是什么启发了你的思考呢?结果如何?

4. Describe a problem you've solved or a problem you'd like to solve. It can be an intellectual challenge, a research query, an ethical dilemma-anything that is of personal importance, no matter the scale. Explain its significance to you and what steps you took or could be taken to identify a solution.

描述一个你已经解决或想要解决的问题。可以是智力挑战、研究调查、道德困境——任何对你个人来说非常重要的都行，不论大小。解释它对你的重要性，以及你是如何一步步找到或计划找到解决办法的。

5. Describe an accomplishment, event, or realization that sparked a period of personal growth and a new understanding of yourself or others.

描述一个让你成长或者重新认识自己或他人的成就、事件或者感悟。

6. Describe a topic, idea, or concept you find so engaging that it makes you lose all track of time. Why does it captivate you? What or who do you turn to when you want to learn more?

描述一个让你沉迷其中，甚至忘记时间的话题、想法或理念。它哪里吸引了你？当你试图去了解更多的时候，你会求助于什么样的帮助？

7. Share an essay on any topic of your choice. It can be one you've already written, one that responds to a different prompt, or one of your own design.

题目自拟，可以是你之前写好的文章或者任何你自创的选题。

在以上的7道题目中，第七个题目看似简单，其实是最难的，因为你写的东西跟其他6道题目有沾边的话，会让人觉得你写的东西很散，还不如在前面6个题目中选择一个题目来写，所以选择这道让自己自由发挥的题目一定要慎重。

Essay 题目范围广泛，比较强调细节、感悟和个人成长，写文书前一定要搞清楚招生官想要什么，申请人尽量通过文字展示出真实的自己。每年申请人看到这 7 个题目时，一时不知怎么选择。CA 曾经公布过 2018—2019 申请季每个题目选择人数占比，学生选择最多的是第七题（24.1%），其次是第五题（23.7%），随后是第二题（21.1%）。可见在激烈的申请竞争面前，更多的学生选择偏"个性化"的形式向招生官展示自己。

例二：美国加州大学系列（伯克利分校、洛杉矶分校、圣地亚哥分校、圣塔巴拉拉分校、欧文分校、戴维斯分校等）有自己的申请系统，我们称之为 UC 系统，申请人需要从 8 个 Essay 题目中选出 4 个作答，每篇文书不得超过 350 个单词。

加州大学的申请与绝大部分美国大学的申请不同，加州大学系统的申请是不区分提前申请（ED/EA）和常规申请（RD）的，所有加州大学（UC）只有一个秋季申请时间（11 月份），所以 11 月份对于加州大学的申请人来说至关重要。加州大学申请系统只在 11 月 1 日到 30 日之间开放，申请人需要在 30 天内准备好尽可能完美的申请材料。加州大学申请系统只开放 30 天，但是在 8 月 1 日就公布了 Essay 题目，而且近年加州大学的主文书题目没有变化，所以想申请 UC 的申请人可以提前研究题目，提前准备素材。

加州大学本科申请提供的 8 个 Essay 题目如下：

1. Describe an example of your leadership experience in which you have positively influenced others, helped resolve disputes, or contributed to group effort over time.

描述你的领导能力经历，你在团队中如何正面积极地影响他人，解决纷争，或者在团队中的贡献。

2. Every person has a creative side, and it can be expressed in many ways: problem solving, original and innovative thinking, and artistically, to

name a few. Describe how you express your creative side.

每个人都有创造性的一面，它可以通过很多方式表现出来：解决问题的能力，原创和创新的思维，以及艺术创作等等。描述一下你是如何表现你创造性的一面的。

3. What would you say is your greatest talent or skill? How have you developed and demonstrated that talent over time?

你最出彩的才能或技能是什么？你是如何逐渐培养并展现这项才能的？

4. Describe how you have taken advantage of a significant educational opportunity or worked to overcome an educational barrier you have faced.

请谈谈你如何抓住了一次难得的教育机会，或者你如何克服了眼前的教育障碍。

5. Describe the most significant challenge you have faced and the steps you have taken to overcome this challenge. How has this challenge affected your academic achievement?

描述你经历过最艰难的挑战以及你克服困难的方式。这段经历对你的学习有什么影响？

6. Describe your favorite academic subject and explain how it has influenced you.

哪一门学科激发了你的热情？简述你在课内课外深入探索这份学术热情的经历。

7. What have you done to make your school or your community a better place?

你为自己所在的校园或群体变得更好做过什么贡献？

8. What is the one thing that you think sets you apart from other candidates applying to the University of California?

除了你在申请中提及的内容，还有什么其他方面能让你在加州大学的申请中脱颖而出？

这8道题目涉及不同的主题，申请人要从这8道题目中选择4个题目写成文书。这8个主题，可以分为四类：第一，领导气质和社区贡献；第二，个人才艺和技能；第三，挑战和机遇；第四，学术。这四个方面会有一些交叉的地方，但侧重点不同。

在第一类中，社区服务和领导力多在课外活动、社团活动中体现，所以可以从第一题和第七题中选择一题来切入描写自己在课外活动中表现出来的气质；第二类侧重的是个人特点，不管是创造性的一面还是才能、技巧，都跟个人兴趣和爱好相关，所以从第二题和第三题中选择一个主题来套用素材展示个人优点；第三类是在看学生解决问题的能力，有比赛经验的同学写起来会觉得素材丰富，没有此类经验的同学也不用担心，学校关注的是利用机会或者克服挑战的过程和最后的心得；第四类是考查学生的个人学术能力，一门学科的学习可以把课内外很多活动串起来，能够展示学生的学术钻研、探索能力，以及坚持不懈的精神。

除了前面7个题目可以选择以外，还可以用第八道开放性题目来发挥补充，这样就能将自己全方位展示给招生官看。

例三：纽约大学本科的申请短文Essay（申请截止日期：1月1日）。

纽约大学跟加州大学一样非常受中国学生欢迎，申请纽约大学，需要提交常规的Common App材料以及补充材料，其中包括一篇简短文书。纽约大学的文书要求回答一个简单的问题：你为什么要来纽大？

附加文书：Why NYU?

We would like to know more about your interest in NYU. What motivated you to apply to NYU? Why have you applied or expressed interest in a particular campus, school, college, program, and or area of study? If you have applied to more than one, please also tell us why you are interested in these additional areas of study or campuses. We want to understand–Why NYU? (400 word maximum)

译文：我们想知道更多关于你对纽约大学的兴趣。你申请纽约大学的动机是什么？你为什么对某个校区、学校、学院、项目或研究领域感兴趣？如果你申请了不止一个，请告诉我们你对你申请的每一个校区、学校、学院或项目的兴趣。我们想知道，为什么你选择的是纽约大学？字数要求 400 字以内。

文书字数限制为 400 字，这意味着你有足够的空间展开说明纽大真正吸引你的理由。这类题都暗含另一个层面：为什么你认为这所学校和你匹配，这是最重要但也经常被许多学生忽略的部分。要回答这类题，首先要对学校有深入的了解。如果有过夏校访校经历，或者有亲友是 NYU 的校友或在读生，那你跟学校有比较直接的关联，可以从这种关联开始写起，自然引申出你对纽大的了解和向往。没有这类学校关联的学生，只能通过学校官网和一些传媒平台来了解学校。既然想申请美国 TOP30 大学，一定要想办法认识一到两位在校留学生或毕业生，即使花钱找机构帮忙也可以。

下一步是把搜集到的众多信息汇总，看看学校哪些地方比较强势，哪些活动比较吸引你，哪些资源能帮助到你，或者是学校的精神是否在某些时候与你相呼应……要具体指出是哪门课程、哪个教授、哪些你感兴趣的校园传统或社团活动等吸引你。最后把你自己的兴趣、学术目标、个人爱好跟这些学校的吸引点相关联。

纽约大学是全美国际留学生最多的大学，在校国际生超过 2 万人。在 2021—2022 申请季，NYU 本科大一新生总申请人数"暴增"至 10.5 万人，同比去年涨幅约 5%，创下近 15 年的最高申请纪录！

NYU 的 Common Data Set 数据显示，NYU 在 2019—2020 学年招录本科大一新生 5752 人，其中国际生只有 1392 人，国际生比例为 24%。当年入学的学生的总体成绩是：25% 的学生 SAT 低于 1370 分，25%

的人高于 1510 分；42% 的学生高中 GPA 是在 3.25—3.49 之间，28% 的学生是在 3.75—3.99 之间。

在 2020—2021 学年 NYU 招录了 6701 名本科大一新生，其中国际生 1623 人，国际生比例为 24%。被录取学生成绩方面：25% 的学生 SAT 低于 1390 分，25% 的人高于 1510 分；40% 的学生高中 GPA 是在 3.5—3.74 之间，24% 的学生是在 3.75—3.99 之间。

总之，从以上介绍的美国大学的申请短文可以看出，要求不一样，需要花时间和精力去思考。写得好，自然可以给自己的申请加分，一定要认真对待每一篇 Essay 的写作。建议学生趁早把托福和 SAT 的成绩考出来，在申请季才有足够的时间和精力来打造申请文书。

尽量多了解美国大学本科申请需要写什么样的 Essay，可以让申请人有个心理准备——在申请季自己要花多少时间和精力来完成 Essay 的写作，按一个学生申请 10—15 所美国大学来计算，需要写二十多篇 Essay。有很多学生在写 Essay 时不是很愿意付出时间和精力，心想交给留学机构"代写"是最好不过了。如果想申请美国 TOP30 或 TOP10 的顶尖大学，千万不要想着让别人"代写"，自己一定要积极参与！因为申请文书特别讲究个性化，写出一个独特的自己！这是 Essay 的写作宗旨。

有的学生为了把托福从 100 分考到 105 分，为了准备一次托福考试，可以付出 80 小时参加托福冲刺培训，可以付出一星期时间连续做真题训练，然而，花在 Essay 写作上的时间却很吝啬，甚至付出 8 个小时都不愿意。

八、面试准备和定校

申请美国大学本科的时候，一般是美国排名前 20 的大学会要求面试，排名靠后的大学不需要。申请博士项目绝大部分要面试，申请硕士一般不需要面试。不管是什么类型的面试，你要把握的核心内容有两点：一是让自己与众不同，二是表明你对这所学校的喜爱。美国名校向来竞争激烈，这是高手间的较量，好比奥运会赛场上的杰出运动员较量，一丁点儿的粗心大意都有可能导致前功尽弃。

面试通知一般是先发来电子邮件，在递交网上申请后，申请人每天都要查看自己留下的电子邮箱，以免错过面试时间；还有一种是电话通知，接听电话显得很重要。有一位学生，因为去国外旅行错过了接听美国某所排名前10大学的面试通知，很遗憾没有被录取，最后去密歇根大学安娜堡分校念本科，后来我帮他申请到美国TOP10名校攻读金融硕士。

美国大学为什么要设置面试这一环节，它的作用是什么？通过面试，可以进一步评估学生的英语口语、沟通能力、思维水平、性格特点和价值观等等，从而判断他们有足够的英语能力面对大学学术和生活，特别是口语和听力部分，就是说到了美国大学，你能听懂老师讲课，也能用流利的英语跟老师、同学交流，还有日常生活也需要英语。

申请竞争越来越激烈，增加面试这一考量，使更为优秀的申请人多一个展示自己的机会，比如进一步考查学生对于专业兴趣的了解程度以及对于申请大学的匹配程度等。

通过真人面试，可以判断申请人的真实性，通过面试对申请人提供的材料内容加以证实。最近几年，一直存在考试作弊现象，背景提升也存在很多水分，如申请文书代写等等。为了招到货真价实的优秀学生，排名较高的美国大学对面试一直都很重视，面试可以有针对性地考查申请材料的真实性，判断申请人是否真的很优秀。

从面试目的来看，有这样两种形式：

1. **评估型面试**（Evaluative Interview）

以评估学生的情况为目的，是真正意义上的面试，也是大多数学校采取的面试类型，面试报告也会作为申请考核中一份重要的材料。面试官会通过询问一些问题，来测试学生是否匹配学校的招生要求，并且考查在书面材料中不能完全体现的内容。

2. **信息型面试（Informational Interview）**

主要是为了让学校和学生彼此之间更加了解，面试官会在交流中对考生提出的问题进行解答，最后生成的面试报告也仅作为参考资料呈报。目前提供该类型面试的有康奈尔大学、瓦萨学院和科尔比学院等。

从面试呈现方式上来看，可以分为两种形式：

1. **线上面试（Virtual Interview）**

由于疫情的影响，这两年线上面试几乎已经成为主流。通常来说，线上面试还可以分为两种——直接连线或提交视频。直接连线通常是通过 Skype、Face Time、Google Hangouts、Zoom 之类的线上平台，具体看学校的要求；线上提交视频这种形式是这两年陆续出现的，比如芝加哥大学、布朗大学就采取了这种方式。

例如芝加哥大学的要求是：可提交 2 分钟的介绍视频，不需要特别的剪辑和修饰，仅作为补充介绍自己的材料（非强制性要求）。

2. **线下面试（In-person Interview）**

线下面试主要是有校园面试（Campus Interview）和校外面试（Off-Campus Events）。

校园面试有一点儿类似于提供一个前往学校参观考察，顺便面试的机会。在学校官网注册预约，然后由招生官或在校生在校内进行面试，通常还会安排校园导览的环节。校外面试就是在学校以外的线下进行面试，比如有些校友面试会安排在当地的某个咖啡厅。

从面试官人选上来看，可以分为三种形式：

1. **招生官面试（Admissions Officer Interview）**

官方面试的面试官为招生官或者招生官助理等招生办人员，包括校园面试和远程面试。远程面试通常为视频面试，时长一般在 20—30 分钟。在提交大学申请后，学校提供的大多数是筛选性面试，这是在申请材料上对学生进行一轮筛选后给予的面试，这种机会比较有价值，这种面试不会给太长准备时间，通常为 2—5 天。

2. 校友面试（Alumni Interview）

校友面试是由已经从这所大学毕业的校友进行线下或者线上面试。这是国际生经常遇到的一种面试形式，由于各个学校的招生办人手有限，也不太可能前往世界各地去进行面试，所以在当地的校友们就成为学校考核申请人的一个窗口，一般会根据申请人所在地区或就读的学校进行匹配。校友面试的特点是校友不一定有特别丰富的做面试官的经验，校友面试内容往往比较随意，更倾向于闲聊，时间一般会比较长，需要1—2个小时，学生要多准备一些谈资。

3. 第三方面试（Third-Party Interview）

第三方面试不是学校直接提供的面试，而是由第三方面试公司Initialview（初鉴）或Vericant（维立克）同时提供面试和笔试两种形式，需要学生花钱（费用在2000—3000元）进行预约和进行面试流程，具体面试的形式也分现场和线上两种，面试结束后可以拿到面试视频和笔试成绩，学生根据自己的实际表现选择性地提交给大学。如果对面试效果不满意，还可以预约二次面试。

一些比较重视面试的大学没有直接给学生提供面试的能力，就会依托第三方面试平台，强制要求或者强烈建议学生进行面试后发给大学作为申请材料的一个重要环节。

在申请中的面试是最能体现个人魅力、风格的时候，申请人应该好好利用这个展示自己的机会，能够放开自己，不要因为压力而显得拘谨。面试对口语要求比较高，肯定是纯英文面试。有机会参加面试的学生，托福分数一般在100分以上，口语应该没什么问题。

面试过后，学校就要开始发放录取通知书，幸运的话，你将会收到该校的录取通知书。当然，没有面试环节的学校也会给你发来offer，如果答应的话，需要交几百美元或更多金额的定金。有的学校在寄出录取包裹时就已经把用来签证的I-20表格也一起寄了，有的学校是等你答应并交了定金后才发I-20表格。

申请学校的时候，原则上是你选的这些学校一旦录取你了你是愿意去的，如果多个学校录取你，就要做出选择。在选择学校上，有些学生犯难了，觉得这些学校都不错，不知道选哪个才好。这个时候，要跟有经验的留学顾问或者已经在美国读书的中国留学生交流，要认真审视自己——到底喜欢什么样的学校和专业，要考虑自己将来读完本科后是否继续读研，还要考虑自己的职业方向，以及大学毕业后是留在美国还是回国。

在美国大学念本科的中国留学生，大部分会考虑毕业后继续读个硕士，少部分会读博士，既然还要读下去，那么上一个什么样的大学要考虑将来申请研究生是否有利。举个例子，一个叫陈佳的女生，申请美国大学本科时，托福和 SAT 成绩都很高，其中托福是 108 分，最后被最好的艺术院校罗德岛艺术学院录取，读建筑设计专业，但是，大学毕业时她的 GPA 只有可怜的 3.1，她在申请美国大学硕士研究生时进不了排名前 30 的大学，因为 GPA 太低。陈佳跟我抱怨说，她在著名的罗德岛艺术学院很难拿到好成绩，因为考试太难了。申请硕士项目时，GPA 是最重要的，这样陈佳就很吃亏。她说，她的一个高中同学申请美国本科时，托福和 SAT 都不如她高，最后去了美国一所排名四十多的大学，但是申请硕士研究生时，因为 GPA 很高，竟然被康奈尔大学录取了。

我带过一个学生，申请美国大学本科时，被加州大学伯克利分校、加州大学洛杉矶分校和南加州大学录取，她最后选择南加州大学，而放弃加州大学伯克利分校的原因是该校的功课很难拿高分，不仅怕很难毕业，也害怕 GPA 不高影响将来的硕士申请。结果证明，她的选择是很明智的。

其实，去美国读本科上的大学即使不理想，也不要失望，只要在大学四年好好学习，拿到很高的 GPA，将来申请研究生时，很有希望读个藤校或者美国 TOP30 大学。

在面对收到几个 offer 的时候，要头脑清醒地想一想决定接受哪一所大学的 offer，这是最后的选择，对未来的升学和人生非常重要。

第四章

美国名校本科转学规划

在中国，想从普通大学转入名牌大学（211或985大学），基本上不可能，想上一所名校，只能回去重新参加高考或者考研。美国的教育体系存在很强的弹性，积极鼓励学生转学。对于一些想追求更高层次教育的学生，美国大学提供了很好的转学机会。

试想一下，假如你高考发挥失常，没有进入心仪的大学或者没有念上自己喜欢的专业，而家里可以支付你留学四年的学费和生活费，那么为什么不考虑一下本科转学呢？如果你是普通大学的学生，有着高远的志向，想追求更高层次的教育来增强自身的社会竞争力，那么还等什么呢？

想转学去读美国大学本科的人群大概有这么几类：

1. 高考失误未能进入国内理想大学的在读本科生，对所读大学不满意；

2. 本科学习一段时间后对专业不感兴趣，希望通过转学改变专业，以找到更适合自己的学习和发展空间；

3. 新生申请入读美国大学未能一步到位，希望通过转学转入自己心中的理想大学；

4. 在其他国家大学就读本科，想换一个大环境去美国大学就读本科；

5. 高考失误的大专学生，在国内续读本科比较困难。

一、什么时候申请转学最合适

从理论上讲,转学申请宜早不宜迟,大学各个年级的学生都有转学机会。选择大一结束时转学,适合准备充分的学生;大二结束时转学,相对来说学校选择面最广;大三结束时转学,会相应损失一部分学分;如果选择大四转学,那么只能考虑转读第二学位,即换一个专业。大部分院校转学最多只承认转两年学分,这意味着转学后至少还要读两年时间才能修完学业,一般需要两年半至三年半的时间才能拿到本科学位。

跟高中生直接申请本科一样,转学也分为春季和秋季入学,只是开设春季入学的学校数量有限,顶尖大学开设春季转学项目较少,而且,开设春季转学的顶尖综合性大学和文理学院会优先录取美本在读的学生。春季申请截止日期一般在10—11月,个别学校可能更早,如果学生能够在上半年完成标准化考试,又想早些去美国,对排名没有过高的要求,可以考虑春季入学申请。春季入学申请的截止日期是在8—10月,申请结果在11—12月出来,而学校通常在1月开学(也有3月份左右开学),这样时间很仓促,学生拿到录取通知书后用来准备签证的时间比较短。

如果想申请美国TOP30这种量级名校的转学,秋季转学是最适宜的,因为准备得会充分一些。秋季入学申请截止日期一般在入学当年的2—4月,学生有更多的时间准备考试和做背景提升,来增加申请名校的竞争力。申请加州系学校转学的学生要特别注意,申请转学的截止日期和新生一致,都是11月30日。另外,还有个别学校不开设转学申请。

很多美国大学对于大学转学生要求修读30学分以上,也就是一年的学业课程。也有学校要求修满60学分的,有的大学只接收念完大二的转学生,也就是只针对大二在读的学生开放转学申请。

美国本科转学的最佳申请时间是大一入学就趁早准备,在大二提交申请，大二结束时赴美入读本科。根据年级不同，具体情况具体分析：

1. 大一转学：更适合在美本就读的学生

大一转学一般是在大一上学期结束后申请，只有一个学期的成绩。很多大学转学需要学生拿到30学分，学生上完整个大一才会有这个分数。有的学生进大学前修过几门AP，进校后可以转化成学分。学生刚开始大学生活，跟老师还不可能建立深厚的感情，这时候要找老师写推荐信有一定的难度。大一新生所经历的大学生活太短暂，课外和学术活动的积累还不够充分，显得比较仓促。如果勉强申请，被拒的风险性就会很高。如果在高中阶段就有留学方面的准备，英语底子好，对美国的情况比较了解，适应能力强，又不想损失学分和时间，那么可以选择大一完成申请，去美国大学读大二。

美国TOP50大学要求提供SAT成绩，如果你并不打算考SAT，大一申请转学并不合适，因为转学一般都是想转到排名高很多的学校去，要不干吗要转学？当然也有很少一部分学生是为了换一个地方上大学，所以对学校排名不是很看重，比如想从加州转到纽约去。

在国内大学念大一的新生想转学去美国读本科，大部分是放弃国内大学学业，然后以高中毕业生身份申请美国大学本科。因为这时候他们修的学分很少，达不到很多美国大学的要求，这样可以申请的学校受到限制，而选择直接申请本科，就不会受到很多条条框框的限制，只要托福、SAT分数达标，什么学校都可以申请。

那些就读美本的学生，对本体系内的学校更了解，各大学通识课程的要求相似，在第一年所修的学分基本上都能达到转学的最低学分要求，学分审核和转换更容易。美本学生转学目的非常明确，他们出国前对学校不是很满意，想过渡一下而已，这时候已经有托福、SAT成绩，他们刚到美国大学就开始为转学做准备，如果已经就读的大学排名在全美50以外，那么他们应该把转学的目标定在排名30左右的美国大学，甚至排名更加靠前，要不转学没多大价值，还不如等以后申请研究生呢。

我带过一个学生，当时被匹兹堡大学录取，他很不满意，他的托福只有 86 分，SAT 只有 1760 分（老 SAT，总分 2400，2016 年 SAT 改革后总分变为 1600），按理说能上排名六十多的匹兹堡大学已经不错了。赴美前他就开始为转学做准备，重新考托福和 SAT，把托福考到 100 分以上，SAT 也提高了一百多分。到了美国，第一学期他修了很多门课，加上以前考过的四门 AP 可以转换大学学分，他在大一的学分达到很多大学的转学要求。有两位教授非常愿意给他写推荐信，加上他自己的努力，最后我帮他申请到美国 TOP20 的华盛顿大学圣路易斯分校，念电子工程专业，结果相当满意。

2. 大二转学：性价比最高的选择

大二是申请转学的最佳时机，正式申请学校（一般在 2 月、3 月递交申请）的时候，已经有大一学年和大二第一学期的成绩单，很多学校并不强制提供 SAT 成绩。

大二转学，就是在大二申请，大二结束后转去另外一所大学（美国）就读。大二转学对于国内大学的学生来说，既可以有机会在美国学到那些以前没有机会上的通识课，又可以在大三时涉猎专业学习和研究，学习成本也会大大降低，因此大二转学是性比价最高的选择。

美国绝大部分大学，要求转学进来的学生至少要在学校完成两年的学习，才可以拿到本科学位。就读国内大学的学生，由于课程体系不同，有些先修课或通识课可能选不到，这就要提前做好功课，了解目标学校的转学分政策，了解先修课和专业课的转学分要求，在国内选课和做学术活动时有所侧重。

另外，从申请准备的环节和录取的成功率的角度而言，大二申请转学的机会最大。因为无论是在美本还是国内大学就读，完成大一的学习后，肯定会更加了解自己的需求，对未来的学习目标和职业方向也会越来越清晰，这时候制订转学计划是比较成熟的。

美国大学本科的前两年大多是通识教育，学生在两年内可以自由选课，探索各学科的知识和学术兴趣，超过一半的美本学生都会在大一大二期间换专业。

很多学校会建议学生在大二下学期确定专业方向，从大三开始进行更多专业课的学习，当然，大三大四也可以换专业，只是换专业的成本更高，学生需要达到学校的要求和专业课要求的学分才可以毕业，如果转换专业的跨度很大，意味着学生需要延长毕业时间，因此学生尽量在大二下学期明确自己要读的专业方向。

3. 大三转学：付出的代价大一些

大三转学，指的是在大三这一年做留学申请，等到大三结束后入读美国大学继续读本科。从申请角度来说，高年级转学并不存在障碍，不过，都已经念大三了，为什么不考虑申请研究生出去？其实，大三并不是最佳的转学时机，因为可以转三年学分的学校非常少，所以大三转学必定要浪费一些已修学分（不是所有修过的课程都可以转学分）。

如果不在乎时间和财力成本，可以在这个时间节点转学。原因很简单，从成长的角度而言，本科生可塑性更强，更容易建立社交圈，融入文化环境中去，在学习和生活方面的受益度更大。如果非常清楚自己想要什么，又不受上述因素的限制，就不要纠结于是不是在国内读完大学后留学更值得。美国大学在本科和博士的教育上所投入的成本是最高的，硕士研究生是各大学最挣钱的项目。而且，从最终拿到的毕业文凭来看，同样一所名校，本科文凭比硕士文凭更加值钱，比如，如果你在清华拿的是本科文凭，而你的朋友在清华拿的是硕士文凭（本科是在别的大学念的），人家会觉得你比你朋友厉害。

记得当年我在清华14栋研究生宿舍楼住过一段时间，一位从华中科技大学考进来的男生跟我说："我觉得在清华读过本科的人才能称为真正的'清华人'，像我这种本科在别的学校读的清华研究生，不是纯正的'清华人'。本科和研究生的培养还是不一样的，作为一个人来说，在研究生这个年龄段，我们基本上已经定型了。而本科生年龄段是18—22岁之间,可塑性很强,是真正培养能力与素质的时候。"

但是,如果特别想拿到美国大学本科文凭的话,是可以考虑大三转学的。毕竟,当下很多好单位很看重求职者的本科文凭,本科文凭的含金量对一个人未来的职业生涯非常有帮助。

美国大学对本科生的培养跟对硕士的培养相比,绝对是更加重视本科生。比如,哈佛大学会把学校最好的院子给本科生入住,新生入学后,几个室友一起住进哈佛园里的17栋新生宿舍楼中的一套房子,这些宿舍楼只有大一新生可以进入,每个单元都有一个舍监专门进行管理和监督。在哈佛大学,有超过97%的本科生住在宿舍楼里,有一栋叫埃利奥特楼的宿舍楼因窗外有极其美丽的查尔斯河畔风光和春季豪华舞会而负有盛名。每一栋楼都有自己的特色和优势,每一个学生都觉得自己的宿舍楼是最好的。

一位在哈佛念过本科、住过埃利奥特楼的中国学生说出了自己的感受:"至今,我仍然会这样向哈佛学生或校友介绍自己:'我是2007级哈佛的本科毕业生,是埃利奥特楼的。'其实,每一个哈佛大学的毕业生都会在介绍了他的毕业届次后,马上告诉你他的宿舍楼名字。因为我们认为,在哈佛大学接受的真正的教育来自我们的朋友和同学,得益于哈佛大学的住宿系统带来的同学间的共同生活。这就像我们发明了一种秘密语言,只有曾经生活在其中的人才能明白。正是这个秘密语言,这种强大的凝聚力,将哈佛的校友们联系在了一起——这就是为什么即使才相互认识30分钟,一个校友在毕业15年后还会热心帮助我介绍一份工作,这就是为什么我会毫不犹豫地用休息时间,为一个正住在埃利奥特楼的本科生提供学术和求职的指导。我们都为这一段共同拥有的经历全身心地投入了感情,而这一段经历将持续不断地丰富着我们的人生。"

就像清华一样,本科毕业生在社会上相遇时,都会自豪地介绍自己是几字班的,感觉是对暗号一样,彼此感到很亲切。清华大学习惯上以学生入学年份的最后一个数字来命名,比如2016年入读清华大学本科的新生被称为"六字班"。

4. 大四转学：极少数人的选择

大四究竟还能不能转学呢？据统计，三分之二的学校官方说是可以转学的，但是基本上所有官方允许大四转学的学校仍然要求你转学后至少还要读两年才能毕业。

大四转学的劣势很明显，可以选择的学校有限，而且只能选择春季入学，要在大四上学期申请，如果顺利被录取，就在大四上学期结束后就读。如果在大四下学期申请，你只能秋季入学，到时拿到大学毕业证，任何美国大学都不接受你作为转学生来申请。如果不想申请研究生项目，只能考虑本科第二学位的申请，到时候在原有本科毕业的专业之外，再用两年的时间修读一个其他专业，而不是重新读大学。

总结一下，大三大四转学的情况很类似，大三转学可能有一些纠结的因素，但大四转学非常需要勇气和魄力。大四转学不仅要花费更多的时间和财力成本，还要放弃剩余半年时间就能拿到的学士学位证。除非是对美国本科教育非常向往，若经济上不是很允许的话，这样做并不划算，反而建议毕业后直接申请研究生比较合适。

二、本科转学需要准备什么

对很多想转学的学生来说，最头疼的应该是要不要考 SAT，如果是高中生直接申请美国 TOP50 大学的话，除了托福或雅思成绩以外，还需要提供 SAT 成绩。如果不想考 SAT，可以在大二或者大三转学，本科转学的规划主要还是看你考虑上大几的时候转学。转学跟直接申请美本一样需要提前做规划，一般要提前一年半准备。转学和直接申请美本有一定差异，在准备和申请阶段需要注意一些问题。

美国大学每年都会招收一定数量的转学生，其中包括大量的国际生，中国的大学生可以转学到美国大学继续学习。美国大学建立了转学生入学标准和录取程序，就是再给学生一次机会，90% 以上的学校都接受转学分的学生。下面是转学需要准备的材料：

1. 高中成绩单和大学成绩单

大学转学需要提供由大学官方盖章的中英文大学成绩单，在转学的评审过程中这个成绩非常重要，一些热门专业对 GPA 要求会更高一点。除此之外，单科的 GPA 如果低于学校的要求（譬如有的学校规定是 2.5，有的是 3.0）是不能转学分的。

学校排名越靠前对 GPA 的要求越高，如果想进美国 TOP30 大学，GPA 最好在 3.7 以上；想申请美国 TOP50 大学，GPA 一般要求在 3.5 以上；GPA 在 3.0—3.5 这个档次能被美国 TOP50 大学录取的学生，通常是有美国学校背景或者国内顶尖名校背景。排名靠后一些的美国大学对 GPA 的要求没那么高，但是一般也要求在 3.0 以上，总之，GPA 是判断你是否适合转学以及能转去什么档次学校的重要指标。

申请人所读的学校背景对 GPA 的影响也是存在的，首先，背景越好，学校对 GPA 的要求会相应放宽一些，就是学校知名度越高，同等条件下学生转学申请到好学校的机会就越高，比如清华大学学生的 GPA3.5，跟厦门大学学生的 GPA3.5 的分量肯定不一样。在美国读本科的学生转学，申请起来最有优势；其次，国内顶尖名校，如清华、北大，在申请转学时必然有优势；第三，国内的重点大学，然后是普通本科，最后是国内专科院校，专科学生也可以转学。有的学生由于不能负担高额的学费而选择先去美国社区学院（相当于我们的专科院校）就读，两年后转到名校去。

2. 托福或雅思成绩

申请美国大学的学生一般是考托福，也有个别学生考雅思。本科转学对托福的分数要求跟高中生直接申请的新生是一样的，对于分数低于学校最低要求或者没有托福成绩的学生，部分学校提供双录取机会。

对于美国 TOP30 的大学，托福基本都要求 105 分以上，雅思最好在 7.5 以上；对于美国 TOP31—50 的大学，托福要求在 100 分以上，雅思在7.0以上；对于美国TOP51—80的大学，托福要求在90分以上，或者雅思在7.0以上，少部分在6.5以上。

3. SAT成绩

有的学校规定修满45学分或60学分可以免SAT成绩，但是排名在30以内的学校越来越多要求SAT成绩。排名靠前的大部分院校都不能减免SAT，如果你没有参加SAT考试，意味着你的选校面会很窄。如果你的目标是美国名校，那么还是要去考一个SAT分数，哪怕分数不太理想，但是你有这个SAT分数才有资格去申请这些名校。如果没有SAT成绩，学校一般会视为你的材料不全，可能都不会评审你的申请材料。即使有的学校没有强制要求提供SAT成绩，但是你有SAT成绩，那也是你的申请竞争力之一。

每所美国大学的官网上都会显示要不要SAT成绩，根据每年的录取分数可以看出学校对SAT分数的要求。对于本科转学来说，SAT分数的比重没有新生入学来得大，所以SAT分数不理想不能算是一个致命的缺点，可以通过GPA高分来弥补。随着申请学校排名的降低，比如TOP50以外的美国大学，SAT的分数要求越来越低，甚至不考也没有问题。

4. 文书写作

基本上跟新生入学一样，需要一套完整的文书，包括个人简历、Essay和推荐信等。所有学校都希望自己招收的转学生是原来所读学校的最优秀学生，选择转到他们学校是因为真的喜欢这个学校，希望在这个学校有更好的发展，而不是在原来的学校混得很潦倒而被迫逃走的，所以通常会要求写"为什么选择转学""为什么原来的学校不适合你""为什么认为我们学校适合你"等这类问题的Essay。

5. 推荐信

合适的推荐人会给申请加分，需要两到三封推荐信。切记一个重要原则：推荐人必须是真正了解你的人，而不一定要知名的人。不要讲空话，尽可能多举例子。想要转学的学生一定要在平时跟老师搞好关系，努力展示自己的才华。

推荐信不仅要强调学生在原来学校表现得如何好，还要强调学生正因为很出色，所以需要一个更加广阔的平台去施展才华，非常支持学生离开原来的学校。

6. 课程描述

在转学申请中，提供中国大学的课程描述至关重要，一份详尽的课程描述在关键时刻甚至可以起到决定性的作用。它既能让招生官了解到学生所修课程的具体内容和专业程度的高低，同时也是争取转更多学分的有力工具。美国大学的本科生一般修满120左右学分就可以毕业，拿到学士学位。如果转的学分多了，后面需要攻读的学科就少一些，那么学费的开支也会随之减少（美国大学的学费是按照一学分多少美元收取的）。

美国高校有非常完善的学分转换机制，录取信会告知学生最终可以转多少个学分。另外，会有老师专门负责与学生进一步沟通学分问题，如果专业匹配，转的学分会相对多一些，申请难度相对较小。在能够匹配的专业中，理科类比文科类可转学分要多。

课程描述是对你学过的每门课简单地用英语描述一下，目的是让外国老师知道你上的是什么内容的课，达到什么程度。录取学校要将学生在原来学校已经修完的学分转换成自己学校的学分，所以学校首先要确认本校能够提供与学生原来已修科目类似的课程，而且所学的内容差别不大。到底能够转多少学分，学校是以这份课程描述来评估的。

国内很多大学没有提供课程的详细英文描述，申请人可以研究自己申请的大学的专业相关课程描述，了解对方课程，以便在写课程描述的时候尽量把中国的课程往美国的课程上靠拢，尽量保持内容一致。翻译课程名称的时候下点功夫，比如思想道德修养可能转不了，但是翻译成伦理教育就很可能可以转。课程描述的好坏直接关系到能转多少学分，要讲究技巧，尽量跟所申请美国大学的课程相吻合，这样可转的学分才会多一些。

7. 存款证明

申请学校时，需要提供6个月定期的50万元人民币的中英文存款证明；到美国大使馆办理签证时，需要提供3个月定期的50万元人民币的中英文存款证明。这些定期存款证明都可以在大银行开出来，当然，想提供多一些金额也是可以的，如果申请的学校学费在6万美元以上，那么存款证明的金额最好是60万元人民币以上。至于存款想开成人民币还是美元，两者都可以。原则上，这个存款金额是学生在将要就读的美国大学一年的学费和生活费的总和。

三、学分转换与换专业机会

跟国内大学很不一样的是，美国大学认为在大一、大二期间很多学生还不能完全确认自己真正喜欢的专业，所以低年级的学生可以根据自己的兴趣爱好选择不同的科目学习，到了大三才真正把专业确定下来。美国大学承认中国正规大学的学分和学历，在申请转学时，只要将自己所学科目的详细描述、学时、学分随其他申请材料一起提供给申请的学校，学校会有专业机构评审，然后决定最终能转换的学分，被录取转学的学生只需要修完规定的学分就可以毕业。

本科生可以转学，专科生也可以，国内的大专相当于美国的社区学院，我们的大专一般是三年制的，而美国的社区学院一般是两年制的，无论是美国的社区学院还是中国的大专，只要是全日制高等教育机构的在读专科生，美国大学都能承认学历，申请转学时可以同时申请转学分。

对于转学生来说，选校要更加慎重，因为每个学校都有自己的转学分政策，比如有的学校只接受美国教育体系的转学生，中国的大学在读生不能申请；有的学校不同的专业会有不同的要求，一些热门专业的要求会更高，而且截止日期也会更早；有的学校还会有一些特殊要求，比如想转入商学院就必须在本校就读一年且 GPA 不能低于 3.5。可以说选校是转学生申请中最为重要的一个环节，针对不同的学生情况应该设计不同的具体转学方案。

在转学申请过程中，除了上什么大学以外，申请人最关心的有两方面：一个是学分转换，另一个是换专业。本科转学可以跨专业申请，这是很吸引人的地方。很多中国大学生因为高考没有读上自己喜欢的专业，上了大学又很难转专业，导致厌学，大学生活过得很痛苦，而转学去美国就是一个很好的改变方式。

除了个别专业，绝大多数的专业都可以选择，转学的时候需要说明自己在目标专业的潜力，同时证明自己已经具备的能力，学校最严格的是要求修读一些相关基础课。如果是换专业申请，在国内大学已修的多数课程无法转过去，这也是有得有失。美国大学按修满多少学分毕业，可转的学分少了，到了美国大学自然要多修课程，这样会增加时间和金钱的成本。如果不是换专业转学，那么可以转更多学分，时间和金钱的成本就会相应少很多。

转学分有两点要注意：一是对比两个学校的课程设置，二是根据分数和学校水平折抵学分。对比课程设置需要课程描述，用一小段话来概括每一门修读课程的内容。根据课程描述，先选择类似的课程，再对比课程的内容，如果相似度较高，可以达到本校课程开设的目的。然后根据科目成绩，来判断是否符合转入学分的要求，如果成绩刚好及格，那说明这门课程很有可能不被认可。

从课程角度来说，分为两大类：一类是基础学科，比如自然科学、人文科学、社会科学等等，包含公共课和专业基础课，具体像高等数学、物理、生物、历史、哲学、文学、经济学和程序设计等等，这类基础学科相对比较容易被认可，可以作为通识教育的一部分来看待；另外一类是专业课，每个专业不太一样，往往美国大学有优势的课程不允许学生转学分代替，希望学生在本校修读，以保证学校的教学质量和毕业生水准。

录取之后，学校才会出具转学分报告，有的学校甚至需要申请人确认入读后才会出具。未能转成功的课程，如果你还是不想重修，可以准备一些说明材料，在入学后跟学院沟通。从递交申请到入读美国大学之间的这段时间，如果你还有新的课程成绩出来，这部分学分一般是在入读后跟学校沟通确认是否可以转学分。

上一所好大学，读一个自己喜欢的专业，这是所有学生的美好愿望。近年来，申请转学的国内大学生越来越多，转学美国对于在国内大学感到失落的大学生来说是一件幸运的事情，有机会让自己重新选择，改变自己的人生困境。

既然要转学，一般都会考虑美国 TOP30 大学，甚至是排名更前的名校。根据美国 College Transitions 网站整理并发布的美国大学最新转学录取率，有 19 所 TOP30 名校对转学生非常友好，分别是：TOP10 中的哥伦比亚大学、加州理工学院、约翰·霍普金斯大学、西北大学；TOP20 中的范德堡大学、华盛顿大学圣路易斯分校、康奈尔大学、圣母大学、UCLA；TOP 30 中的埃默里大学、UCB、密歇根大学安娜堡分校、南加州大学、弗吉尼亚大学、北卡罗莱纳大学教堂山分校等。它们有的转学录取率与直申录取率持平，有的转学录取率比直申高出两倍多。事实证明，通过转学进入世界名校也是一种很好的申请策略。

第五章

美国研究生留学如何准备

美国大学有世界公认的高质量的设施、资源和教师,其综合实力绝对是世界第一,每年吸引着全世界最优秀的学生前往留学。2020年年初全球暴发新冠肺炎疫情,很多人的留学计划都受到一定影响,但是赴美留学的趋势没有改变,2019—2020学年有37.2万名中国学生在美国留学,数量占到美国全部国际生数量的34.6%。

对于准备申请美国研究生的学生来说,递交申请材料前的两三年时间很重要,要做很多事情来提升自己的背景,增加自己的实力。为了获得招生官的青睐,要把自己打造成一个全方面发展的卓越学生。如果是参加国内大学考研,你只要把学习成绩搞好就行,可留学是综合考量一个学生的能力与素质。

美国、加拿大、英国和澳大利亚是中国学生留学的四个热门国家,其中美国的研究生申请难度排在最前面,美国大学的文凭在国内认可度很高,拥有美国大学的硕士或博士学历可以让自己在职场有更强的竞争力,更有机会获得高薪职位。

准备出国留学,到底要怎么做才能有最理想、最满意的结果呢?这么多年来我总结出两个"百分之百",就是:"有百分之百的决心,还要有百分之百的努力!"有百分之百的决心,从什么时候开始准备留学都不晚;只要能付出百分之百的努力,结果一般都不会差到哪里去。

一、国内考研与出国读研哪个更好

出国读研的好处颇多，除了能获得一张含金量很高的研究生文凭以外，还可以开阔眼界，锻炼一个人的独立生活能力、文化适应能力、面对挫折和抗压的能力，这些对于一个即将走进社会的人来说都很重要。在国外读书，国际化的生活环境可以大大提升一个人的英语水平，有关调查表明，英语沟通能力强的人的就业机会是英语沟通能力一般的人的两倍，很多大型跨国公司和国内知名企业在招聘的时候会比较青睐有国际知名大学教育背景的求职候选人。

当然，选择出国留学不能盲目，如果经济条件不允许，而且又申请不到奖学金，也可以考虑先在国内读研或者先参加工作，等过几年条件成熟后再出国。

我有一个朋友很优秀，她是中国人民大学商学院的大四学生，托福、GRE 和 GMAT 都考了高分，第一年申请结果是：卡耐基·梅隆大学录取，给了一年 1 万美元的奖学金；纽约大学录取，没有奖学金，学费昂贵。因为家里不能提供足够的留学资金，她向卡耐基·梅隆大学申请延迟一年入学，获得校方通过。大学毕业后，她获得在 IBM 工作的好机会，但是工作一年后她还是没有足够的钱去美国上学，接着工作了三年，她再申请留学，最后美国一所综合排名 100 以外的大学商学院录取了她，给她全额奖学金。卡耐基·梅隆大学和纽约大学都是全美排名前 30 的名校，但是需要一大笔钱才能上学，她付出努力申请到了有全额奖学金的美国大学，她很满意这样的结果。

近几年国内考研的形势是报考人数逐年增加，2019 年全国硕士研究生报考人数为 290 万人，录取总人数约 80 万，录取率约 27%；2020 年考硕人数为 341 万人，录取人数是 98.9 万人，录取率接近 29%；2021 年考研人数为 377 万人，报考人数再创新高，最终录取人数约 110 万人，录取率约 32%，就是说大概 10 个人中有 3 个人考研成功；2022 年考研人数为 457 万人，相比 2021 年增长了 80 万，增幅21%，再创历史新高，可是录取人数也只有110万人左右，录取率只有24.22%。可想而知，在国内考研的竞争有多激烈，更不用说985、211大学的竞争了。所以，只要经济条件允许，很多人更想出国读研。

不管是出国读研，还是在国内读研，他们的出发点有几个：

1. 读研深造：很多像计算机、电子工程、金融学等专业，就业前景很好，对从业人员的理论和实操能力要求更高，很多人想通过读研来系统化学习，以求在行业里更好发展。

2. 职业发展：读研对于个人就业、升职加薪、评职称等都有很大帮助。研究生能获得的工作和薪资待遇都要比本科生好，很多已经工作的人短时间难以突破自己，或者想要转行，也会选择读研提升自己，让自己在职业发展上有更多可能性。此外，大家还能认识很多研究生同学，为自己积累人脉。

3. 政策福利：在很多城市，研究生享有积分落户、人才补贴等多种政策福利，在考公务员、考教师或其他事业单位的优势也更大。

4. 实现"名校梦"：如果本科上的是普通大学，一直想在读研的时候上一所名校，有一部分人就是冲着名校去的，对专业要求不多。事实证明，出国读研确实可以实现"名校梦"。

从校园走进社会，几乎所有人都会感慨学历太重要了！除非你是自己创业或者有家族企业，否则你去求职，个人学历是能否被录取的第一重要因素，所以说文凭是"敲门砖"。人事经理首先看你的求职简历写的是什么学历，不符合要求的会被扔到一边去，连个面试机会都不给你。

社会对学历的要求普遍提高，学历跟就业压力两者之间形成了一个不断追赶的循环，考研的竞争程度随着人数的增长也不断加大，使得一些人把目光投向出国留学，国内考研与出国读研成了很多学子关心的问题，有时会很纠结。

从过程分析，考研是一锤子买卖，但留学申请是一个综合能力的体现，你有足够的机会去面对各种考试，有足够的机会申请不同学校……从最终结果来说，选择留学对自己最终获取的成果会有更强的控制力。考研和留学的比较，是国内读研和国外读研这两种人生经历的比较。这不是一个问题，而是人生的一种选择。

当考研成为越来越多人的选择，也催生了另一个问题：读研，究竟是选择国内的大学，还是选择出国留学比较好？不管是在国内读研，还是在国外读研，都是有利有弊，学生需要考虑的问题，通常有以下几个方面：

第一，录取要求和申请难度。

在国内考研，每位考生只能申请一所学校一个专业，国内考研人数庞大，竞争激烈，研究生考试在每年的12月份统一进行笔试，次年3月份左右再由各学校组织进行面试，国内的研究生考试一般都是由"政治＋英语（必考）＋数学（部分专业考）＋专业课"组成，需要少则几个月、多则一年的备考时间，在复习过程中，有很多内容需要死记硬背。笔试通过之后还有一轮复试，笔试成绩相对来说更加重要，在国内考取985或211大学难度系数较大。

国外大学录取采用的是申请制，学生可以同时申请多个院校，成功的概率相对来说会高一些。学校会综合考量学生的GPA、雅思或托福成绩、GRE或GMAT成绩、申请文书和推荐信等，评定后决定是否录取。

根据学生的自身条件，申请不到美国的大学，可以去英国；去不了英国可以去澳大利亚……可以说，只要经济上没问题，想出国留学读研总是有办法的。

第二，时间成本和读研费用。

国内硕士研究生分为专硕和学硕、非全日制研究生，学硕的培养方向一般是教学、科研人才，时间一般为3年；专硕的学制一般在2—3年，个别院校可以两年毕业；非全日制研究生就是我们平常所说的在职研究生，一般为3年。国内研究生在这2—3年内，课程学习大多只有一年半时间,在剩下的半年到一年半时间里,很多人会用来写论文和找工作。

国外硕士研究生学制一般是1—2年。对大多数申请应用型硕士学位的学生来说,课程设置非常紧凑,没有任何时间上的浪费。这比在国内读3年研究生的同龄人领先一步,可以提前1—2年时间出来参加工作。

在国内读研,全日制学术学位硕士学费一般是每年8000—10000元不等,而专业硕士每个专业的学费不一样,一年1万至几万元不等(像法律硕士、金融专硕、会计专硕的学费贵一些)。非全日制的硕士学费更高,具体要看学校要求。生活费一年大概需要1.5万—2万元,相对出国留学来说还是便宜很多。

出国读研,不同国家和不同学校的收费不一样,美国的费用最高,因为学费较贵,还有时间比较长,要念一年半或两年(极少数专业是一年制,如教育学),包括续费和生活费在内,美国大学硕士读下来的预算要40万—80万元(人民币);英国的学费比较适中,学制一般是一年,学费一年1.5万—3万英镑不等(商科最贵),算下来,包括续费和生活费在内,英国大学硕士读下来要25万—40万元(人民币);去澳大利亚读硕士,花费跟去英国差不多,也是一年制。如果想要花费少一些,可以考虑去法国、德国等部分欧洲国家,入读公立大学不收取学费,只收金额很少的注册费;还有就是亚洲国家留学(韩国、日本、马来西亚、泰国等),费用较低,普通工薪阶层家庭都可以承受得起。

第三,文凭含金量和就业机会。

很多人读研是为了更好地就业,这些学生需要重点考虑在国内或者国外读研哪个更有利于自己的就业。如果想做学术研究,那么出国读研肯定更好,毕竟英美国家的高等教育水平摆在那里。

相比国内读研,申请出国留学入学概率高、学习时间短,同样的学习背景,到国外可以拥有更优质的教学资源,还可以很大程度提高锻炼自己的英语口语能力。在国外读研，毕业时可以考虑留在国外和回国，让自己多了一个选择，现在国家对海外留学人员出台了很多优惠政策，这是非常吸引人的。

如果偏向于到事业单位或国有企业乃至政府部门工作，或者考公务员，那么选择国内读研更适合。加上国内读研的费用相对来说比较便宜，是普通家庭孩子的首选。有意到外资企业就业的人士，出国读研则可能带来更多优势。

国内读研与出国读研各有优势，要清楚自己读研的意义及规划，按照自己的理想、能力、经济条件等诸多方面进行全面考虑。可以说，留学的优势非常明显，在国外留学，虽然学习压力大，但是每一个有留学经历的人都知道，留学对自己的锻炼是全方位的，实实在在地学到了东西，提升了能力。权威机构的调查也表明，留学回国人员的起薪虽然看起来不再那么耀眼，但是3年之内的晋升幅度是国内硕士毕业生普遍难以比拟的。在经济条件允许的情况下，很多在读大学生可以开始为留学做准备。如果选择了留学这条人生道路，就要执着地往前走。

我认识一个家长，她的女儿在广州外语外贸大学念完本科后，准备一年时间去考研，然后读了3年硕士研究生毕业，工作收入月薪七八千元。我跟她讲了几个出国读研的例子，她听了以后很后悔当初没有让她女儿去英国留学读研，从时间上来说，去英国读硕士，一年就可以毕业，比国内读研（3年）节省了两年时间；从费用上来说，虽然在国内读研一年的学费和生活费加起来是3万—5万元，比英国留学便宜很多，但是，国内读研3年读下来差不多也要花15万元左右，而去英国留学读研只需要一年时间，非商科的专业，学费一年在2万英镑左右（约合人民币20万元），加上生活费，省一点的话一共花30万元左右，计算下来，在国内读研的花销比留学英国读研只是节省十几万元，但是多花了两年时间。这位家长最后感慨地说："早知道出国读研是这么回事，我一定要让我女儿去英国读研，可惜了！"

从表面上看，留学英国读研比在国内读研多花了十几万元，但是节省了两年时间，这两年时间用来工作，早就把英国的一年留学费用赚回来了。这也是最近几年留学英国读研火爆的原因，有些英国大学的硕士班，竟然有一半以上的学生是中国人！

如果去美国读研，大部分硕士专业学制是一年半时间，一般是修满三十多个学分就可以拿到硕士学位，读下来总花费（学费和生活费）在50万元左右。

我曾经带过一个女生，她的本科是在广州外语外贸大学念的，专业是英语，想去美国大学读教育学硕士（学制一年），家里是工薪阶层，供她出国留学很吃力。这个女生学习刻苦，托福和GRE都考出了非常高的分数，她的GPA低了点，只有3.46，她只申请哈佛大学、哥伦比亚大学和宾夕法尼亚大学这三所顶尖大学，最后哥伦比亚大学录取了她，是一年制的教育学硕士项目。她在哥大毕业后，竟然有机会去美国前总统特朗普女儿的纽约公司工作，后来当上美国一所大学在中国招生的首席代表，一直从事国际教育工作，年收入四五十万元，她对自己的现状很满意。如果她没有出国留学，而是在国内一所大学念研究生，结果会大不一样。

有人怀疑花几十万元出国读研值不值得，回国工作能不能赚回来？有一位家长问过我这个问题问得我都烦了，我就跟她说："你的女儿在国外读个有点名气的大学硕士（世界排名前100）回来，如果不能找到专业对口的工作，至少英语很强啊，可以去留学培训机构当个托福培训师，一个月也可以赚两万元，您担心什么呀？"我在留学行业十几年非常清楚，要聘请一位毕业于美国前100名大学或者世界排名前100大学的留学毕业生当托福培训师，一小时要付给他200—300元（培训机构收费是一小时五六百元）。就按一小时200元来计算，一天上6小时，一天可以赚1200元，一个月上个20天就是2.4万元。而且，培训师在一家留学机构上班外，还会在外面兼职带学生，收入不菲。

我认识很多出国英语培训师，只要干两三年以上的，每个月都能赚 3 万元以上。在考试旺季，很多培训师一天排课要达 8 小时或 10 小时，那样一个月可以赚到 5 万元以上。

并不是说留学回来都来当托福培训师，只是举个例子，你赚不到钱不能怪"留学"，而是自己要想办法去赚钱。我认识一个从加州念完硕士回来的女孩，那所加州的大学非常普通，在美国排名只有 200 左右，她为了落户北京，找了一家国家单位，工资一个月只有六千多元，但是她平时在外面的留学机构当兼职托福培训师，一个月赚的钱是她在国家单位工资的两倍。有时新闻媒体报道说某某留学生回国后工资很低，这个要具体问题具体分析，有一类人是为了进国家机关落户（北京或上海最多），基本工资当然不高，但这是暂时的。

还有一种情况，工资低是因为这个海归的能力不行，或者读的是很烂的大学。有媒体报道说一个中国学生在海外留学花了家里 200 多万元，回国后上班一个月工资只有 4000 元，不知道要工作多少年才能把 200 多万元的留学费用赚回来。这个报道在我看来是哗众取宠，用意是通过"个案"来贬低留学的价值。首先，能够花得起 200 多万元出国留学读本科的学生大部分是"富二代"或者"官二代"，你以为他们留学回来会老老实实靠上班挣工资来过生活吗？这种人怎么过生活根本不用别人来操心。

我见过很多留学的学渣，出国前托福或雅思考不到学校入学的分数，只好先出去读语言，或者通过买考试答案，或者找人代考来拿到入学的托福分数；到国外留学后，花钱在网上找人做作业……等混了一张海外大学文凭，连一口流利的英语都说不出来。这种人纯粹是"冒牌留学生"，回国后怎么能找到高薪工作？我觉得一个月给他 4000 元都给多了。但是，新闻媒体不能以这样的海归个案来代表留学生群体。所以说，如果以赚到多少钱来衡量留学有没有意义的话，只要你真的是在海外大学好好读书，回国后当个托福培训师一个月都可以赚 2 万元以上。

如果这个学生在出国之前本身就是一个学渣，那么就不要拿他回国后月薪几千元来质疑留学不好。这类学渣出国留学就是为了混一张大学文凭，他们自己就没指望过回国后能找到一个高薪工作，别人干吗要为他瞎操心能不能把留学的费用赚回来呢？再说了，这类学渣在国内上大学的话，难道毕业后参加工作就可以拿高薪？不也跟出国留学后一样嘛。而且，这种学渣在国内根本就考不上大学。

如果要评价一个人出国留学后是不是会有很好的前途，那么评价对象应该是那些能被美国排名前100的大学录取的留学生群体，而不是那些就读美国排名100以外大学或者没有排名的大学的留学生。百度创始人李彦宏在美国读研（计算机专业）的大学是纽约州立大学布法罗分校，在2023年USNews美国大学排名89；美团创始人王兴在美国上的大学是特拉华大学（读博士中途退学），在2023年USNews美国大学排名并列89。说明在美国排名前100的大学读书，只要好好努力，将来会有一番作为的，不是每个留学生都像张朝阳那样毕业于麻省理工学院（2023年USNews美国大学排名第二）才会获得成功。

如果一个学生是靠自己的真本事（没有弄虚作假）被美国前100名大学录取，然后在美国大学也是靠自己的努力拿到毕业证书，我相信他不管是留在美国还是回国工作，收入一般会比国内985或者211大学同等学历（硕士）的毕业生的平均工资高。

学工程或计算机专业的硕士回国工资是相当高的，特别是美国精英大学（美国排名前50大学）的毕业生。还有就是在名校读商科的硕士，他们回国后在外资银行、基金公司或者证券公司上班，收入颇丰。

总而言之，出国读研读的是美国前100名大学或者世界排名前100名大学的硕士研究生，真的不用担心毕业后的收入问题。

二、在美国和英国之间做出选择

如果有人问：出国读研，是去美国好，还是英国好？大部分人会回答："肯定是美国好！"但是，去哪个国家留学还是因人而异。从高等教育质量来说，美国大学排在英国大学前面，具体到每个人身上就要选择适合自己留学的国家。

跟美国大学相比，申请英国大学读研有几个优势：

1. 总体花销少。英国大学硕士一般是一年制，学费在1.5万—3万英镑不等（商学院学费最贵，甚至会超过3万英镑），包括生活费在内，读下来是25万—40万人民币不等；而美国大学就不一样，一般要读一年半或两年，学费一年在4万—6万美元不等，加上生活费，一年要四五十万人民币，整个硕士读下来要40万—100万人民币不等。从政策角度来说，一年制的硕士毕业后回国，跟那些两年制的硕士相比，扶持政策几乎没什么差别，如：城市落户、房租补贴、税收减免以及各种创业资助等等，所以去英国读研的性价比很高。

2. 标准化考试少。除了G5精英大学（剑桥、牛津、帝国理工、UCL和伦敦政治经济学院）以外，其他英国大学的硕士研究生申请一般都不需要考GRE或GMAT，只要雅思成绩即可。如果申请美国大学的研究生，除了托福或雅思成绩，还需要GRE或GMAT成绩，如果没有GRE或GMAT成绩，申请美国TOP100大学的研究生会受到很大限制，只能申请个别学校和个别专业。

3. 申请世界名校门槛较低。在QS世界大学排名前100中，相对于排名相差不多的美国大学，申请QS世界大学排名前100的英国大学比较容易被录取。在2023年QS世界大学排名前100中，美国大学有27所，而英国也有17所大学上榜。英国排名最高的大学是剑桥大学，排在第2名，紧接着是牛津大学排在第3名，剑桥大学和牛津大学此次的排名上升都缘于其科研影响力的进步，在QS衡量科研实力的单位教员论文引文数这一指标上，这两所大学在两项声誉相关指标及师生比例上都取得了近乎完美的成绩。此外，帝国理工学院排在第6名，UCL排在第8名，爱丁堡大学也升到了第15名。

由于留学费用的预算所限，很多学生被挡在美国大学之外，于是选择了英国。在2020年初，因为美国疫情严重，很多本想去美国留学的学生把方向转到了英国，导致英国大学申请学生暴增。后来，英国疫情也暴发起来，中国学生又打转方向盘，但是开始感到茫然，一时不知留学目的国在哪里。是去美国留学，还是去英国留学，成了很多中国学生和家长的艰难抉择。

疫情确实打乱了很多人的留学计划，在过去一年多时间，家长们对于美国留学的信心被一条条关于美国的负面新闻所影响，简直是苦不堪言。有的家庭已经为孩子留学美国做了多年准备，如今还没开始申请，"留学美国梦"就先被击碎。冷静下来一想，美国依然拥有世界上最好的教育资源，想说放弃没那么容易。

2021年8月15日，一张赴美留学的学生排长队挤爆上海浦东机场的照片在网上广为流传，说的是暑假美国开放留学生入境后，中国留学生在上海浦东机场排队值机去美国，有的航班等待值机和送行的队伍长达1公里，即使一张机票高达10万元（公务舱）还是要去美国。广大网友们感到非常震惊，美国那边的当日新冠感染人数已超过了10万人，中国学生还是要去！有人问一个正在排队的留学生为什么这时候还要去美国留学，这位留学生反问道："如果我现在不回去美国读书，谁给我毕业证和学位证呢？"

在疫情期间，我带过一个叫杨乐（化名）的学生，给我的印象很深刻。杨乐是香港人，本科毕业于美国印第安纳大学伯明翰分校，GPA3.38，回来香港后在中银国际亚洲有限公司工作6年，然后在富国银行工作2年，主要做股权销售，帮助公司上市等金融服务工作，成绩斐然，后来自己创业开了一家科技公司和一家财务咨询公司。我和杨乐进行了多次的面对面头脑风暴，问到他为什么要出国读研，他说："从本科毕业到现在已经工作了8年，感觉自己在工作领域的知识增长非常有限，给我进入另一个人生阶段带来了瓶颈，我决定走出工作的舒适区，再次去国外寻求职业发展空间。"

他申请的是全球事务管理硕士项目，我问他："未来的学习计划是什么？"他说："香港是全球竞争最激烈的世界级城市之一，拥有广泛的全球资本投资中心，以及独特的政治地位，近年来的社会和政治氛围的变化，直接影响着这个中心内的每一个阶层。通过对 Global Affairs（全球事务）这个学位的深入学习，我相信它可以让我从不同的角度学习全球前沿问题的同时，探索国家、政府、人民和组织之间的全球关系。我认为这将是一个绝佳的机会，让我获得更多的全球意识，建立一个更适应社会的思维方式，可以极大地增强自己投资分析的知识体系。"

在同龄人当中，杨乐已经做得非常出色，在投行工作 8 年，自己又创业，积累的财富已经达到千万元以上，在深圳投资了不少房产物业。在谈到未来的职业规划时，他说："通过全球事务的学习来扩展我的全球意识的视野，这可能会引导我在国际集团、非政府组织或政府单位获得更广阔的职业机会。"

他找了两个推荐人很厉害，一个是香港金融业的先驱，也是知名人士，有超过 40 年投资银行的从业经验；另一个是成功的硅谷企业家，曾经以 1 亿美元的资本创建了一家财富 500 强公司。

从申请条件来看，他的弱势是本科的 GPA 不高，而且他还坚决不考 GRE 或 GMAT，那么只好找那些不需要 GRE 或 GMAT 的硕士项目。我帮他找了这些排名靠前的美国大学：波士顿大学、纽约大学、西北大学、约翰·霍普金斯大学和莱斯大学，每个学校的专业还不一样，申请的结果是这 5 所名牌大学都录取了他，而他选择莱斯大学的全球事务管理专业。他说自己喜欢得州，莱斯大学正好在得州。而且这个硕士项目的学制是两年，他想读多一些时间，学费很贵，但是他很有钱，所以费用不是他考虑的因素。

准备签证时，美国疫情特别严重，本来可以选择线上授课，但他还是去美国大使馆签证，然后在 2020 年 9 月飞赴美国，开始在美国排名前 20 的莱斯大学攻读硕士学位。在学校开学后，他给我发来信息，说一切都很好，非常享受那里的研究生留学生活。

还有一个学生，她是深圳大学英语系大四女生，在 2021 年上半年同时收到美国大学和英国大学的教育硕士项目的 offer，美国这边是排名靠前的约翰·霍普金斯大学录取了她，英国那边录取的学校在英国排名二十多，她也就想了一天，最后选择了约翰·霍普金斯大学。

在疫情还没有完全被控制住的国际形势下，可以预见在未来的几年时间里，很多中国学生会采取同时申请 2—3 个国家的大学的办法，在结果出来后再决定去哪里。

跟美国相比，去英国读研的好处是学制短、费用少，而且一般还不用考 GRE 或者 GMAT（G5 大学除外），但是有一个门槛很要命，就是说，如果你是在国内上的大学本科，想申请 QS 世界大学排名前 100 的英国大学，对你所读的国内大学是有排名要求的，而美国大学没有这个限制。

看看一些英国名校对申请人的硬性要求：

1. 帝国理工学院分数要求：申请人就读国内 211 或 985 大学，GPA 达到 80%+，85%+ 会被优先考虑，建议双非、普本学生的 GPA 达到 85%—90%+。

2. 爱丁堡大学分数要求：申请人就读 211 或 985 大学，GPA 达到 80%—85%+，建议双非、普本学生的 GPA 达到 85%—90%+。

3. 伦敦大学国王学院分数要求：申请人就读 211 或 985 大学，GPA 达到 75%—88%+；双非、普本的学生，GPA 达到 77%—90%+（即 3.3—3.5/4.0）；热门院系/专业（如商学院、金融数学、法硕等）一般只考虑 211 或 985 大学的学生申请，双非、普本学生的 GPA 须达到 90%+ 才具有竞争力。

4. 伦敦政治经济学院分数要求：申请人就读 211 或 985 大学，GPA 达到 85%+，其他双非、普本院校学生的 GPA 至少须 90%+。

5. 华威大学分数要求：GPA 达到 82%+（或 4 分制的 3.3/4.0），商科基本上只接受 211 或 985 大学的学生申请。

6. 杜伦大学分数要求：达到百分制总分的 80%+，基本上只接受国内知名院校的学生申请。

可以说，如果你不是在国内 211 或 985 院校念的本科，想申请 QS 世界排名前 100 的英国大学很难，不是没有资格申请，就是对成绩要求特别高。如果你不是国内 211 或 985 念的本科而又特别想上 QS 排名前 100 的世界大学，最好是走留学美国路线。对于美国大学硕士申请，真的是英雄不问出处，如果你的 GPA 很高，托福、GRE 或者 GMAT 成绩很高，加上其他软件实力很强，被美国 TOP30 大学录取的可能性很大，甚至有机会被美国 TOP10 大学录取。记得多年以前，我认识一个北京二本大学（非 211 或 985）毕业的女生，竟然被哈佛大学录取了！她在国家外汇管理局工作了几年，这个工作背景对她的申请有很大帮助，同时剑桥大学也录取她了，而且剑桥大学还给了她丰厚的奖学金，最后她选择了剑桥大学。

英国的好大学普遍有着浓厚的名校情结，说白了就是要看你的名校"出身"，非常注重中国学生的院校背景和学习成绩，一些英国名校只接收中国 211 或 985 大学的学生，或者只接收网大排名前 100 的大学的学生。

譬如，有一个南京某大学的本科生（院校排名 184、学生本科金融专业、均分 86），非常想申请格拉斯哥大学商学院，无奈被拒，学校直接回复学生其所就读的本科院校不在他们学校所接受中国大学 list（名单）内；有一个江西某大学的本科生（网大排名 163、学生本科金融专业、均分 84、雅思 7.0），申请了利兹大学金融及投资专业，由于不在学校接受 list 内而被拒……

英国大学有自己的录取标准以及中国大学名单（list），list 是英国大学的内部文件，上面的内容是英国不同大学针对中国大陆本科院校分类的表格。申请人在选校之前做好功课，首先要确认自己到底能否申请英国目标学校。这点必须提到美国大学，即使是哈佛、耶鲁，也不会因为你不是中国 211 或 985 大学的学生而不能申请。

英国大学的录取标准各不相同，有一些大学单纯用 211、985、双非一本二本区分，有一些学校会参考网大排名，或者参考上海交大排名，或者根据往年录取学生的表现设置自己接受的中国大学名单。部分英国大学或部分专业，拒收大部分国内三本院校生。如果你的本科是在美国大学念的，就没有学校背景的选择，当然学校越好对申请越有帮助。我有一个学生是在美国排名八十多的爱荷华大学念的，GPA 也只有 3.15，没有托福成绩（美本学生免托福），没有 GRE 或 GMAT 成绩，最后也被 QS 世界大学排名前 100 的利兹大学商科录取。

英国大学对申请人的 GPA 要求也很死板，美国大学对 GPA 只有一个要求，就是达到 3.0 都可以申请。我带过一个学生，本科是在澳门科技大学念的，做完申请后，他被杜伦大学录取，但是校方要求学生四年本科成绩 GPA 要达到 3.2 以上，那个学生毕业时四年的 GPA 只有 3.18，差 0.02，杜伦大学竟然把 offer 收回去，最后跟学校交涉，换了一个专业才被录取（估计是该专业的人数没有录满）。

想读一所世界名校，去美国还是英国，确实要好好规划。回头再看中国的高考，家长们为孩子能否考上 211 或 985 大学焦虑，不惜血本让孩子上名牌高中或者请名师补习，如果上不了 211 或 985 大学，将来想去英国留学的话，基本上连申请 QS 排名前 100 的英国大学的资格都没有。真的是一环套一环，现实很残酷。对于那些非名校的国内学生，或者本科成绩不好（GPA2.5—3.0）的学生，想出国读研还是有国家可以去的，去不了美国、英国，还可以去澳大利亚……

三、找留学机构或 DIY 申请

申请美国大学，即使是清华、北大的学生，也很少有人敢说我是百分之百靠自己申请成功的。自己申请的话，可以节省一笔留学服务费，但是他们一定会找已经在美国顶尖大学念硕士或博士的师兄师姐帮忙，比如咨询选校、修改申请文书等等。以前我在清华的时候非常清楚清华学生是怎么申请美国大学的，他们很少花钱找留学机构帮忙，原因有两点：一是他们自己的能力很强，另外是他们可以很容易找到在美国顶尖大学的师兄师姐帮忙，北大学生跟清华学生的申请情况差不多。特别是申请博士项目，他们都会自己申请；申请硕士的话，会有一小部分学生找一些高端留学机构帮忙。放眼全中国的大学，有90%以上的大学没有清华、北大学生有得天独厚的师兄师姐资源，只好花钱找比较厉害的留学机构帮忙申请，好比是参加体育项目比赛给自己找了一个经验丰富的优秀教练。

曾经有一位北大女生看过我写的那本书《哈佛主义》，然后来办公室找我，说自己想申请哈佛，希望能得到我的帮助。我有申请美国TOP10顶尖大学的丰富经验，还有二十多位在哈佛大学不同院系就读硕士或博士的朋友资源。这位女生的背景很不错：本科就读于中国传媒大学，成绩名列前茅，毕业后保送上北京大学新闻传播学院，成绩第一名，校外实习经历丰富。她不仅学习好，其他方面也很优秀，包括领导能力、沟通能力等，而且还是个大美女，形象非常好。她的目标学校是哈佛大学肯尼迪政府学院，信心十足。

哈佛的学费很贵，包括学费和生活费在内，读个哈佛硕士需要80万元以上，我问她是不是家里人给她这笔钱，没想到她说："我家里没钱供我留学，但是，只要哈佛录取我，我肯定可以找到事业成功的哈佛校友资助我在哈佛完成学业。"

交流几次后，我找了一位毕业于哈佛大学肯尼迪政府学院的好朋友帮她，这位北大女生特别能折腾，一个人跑去哈佛大学待了两个月，还结识了一位很有名望的哈佛教授，那位哈佛教授答应给她写推荐信。

申请结果还是不错的，虽然哈佛第一批录取的学生名单中没有她，她被放在 waiting list（候补申请人名单）上，到4月份时她还是如愿以偿收到了哈佛大学肯尼迪政府学院的 offer，项目是公共政策硕士

（MPP）。MPP 项目是该学院唯一允许本科生直接申请的硕士项目，没有工作经验的本科生占项目人数 5% 左右；每年有 200 余名新生，80% 来自美国本土，分为 4 个班，每班 50 余人。第一年课程为必修的核心课程，包括经济、统计、政治学、管理学、谈判和政策分析等，第二年大家根据各自研究方向选择专业课。

我没有问她最后有没有去找事业成功的哈佛校友资助她，只知道她最后顺利在哈佛念完了硕士，回国创业获得了极大成功。她的成功有一个很重要的品质就是勇气，她有勇气去申请最牛的大学，她有勇气跑去哈佛认识教授要到一封重要的推荐信……

从她的例子可以看出来，申请美国顶尖名校是一种很高级别的竞争，既然别人到外面找留学机构或者师兄师姐帮忙，如果自己不去找，那就是傻。别人有申请成功的经验，为什么不借鉴或者学习呢？至少可以少走弯路，可以节省时间。我认识一个中国人民大学的大四女生，为了省钱不找留学机构，而是坚决自己申请，她把美国前 50 名的大学的官网都看了一遍，然后选出 30 所大学，最后再选出 15 所大学。她自己写申请文书，每所大学的网上申请都是自己做，申请下来很辛苦。

曾经有一位清华学生的家长找到我，让我帮她的儿子做美国研究生申请，她诚恳地说："其实，我儿子自己也能申请，但是，大四开学后他特别忙，要做开题报告研究，又有几门专业课要上，还要考 GRE……所以，我做妈妈的这时候能帮上忙的就是花钱帮孩子找一个有经验的老师，为他申请留学分担一些事情，给孩子减轻一些压力。"她儿子很优秀，最后申请到了美国 TOP20 大学。在留学这件事上，钱确实可以用来买"时间"和"经验"。

整个申请下来确实有很多琐碎的事情要做，比如一个学生申请美国大学研究生，一般要申请 15 所大学，每所大学要做网上申请，要填很多信息，上传很多资料，而且，要做整套的申请文书：CV、PS、推荐信，还有一些学校要单独写 Essay（短文）……这些都需要花很多时间和精力。自己申请的话，需要付出很多努力，最后写出来的 CV、PS、推荐信和 Essay 一般会找在美国留学的师兄师姐帮忙修改、润色，如果找留学机构或留学工作室帮忙，那么可以省下一堆麻烦事，而且申请的效果会更好。其实，留学机构或者留学工作室的作用在于：假如你自己申请的话能申请到美国排名第 40 的大学，而有留学机构或留学工作室的帮忙，可以申请到排名 30 以前的大学，就是说能把学校排名往前推进 10 名以上。

再举一个真实的例子，有一个在美国读本科的中国留学生，自己申请的结果是，美国排名前 50 的大学的硕士，一个也没申请到。第二年，他的母亲找到我，最后我帮他申请到了耶鲁大学、哥伦比亚大学等美国藤校！可以说，申请经验很重要，申请文书很重要！

还有一个学生，他的高中是在北京某著名中学念的，毕业后去英国伦敦大学学院读本科，专业是化学工程，三年本科念完后接着上剑桥大学化学工程硕士（一年制），他想硕士毕业后去美国顶尖大学读博士。英国大学的硕士培养跟美国大学不一样，跟中国大学也不一样，竟然没有课题研究，没有研究背景，怎么申请美国大学博士呢？这是他申请材料里最大缺陷。他家是北京的，他父亲到办公室来找我，希望我帮他申请美国 TOP10 顶尖大学的博士项目，而且要有全额奖学金。同时，这位男生还把他的女朋友介绍给我一起申请，他的女朋友是伦敦大学学院（UCL）大四本科生，念经济学专业，想申请美国名校的硕士项目。

我安排一位在麻省理工学院（MIT）念化学工程的博士生做他的留学导师，在科研背景方面下了很大功夫，弥补他的不足。博士申请的工作量很大，博士申请需要套磁，就是跟美国大学教授写信联系，问对方今年招不招博士生，对方要招人方可申请。这位 MIT 博士以前在清华念本科做过一个跟化学工程有关的科研项目，正好把这个项目给我这位剑桥学生来做，最后作为他的一个科研项目背景，在申请博士项目时起到至关重要的作用。申请的结果是，哥伦比亚大学录取了他，化学工程博士项目，而且有全额奖学金；同时康奈尔大学也录取了他，给他全额奖学金，最终他选择去哥伦比亚大学。他的女朋友也申请成功，被康奈尔大学录取，项目是 MPA（公共管理硕士）。

从这几个例子可以看出来，他们已经足够优秀，自己申请学校也没问题，当时找留学机构帮忙是因为看中留学机构有申请美国顶尖大学的成功经验。有些学生自己申请，不是说这样不好，而是说不是每个人都具备 DIY 的条件。一些学生自己申请失败的原因主要有几点：

1. 缺乏科学充分的留学规划。一些人不知道什么时候开始准备，到了大三、大四才仓促准备语言考试，也没什么研究背景和实习经历，这样怎么能跟有准备的人竞争呢？这个明显需要有经验的申请成功者或者专业留学机构帮助。

2. 不知道怎么提升留学申请竞争力。永远要记住留学申请是在跟比你更优秀的人竞争，你要对自己的实力作出正确的评估，找到自己的不足之处，然后找到正确的途径来提升自己的背景。如果是闭门造车，最后花了大量的时间和精力，很可能效果很差，自己所做的事情对申请没有多大帮助。

3. 专业定位不准。尤其是跨专业申请的申请人，很多申请人因为不喜欢自己的本科专业而想在读研的时候换一个专业，凭着一腔热情，不够理性，最后全盘皆输。跨专业申请更需要充足的信息，否则很难判断竞争形势，最后以失败告终。那些有过很多成功案例的留学机构，他们掌握的渠道信息比你多得多。

4. 选校缺乏经验造成浪费时间。进入申请季后时间很宝贵，自己申请的话，需要上网查阅大量的美国大学官方网站信息，不是说我想申请纽约大学就去申请纽约大学那么简单。选校很重要，如果在选校方面缺乏经验，必然造成没有针对性的大范围申请，这样会耽误时间，最后的结果一般都不理想。美国 TOP10 或 TOP30 名校申请，绝对是高手过招，没有那么容易就可以打败竞争者。

5. 文书创作很难达到一流水准。靠自己进行申请文书创作，很难对自己进行深入挖掘写出过硬的申请材料，没有留学机构的文书团队做后盾，文书水平要打折扣。如果缺乏及时的背景提升，想上美国顶尖大学那是一厢情愿。大家常说，清华、北大年级成绩第一名的学生闭着眼睛都可以进美国排名前5的大学！在申请材料方面千万不要大意，几年前，有一位清华大学热能工程系的大四本科生，四年成绩年级第一，托福、GRE成绩优秀，按理说他被美国TOP10大学的博士项目加全奖录取没问题，可结果是，他申请的美国TOP10大学中，只有斯坦福大学的一个硕士项目录取他，而且是自费，他申请的美国TOP10大学的博士项目全部被拒，排四十多名的里海大学录取他，是博士项目加全奖。我跟他深入交流过，他反思后总结是自己的申请材料没有做好，特别是PS。结果是，他不得不花七八十万元去斯坦福读硕士，而往年他们系年级第一名的学生都申请到了给全奖的斯坦福大学博士项目。

所以说，想要申请美国大学，最好是找有经验的人帮助自己，可以找自己的师兄师姐，如果没有师兄师姐的资源，最好去找有丰富经验的留学机构或名师留学工作室。在找留学机构方面，很多家长和学生盲目找大机构，其实没有这个必要，主要是看给自己服务的留学顾问的水准如何。如果是大机构，最多也是两三人负责一个学生的申请工作，做选校的、做网申的、做文书的……大家分工合作。一个学员不可能享受到大机构几十个人的服务，在小而精的留学机构可以享受到"总监级别"的服务。在大机构，如果想要总监服务，一般来说服务费要比正常收费高出很多。

目前，帮助学生做留学申请的有留学中介和留学咨询之分，留学咨询一般是做名校申请，收费较高，而留学中介一般是做排名靠后的大学申请，包括合作院校，收费一般偏低。还有一些留学工作室，开留学工作室的一般是有丰富申请经验的资深人士，能力很强，申请名校有保障，毕竟靠口碑吃饭，没有点本事是搞不定客户（家长和学生）的。在留学行业，只有美国本科名校（指美国TOP10、TOP30和

TOP50 三档）高端申请收费很贵，从 10 万至 40 万元不等，有个别的机构收费更高；美国大学硕士申请，一般收费是 5 万—10 万元不等；而英国大学硕士的申请，G5 大学收费是 3 万—6 万元不等，非 G5 大学收费 2 万—3 万元不等。所以说，海外硕士申请收费不是暴利，也就是几万元服务费，超过 10 万元的很少，这个钱还是要出的。如果想申请美国顶尖大学，还是要找拥有丰富经验的留学顾问来帮忙比较好。

一些没有实力做美国名校高端申请的留学机构，一般做的是留学中介的生意，就是所谓的"二道贩子"，他们主要做的是美国合作院校招生，那些排名靠后的美国大学缺钱，申请人很容易被录取。如果你的定位是美国 TOP50 或者 TOP30 大学，就不该找这种留学中介，因为事实证明，找他们办理还不如不找，道理很简单，他们每年很少有申请美国名校的案子，不懂怎么选校，也不懂怎么做申请材料。他们也会帮你申请美国名校，但是最后录取你的很可能是跟他们有合作的美国排名 100 左右的大学，等录取通知书来的时候，你是接受还是不接受呢？

很多家长和学生四处找人咨询，为找到一个靠谱的留学机构而苦恼，得到的信息五花八门，有的留学机构的咨询师是培训 3 个月上岗的"半桶水"，他知道的信息或者经验都没有家长多，有一个北京家长跟我说："昨天我去咨询的那家留学机构，接待我的是一个二十几岁的小姑娘，知道的东西还没有我多呢，我怎么敢把孩子留学的事交给她办？"

怎么判断一个装修得像模像样的留学公司是低端的留学中介还是高端的留学咨询机构？其实，方法很简单，就是看他们往年的申请成功案例！我跟家长说："您判断一个留学顾问有没有经验，您问他能不能拿出 100 个美国前 50 名大学的 offer 来给您看，而且这 100 个美国大学录取通知书必须是这个留学顾问亲自负责拿到的。"有的留学机构没有实力，只好想尽办法找一些别的留学机构做的名校 offer 来充数，说成是自己机构的申请成功案例，或者用 P 图的方式弄虚作假，把别人的名校 offer 包装成自己机构的"成功案例"。

一个留学规划师要积累 100 个美国名校的 offer，至少要在留学行业工作 3 年以上，比如他一年带 10 个学生的留学申请，正常情况下，能够拿到 30 个美国前 50 名大学的 offer 就不错了（平均一个学生被 3 所美国前 50 名大学录取）。我说的美国前 50 名大学的 offer 也包含前 30 名和前 10 名大学的 offer。

很多留学机构为了吸引家长和学生，在自己的公司网站、微信公众号、小程序等地方宣传自己机构拿到过多少海外名校 offer，我知道一个新办的留学机构，从来没有拿过一个 offer，竟然宣传自己的机构帮学生申请到 3000 多个 offer！这种 offer 造假宣传十分普遍，也没有监督机构管理。

为了甄别留学规划师或者留学机构是否作假，有一个很简单的方法，就是让留学机构随便拿出 10 个 offer 来，然后让留学顾问说一说每一个 offer 是怎么拿到的，从学生的背景说起，如果是作假，一定会露出破绽。而且，要让留学顾问或留学机构拿出 offer 相对应的学生的原始申请材料，做网上申请时每个学生都会留有电子文档，如果留学机构的 offer 作假的话，这些原始材料是拿不出来的。比如，我做了十多年的留学咨询，我的笔记本电脑里一直保存着从 2009 年到现在所有学生的申请资料，他们都是我全程负责的，从留学规划到考试培训、背景提升，从选校到做申请文书，最后签证……一般留学机构的年轻顾问没有这些申请经验，他们还需要花好几年时间慢慢去积累。

在留学行业，有 10 年以上申请经验的美国升学顾问很少，一般都是二十几岁的大学毕业生或者刚从国外回来的留学毕业生，其实他们大多是培训几个月后上岗。找留学机构不要迷信大机构，因为留学申请是靠人来服务的，关键是看给你做主申请的顾问是不是很有经验。还有，也不要迷信给你服务的人是不是有留学背景，即使他有留学背景，他也只是读过一个专业，你所申请的专业不一定是他读的那个专业，他还是要靠做几年留学咨询才能把自己培养起来。对于留学从业者来说，一年才能带一轮学生，做过 3 年以上的留学咨询才能说自己有经验,做过5年以上的留学咨询才能说自己是资深顾问。

还有一点,申请人找留学机构帮忙也不要把希望全部寄托在留学机构那里,双方都要用心努力,全部靠留学机构也不行。

四、申请常识与前期准备

美国大学的入学时间分为秋季、春季和夏季,一般来说,只有申请秋季入学才有获得奖学金的机会,春季入学的很少给奖学金。中国学生绝大部分是申请秋季入学,这个跟中国大学的秋季入学差不多。

申请之前,要先了解上一届或前几届的本校师兄师姐的申请情况如何,他们是申请留学的晴雨表,再看看同级别的学校学生的留学申请状况(比如你所读的学校是985的,你就参考其他985大学)。前人的申请经验非常宝贵,沿着申请成功者的足迹走下去绝对没错,根据每年申请形势的微妙变化,自己可以做一些调整。有些专业,去年申请形势相当好,很多人都拿到了offer,也许今年形势突然大变,想拿到offer很难,这种情况是存在的。同样的道理,有些专业在去年没怎么发offer,没准今年就有很多机会,这跟国外大学的招生情况有关,但是大形势不会改变很多。

跟考大学不一样的是,考大学时还有中学的领导和老师来关心你、指导你,申请出国留学完全是个人行为,所以自己要主动,除了消息要灵通,还要向已经在国外大学读书的申请成功者讨教经验。不打无准备之仗,想成功必须要做好充分的准备。

在国内上大学本科,然后申请国外大学的研究生院,出国读硕士(master)或博士(PhD),这是很多人提高学历的通道。在申请前需要仔细研究一下基本信息、背景知识和相关技巧,先了解一下在申请中经常提到的几个概念:

1. 录取委员会(The Admissions Committee)

美国大学每个系都有自己的录取委员会,主要负责决定是录取还是拒绝申请人。即使你的材料开始是寄到研究生院，也会很快转到你所申请的院系。研究生院的录取委员会主要是由教授组成，这就是为什么联系某些教授（指套磁）有时会起着很大作用，因为很有可能这些被套磁的教授掌握着录取的大权。有些研究生院采取投票制度，所有评委 Committee member（委员会成员）一起投票，通过差额票数来决定最终的候选人。

2. 院系秘书（The Departmental Secretary / Coordinator）

每个学院都有至少一个重要的行政调度者，通晓申请过程中的绝大多数细节，并能够积极地回答问题，帮助申请人解决问题。通常被称为"小秘"（secretary）或者是协调员（coordinator），他甚至可以对你的申请策略提出建议，并帮助你评估你的申请竞争力。这些人并没有最后的录取生杀大权，但是他们却有着强烈的影响录取委员会成员做出抉择的能力。

申请博士项目跟"小秘"联系比较多，你对申请有任何疑问，都可以发信或者打电话联系"小秘"，而不是直接联系主任之类的重量级人物。跟"小秘"打交道一定要非常礼貌、客气。他们通常掌握着大量有效的资源信息，比如今年计划录取的人数，去年招收了多少中国学生，你的托福、GRE 成绩是否符合学校标准等等，因此，与"小秘"建立良好的关系对申请可能会有很大帮助。需要注意的是，"小秘"每天很忙，跟他们联系也要适可而止，不要太频繁而造成骚扰。

3. 截止日期（Deadline）

除了个别学校的滚动录取，每所大学都有自己申请的最后期限，各个学校的申请截止日期不一定相同，时间一般从 12 月份跨至次年 2 月份。申请人要将重要信息统计起来，随时检索，先做截止日期较早的学校的申请工作。

4. 申请费（Application Fee）

几乎每所大学都要收取一定数额的申请费，从 50 美元到 150 美元不等，一般是完成该校的网上申请工作后用信用卡（要求 VISA 或者

MasterCard，申请人没有的话，可以用父母的）支付。绝大多数学校对申请费的要求非常严格，最好是将所有学校的申请费要求列表统计，不交申请费的话，申请作废。

5. 考试分数（Test Scores）

一般所需要提交的标准化考试分数包含托福、雅思、GRE、GRE Subject（即专项科目考试，部分学校和学科要求提供）和 GMAT 等。

除了以上介绍的申请常用概念外，还有推荐信、个人陈述、面试和套磁等等，在后面会详细介绍。

既然已经下定决心要出国留学，那么就赶紧进入申请前期准备阶段，这个阶段要做以下几个方面的准备：

1. 确定好个人联系方式

申请前，第一项准备工作是确定好自己的联系方式，好比是在前线打仗，保证通信畅通是战争胜利的重要因素。稳定可靠的通信方式是申请的基本保障，如果不注意，或许丢失了对方大学寄来的重要信件，到时候申请失败还不知道是怎么失败的，那将追悔莫及。联系方式有两种：一种是传统通信方式（Mail Address），另一种是网络通信方式（E-mail Address）。

2. 了解想要申请的学校和专业

不管是自己申请，还是找留学机构帮忙，自己都要先了解一下美国大学和专业设置，初步判断哪些学校适合自己。一般的方式是上学校的官网查询，如果是申请博士项目，那么要了解得更深入一些，甚至可以跟校方写信咨询，或者要一些材料。

3. 办理国际信用卡

网申要交学校申请费，一般都是用美元国际信用卡支付，申请人要办理一张国际信用卡，VISA 或者 MasterCard 均可。如果自己是学生办不了信用卡，那么让父母申办一张。

4. 套磁的准备

申请博士项目一般都要套磁，说白了就是主动联系美国大学教授，咨询今年有没有招生。如果等到大家都开始套磁了你再准备去套，效果很不好。套磁比较复杂，它是申请人跟教授之间的交流和互相了解，但这并不是说你把一个教授"套"住，希望他要你。事实上，它要求申请人具有一定的专业知识，以及对所"套"教授研究领域的熟悉性。套磁也是一种搜集信息的方式，从对方教授那里尽可能多地了解他们所在系里录取学生的动态。

国内一些大学有很好的互相帮助的留学传统，一批已经在美国大学留学的师兄师姐无偿帮助同学校的师弟师妹。如果你有这种"海外关系"的话，你的申请就多了一个成功因素，毕竟申请是一个竞争的过程，你要跟本校的同学竞争，还要跟外校的学生竞争，甚至是跟世界上其他国家的大学生竞争。作为申请人，一定要积极主动地跟外界联系，以获取最有价值的信息。

五、美研申请流程及时间规划

申请美国大学的硕士或者博士项目，并且想获得由美国大学提供的奖学金，那么要先了解留学申请的步骤，可以帮助自己做一个可行的留学规划方案，以下是最基本的流程：

1. 参加考试

根据自己的能力和客观条件制订一个科学的考试计划，英语基础较好的申请人可以采取先考 GRE 或 GMAT 后再考托福的策略，GRE（或 GMAT）比托福难，把 GRE（或 GMAT）考过以后再去考托福就容易多了。考 GMAT 的人占很少一部分，因为只有申请商学院才需要考，大部分学生会考 GRE。

2. 选择学校

可以说，选择学校才算是真正迈出留学第一步，因为有一些人考了托福并不出国，只不过用托福成绩来证明自己的语言能力，对进入职场找工作也有帮助，所以说选择学校才是申请出国留学这个"万里长征"的第一步，能否走好这一步直接关系到整个申请过程是否顺利，好比选择结婚对象一样，它关系到这一辈子是否幸福。选择学校的失误可能会导致有很强实力的人申请几年仍旧未能成功，相反，如果策略正确，条件并不优越的人却能出奇制胜。

3. 网上申请

申请所需的考试（托福、GRE 或 GMAT）结束后，开始准备申请资料，包括成绩单、学位证书、毕业证书、简历、个人陈述、推荐信、论文复印件以及对方学校所提出的特殊要求。在网申结束后，紧接着是寄出申请材料，经常通过 E-mail（有时用电话）跟自己所申请的学校、院系或导师联系，每天关注录取进度。

4. 收到 offer

如果被学校录取，在收到 offer 后，除非是诸如哈佛、斯坦福、MIT 等牛校——你可以立即答应接受 offer，一般是不要着急接受，而是在所有发来的 offer 中进行比较，然后选择一个最满意的。一旦接受录取，最好不要更改，所以要考虑清楚后再答应，以免后悔。

5. 办理签证

申请人要提前办理好护照，我国政府签发的护照，证明你是中华人民共和国的公民，同时表明你出国后可以重新回到中国。想进入美国境内，必须获得美国的签证。拿到签证并不等于你一定可以入境，还必须通过一关，那就是在美国入境口岸处获准后才可以入境。申请签证时，先跟美国驻华大使馆或领事馆联系，在网上预约成功并缴费后，前往大使馆或领事馆签证。

下面以本科生申请美国大学研究生院入学为例，在申请时间上做一个详细的规划。上了大学后，如果想出国留学的话，要趁早做准备，意味着你跟那些不准备出国留学的同学的大学生活会很不一样：当别人在玩游戏的时候，你可能抱着一本托福书在图书馆默默地背单词；当别人利用周末时间跟恋人到校外游玩的时候，你可能背着书包赶去上托福培训班……想拿到美国名校 offer 的学生，必须非常自律、刻苦，而且要做好打仗的心理准备，因为不可能轻轻松松就拿到美国名校的 offer。

1. 大一和大二

在申请中，学习成绩非常重要，如果在大一和大二不好好学习，期末考试成绩不理想，那么到大三想把成绩追上来很难，到时只能提前跟美国名校说再见。像清华、北大等国内 985 大学的学生，只要学习成绩排在年级各系前 10 名，即使托福和 GRE 成绩不高，大部分都能申请到美国名校。美国名校可以按三个梯队来划分：TOP10、TOP30 和 TOP50 大学，每个梯队大学对申请人的要求都不一样。

2. 大二和大三

这时候要准备托福和 GRE 考试，背单词，上培训班，做真题训练。具体什么时候考试，要看自己的专业课安排，不要过分占用专业课的时间，以免影响学习成绩。这两个考试最晚在大四上学期的 10 月份之前考完，而且要考出自己最好的成绩。如果是申请商学院，那么要考托福和 GMAT。

3. 大三暑假

这时候要开始了解国外大学的基本情况，申请博士项目的话，要开始套磁，写信联系校方教授，咨询校方有没有博士招生计划。要准备一个保证信件不会丢失的收邮件的信箱和收电子邮件的 E-mail 信箱。

4. 大四上学期

这段时间是最紧张的时候，开学后的 9 月、10 月和 11 月是准备申请材料的时间，要完成申请书面材料的写作。11 月、12 月和转年 1 月是网上申请学校的时间，并且根据学校要求寄出填写好的表格和纸质版材料，完成所有学校的托福、GRE 等成绩送分。一般来说，美国大学研究生申请最早的申请截止日期不会早于12月1号，除个别学校，为了稳妥起见，最好在12月之前完成第一批学校的网上申请。

5. 第二年的1—4月

1—4月是跟所申请美国大学的联系时间，要跟申请的学校联系询问寄出的申请材料有没有收到，并且做好面试准备，打听录取消息等等。1—4月也是申请学校发出录取通知的时间，1月份的录取很少；2月份录取多了起来，但主要是理科的录取，文科的录取要滞后一些；3月份是录取高峰期，有的申请人形容自己收到的offer像雪花一样飞来，当然是喜出望外；4月份是来offer的收官阶段，进入尾声。

6. 4月和5月

这是定校时间，需要答应去哪所录取你的学校，一般是要交押金，要提供护照确认页（学校办理I-20表格所用），还没有办理护照的要赶紧办理，一般是10天可以办下来，也可以加急，必须本人去户口所在地办理。有的学校需要提供财产证明，大部分学校是在申请的时候就要提供财产证明，去银行开中英文定期存款证明。如果是申请博士项目，则不需要开存款证明；如果最后被博士项目录取了，而且给了全额奖学金，办理签证时也不需要开存款证明。

7. 6月和7月

这是签证时间，签证越早越好，因为有的人由于专业敏感（比如核物理），签证时会被check（行政审查）；还有，如果一签被拒，那么还要留出时间来准备二签，甚至是三签；如果倒霉三签也被拒了，那么只能申请下一学年入学，或者换一个国家留学。

8. 7月和8月

这是准备行李、订购机票的时间。一些去美国读博士的男生，会在这个时候结婚，我认识一个准备去哈佛大学的清华男生（本科毕业），竟然连清华毕业典礼也不参加了，而是跑回老家去跟女友结婚举办婚礼，他家里人给他选的结婚日期正好是清华本科生举办毕业典礼的日子。

9. 8月和9月

这是飞赴美国的时间。有的大学开学早，8月初就要启程，比如哈佛；有的大学开学晚，到9月份才走，比如斯坦福。能够在这个时候飞往美国的，无疑都是幸运的。

综上所述，如果你想出国读研究生，那么你的大学生活跟那些不准备留学的同学相比，你会付出更多，更累，要做好心理准备。其实，只要不挑剔学校排名，想自费出国留学还是比较容易的，但是想去那些顶尖大学，或者想要申请到奖学金，竞争十分激烈，这个申请过程从来就没有容易过。年轻人要敢于接受挑战，看看自己到底有多大的能耐。

六、申请所需的标准化考试

跟申请美国大学本科一样，申请美国研究生也需要标准化考试成绩，比如想进前50名美国大学，托福一般都要100分以上，或者雅思7分以上。除了托福或雅思分数以外，申请美国研究生还要以下的标准化考试分数，分数考得越高对申请越有帮助。

1. GRE 考试

GRE，全称 Graduate Record Examination，中文名称为"研究生入学考试"，适用于申请世界范围内的理工科、人文社科、商科、法学等多个专业的硕士、博士以及MBA等教育项目，由美国教育考试服务中心（ETS）主办。GRE是世界各地的大学各类研究生院要求申请人所具备的一个入学考试成绩，也是招生委员会对申请人是否授予奖学金所依据的最重要的标准。

GRE作为全球唯一的一项研究生院和商学院都认可的入学考试，全球近1300家商学院接受GRE成绩替代GMAT成绩。法学院也可以使用GRE成绩替代LSAT成绩，截至2020年7月，美国有65所大学的法学院表示接受GRE成绩。

GRE 考试分两种：GRE 普通考试（General Test）和 GRE 专业考试（Subject Test），考生根据自身的条件和申请学校的要求参加其中一项或双项考试。平常所说的 GRE 考试是指 General Test，绝大多数中国学生参加的也是普通考试。

GRE 专业考试分为数学、物理、化学、心理学 4 个学科，其目的主要在于测试考生在某一学科领域或专业领域内所获得的知识和技能以及能力水平的高低。参加 GRE 专业考试的中国考生并不多，因为大多数美国院校只要求 GRE 普通考试成绩。

GRE 普通考试均采用机考形式，包括 Analytical Writing、Verbal、Quantitative 三部分，考试时长 3 小时 45 分（包括中间休息时间）。在中国大陆，机考每月举行 1—3 次。GRE 专业考试（Subject Test）则采取笔考形式，每年 9 月、10 月、4 月举办 3 次。

对于 GRE 普通考试，考生可以多次报考，每隔 21 天可重考一次，连续 12 个月内最多可考 5 次。成绩有效期是 5 年。考试结束当场即可查看 Verbal 语文和 Quantitative 数学的分数，考试结束后的 10—15 天，考生可以在 ETS 官网上查看正式成绩，这时候才可以看到写作部分的成绩。

而 GRE 专业考试，在考试当日之后 5 周，考试成绩在 ETS 官网上公布，并由 ETS 直接发送成绩单至考生申请就读院校。

GRE 考试分数作为非常重要的申请美国大学排名区间的参考因素，有一个大概的档次划分：TOP80 院校，要求 GPA3.0 以上、托福 85 分以上、GRE312 分以上或 GMAT620 分以上；TOP50 院校，要求 GPA3.5 以上、托福 95 分以上、GRE320 分以上或 GMAT650 分以上；TOP20 院校，要求 GPA3.8 以上、托福 105 分以上、GRE330 分以上或 GMAT720 分以上。

不仅申请美国大学需要 GRE 成绩，申请英国 G5 大学也需要 GRE 或者 GMAT 成绩，还有申请加拿大的大学研究生也适用。

2. GMAT 考试

GMAT 是 Graduate Management Admission Test 的缩写,中文名称为"经企管理研究生入学考试"。GMAT 作为一种标准化考试,被广泛地用于商学院的录取评估,是当前最为可靠的测试考生是否具备顺利完成工商管理硕士项目学习能力的测试系统。GMAT 满分为 800 分,成绩有效期为 5 年。

GMAT 考试不仅考查申请人的语言能力和数学能力,还要测试其头脑反应、逻辑思维和解决实际问题的能力。

GMAT 考试净时长为 3 小时零 7 分钟,考试提供 2 次选择性的休息时间,每次 8 分钟。GMAT 考试分为分析写作、综合推理、定量推理和文本逻辑推理四个组成部分。四个项目均为独立计时,考试时间分别是:分析性写作 30 分钟,综合推理 30 分钟,定量推理 62 分钟,以及文本逻辑推理 65 分钟。

根据以往的 GMAT 考试经验,GMAT 考试结束后,马上就能看到语文、数学的成绩。由于需要人工批改作文,作文出分时间会有所延迟。考试结束后 20 天可以查询完整的 GMAT 成绩,具体查询时间应以邮件为准。考生会收到官方邮件,点击里面的链接进入官网查看成绩。如果对成绩有疑问,可以申请复议,一般会对作文部分申请复议,因为其他部分是选择题,批错的可能性很小。

3. LSAT 考试

LSAT 是 Law School Admission Test(法学院入学考试)的缩写,是美国法学院申请入学的参考条件之一。考试包括三方面的内容:阅读理解、逻辑推理和分析推理,每部分时间为 35 分钟,另加 30 分钟的写作,写作部分不计入总分,只作为参考。主要测试考生几方面的能力:准确阅读并理解复杂文章的能力、组织有关信息并得出合理结论的能力、批判性推理能力、对他人的推理进行分析和评价的能力。

LSAT 考试每年举办四次,分别在 2 月、6 月、10 月及 12 月。中国大陆地区 6 月和 12 月在北京大学有固定考试。LSAT 考试满分为 180

分，最低分为 120 分。

一般好的法学院要求的成绩都在 160 分以上。考试成绩一般在考后 5 周左右由主办机构寄出，LSAT 成绩有效期是 5 年。申请美国大学法学院的博士（JD）需要 LSAT 成绩，申请法学硕士（LLM）一般不需要。

以下是美国最佳法学院前 10 名的 LSAT 考试录取结果（众数范围）：耶鲁大学（170—175 分）、斯坦福大学（168—173 分）、哈佛大学（170—175）、芝加哥大学（166—172 分）、哥伦比亚大学（173—179 分）、纽约大学（166—170 分）、宾夕法尼亚大学（163—170）、密歇根大学安娜堡分校（164—170 分）、加州大学伯克利分校（164—168）、弗吉尼亚大学（163—170 分）。

七、如何准备申请材料

绝大多数学生都是申请秋季入学，比如明年秋季入学，就要在今年的秋季开始申请，每个学校都有自己的截止日期，必须在这个时间之前完成网上的申请工作。下面是申请美国研究生需要准备的材料：

1. 成绩单（Transcript）

成绩单必须是中英文对照，如果申请人已经本科毕业，那么要开出大学四年完整的中英文成绩单，以及毕业证明；如果申请人是大四在读生，那么需要开出从大一到大三的全部课程成绩单，还要相应开出在读证明，有个别学校会要求将大四第一学期的成绩单提交；如果申请人是在读硕士研究生或者研究生毕业，除了本科成绩单和毕业证明，还要开出硕士期间的成绩单，以及硕士在读证明或毕业证明。

成绩单要有教务处的公章，并且由教务处封好信封，在封口处盖章。如果专业成绩较好，可以列一份专业课程的成绩列表；如果成绩排名较高，可以在系里开一份排名证明。在读证明或毕业证明也需要盖章。

2. 托福、GRE 或 GMAT 等成绩

申请美国大学，大部分人考托福，也有一小部分考雅思，建议用托福成绩申请比较好。GRE 满分是 340 分，其中语文、数学各占 170 分，还有作文满分是 6 分。申请商科的专业，不需要考 GRE，而是考 GMAT，GMAT 满分是 800 分。

3. 简历（CV）

也称 Curriculum Vitae，简称 CV。个人简历就是一个概括性地介绍自己经历的文本，由于 PS 受到字数限制，那么可以把需要补充的内容写到简历中去。不管是申请硕士还是申请博士，都需要 CV，特别是在申请博士项目套磁的时候，一篇好的 CV 就能吸引教授的目光，所以一定要把 CV 写好，它的作用很大。

4. 个人陈述（Personal Statement）

简称 PS，在申请中非常重要。PS 写的是什么？简单地说，就是写出自己的申请动机，让你所申请的大学招生委员会的人了解你，认识你，然后判断要不要录取你。要写出自己的经历、长处以及与众不同的东西，让读你 PS 的人感到你是非常优秀的，完全有能力胜任研究生阶段的学习和研究工作，而且，你还要让对方觉得你是非常适合他们学校的。

5. 推荐信（Reference）

在所有的申请书面材料中，除了个人陈述（PS）外，推荐信就是最为重要的申请材料，有时候一封好的推荐信就能决定你能否被录取。一般来说，申请美国大学的研究生院需要三封推荐信，也有少数情况只需要两封。推荐信打印出来要推荐人签名，把推荐信装进信封后，封口处也要签名。

6. 其他

如果准备自费留学，还需要在银行开出中英文财力证明；如果发表过论文，可以把论文的摘要复印件附在申请材料中；如果在国际竞赛中获过奖，可以把奖状复印附在申请材料中；有些文科专业申请需

要提交 Writing Sample（证明你学术能力的英文论文），有些学校需要提交研究计划。

需要准备的材料基本上就是这些，如果顺利被录取的话，对方大学会给申请人寄来正式的学校官方录取文件，有 Admission letter（无奖学金录取）或者 Offer letter（有奖学金录取），以及美国教育部和移民局颁发的 I-20 表格，有时候还会有免疫表格（即体检表）。拿到这些文件包裹，你就可以去办理签证。

记得 20 年前，我写过一本留学书《寄托的一代》，是关于清华和北大毕业生申请美国名牌大学博士项目留学的纪实作品，当年出国留学一般都是出国读博士，有全额奖学金，大家说的 offer 是指有全额奖学金的录取，而没有奖学金的录取叫 Admission。现在，申请硕士自费出国留学的人数远多于申请博士拿奖学金出国留学的，大家所说的 offer 已经不是指有全额奖学金的录取，只要是被海外大学录取了就叫 offer，时代不一样了，这 20 年间出国留学发生了很大的变化。

八、申请所需的各项费用

申请需要一大笔开销，有些学生家庭经济条件一般，必须精打细算，以下列举在申请中所谓的"第三方费用"，是必须支付的。

1. 托福、GRE 等出国考试费用

考试费用不是一成不变的，ETS 会不时地调整。近年托福考试一次报名费是 2100 元，雅思考试一次报名费是 2070 元。GMAT 考试一次报名费是 250 美元，GRE 考试一次报名费是 1665 元，有的专业需要考 GRE Subject，还要一笔费用。准备这些考试的书籍、资料大概要两三千元。这些考试不是一次就能考到自己满意的分数，一般都要考好几次，然后用最高分来申请。报名费看起来很贵，但是跟培训费相比算不了什么，随便上个托福一对一课程，一小时就要五六百元，高的要上千元。既然准备自费留学，就不要心疼钱了。

2. 学校申请费

申请美国的学校，申请费平均一所学校80美元左右，一般是申请15—20所学校，以20所学校计算，大概需要1600美元。

3. 托福、GRE等考试送分费用

托福是委托ETS网上送分，一所学校136元。GRE成绩单送分在GRE官方英文网站进行，费用已经涨到一所学校27美元，报名时会有4所学校的免费送分名额，其实大部分放弃了，因为考试成绩还没出来就要填写学校的名称，万一考不好，分数也会送给学校，这样对申请很不好，所以大家都选择花钱送分。GMAT送分，考前可以填写免费寄送5所学校，考后再送的话，每所学校收取35美元。

4. 邮寄材料费用

利用UPS、FedEx或DHL等快递业务，一份申请包裹是150—300元，学生会有优惠。

5. 成绩认证费

排名靠前的美国大学需要中国学生的成绩单寄到第三方认证，不是每所学校都需要成绩认证，在留学中用得最多的是一个第三方独立认证机构——WES（全称World Education Services）。进行学历和成绩认证是为了方便他们了解学生的学术能力，验证成绩和学位的真实性。一般情况下，WES成绩单认证的流程要经过30—45天才可以完成，费用在人民币1500元左右。如果无法接受这么长的时间流程，可以申请加急，费用相应会增加。

6. 美国签证费用

美国给学生发的是F-1签证，自2019年6月24日起，美国F-1签证SEVIS（学生和交流访问学者信息系统）费用从200美元涨到350美元。除此之外，还要去中信银行缴纳签证申请费938元人民币。

以上是申请美国大学必须要花的费用，除了这些，还要做一些参加出国考试培训的预算，少则五六万元，多则十几万元，因人而异。如果找留学咨询机构做申请，需要5万—10万元不等的服务费。自己

申请的话，可以把交给留学机构的服务费节省下来，但是申请步骤繁琐，只要一个环节出问题就会与"梦校"失之交臂，建议还是找有丰富经验的留学顾问帮忙。比如，自己申请可以申请到美国排名前 30 的大学，而在有丰富经验的留学顾问帮助下，可以申请到美国排名前 20 的大学，如果学校排名能往前推进十多名，留学咨询费还是花得很值得的。

第六章

综合评估与背景提升

很多人在大学毕业的时候，还不能真正了解自己是一个怎样的人：我到底想从事什么工作？我到底能做什么？我的优点和缺点是什么……迷茫与困惑总是跟青春相伴，大家在成长的岁月中寻找着自己未来的人生方向。如果高考后选择错了学校或者专业，很遗憾没有上自己心仪的大学，那么留学读研是一个绝佳的机会。

大学生毕业时有几条出路可以选择：出国留学、国内考研和参加工作。一些大学生会考虑要不要留学，而美国被排在留学目的国的首位。从认识自我开始，然后是寻找自我，最后是塑造自我。

多年以前，我跟一个马上要去哈佛大学读博士的北大女生交流，她无比感慨地说："其实，留学申请是一个认识自我的过程，整个申请下来后，我发现更加了解自己是一个什么样的人。"这句话对我触动很大。这么多年做留学咨询，帮助过很多学生去美国留学，在申请前跟申请后，我在申请者身上发现了一些微妙的变化。

写申请材料 PS 时要阐述自己是个什么样的人，自己为什么适合就读所申请的大学……申请人必须深入了解自己，剖析自己，如果没有外力使然，平时很少有人去思考：我是一个什么样的人？

想申请美国研究生的话，递交申请材料前的两三年很重要，要做很多事情来提升自己的背景，增加自己的实力，难免会很辛苦，但是会让自己成长得更快一些。在准备申请材料时，要把自己最好的一面呈现给美国大学招生官看,为了获得招生官的青睐,需要精心包装自己,把自己打造成一个全方面发展的卓越学生:在学习上,成绩拔尖;在课外活动上,自己勇于参加,而且收获颇多;在某个学术领域,自己有所建树……如果是参加中国高考或者考研,你只要把学习成绩搞好就行,可是申请出国留学,对于托福、GRE等入学考试,只不过是是否录取的一方面而已,还要参考其他条件,它是综合考量一个学生。

不管你在做活动、写文书还是搞科研,你在大学做过的所有事情其实都是在寻找自我,去发现自己到底看重什么、喜欢什么、擅长什么以及希望自己将来做什么。

一、"小虾"与"大牛"不一样的申请策略

申请人一定要记住:你永远是在跟比你更优秀的人竞争,而不是跟比你差的人竞争!

申请美国名校的竞争相当激烈,大家都投入那么多成本,甚至是"血本",最后胜出的人毕竟是少数。申请人往往忽略了申请竞争的本质,忘了这是一场"对着干的战争",而以为这只是"比着干的竞争"。有太多的申请人为这种错误的思维方式付出了代价,既然已有前车之鉴,后面的申请人当然不能重蹈覆辙。

出色的竞争策略将会很大限度地增加申请人的竞争力,从而使他能够获得一个好学校的 offer。当申请人的客观条件已经不可改变时,那么策略将决定胜负。好比在战场上打仗,你的军队人数和装备是一定的,要怎么战胜人数比你多、装备比你精良的"敌人"?肯定是要采取战略。即使是清华、北大某某系的"第一名",也不敢说自己是最牛的,自己肯定能去哈佛、斯坦福……因为,即使你是全系年级学习成绩"第一名",但是成绩"第二名"的那个申请人可能在国际刊物上发表过论文呢,而你没有发表过论文,那么你还是处于劣势。

那些所谓的"大牛"申请到美国名校的 offer 没多大问题,即使申

请不到美国"七大牛校"（哈佛、斯坦福、MIT、伯克利、加州理工、普林斯顿和耶鲁），也能申请到 TOP20（综合排名前 20）的美国名校。这些大牛是属于金字塔尖的那部分申请人，毕竟是一小部分，而绝大部分申请人是属于金字塔尖下面的"多数派"，可以称他们为"小虾"，小虾们该如何跟大牛们竞争，一定要讲究策略，否则很可能早早地被"大部队"甩在后面，或者提前出局。

有一部分申请人的"硬性条件"并不怎么样，但是他们却能拿到美国名校的 offer，可以说是出奇制胜。这个"奇"就是有自己的 Special（特色），向"录取委员会"的教授们显示出自己与众不同的地方。小虾们在跟大牛们竞争的时候，硬碰硬的想法不可行，比如你不管考多少次 GRE、托福，最终也考不了大牛们那么高的分数，有的人托福考 20 次也考不了 100 分，怎么跟大牛的 110 分托福相比？上完大三，你的 GPA 只有 3.5，而大牛的 GPA 是 3.8，肯定没有办法追上去。比分数比不过人家，那怎么办呢？或者，大牛们发表过很多论文，而你也没有……大牛们有的优势，小虾们不能一味地效仿，因为那些都不是你的强项。往往是独辟蹊径的做法更容易取得成功，这时候需要确立针锋相对的定位战略。

其实，每个人都有一些与众不同的东西，关键是你怎么去挖掘和利用。曾经有一位去美国留学的大四毕业生半开玩笑说，美国人很看重你有没有特别之处，比如你在大学成功地谈过几十个女朋友，这也是你的独特之处。有一个男生写自己怎么样在一年内把体重从 200 斤减到 120 斤，招生官非常感动，竟然给了 offer，因为从这件减肥的事情中看到了这个男生非凡的毅力。

向美国大学教授展示自己的 Special，肯定不是在申请表格里，因为上面填写的都是无法改变的内容，而提供给申请人写上与众不同的东西只剩下 PS 了，所以申请人一定要在 PS 中展示出自己与众不同的东西来。

出奇制胜一般可以在两方面下功夫，一个是写 PS，另一个是找重量级的教授（特别是美国教授）写推荐信。我认识几个成功申请到美国TOP10名校的学生，他们都拿到了美国大学教授的推荐信，推荐信起了关键性的作用。他们是怎么拿到"牛推荐"的呢？有的是去美国大学参加暑期学校的学习结识美国教授，有的是参加国际会议结识美国教授。

为了在激烈的竞争中获胜，往往要突破申请思维，不能跟大家都一样。在留学申请的过程中，我们要学习一种逆向映射的思维，就是要站在学校的角度来考虑自己的思维策略，做法如下，第一是从Professor（教授）、Program（项目）和Preference（偏好）这三方面着手，进行对学校的调研，调研是制定申请策略的基础，这样可以使我们更有针对性地进行申请，并有助于选校的策略的制定；第二是人脉，发展更加广泛而有价值的人脉，才能让我们得到更多的帮助和有用的信息，从而把握好每个关键时刻；第三是整体发力，以PS、推荐信、考试成绩、简历和其他辅助资料共同发力，在这个过程中，通过国外mentor（导师或顾问）带来学校内部的信息，通过国内mentor对自己的悉心指导，将这几方面系统地联系起来，做到环环相扣，这样才能更容易申请成功。

总之，小虾们想跟大牛们展开竞争，正确的做法是先找到大牛们无比强大的优势在哪里，然后站在它的对立面，为申请学校提供不同甚至是相反的东西，而不是停留在期望做得更好的想法上。"做得更好"是竞赛的心态，光是效仿大牛们的做法是不正确的，因为在有限的时间内（本科或研究生阶段），在硬性条件上，小虾们永远也赶不上大牛们，最佳策略是独辟蹊径！

小虾们永远要记住一点：挖掘与众不同的地方，然后出奇制胜！我们要相信野百合也有春天，即使是路边的一棵小草，也有吸引路人目光的"亮点"，申请人的"亮点"正是能吸引"录取委员会"教授们的目光之处！

二、为什么要重视背景提升

尤其是美国名校，最近几年并没有因为疫情而导致申请人数下降，相反，竞争是越来越激烈，准备申请研究生的话，如何才能脱颖而出呢？

在留学准备过程中，我们首先想到的是学习成绩要好，即 GPA 要高，然后是标准化考试（托福、GRE 或 GMAT）成绩要高，这些都是硬性要求，可以归纳为"硬实力"。这些分数是量化的，除了硬实力以外，就是软实力，对于成就不是特别高的学生，或者所读大学的名气不是特别大的学生，更应该在软实力方面下功夫，也就是所谓的背景提升！

中美的升学制度不同，在中国教育制度中，考试成绩基本是评判一个学生能力的直接甚至是唯一的标准，高考就是最直观的证明，但是，美国大学运用了更为综合的手段来考察一个学生是否适合进入本校学习。以美国大学研究生项目的申请为例，除语言考试（托福或雅思）、研究生入学考试（GMAT 或 GRE），以及在校成绩（GPA）以外，学校还会从实习、学术项目、课外活动等诸多方面来考察一个申请人的背景。所以，在考试之外，申请人应该尽量多地充实自己的软实力背景，向学校展现出自己与众不同的闪光点，提高录取率。

国外大学综合考察申请人的背景，逻辑很简单，考试分数只能证明你的学习能力，但是学习能力只是一个方面，它证明不了一个人的实践能力、团队合作能力、沟通能力或领导力等，学校无法仅从你的成绩来判断你未来能否适应其在校生活和毕业后获得成功的潜力。比如，在美国大学研究生项目的申请中，实习经历是一个申请人背景中极为重要的部分，如果有在世界 500 强公司的实习经历，对申请肯定有加分，特别是商科申请，更看重申请人的实习经历，有的商学院明确要求申请人要有工作经验或者实习经历。

其实，背景提升对于申请人在申请材料的准备过程中也发挥了重要作用，在申请中需要准备的文书除了简历、推荐信，还有一个很重要的材料是 PS（Personal Statement，个人陈述）或者是 Essay（短文），学校会要求申请人根据题目要求完成文书写作。所有申请材料的作用都在于塑造人物形象，把你自己立体地展现出来。如果说简历是"骨架"，那么 PS 或 Essay 就是血肉。作为申请材料中申请者唯一能够主观描述的文书，PS 或 Essay 能够向学校充分展示你的专业能力和各方面素质，而充分结合自身实践来进行展示的文书才能够称为有说服力的好文书，申请人可以把自己的实习经历、参与的科研研究或者社会活动作为素材写进去。

软实力背景的提升包括学术科研、实习或工作经历、实践活动经历等，其中实践活动主要可以分为：学术活动类、社会实践类和公益活动类。在背景提升的过程中，针对不同专业的领域，对于实习和实践活动的要求也各不相同，比如申请商科，会很看重学生的实习实践和工作经历，理工科就需要积累一些项目研究经历或实验室科研经历等，丰富的专业背景可以为留学申请加分。

对理工科学生来说，科研经历是除 GPA 外最能证明学术能力的最直观的证据，也是学校考查你的学术兴趣和认知潜力的最佳途径。科研经历一般有如下几种形式：几人小组的大创项目经历，主动找本校教授参与实验室项目，其他高校实验室或研究所的经历，海外名校暑期科研项目等。

另外，尽量争取发论文，而且争取发英文顶刊，能在高水平的期刊发表论文是你学术科研能力和潜力最好的证明。如果没有发表过论文，也不意味着没有竞争力，也可以在申请文书中展示自己在科研方面的收获，同样能证明自己从事科研的能力。

在实习方面，性价比往往不如科研。在公司实习，要考虑到公司的利益，而不能完全把精力放在专业技能的提升上。一个本科生进入企业部门，在初期往往只是打杂的角色，需要经过一段时间才能够真正接触到有价值的项目。不过，实习也有它的好处，可以展示你在工业界的实践能力，对于一些要求实践经历的硕士项目申请就比较有帮助。如果是申请博士项目，一定要有科研经历，而且最好是两个或两个以上的项目研究。对于硕士项目申请，实习经历是标配，至少要有两家实习单位，能在世界 500 强这类名企的核心部门实习是最好的，如果没有这种机会，那就退而求其次，比如到上市公司或大企业去实习。

对于课外活动经历，如果你是大一大二的在读生，那么在校内要参与一些有含金量的课外活动，自己最好是组织者，比如你组织了学校大型的校园歌手比赛，或者什么大型的体育活动，体现你的领导力。如果你已经上了大三，那么就要慎重参加一些活动，因为这时候要考托福、GRE 等，同时要保证学习成绩稳中提高，时间和精力很宝贵，要规划好自己的时间。美国大学研究生申请最主要考量的是申请人在专业方向的能力和潜力，申请人所做的背景提升应该围绕着这个方面去准备。

申请学校的时候，申请人可以通过向校方递交学习成绩单、托福或 GRE 成绩单来让校方看到自己的硬实力，那么，软实力怎么体现出来呢？

首先是个人简历（CV），一些学校并不要求提交个人简历，不过中国学生一般都会好好准备一番，并且递交给校方。如果是申请博士项目，在套磁的时候就会发给美国大学的教授。研究生申请的个人简历非常重要，在准备简历的时候要突出自己的亮点，让对方教授在短时间内能够对自己有清晰的了解。

一般来说，研究生的个人简历就是概括性地介绍自己的经历，包含学生对自己的个人信息、教育背景、所获荣誉、科研经历、实践活动、发表论文及其他能力和爱好的展示，学校招生委员会通过 CV 来了解申请人，给申请人打个印象分。

然后是个人陈述，也就是通常所说的 PS，简要地说，就是写出申请人的申请动机，让招生委员会的教授们了解申请人。委员会主要通过 PS 来考查申请人的能力、对专业的认识及研究能力等。PS 是非常重要的文书材料，有时候一篇极其有分量的 PS 直接影响到被录取。

现在的研究生申请竞争非常激烈，一个专业会有上千人申请，尤其是排名前 50 的大学，如果你的 PS 没有任何特色，那么就不会起到任何作用。有时候申请人的硬条件和学术背景都很强，但是 PS 写得不好也不会被录取，所以 PS 非常重要。一定要注意个人陈述的角度，既要体现出申请动机，还要很好地反映出自己的专业优势和潜力，这些好内容往往来自平时在背景提升上所做的事情。

最后是推荐信，美国大学一般要求三封推荐信，如何找推荐人和写推荐信，这些问题都要仔细考虑。推荐人一般要找熟悉你的专业课教授、实验室老师、系主任或者实习单位领导，最好从学习能力、科研能力或综合能力等角度来推荐你。如果一个学生在学校只顾着学习，平时不参与做一些学习以外的事情，那么在找推荐人写推荐信的时候就很麻烦。既然想出国留学，就要沿着留学申请成功者的脚印往前走，他们做过什么，你也要学着做什么，而且要力争做得更好，更出色！

三、如何提升申请竞争力

所谓"申请竞争力"就是作为一个申请人，与其他申请人同时申请相同学校及项目时所表现出来的优势，而提升竞争力的过程就是你申请优势提升的过程。

申请美国大学研究生的话，需要怎么为申请做好准备呢？怎么做才能提高自己的申请竞争力？首先是要注意硬实力，主要是学习成绩和标准化考试成绩，就是可以量化的分数。

1. 提高 GPA

GPA 是申请的硬通货，是申请最重要的一个条件。一所美国名校每年接受的来自全世界的申请材料往往有几万份，首先用 GPA 来筛选一番，比如低于 3.5 就不看材料了，马上淘汰。从 GPA 可以判断学生是否拥有完成学业的能力，以及平时学习的能力。比如清华大学电子系的学生申请美国 TOP20 大学的某一个学校，最后胜出者往往是 GPA 高的学生，因为大家的托福、GRE 成绩都差不多，推荐信也是同个水平的教授写的，PS 的质量也不分上下，那么最后只能看 GPA 高低了。

想出国留学的话，一定要在大一开始好好学习，争取每门课拿高分，保证每年的 GPA 都在 3.5 以上，即均分保持在 85 分以上。如果是在校生，大四申请时的 GPA 算的是大学前三年和大四第一学期的总成绩；如果是毕业生，GPA 算的是大学四年的总成绩。

2. 准备标准化考试

申请人需要合理安排时间进行培训和参加考试，一般来说，雅思成绩 6.5 分以上，或者托福成绩 95 分以上，可以申请大部分美国院校，而想申请美国 TOP20 的大学，托福一般都要在 100 分以上，或雅思 7 分以上。

GRE 考试用于申请全球范围内的理工科以及部分商科，还有法学和人文社科等多个专业的研究生以及博士的教育项目。到美国进行研究生留学，大部分专业需要提供 GRE 成绩。申请商科的学生需要考 GMAT，GMAT 考试满分 800 分，通常大家需要考出 700 分以上的分数才会比较有竞争力。

对于申请人来说，大部分是全力以赴在准备自己的硬实力，如果分数不是特别理想的话，更应该在软实力方面下功夫。所谓软实力，主要是我们在留学申请中难以精准量化评估的经历。申请人的软实力背景成为越来越重要的筹码，软实力背景大致包含以下几类：科研经历以及发表的文章、公司实习的经历、本科期间海外交换经历、暑期学校或暑期项目的经历和社团活动以及社会活动等。

在提升软实力背景的时候，申请人应该尽可能利用你身边的资源，比如：在校期间跟老师、海外学长充分沟通联络，利用各种资源来帮助自己，寻求他们的支持。

对于理工科学生，可以从下面几个途径入手：

1. 积累科研经历。建议在大二开始找机会进入实验室参与做课题研究，刚开始打下手也可以。如果想进入到美国顶尖大学，或者想申请到奖学金，进入实验室做研究这项工作是必不可少的，而且要尽可能做到最好。

2. 发表学术论文。申请博士的话，要尽可能发表学术论文，建议去找实验室导师和对此有研究的博士生学长帮忙，跟着他们一起做研究，然后一起发表学术论文，即使是第二或第三作者也不错。能发表论文是最好的，美国大学希望通过论文看到你对本专业领域的认知度有多高，是否具有做研究的潜能。我认识一个清华化学系的本科生，托福才考了96分，但是哈佛大学还是录取了他，是博士项目，给了他全额奖学金，他能胜出的理由是在本科阶段在国际刊物发表了4篇学术论文。

3. 多了解专业领域最新动态。如果未能发表学术论文，那么也要多了解你所涉及的专业领域的最新动态、最前沿的科研技术，能够帮你打开眼界，对所涉及领域的认知度也会随之快速提升。了解多了，就有机会主动申请去参加学术会议，甚至有可能在会议上作学术报告，这种经历也能给申请加分。发表不了学术论文，能够在学术会议上作学术报告也是很不错的。

对于商科学生，可以从下面几个途径入手：

1. 多参加社会活动。如果是在读生，可以参加学校的各种社团活动，还可以在校外当各种志愿者，甚至是到乡村小学支教，争取作为负责人组织策划活动，与社团成员进行有效的沟通，这样可以提升组织能力和领导能力。

2. 积累工作经验。商学院很看重申请人的专业竞争力，那么可以找相关的实习单位去实习，积累工作经验，提升自己相关的专业背景。在实习中要关注一个项目的操作流程或者主要的工作内容，以及在实习中遇到问题如何去解决，并总结从实习中学到了什么。

不管是什么专业的学生，标配的一项是跟专业相关的实习，那么，什么样的实习更有利于申请呢？好的实习项目一般有这些特点：跟你的职业规划、申请方向密切相关，时间最好不短于3个月，最好是在知名公司的核心部门核心岗位，能够学到核心技能。

首先，实习的工作内容要跟申请方向和职业规划相关，而且实习领域最好能与申请专业一致。如果你申请的是金融专业，最好就直接选择在基金、投行、证券类公司；如果申请的是计算机工程，就去计算机公司做软件开发；申请的是市场营销专业，就去市场部做策划……

其次，实习一定要在公司的核心部门核心岗位学习核心技能。如果选择在基金、证券、投行实习，则实习岗位最好是投资分析员助理或投资经理助理。因为基金工作，核心是分析、预测市场形势，发掘和评估优质项目，谈判和尽调，对项目做投后管理，以及基金募资、投资人关系管理、基金管理及法务等事宜。实习的工作可以很基础，但一定要学到工作所需要的核心技能。

大部分学生只能在暑寒假实习，大一基本没有机会进入好的公司。建议从大二上学期开始实习，可以先去二三流公司铺垫打基础，大二下学期和大三则要尽可能选择一流公司实习，实习经历有三四次最佳。从时间跨度上，从大二到大三，实习企业层次要逐步提升；从岗位和工作内容上，从大一到大三，工作要越来越具体，技能越来越专业，要给申请学校充分呈现一种上升和发展的势头。

还有一个提高软实力的方法就是让自己有一个海外背景，同样是申请美国大学研究生，有的人是在海外大学念本科，有的人是在国内上大学，相比之下，海外本科生在很多方面占有优势。那么，在国内念大学的申请人如何缩短这个距离呢？

1. 去美国大学上夏季课程

美国多数大学都开设夏季课程（Summer School），而且对语言的要求并不高，像哥伦比亚大学要求托福90分，这样就降低了申请难度。那么夏季课程有什么好处呢?

第一,帮助学生获得海外教育背景,获得的海外学分,可以用在申请研究生的成绩单中;第二,提升学生的大学背景,在中国,学校背景一般的学生申请时不会占什么优势,但如果在美国名校的暑期课程中取得很好的分数,就证明了自己的学习能力;第三,弥补课程不足,国内的选修和辅修政策不那么灵活,很多同学抱怨选不到想学习的课程;第四,找一位外国老师做推荐人,如果学生学习成绩优秀,且能够给对方留下很好的印象,可以请暑期课程的美国教授做未来院校申请的推荐人。

暑期课程上课时间通常要6周以上,申请截止日期早,一般在4月初就截止,需要提前做规划。

2. 去美国大学做科研

中国一些顶尖大学已经和美国的一些大学开展科研合作,这些中国大学的学生可以申请利用暑假到对方的大学去做科研。这里面的专业以基础学科为主,例如生物、化学等。也有一些学校的工程学科,例如计算机、电子工程等也可以申请。

暑期科研的好处比暑期课程还要多,一些同学通过国外的科研项目或期刊发表了论文,还有一些同学在科研中展现出卓越的能力和吃苦耐劳的精神,获得对方老师的认可,在科研结束时被老师邀请将来继续读博士。

暑期科研比暑期课程长,整个暑假都会在美国度过。暑期科研的申请要求也比暑期课程要高,除去托福成绩外,还需要提供大学成绩、简历和申请自述。有一些同学可以凭暑期科研项目获得学费减免,这减轻了经济压力。

3. 融入美国大学的网络圈

几乎每一所美国大学的每一个学院,甚至是每一个项目都有属于自己的Facebook、Twitter等交流平台。如果可以提前进入理想学校的圈子,不但可以从师兄师姐那里获取有用的帮助,还可以更好地了解要申请专业的特点和招生习惯，为将来申请做好准备。

除此之外，很多大学的院系都开设了申请答疑区或定期的在线申请答疑会，经常会有录取委员会的老师到线上答疑，和同学们线上交流，回答大家的问题。建议学生多尝试参加答疑会，提问的基本上是美国本土的学生，中国同学很少参加，所以要抓住这个机会。在学校网站上，还有一个容易被忽略的板块就是院系的最新新闻播报。有很多网络渠道可以了解美国大学的招生要求，申请人要抓住机会多了解，知己知彼，百战不殆！

第七章

精准选校与专业考虑

美国有三千多所大学,申请人为什么就选择十几所大学来申请?申请人对自己必须有一个正确的定位,然后确定申请策略,最后才是决定自己要申请什么样的学校。

准确而客观的个人定位会帮助申请人确立一个目标,而不是漫无目的地申请。成功的定位可以让申请人更有效地利用有限的资源提高申请成功率,最终获得超出预料的结果。成功的定位不仅需要申请人要有自知之明,还要科学、准确地认识到自己可以采取的竞争策略,以及自己在竞争中所处的位置。

2022年11月,美国国际教育协会(IIE)发布最新一期的《2022年美国门户开放报告》,报告显示,2021—2022学年国际新生人数出现猛增,同比增加80%,达到了261961人,基本上回到了疫情前水平,其中研究生新生人数增幅达到了121.7%,达到了历年研究生新生人数最高水平。从整个国际学生群体来看,2021—2022学年国际研究生人数为385097人,增长了17%,10年来首次超过本科生人数。

一、如何精准选校

在网上查阅美国大学信息,通常大家关心的主要是教学和入学申请的有关信息,不同的学校有不同的信息编排风格,有的是把入学申请单独放在一个目录中，有的是把入学申请的信息和专业的信息放在一起，有的是两种方式都有。

如果申请博士项目，了解学校的详细情况以及跟教授的联系相当重要。通过网络可以及时了解学校的各类最新信息，包括学校概况、专业情况、教学设施、教授信息、入学要求以及奖学金情况。跟学校、教授的联系是否密切，对学校的了解是否充分，将直接导致能否被录取。如果这方面做得不好，申请人的学习成绩很高也有可能被拒，相反，一些申请人尽管 GPA、GRE、托福等成绩一般却能被名校录取。

尽可能了解本系同学及其他学校相同专业同学的往年申请情况，并结合自己的学术背景，确定自己相对处于优势的专业方向。在具体研究每个学校的特点时你会发现，各个学校都有自己较强的专业细分方向。一般来说，你所申请的专业跟你现在所学的专业要一致或者差不多才行，不要偏离了。如果想跨专业申请，申请的难度很大，尽可能多打听一下前辈们有没有成功的例子。

选校一般是根据排名来选，比如申请美国大学的研究生项目，绝大部分申请人的做法是在排名前 20 的学校选几所，在排名 21—50 的学校选几所，最后选几所排名靠后的所谓保底学校。一所大学可以申请两个专业，就是两个 Program（项目），那么这所学校要花两份申请费。

不要盲目申请学校或项目，首先看清楚你想申请的学校要求，不同的学校有不同的要求，你必须遵从。

1. 选校应考虑的因素

你所申请的学校，如果给你来 offer，你是愿意去的，而不是真的来了 offer 自己却不喜欢。有的人为了保底，申请很多比较差的学校，最后好学校的 offer 没来，倒是差的学校来 offer 了，到时会很难抉择要不要接受，因为去读一个很差的学校，还不如留在国内读研呢。

注意学校的排名，如果自己本科念的不是什么名校，读研最好上一所综合排名靠前的名牌大学，即使专业偏冷门也没关系，名校文凭对自己将来走进职场会有很大帮助。比如你参加工作 5 年后，在社会交际的时候，几乎没人会问你在大学里学的是什么专业，但是别人会问你是什么大学毕业的。

注意学校的招生传统，比如有的学校就是喜欢招中国学生，甚至范围缩小一点，有的大学就喜欢招某某大学某某院系的学生，这个一定要了解。

要考虑学校的财力如何，申请人想拿奖学金，要是对方没有财力，你即使申请了，往往也只能拿到 Admission（入学许可），这是没有奖学金的录取。

注意你想申请的系的各个教授的研究方向，如果你申请方向的领域的研究教授比较少，那么录取也很困难，因为对方不需要那么多研究生。

注意你想申请的这个学校的这个 Program 近年研究水平是处于上升趋势还是下降趋势，如果是下降趋势，那么要三思而行。

注意学校的地域性，这点跟中国高考很类似，比如报考北京和上海的高校的竞争最激烈，美国也一样，美国东海岸、西海岸的学校竞争最为激烈，录取最难，其次是五大湖区，然后是南部地区……美国中西部地区的学校申请人数最少，申请的话相对容易一些。

注意学校所在的地区环境，有的美国大学在小镇上，周围是农村，有的人去了那里可能会不习惯。有的美国大学所在的地区一到冬天特别冷，大雪能下 1 米厚，有些人会受不了，所以不敢申请。最典型的例子是，哈佛和 MIT 在美国东海岸，一到冬天特别冷，而斯坦福在美国西海岸，一年四季的天气特别好，有阳光和海滩，有的人是因为气候原因，在哈佛和斯坦福同时来 offer 的情况下选择了斯坦福。

2. **筛选学校的方法**

详细查阅资料后，根据自身条件选择大约 20 所大学，根据以下标准筛选：

托福成绩要求：各个学校、不同专业对托福成绩的要求不尽相同，而且由于近年来中国学生的成绩出现大幅度上升，竞争激烈，想申请到美国 TOP50 大学，托福最好考到 100 分以上。

GRE（或 GMAT）成绩要求：许多学校要求 GRE（文理、工、农、医）或 GMAT（管理科学）的分数值达到多少才能申请，以官网要求为准；有些专业除要求 GRE 分数外，还要求相应的专业考试（Subject Test）成绩，所以一定要详细了解有关规定，针对自身情况进行选择。

经济资助（奖学金）：各个学校甚至各个专业对外国学生的奖学金政策有很大的区别，一定要注意是否向外国留学生提供奖学金，数额多少，当地生活费的高低等等，如果是申请硕士项目，不需要奖学金，那么不用考虑学校有没有提供经济资助。

硕士申请看学校和专业排名：毕业后参加工作，考虑到用人单位对毕业学校牌子的认可度，有的单位要求应聘者毕业于 QS 世界排名前 200 的或者前 100 的大学；美国大学硕士申请，如果学校的排名很靠前，而且专业排名也很好，那是最好的；在学校排名和专业排名的排序上，应该把学校排名放在前面。

博士申请看专业导师：导师是直接带你做研究的人，通常博士生会协助导师做研究，那么导师几年来的研究项目有哪些？研究什么？有什么实验？有什么论文发表？科研方向是什么？未来或者说接下来一两年准备研究什么……这些都很重要。我认识一个北大中文系本科生，学语言学专业，她申请的那个博士项目专业，全世界做她所申请的专业方向研究做得最好的教授在哈佛大学，于是她就申请了哈佛大学。她说，如果那个教授是在排名 50 以外的某个大学，她也会选择那个大学，她看重的是导师在这个领域的研究水平。

最后定下来真正要申请的学校一般会在 15—20 所不等，申请博士项目的话会多一些。

选校是一个复杂环节，很多签约了留学机构的学生把选校的"权利"完全交给留学机构，这是不对的。在留学申请这件事情上，个人跟留学机构所要负责的事情和付出的努力应该是各占一半。

建议学生和家长（如果家长有英文能力）要花一些时间去一些网站了解学校和专业信息，以下是众多家长和学长们推荐的有关美国留学申请的网站，一定会有帮助。

1. 大学官网

学校的官网肯定非常重要，所以一定要上去看看，如果是找留学机构帮忙申请，留学机构会给你提供链接，这样进去看很方便。如果是自己申请，有的学生把美国排名前 50 大学的每个官网都进去看一遍，这种大海捞针的方式很费时间和精力。最好是根据自己的条件和愿望做一个 School list（学校列表），缩小到一定范围（比如 20 所）。开始准备申请材料有疑问时，学校官网的 Admission 页需要本人认真研读，注意学校建议的最后一次考试时间、一些特别项目的 additional requirements、essay tips、Q&A 环节，甚至有一些在校学生或校友的 application blogs，看看他们的经历及建议。这些内容，官网上的展示最为准确，在其他网站上很少有详细整理。别忘了做好笔记，可以用 Excel 表格安排个性化的申请 schedule（时间表），合理利用时间。

2. USNews

USNews 除了有最新最权威的大学排名，还有专业排名（商科、教育、工程、法律和医学等），另外提供全面的学校介绍、申请要求、学术情况、历年申请情况等等，需付费查看完整信息，费用便宜。网址：www.usnews.com/education。

3. Unigo

有点类似于选校界的大众点评。在读学生的评价、评分和学生拍摄的学校视频，可以直观了解学校的环境、日常生活状态；根据学生人数、地理位置、录取难度、费用、所在州进行筛选，还有由学生评选出众多特别奖项，例如学生最开心的学校、位置最佳学校、Wi-Fi 覆盖最广学校等等。可以在 Unigo 上找到更多有趣的奖项。网址：www.unigo.com。

4. Cappex

它的口号是：Your College Decision Headquarters（你的大学决定总部）。就是帮你选校的网站，网站标榜有 3000 多所大学信息。这个网站的特点是数据做得很清晰，你能查到的数据主要是：去年的录取情况、今年录取要求、专业情况、校园及周边生活状况。

第一轮先圈出 20 所比较心仪的大学，缩小范围，在 Cappex 上对比查看录取率、学费信息、男女比例、学校人数和地理位置等，这些数据你可以比对着综合考虑，筛选出 10—15 所学校作为最终的 School list。网址：www.cappex.com。

5. College Express

本科和研究生的数据均有，适合对学校有特别要求的人查阅。还提供 summer programs（暑期项目）搜索，这是很多网站没有的。提供超过 800 个不同主题的学校排名，你可以在里面找到很多古怪的排名，如果你有一些独特的爱好或要求，可以来这里看一下。而且还提供不同领域的文章，帮你了解这个领域或专业。网址：www.collegexpress.com。

6. College Board

这是美国大学理事会的官方网站，用来提供 SAT 的注册和成绩单寄送，因此申请美国大学本科的学生都会注册这一网站。同时，学校的地理位置、住宿条件、学费水平等信息都非常全面地汇集到这个网站上。SAT subject test（SAT 科目考试）、Advanced Placement Program（AP 考试）、CSS profile（助学金申请表格）也是在 College Board 完成递交的。它和学校官网一样重要，没有哪个赴美留学生不看这个网站。

还提供 College Soarch（学校搜索），筛选项目有：标化成绩、录取率、学校类型、地理位置、住宿条件、专业、运动和活动、学分情况、费用、多元化水平和学校服务系统等，比较详尽。网址：www.collegeboard.org。

7. Petersons

世界最权威性的北美学校指南类丛书之一，汇编了最全面的美国、加拿大大学的名录。包括各大学研究生院的详细资料、各专业的招生形势及奖学金情况，有些学校还在详细介绍中列出了所有教授的名单及研究方向。申请美国大学可以按照专业来选择院校，学校的概况、地理位置、奖学金、联系方式、研究领域等都可以在这个网站上找到相关信息。网址：www.petersons.com。

二、选校的成功经验

留学选校是申请过程中最重要的环节之一，一定要谨慎、用心，否则不小心就会跟梦想中的美国名校失之交臂。先举一些例子，从例子中可以看出选校是怎样的一个过程，选校这一步是多么重要！

李璞琳毕业于北京大学元培计划实验班，本科念的是生物科学专业，毕业时被哈佛大学化学生物学专业博士录取，获全额奖学金。她是怎么选择和申请学校的？她说出了自己的经验——

我对各类大学的信息很感兴趣，从小就听说哪些大学在哪些方面有多好多强。选校是从大三结束的那个暑假开始的，那个时候我在一家公司实习，正好也有时间来收集美国各个大学的信息。

刚开始选大学的时候就像撒一张大网，把排名前50的美国大学都考虑一遍，去掉一些自己不想去的学校，比如学校所在的地方比较差，或者这些学校在生物方面的研究方向我不感兴趣，这样就去掉了大概20所。接下来的选择就很痛苦了，需要在留下来的30所大学里去掉10所，这是非常难以选择的事情，因为每个学校都有吸引我的优点。

这个时候，我向一些已经在美国留学的师兄师姐咨询信息，也跟这些学校的老师联系，通过多方面的渠道收集信息，然后确认哪些学校给了我 offer 我是不会去的，我要保证所有申请的学校如果给了我 offer 我都是想去的。

我的本科成绩在年级排在第十几名，不是前几名的那种，所以当时很矛盾，不知道该把自己定位在哪个位置。有这样一种说法：你的学习成绩在北大生科院排在什么名次，那么你就应该申请什么名次的美国大学，比如，如果我的成绩排在第 16 名，我就重点去申请那些排在全美第 16 名上下的学校。通过综合分析自己的优势和劣势，我觉得自己在那些要申请的大学需要的条件中没有硬伤。不像有的同学，他的 GRE 分数可能考得非常低。

我在各方面的发展比较均衡，比如在科研方面，我很早就进了实验室做研究，而且也做过北大君政基金的研究项目，它是学校给本科生提供科研基金，很多出国留学的同学都做过。这个基金的项目在一年之后结题，并且最后有一个答辩，我和生科院的人一起答辩，我的答辩成绩是所有答辩人里面最高的，所以我对自己在科研方面很有信心。在没有劣势的情况下，我在科研方面还算不错，所以我最后鼓起勇气尝试申请美国前 10 名的大学。

这个选择非常困难，因为很多成绩比我高许多的同学肯定会把美国前 10 名的大学都申请一遍，所以我要考虑自己申请的大学和项目会不会跟他们有冲突，尽量避开那些明显比我有优势的人申请的项目，到最后，排名前 10 的美国大学我一共申请了 5 所。

当初申请排名前 5 的美国顶尖大学我还很犹豫，一个是斯坦福，一个是耶鲁，还有一个是哈佛，这三个学校申请费非常高，每年录取的人非常少，而且北大很多院系成绩排在前几名的人都会申请，所以我当时真的非常犹豫，觉得在这三个学校里申请一个就可以了。我了解了一下自己念的这个专业，申请博士想被斯坦福录取的话，除非你有特殊条件；

据说曾经有一段时间耶鲁对北大很友好，但又有一段时间也不怎么招人；哈佛有好几个 program，其中哈佛医学院有一个 program 招的人很少，每年在大陆基本只招三个人，北大很多牛人都申请了。

我想从这三个学校里选两个，但是选两个也很困难，不知道去掉哪一个好。我打电话跟我妈说："妈妈，我就不申请哈佛了，我申请耶鲁和斯坦福吧，能给我 offer 我就去，不给我 offer 就算了。"我妈却说："哎呀，别的学校你可以不申请，但是哈佛你怎么能不申请呢？"

我妈鼓动我申请哈佛，后来我把哈佛的那些 program 重新看了一遍，觉得自己对化学生物学还是挺感兴趣的，而且我申请这个方向也很有优势，因为我是北大元培班的，元培班本来就是"重基础，宽口径"的教育模式，如果我对生物、化学或者环境这些方向有兴趣，那么我在大一的时候就要和化学学院的人一起学要求比较高的化学课，这跟生科院不同，他们会上一些比较简单的化学课，这样我在化学方面的基础比生科院的学生有优势，另外我又是学生物的，在这一点上，我又比化学学院的学生有优势。综合分析了这些情况，最后我决定申请哈佛的化学生物学专业。

这是一个比较新的项目，大概在 20 世纪 90 年代才开始有生物和化学进一步融合交叉的趋势，然后哈佛才成立了这样一个 program。哈佛是最先成立这样一个 program 的学校，也就是说，在这个方向上，它是全美第一。另一方面，这个方向和制药、生物技术有着非常深的渊源，研究方向比较接近生产实践，更容易看到自己付出汗水所研究的东西直接转化为成果，应用到制药上或者进入实验室成为生物技术的一种实验手段，这样会让人很有成就感。这个项目我越看越喜欢，最后就申请了。

这个项目的deadline（截止日期）比较早，而且对PS的要求比较特殊。我觉得自己可能没有太大的希望拿到哈佛的offer，所以我在准备这个材料的时候很轻松，没有那么大的心理负担。从小就听说哈佛有多么好，我把它当作一个梦想，所以把自己很多真实的感受写进PS去。

春节的时候，我收到一封哈佛教授给我的E-mail，信中说："你的申请材料我们都已经看过了，我很高兴地告诉你，你已经通过了评审委员会的审议，而且我们已经把你的材料推荐给研究生院，只要研究生院同意，我们就可以正式给你发offer。"能够收到这样的一封信，被录取基本上没有什么问题。

后来拿到哈佛的offer时，我把自己申请哈佛的材料拿出来看了一遍，看完后我觉得，如果我在拿到哈佛的offer以后再来写这些申请文书，可能写不出来当时的那种感觉。我觉得一个人抱着要实现一生的理想来做的一些事情，以后恐怕真的很难重复把它做出来。

李璞琳一共申请了22所美国大学，来正式offer的学校有9所，在哈佛来offer后，她主动拒掉了几所学校。从成功率来说，李璞琳觉得自己还可以。她说："如果不是我妈鼓动我申请哈佛，我差一点儿就放弃了哈佛。"

当时哈佛的申请费是90美元，还有寄GRE和托福成绩单需要32美元。李璞琳说："现在来想，花122美元让我申请到了哈佛还是很值得的。当时我申请了二十多所学校，每一所学校的申请费都要很多钱，是一笔不小的开销。哈佛要90美元，斯坦福要105美元，耶鲁要80美元，这3所学校是我申请的学校里申请费最高的，也是最好的学校。申请的时候很犹豫，因为要花家里这么多钱，我想给家里省点钱少申请一些学校。现在回想一下，我觉得排名靠后的那些学校我申请得多了一些，但是当时不会这样考虑，我担心没有学校录取的话等到下一年还要继续申请，这样会耽误一年，所以就申请了很多学校。其实，申请生物专业方向的博士项目，很多人都会申请二三十所大学。"

吴毅弘毕业于清华大学电子工程系（本科），专业是电子科学与技术，赴普林斯顿大学电子系攻读博士学位，获全额奖学金。在选择学校和专业方面，他有自己深刻的体会——

去年8月份，华盛顿大学（西雅图分校）有一个老师过来面试招人，他研究的方向我不是很喜欢，他是做医学图像处理的，但是他是一个很牛的人，当时我抱着练习一下英语口语的想法去参加了那个面试，结果我们谈得比较好，当时他就给了我一个offer。

之前我一直对通信比较感兴趣，对其他方面的关注比较少。后来申请学校，我申请了排名在华盛顿大学之前的一些美国大学。这是选学校的情况，后来选offer是另外一回事了。

一开始我在选专业方向上比较困惑，就是选自己以后要从事什么样的研究方向。你申请的时候不可能只写你去哪个系，比如你申请电子工程系，你不可能只写"电子工程系"就完了，你要选择其中的一个area（领域），这是当时让我很疑惑的。

当时我在考虑：以后我是去大学当教授，还是去公司呢？这让我很迷惑。我对通信感兴趣，但是我觉得现在对通信的研究太偏理论化，而且有人说现在通信已经从"朝阳产业"变成了"夕阳产业"。在这些方面，我跟已经在国外留学的清华师兄也交流了一下。

后来，我了解到应用图像处理是一个新兴的研究方向，无论在学术上还是技术上，以后都会发展得非常好，而且读这个方向以后也很好赚钱，于是我觉得读这个还不错。由于自己的兴趣使然，大部分学校我都申请了通信方向。我选择普林斯顿也是这样，因为我发现自己还是比较喜欢做理论的工作，包括我做毕业设计的时候也是这样。我觉得在选择学校和专业方面，兴趣是最重要的。

确定研究方向本身就是一件很困惑的事情，申请是一个学习的过程，经过这么长时间的申请过程，到最后会越来越清楚什么更适合自己。最后我选择offer的时候，其实就是在普林斯顿和加州理工之间选择。之所以没有去加州理工，是因为我不太喜欢那个研究方向，它更偏向于计算机领域。虽然它也不是传统的计算机方向，但是毕竟我还是更喜欢电子工程的东西，所以决定去普林斯顿。

本科生申请留学跟硕士生申请留学还不太一样，硕士生已经在这个领域做了很长时间的研究，在专业方面有很多心得，国外教授不指望本科生现在就已经有什么研究经验，主要看重的是你的学习成绩，也就是学习能力。

我一共申请了14所美国大学，申请的时候最想去的是普林斯顿，因为当时看学校的时候，我最感兴趣的一个教授就在普林斯顿，而且最后也确实是他招了我，所以我很happy（幸福）。申请的时候有一个"套磁"的过程，要给一些教授写信，8月份的时候看一些教授的介绍，我对这个教授很感兴趣，所以给他写了一封暴长的信，信写得很傻，就是说了自己的情况是怎样的，对他研究的项目有多感兴趣。他回信也就是很模板式的回答，估计他每天会收到很多这样的信，所以回答的论调是差不多的，就是鼓励你先申请。

后来offer来了，他打电话劝我去的时候，就跟我说，当时是他把我挑出来的。我确实比较想去普林斯顿，像MIT（麻省理工）这样的学校也是很想去的，但是觉得去MIT读博士太辛苦了。去MIT的话，尤其是去MIT的电子系，确实太辛苦了，会折寿的。

最后给我来offer的比较好的大学有：普林斯顿大学、康奈尔大学、密歇根大学安娜堡分校和华盛顿大学西雅图分校等等。我觉得自己的运气比较好，当时有些学校申请后就后悔了，比如乔治亚理工，还有得州大学奥斯丁分校，当时因为它们排名高，所以我就申请了，但是申请后发现没有自己喜欢的教授，所以后悔了，因为当时交了不少申请费呢。

刘田毕业于清华大学电机工程系（本科），赴康奈尔大学攻读生物医学工程专业博士学位，获全额奖学金。他的选校跟很多申请人不一样，他只选择好学校，那些在很多申请人都会选择的保底学校他一个也不申请，他说出了自己的感受——

出国之前，我在考虑自己要读什么专业，当时挺犹豫的，我读的这个专业跟高压强电比较接近，如果出国去读这个专业，我有一定的优势，但是我觉得这个专业的挑战性不是很大，因为我们专业有七十多年的历史，很多理论和实践的东西已经被前人发掘了很多。打个比方，如果我们的专业是一片玉米田的话，现在大的玉米棒已经被人捡走了，剩下的一些玉米粒让我们慢慢去捡。所以我考虑：生物是一个比较新的专业，但是它又太新了，生物医学工程就是理论和实践结合得比较好的一个专业。一方面，它在理论上有创新点，有挑战；另一方面，它又跟实际相衔接，当时我决定选择这个专业。

生物医学工程是一个交叉学科，我们电机系和生物医学工程不能说全无关联，在我上清华之前，清华的生物医学工程专业就曾经是电机系的一部分；上清华之后，它就被分离出去成为独立的一个系。如果要做一些生物仪器的话，这就是我们系和生物医学工程系的一个交集。生物医学工程是做图像处理和信号处理方面的研究，这是我申请的一个专业方向。

我只申请了7所学校，全部是这个专业最好的学校。我的申请策略比较大胆，这跟我的性格有一定关系。除了康奈尔，我还申请了斯坦福、麻省理工、加州伯克利、加州理工、卡耐基·梅隆，还有一个是哈佛。后来给我来offer的只有一个，就是康奈尔大学。当时我的想法是：我申请的都是最好的大学，来一个offer也就够了。

申请学校的时候其实就是个人的选择，我从来都不喜欢那种中庸的学校，比如我上小学的时候，本来有一条很直接的路能上到中学，但是我觉得那个中学不是特别好，所以就跳出了这个环节，选择并考上了广州执信中学（省重点）。进了执信中学后，我又发现，可能华师大附中更适合我，所以我又跳到了华师大附中。跳到华师大附中之后，我被保送到了清华。

我对最好的学校有特别的感情，申请的时候我就想：申请几个保底的学校固然可以，万一我没有拿到最好的学校的offer，反而拿到几个一般大学的offer，那个时候可能会让自己陷入一种比较困难的境地，到时候到底要不要去上呢？也许我会强迫自己去读自己不太愿意读的学校。与其这样，不如申请的时候只选择自己愿意读的大学。

三、专业与学校排名哪个更重要

出国留学面临最大的选择是选校和选专业，有人认为选校比较重要，因为好大学有更多的优质教育资源，毕业后的校友人脉是一般学校无法比拟的；也有人认为专业排名更重要，因为考虑到未来的发展、就业的选择和个人兴趣等因素。申请去排名更高的学校就读，毕业后的就业前景会更加光明，用人单位很看重学校的牌子；而申请去专业排名更高的院校就读，则会让自己的专业水平更具竞争力。在鱼与熊掌不可兼得的情况之下，大家会显得十分纠结。准留学生们到底应该怎么选，才能选到最适合自己的美国大学呢？可以从下面几个方面入手。

1. 找准自己擅长的领域及兴趣所在。这里说的领域，不是特指术业专攻，而是指大家在日常生活中更擅长社交还是更擅长科研。对于擅长社交的申请人来说，一个排名更高的学校无疑会给他带来更优质的人脉资源，那么专业排名对他来说显得不是那么重要。对于更善于搞科研的申请人来说，更高深的专业知识更适合他们，所以他们需要选择的是专业排名更高的院校。

尽量选择自己喜欢的专业，因为兴趣是最好的老师，如果对一个专业没有兴趣，那么很难把它学好，将来在这个专业方向也很难有所建树。选择自己有兴趣的专业，学生会有动力不断去钻研，汲取新的知识。

2. 制定个人未来职业规划。在确定好自己擅长的领域后，可选择的东西还有很多，那么要怎么精简呢？这时候制定个人未来职业规划显得十分重要。在制定职业规划时，要考虑将来自己会在什么地方就业。如果是在国内就业，选择学校排名更高的院校，肯定能够受到更多青睐；如果选择在就读院校的城市或国家就业的话，那么选择更具竞争力的专业，肯定能够给自己加分。

出国留学选择商科和工程专业的人很多，因为商科类或工程类专业学生留学回来后就业率最高，收入也高，基本都是在世界500强、跨国公司或大型国企工作。

3. 选校要量力而行。不要盲目跟风，一定要量力而行。根据自己的喜好和规划选择排名更高的院校或专业更好的院校。如果自身经济条件、学习能力、判断能力达不到目标院校的要求，一定要及时调整自己的目标，选择适合自己的才是最好的。

4. 未来投资回报率。有一份国际刊物做过一个关于美国大学选择与回报的调查研究，大数据表明：从未来的收入水平看，"学什么专业"比"在哪里学"更重要。对于工科、计算机、数学等相关专业，从好大学毕业出来的学生，跟从相对较差学校出来的学生相比，他们的平均投资回报率基本平行在一条线上。原因很简单，有的大学比较普通，但是也有一些很厉害的专业，师资力量雄厚，那么学生的专业水平肯定不错，可以找到高薪的工作。对于文科专业，从好大学和差大学毕业出来，他们的平均投资回报率有一定的差距。所以，如果从毕业薪资考虑，重要的不是你去什么名牌大学，而是你去学习什么样的专业。

我有一个朋友，在北京大学念的是一个文科专业硕士，到哈佛大学读博士念的也是一个冷门的文科专业，毕业回国后，他跟我说，北京大学想聘用他，但是工资一个月只有1万多元，他说比他在哈佛大学读博士拿到的奖学金还低（在哈佛每个月有2000多美元补助）。跟他对比的是，有一个在美国排名50左右的俄亥俄州立大学毕业的博士生，念的是化学工程专业，回国后被大企业聘用，年薪好几十万元。

多年以前，我认识一个在北京大学毕业后去美国留学的女生，她先是在南加州大学读MPA（公共管理硕士），第二年竟然转学到一所排名四十多的美国大学读会计专业（也是硕士），最大的原因是想毕业后找到一份高收入的工作。

还有，也可以根据你申请的专业、留学的目的和将来的长远规划来选择。

第一，根据你出国的目的及专业来选择。如果是理科生，建议先参考专业排名，这样能学到好的技术，如果你将来想继续读博士，也是有一定帮助；如果是文商科的学生，建议综合考量专业排名与学校综合排名，两个榜单都要顾及，毕竟名校背景对你将来的就业或进一步申请会有很大帮助；如果是专业性很强的专业，像口译、艺术各类专业，侧重点还是往专业排名靠拢，业内人士对于好学校的认知主要是针对专业的。我有一个学生，申请的统计专业，最后他选择了专业排名靠前的密歇根大学安娜堡分校（综合排名二十多），而放弃了哥伦比亚大学和宾夕法尼亚大学两所藤校，他想念完硕士后继续读博士，将来想从事学术研究工作。

第二，根据你是否回国发展来选择。如果毕业后直接回国，国内看重学校的知名度，可以选择综合排名靠前的学校（可以选择稍弱的专业）；如果想毕业后留在美国找工作，建议选择专业排名靠前的学校，因为专业实力强意味着师资力量强、教师和业界联系紧密、研究和实习机会众多，这样在美国好找工作。

有人认为选校比选专业更为重要，因为学生获取知识的方式有多重途径，不一定全部来自学校老师的授课，大学除了传授知识，也是一个建立价值观、能力培养的地方，选择一所大学实质是选择一种价值观、一种文化或一种精神。

对很多不是想做学术研究的学生来说，专业的选择可能不是那么重要，除非学生立志献身某一个学术领域。

如果你觉得现在自己所读的或毕业的本科大学不够好，想出国读硕士来提升自己的学历背景，甚至是出国镀金，并且未来优先考虑回国就业，那么最好是在能力范围内选择综合排名较高的大学。

如果你不满意自己所学的专业，想在硕士阶段选择全新的专业，或是有想要深耕的行业领域，那么建议你以专业为优先。

名牌大学和顶尖专业并不冲突，能申请到名牌大学的热门专业，那是最好的，但是名牌大学往往竞争非常激烈，需要申请人提前做好充足准备。很多人都有名校情结，他们渴望这辈子去世界名校读书，其实，名校不是你想上就能上，除了拼实力还要看运气。有人为了进名校而选择冷门的专业，这也是可以理解的。举个例子，像很多中国学生为了上哈佛，喜欢申请容易被录取的教育学硕士。

一般来说，读本科会更多考虑学校排名，因为他们连自己未来的职业方向还不确定；读研究生会考虑学术专业性，毕竟已经上过大学了，真正了解了大学专业是怎么回事，自己大概喜欢什么专业，因此会考虑学校和专业排名兼顾。

四、跨专业申请的难度有多大

几年前，我有一个学生，在南方某农业大学念兽医专业，主要是研究动物疾病和治疗的，他跟我说想换一个专业申请美国大学，硕士或博士都可以。我问他想换成什么专业申请，他说："大学四年我一直跟动物打交道，什么猪牛羊啊，我不想跟动物打交道了，我想跟人打交道，想研究人怎么预防疾病。"我听了不禁大笑，这个专业跨度也太大了，感觉是让一个兽医给人治疗糖尿病似的，这不是开玩笑吗？我有一个在农业大学当老师的高中同学，他曾经跟我说，读兽医专业非常有前途，毕业后收入很高。随便给一个养猪场推销一款疫苗，一个大型的养猪场有几百万头猪，每头猪打一针就可以赚很多钱！最后，这位可爱的男生还是没有换专业，而是出国读他原来专业的博士研究生了。

在国内上大学的学生，有很多人并不喜欢自己所读的专业，高考时很多人念的不是自己填的第一专业，而且，很多高中生对大学的很多专业并不了解，在一知半解下填了专业名词。所以到了读研的时候，机会终于来了，迫不及待地想换一个专业。

到底什么专业背景的学生可以跨专业申请呢？最能接受其他专业申请的应该是商科硕士，理工科学生可以申请商科，文科学生也可以申请商科。

1. 商科专业之间互申。商科专业包括金融、管理、人力资源、市场营销、会计、物流和国际商务等。如果是会计、金融这两个专业，可以申请几乎所有其他商科专业。有人会把经济看成是商科，其实，严格上说，经济学专业属于社会科学，不是商科专业。念经济学专业的学生可以申请商科专业，但是商科专业的学生不一定可以申请经济学专业（根据学校具体要求而定）。

2. 商科转其他专业。商科转人文社科专业，大部分可以转，申请文书要写得很有说服力，但是像法律这种专业性很强的专业，商科专业的学生是没法申请的，除非在大学里辅修一个法律专业。商科转理科的话，有修过很多理科专业课的可以考虑，比如计算机专业，需要修过三门及以上的计算机课程，并且掌握一些编程语言。

3. 其他专业转商科。理工科转商科的话，基本上都能转，最好有高水平的商科实习经历，还有申请文书要写得好，就是要证明自己能够读好自己所申请的商科专业。文科转商科的话，除了一些对学生本科专业或者课程有硬性要求的专业以外，大部分都可以转。

一般情况下，跨专业申不了或者难度特别大的专业有：商科中的会计、金融专业，非商科专业背景的学生一般很难申，因为竞争太激烈，还需要相关课程背景；文科中的法律专业，专业性太强；理科中的物、化、生、医，专业性太强；理科中的计算机类专业，对申请人的课程和技能有很多要求；艺术类中的美术、音乐、设计等，需要有专业功底；工科专业，一般跨不出去，也不会有人跨进来，如果想跨专业申请，最好有几年的工作经验。

想换一个自己喜欢的专业或者未来收入更高的专业，同时又想申请到好大学，是不是很难呢？

如果专业跨度较大，确实会增加申请的难度。我们国内大学研究生申请是有专业考试的，跨专业只要你可以通过专业考试，就可以证明你具备完成学业的知识储备。国外大学硕士申请没有专业考试，更像是找工作，要通过你的本科学术背景、实习经历来评估你是否可以顺利完成学业。

上了大学，如果发现自己真的不喜欢所读的专业，就要早点儿为将来读研做好跨专业申请的准备，那么大学期间该怎么做呢？

1. 想办法转专业。一般大一下学期会有一次转专业的机会，可以参加考试，考试通过了就算转专业成功。各个学校转专业的方式会有所不同，不管能否转成功，都要学好每门课程，保证考试时拿高分，这个分数在申请留学时要开出来。

2. 念双学位或者辅修一个专业。如果错过了转专业的机会，或者没有转成功，也不要气馁，在大二大三还可以修双学位或者辅修一个专业（选择将来读研申请的专业），对申请留学非常有帮助。申请留学时，在大学修的两个学位的成绩单都要提供给校方，所以两个学位的每门功课都要学好，并且考的分数越高越好，这就要付出更多的时间和精力。

3. 拥有两三个跟想申请的专业相关的实习经历。不管有没有转专业成功，也不管是否辅修了双学位，实习经历在申请中非常重要，通过相关实习来提升自己的背景。实习项目一定要找跟你将来想申请的专业相关的，突出你在这方面的动手能力，也证明你喜欢它，将来能学好它。比如你想申会计或金融专业，你就应该去银行、证券公司或者保险公司实习，而不是去化工厂实习。

4. 积累工作经验。如果想跨专业申请，但是实习做得比较少，也可以通过工作两年来积累全职工作经验。有工作经验之后再去申请留学，拿到名校 offer 的可能性加大。美国大学商学院的一些专业，都要求申请人有两年以上的金融行业工作经验。

5. 选择可以申请的国家。比如商科和法学等跨专业申请，对于香港的高校难度很大，但是申请英国、澳洲等国家的大学非常容易。像英国或澳洲一些大学，开设有无相关背景可以申请的专业，硕士学制拉长到了两年，让学生有更多的时间学习更多的课程去弥补在本科阶段没有学过的专业基础。想跨专业申请硕士，一定要多了解多打听几个主流留学国家或地区的大学申请情况。

跨专业申请一般都是申请硕士，不可能直接跨专业申请博士。我带过一个学生叫何亮（化名），他是国内某名牌大学大四学生，非常优秀，从小学到大学都是学霸，上大学读了四年的物理专业，发现自己并不喜欢物理，想换专业申请留学。在本科期间，何亮选修过几门统计学课程，他发现自己喜欢统计学，于是决定申请统计学硕士。可是他的父亲希望他申请博士项目，这样会有全奖。如果换专业，只能申请硕士项目，而且很难申请到奖学金。最后采用折中办法，就是同时申请物理学博士和统计学硕士项目。

最后何亮收到了好几所美国名校的统计学硕士项目的 offer，包括两所藤校。他还被普渡大学录取，是物理专业的博士项目，给了全奖。如果选择普渡大学的博士项目，意味着何亮到美国读博士期间，家里不用花一分钱，最后拿到的是博士学位；如果选择统计学硕士项目，家里要给他准备两年大约 80 万元的开销。最后家长尊重孩子的选择，何亮选择了自费去美国一所名牌大学念硕士，他想读完硕士后继续攻读统计学方向的博士。

总的来说，跨专业申请硕士的机会很多，一定要提前做规划，该辅修相关专业就去辅修，能有实习机会就去实习，努力提高自己的申请竞争力。

第八章

如何准备申请文书

到了大四上学期正式申请之前，GRE 和托福的成绩已经有了，本科前三年的成绩（GPA）也已经定了，这时候应该集中精力在申请文书上下功夫。申请文书写得好，可以弥补 GPA 或者托福、GRE 标准化分数的不足。如果 GPA、托福、GRE 或 GMAT 成绩都非常好，那么一流的申请文书可以帮助你申请到更好的大学，甚至有奖学金。如果你的 GPA 没有优势，托福、GRE 或 GMAT 成绩也只是中等水平，一旦文书写得很差的话，那么想申请到好大学基本没戏。

在需要准备的书面材料中，最重要的是个人陈述（PS）和推荐信，简历也是需要的。真正申请的时候，有的学校除了要求 PS 外，还要求写 Essay（短文）。如果是申请人文社科专业，有的学校还需要提供 Writing Sample（论文）；申请理工科专业的话，有的学校需要写研究计划（Research Proposal）。

一、简历（CV）的写作

CV 全称是 Curriculum Vitae，源自拉丁语，一般翻译为简历或履历表。CV 是留学申请的重要材料之一，是对申请人的全面展示，一般包含个人信息和资料、教育背景、获得的各类奖项和证书、实习或工作经历、课外活动等内容。CV 的信息往往是学校第一轮筛选的依据，它跟个人陈述（PS）不一样，它有着自己固定的格式和内容。由于 PS 受到字数的限制，不能写得太长，那么申请人可以把自己觉得需要补充的内容放到简历里面去写。

一份含金量高的 CV 在功能上既要补充 PS 看不到的一些重要内容细节，又要起到包装自己的作用。申请人要把自己推销给招生官，因此在写作技巧和逻辑上要更侧重表现自己的亮点。

一份简历的内容按照先后顺序大致如下：

1. 个人信息（Personal Information），包括申请人的姓名、联系方式（电话、邮箱、地址）等，并且要放在最显眼的位置，也就是页眉位置。其中需要注意：

（1）关于时间和地址。按照英文简历的写法，不是 2022 年 8 月 11 日，而是 11th August 2022；也不是中国福建省××市，而是×× city, Fujian Province, China。

（2）电话前记得加区号，地址记得使用常用地址。

2. 教育背景（Educational background），从大学开始写起，需要注意的是，高中及以前受教育的经历不要写进去。教育背景是招生官比较看重的，主要是对教育背景的简单罗列，包括学位、专业、就读学校、入学时间和毕业时间、GPA 等信息。如果申请人在这方面有亮点的话，一定要着重突出，比如：本科院校是 C9/985/211，一定要在学校后面标注出来；如果你所读本科学校的这个专业在国内排名很靠前，也一定要标注出来。

还需要注意的是：在写学校和专业时，首字母一定要大写；时间写法是 09/2022，而不是 2022/09；如果 GPA 很高的话（均分 85 以上），可以写上自己的 GPA 及年级排名，如果 GPA 很一般，可以选择不放；如果总的 GPA 不是很高，但是专业课分数还行，可以把跟专业相关的几门课程列出来，并在后面放上自己的成绩；如果 GPA 低是因为老师普遍给的分数低，而你的排名很高，那么可以强调排名，在后面标注上"专业前 10%"，需要到学校教务处开一份排名证明文件，然后跟成绩单一起寄给学校。

3. 工作或实习经历（Experience），这是重点，应该多写一些。主要罗列参加工作或者实习的公司、岗位、时间，以及在职期间工作职责及获得的成绩。

4. 活动（Activities），主要包括在校经历，比如参加社团活动、暑校、竞赛、学术会议以及创业等，跟所申专业越相关越好。参加过什么社团、协会，注明担任的职务和所做的工作。

5. 荣誉与获奖经历（Honors & Awards），你获过的各种学术或社会活动方面的荣誉都要写进去，突出申请人学术实力的部分，内容可涵盖各种学术类奖项、奖学金、专业证书和论文发表等。

6. 标准化考试（Standardized test），标准化考试包括雅思、托福、GRE、GMAT，如果这时候已经考出比较理想的成绩，可以直接列上去，成绩不太好就不要放上去，毕竟要的是突出自己的优势。

7. 技能或爱好（Skills&Interrests），技能部分主要用于展示申请人的专业技能，比如能熟练使用 PS、InDesign、SPSS 等软件，掌握 Python、MATLAB；也可以展示你的特长，比如擅长活动策划、公众演讲、平面设计等。爱好方面也要写与所申专业相关的内容，比如申请机械工程专业，你写喜欢电影什么的就没什么用。

如果个人有发表论文或出版著作，即 Publications，也要重点写上去，没有的话就不用写。

总结一下写一份高水平 CV 的规则：

1. 简历的开头是申请人的名字，要用大写字母，字体要大，要醒目。其他分项内容，凡是要突出强调的部分，都要用黑体、斜体或者加下划线的方式予以强调。正文的字体使用 Times New Roman，字号的话 11 或者 12 号都可以，但每一条内容最好不要超过一行，行间距 1.15、1.25、1.5 都可以，可以根据自己简历的字数调节，总体篇幅最好控制在一页以内，最多不超过一页半，做到简练而意思表达清楚是最佳的，因为招生官的精力有限，太长了反而容易让他们忽视掉重点。

有一些学校会给 CV 模板，那就按模板来写，所以写 CV 之前要先了解学校的相关要求。

2. 注意时间和日期，申请人的每一个经历、每一项荣誉、所参加的每一项组织或活动，都要标明起止日期，如 April—August 2020 等等。如果是仍在进行中的事件，可以写成 August 2020—Present。按照英文的语言习惯，最近发生的事情要放在前面，时间较远发生的事情要放在后面，这跟中文的语言习惯正好相反。在每一分项的内容中，时间顺序是倒叙。所有经历描写，无论是工作经历还是校园经历，都按照时间倒叙来写，就是说最近发生的事情写在最前面，后发生的按照倒叙依次排在后面。

3. 在 CV 上只展示自己最亮眼的经历，与专业无关的内容尽量少放。

二、个人陈述（PS）的写作

个人陈述就是 Personal Statement，或者是 Statement of Purpose，简称 PS，PS 主要是描述个人的背景、申请目的、研究方向等信息，是申请书面材料中比较难把握的部分。PS 要怎么写？每个申请人都为它绞尽脑汁，自己写完后改了又改，请高手修改、润色，想递交又不放心，一直修改到学校截止日前两天才递交。可见 PS 的重要性，它是留学申请所有环节中很重要的一部分。

PS 是申请人展现自己的最佳舞台，也是整个申请材料中最重要的材料，所以申请人一定要精心准备，不管花多少时间和费多大精力。很多美国大学对 PS 有特殊要求，比如字数和篇数。

写 PS 是一门学问，其实也可以说 PS 很简单，就是一个公式：A+B=C。A 是你的过去，比如你的过去有多么辉煌，获得过什么成就，这也是学校要录取你的原因；B 是你为什么选择这个学校而不去其他大学，告诉对方这所大学最适合你，从中反映出你对这所大学历史的了解，他们需要的是你对这所大学的忠诚度和归属感；C 是你从这所大学毕业后会做什么，他们会考虑将来你做出成绩后会给这所大学带来什么样的名声，他们想知道你未来的路能够走多远，你能不能给学校带来一种国际性的声誉，比如哈佛大学和芝加哥大学出了多少位诺贝尔奖获得者，耶鲁大学出了克林顿和布什这样的美国总统……

如果你仅仅是证明你的过去很辉煌，但你没有未来，那么这个学校不会录取你；如果你仅仅证明你的过去很辉煌，你也有未来，但是你对这个学校没有忠诚度和归属感，表示你并不适合就读这个学校，那么他们也不会录取你。

每年美国名牌大学的申请竞争都非常激烈，不仅是中国的学生在申请，全世界的优秀学生也在申请，每个教授要看的 PS 很多，如果你的 PS 很有特色，那么会引起教授的注意，从而对你的申请材料感兴趣，这样被录取的机会大一些。

PS 的基本格式有三种：一种是自传式，把自己从小到大（一般是从大学本科说起，也有从高中说起）的个人经历描述一番，以证明自己在某些方面的能力；第二种是叙事式，这是美国学生申请学校所写的 PS 的常用风格，以一件事情切题，引出全文，再谈一谈自己的感受；第三种是专业式，全文的中心放在自己对专业的认识上，介绍自己的专业背景和研究经历，从而显现出自己的研究能力。对于本科生申请硕士项目，一般采用前两种格式；而硕士研究生申请硕士或博士项目，可以采用第三种格式，当然前两种也可以采用。

有的大学要求有两篇 PS，一篇是描述申请人的个人经历，一篇是论述申请人的申请动机和研究计划。如果是申请商学院，那么要准备很多版本的 PS，因为你所申请的每一个商学院都会有不同的问题要求你在 PS 里来回答。

一般来说，PS 都是以时间为顺序来叙述，这种叙述顺序就是 PS 文章的结构。比如，拿到杜克大学商学院的 offer 的清华基科班本科生李石磊，他告诉我他的 PS 是这样写的："我从 9 岁开始做竞赛，一直做到高三，一共做了 10 年，我拿了无数的奖；进入大学以后，我想看到世界上最强的人是什么样子的，所以我想去美国读书……然后我写自己在营销方面做过什么样的研究，最近的研究是什么，我对你们商学院哪个教授比较感兴趣，我希望在哪些方面做一些贡献。"

弄明白 PS 的结构后，就要确定 PS 的主题，PS 的主题一般是你的申请动机，围绕它来展开叙述。为了引起教授的兴趣，申请人可以考虑用自己的某个特点作为文章的主题，比如你坚韧不拔的性格，就是体现自己优秀的一面，美国人比较欣赏这个。

三、申请成功者写 PS 的经验

孙楠毕业于清华大学电子工程系，念的是电子科学与技术专业（本科），赴哈佛大学工程学与应用科学系攻读博士学位，获全额奖学金。他写 PS 的心得体会是——

我的 PS 写得很干净利落，写得很直接，我讲自己的强项或优势、自己的研究兴趣，以及我对学校的看法。

有人倾向于写抒情式的 PS，比如写对美国这所大学的感情如何之深，从小就听父母讲这个学校如何之好，自己从小就为上这所大学在努力。我不是这么写。国外教授都是很有经验的，他们招生的制度有好几十年了，很成熟了。这么写的 PS 太司空见惯，他们见过很多了，申请人的能力孰高孰低他们一看就能马上看出来，我觉得还是要在 PS 中体现出自己的闪光点。

中国 80% 的学生可能都会写这种抒情式的 PS，但是我觉得写这样的内容没有什么意义，与其写那种东西，不如突出我的强项，我把自己的强项都写在 PS 上面：我的 GPA 年级排名第一，我在很多课程上的表现都非常好，我的研究背景比较丰富……我在所申请的领域有广泛的阅读量，我阅读了一些东西，有一些专业知识的积累，然后我把自己对这个领域的看法写清楚。我还写了自己对专业的兴趣究竟在哪些地方，对这个领域的未来发展怎么看。我写的都是很硬的东西，没有抒情。

我先是介绍自己的情况，突出几个方面的闪光点，然后用几个例子来说明，比如我说自己的物理基础很扎实，我就写自己获得过什么物理比赛的奖项；我说自己的电子学基础知识很厚实，我可以讲在本科阶段的模电、数电课程的考试分数都很高；我写自己的研究经历很丰富，在大二、大三做过什么，上大四的时候又做过什么……我把这些东西都写在PS里。然后写我对自己申请的专业领域为什么感兴趣，我认为它大概的方向在哪儿，哪些地方真正让我感兴趣，这样让他们觉得我对这个专业领域还是挺有见解的，最后我写了一些自己对这个学校的看法。我没有写什么抒情的话，比如"我对科学怀着远大的理想"之类的话，我觉得这种话太虚了，不是很实在。

张晓梦毕业于清华大学生物医学工程系（本科），赴斯坦福大学电子工程系攻读博士学位，获全额奖学金。我问她："大家都觉得PS很重要，你怎么看？"她的见解是——

首先，我个人认为PS这个东西固然重要，但不是录取你的决定因素，关键还是平时的准备要充分，硬件条件不可少。PS可以帮助对方教授了解你，对申请会起到一定的推动作用，一篇好的PS能够让对方教授留下深刻的印象，从而为申请成功增加砝码。PS的篇幅很宝贵，行文一定要短小精悍，抓住主题，集中要点，让教授读来清晰明了，很容易理解你的想法，不会觉得很散乱。

至于什么样的 PS 才是最好，这个问题本无定论，不同的学校有不同的要求，不同的教授也会有不同的兴趣点，什么东西能够打动谁，随机性很大。我认为 PS 不应该是成绩的堆砌，而应该是讲清楚一件事情：有一个主题或意向，然后说清楚为什么有这个想法，想法的形成过程是怎么样的，它在发展中又有些什么样的变化，一步一步把情况说清楚，逻辑性一定要很强。

比如我的 PS，我只花了一个晚上就完成了初稿，然后找三个朋友帮忙修改。整个准备时间很短，具体内容也没有独具匠心之处，但我自己是满意的。我选的研究方向是医学成像领域，所以在 PS 里我最开始就说我有这样的一个兴趣，我在选专业的时候又有什么考虑，之后的科研怎么开始，未来为什么还想继续在这个领域发展，期望取得什么样的成绩……就这样一条线捋下来，把整个过程说清楚，通篇没有提自己有多么优秀的硬件条件，因为那些硬件条件可以在 CV 里展现出来，对方教授可以看到。

张子陶毕业于清华大学土木工程系（本科），赴美国西北大学攻读交通与规划专业博士学位，获全额奖学金。他的 PS 非常有特色，他说——

我的 PS 修改过将近二十遍，而且帮我修改 PS 的人有教授，有我的英语老师，还有我的师兄。教授和英语老师属于专业人士，我的师兄有普林斯顿的、MIT 的、斯坦福的、伯克利的，修改出来的 PS 给身边所有人看了都觉得很强。我写了两个版本的 PS，一篇是散文性的，一篇是专业性的。一开始我写的是散文性的 PS，他们读完之后说："你这个东西写得太好了，但是想读懂很难。"就是说我写得词藻太华丽了，他们花五分钟来读就会觉得特别好，但是花一分钟就读不明白，所以他们说："为了保险起见，你再写一篇吧！"于是我又写了一篇，而且也改了二十遍，最后两个版本的PS都用了，就是说有的学校用散文性的PS，有的学校用专业性的PS。

写PS要突出自己闪光的地方，我的PS一开始就用一段非常精彩的句子写我的闪光点，比如我说我的"唯一"：我是我们系同年级唯一一个去香港大学做交换生的学生，这个资格很难获得；我是我们系同年级唯一一个进到国家鸟巢奥运场馆工地实习的学生，而且我是队长，是我带队去的；我是我们系本科生第一个被美国土木工程师协会认证的，而且我是第一个本科生担任该协会中国区主席；我是我们系同年级在本科阶段唯一一个发表论文的；我是我们系同年级唯一一个做了这么多事情还能把学习成绩保持在年级前5%的人……这些都是我的"唯一"，当时很多人读了我的PS后都觉得我很嚣张。

有些人在自己的PS里写荣誉，一上来就写自己在大学里获得一个很一般的荣誉，然后就是在中学获得的荣誉了，有的连上小学获得的荣誉也写上去，简直就是去丢人嘛。我的荣誉只列了在大学拿到什么奖学金，还有参加什么有分量的科研工作。我做过很多方面的科研工作，包括在香港大学和在清华的科研。

在PS里还写到我的一些特点，比如我的一些认证，包括美国土木工程师协会、英国土木工程师协会、英国结构工程师协会、美国交通工程师协会，我已经被这些协会吸收为会员。里面还有我参加的许多国际会议，包括在上海的、在香港的和在新加坡的……之所以写这些是因为这些都是别人没有的，而且当时去参加那些国际会议的时候，只在清华选了几个人，我是作为系代表去的。

有人写自己会编程，一些课程考了多少分，我觉得这些都没有意义。我的成绩只提了一句，我就说我的 GPA 是 88.9 分，排在年级第 5 名。我就写了这一行，其他的一句废话都没有。我觉得其他没必要写，你可以去看我的成绩单嘛！而且我的成绩单也非常漂亮：我没有 80 分以下的科目，我所有的科目都在 80 分以上。有人的成绩单一眼看上去有好几个 90 多分，然后突然有一个 60 多分，这样看起来不爽，而我的成绩单清一色都是飘红的。

杜翕然毕业于北京大学，本科念新闻学专业，赴美国普渡大学攻读健康传播专业硕士学位，获全额奖学金。我问她："你觉得 PS 重要吗？你的 PS 是怎么写的？"

杜翕然回答："我总共申请了 15 个学校，申请的专业又不一样，像申请了公共关系，申请了新闻理论……我毫不夸张地说，申请 15 个学校我写了 10 个不同版本的 PS，完全不同的 10 个版本。有些理工科学生申请了 30 个学校，可能只有 1 个版本的 PS，因为他们申请的都是同一个专业方向的。当时我给那个普渡教授打电话，他说的一句话特别打动我，他说：'你写 PS 最重要的不是要陈述你怎样地优秀，最重要的是要让我们知道你为什么适合来我们这里读书。可能你非常优秀，但是你可能并不适合来普渡，你可能适合去哥伦比亚或者斯坦福，我们录取你是因为你适合来我们这里。'所以我觉得写 10 个版本的 PS 就是要让他们知道我适合去这些不同的学校，我写 PS 的时候真的是把那个学校的专业介绍和每个老师的研究方向都看了无数遍，然后把自己的特点融合在学校的特点里面，简直是一个斗智斗勇的过程。"

总的来说，想申请到美国名校和奖学金，写 PS 时把重心放在如何描述自己的兴趣上是远远不够的，还要想方设法来论证你的能力，比如强调自己的研究经历,做过哪些科研或者实习项目。对于准备申请学校的准留学生,很有必要学习那些拿到美国名校 offer 的"师兄师姐"是怎么写 PS 的,也许会有豁然开朗的感觉。

四、美研申请短文(Essay)写作实例

申请美国大学研究生项目,除了 PS 以外,有的学校还需要写一些 Essay(短文),每个学校的 Essay 还不一样。举一个我亲自负责的学生的申请成功案例:陈菲(化名)是南京大学商学院金融系大四学生,GPA3.6(4 分制)、托福 114 分、GMAT760 分,申请硕士研究生,专业有金融学(Master of Finance)、公共管理硕士(MPA)和公共政策硕士(MPP),最后录取她的学校有:哥伦比亚大学(MPA)、南加州大学(MPA、有奖学金)、约翰·霍普金斯大学(金融学硕士)和马里兰大学(金融学硕士),她选择了哥伦比亚大学的公共管理硕士项目。从陈菲申请的学校所要求的 Essay 中,可以了解到美国大学的文书要求是多样化的。

例一:约翰·霍普金斯大学金融学专业文书要求:

1. What are your career aspirations and why is a graduate business degree the next step to achieving those goals? Specifically, why have you chosen a Johns Hopkins program to do this? (500 words)

你的职业抱负是什么?为什么研究生学位是你实现自己目标的下一步计划?你为什么要选择约翰·霍普金斯大学?要求 500 字。

2. Please answer essay option 2A or essay option 2B.

请回答论文选项 2A 或 2B。

2A: Describe your most significant success or failure. Please include the situation, attributions related to it and what you learned from it. (500 words)

描述你最重要的成功或者失败的经历,包括当时的情况和与其相关的事情,以及你从中学到了什么。要求 500 字。

2B: Describe a time in which your ethics were challenged. How did you address the situation and what did you learn? (500 words)

描述一次你的道德底线被触犯的经历，你是怎么处理这件事情的，以及你从中学到了什么？要求500字。

3. Why are you a strong candidate for the Johns Hopkins Carey Business School program? What makes the Carey degree a good fit for you? How will you make a unique contribution to the Carey community? (300 words)

为什么你是约翰·霍普金斯大学Carey商学院优秀的候选人？什么使得Carey商学院成为你的最佳选择？你对Carey商学院将会做出怎样特殊的贡献？要求300字。

例二：南加州大学公共管理硕士文书要求：

Essay: Statement of purpose of approximately 1,000 words addressing the following questions:

1. Why are you interested in pursuing the Master of Public Administration degree?

2. How will a Master of Public Administration degree affect or enhance your career aspirations and goals?

短文：约1000字的目的陈述，回答以下问题：

1. 你为什么对攻读公共管理硕士学位感兴趣？

2. 公共管理硕士学位将如何影响或提高你的职业抱负和目标？

另外，南加州大学申请奖学金文书要求：

Please prepare a statement answering the following questions. The statement must fit in the box provided below (approximately 200 words). Please do not submit an attachment.

1. Why are you considering graduate studies at Sol Price School of Public Policy?

2. Which faculty are you interested in working with and why?

3. What do you consider Price School's unique features?

请准备一份陈述，回答以下问题。该陈述必须符合下列方框（约200字）。请不要提交附件。

1. 你为什么考虑索尔·普莱斯公共政策学院的研究生课程？

2. 你对哪些教员感兴趣，为什么？

3. 你认为普莱斯商学院有什么独特之处？

从学校的文书要求可以看出，每个学校问的问题不一样，申请美国名校的文书写作非常重要，具有挑战性，对于能否被学校录取，这些申请文书起着至关重要的作用。

陈菲被哥伦比亚大学的MPA项目录取，哥伦比亚大学（MPA）文书要求是写两篇Essay，题目如下：

First topic (600 word maximum):

What distinct impact do you hope to have on the world in the future? Please be as clear as possible about your future goals, the policy/public service issue(s) you are passionate about, and your personal motivation(s). Be sure to include details regarding the features of SIPA that you believe are integral to helping you in your pursuits and what skills you need to develop to achieve a lasting impact.

第一题（最多600字）：

你希望在未来对世界产生什么独特的影响？请尽可能明确你的未来目标，你热衷的政策或公共服务问题，以及你的个人动机。一定要包括关于SIPA的特征的细节，这些特征是你认为在你的追求中不可或缺的，你需要培养什么技能来实现持久的影响。

Essay I

Eurozone crisis. Occupy Wall Street. President Election and New Leadership in China. $16 trillion US debt. Fears of fiscal cliff. Prospect of debt default. Unemployment. Poverty. etc.

This is certainly a challenging one, as domino effect plays a bigger part in a more-than-ever connected global economy. Policy makers debated over measures and solutions, but unanimity is never expected to be accomplished and only second-best remedies will be taken, resulting a social welfare loss. In the end, the public becomes the victims of inconsistent policies. For me, by bearing social responsibilities in mind and aiming to tackle real-world problems concerning public interests with financial policy tools, I decided to make a change and dedicate my future into public policy making, where an MPA program is necessary for my growing.

Upon graduation I would like to seek for a career either at the finance ministry of my country, or at world organizations such as the World Bank or IMF, where I hope to concentrate my work on solving conflicts and tensions between countries and regions thru financial policy making. IMF's research paper always ranks top-tile and influential to world economy. Being an analyst, I will obtain adequate knowledge profile as well as unique exposure. Stimulated by my sincere interests and career goal in learning how a government can form and implementing financial policy tools to tackle real-world problems concerning public interests, I sense a strong calling to improve my knowledge base and research skills, and step-by-step build my policy making expertise. I especially would like to focus my research on the relationship and trade-offs between international financial policy and domestic budgeting, to carefully study and measure how should a country government construct better financial policies, both internationally and domestically, to help more effectively solve domestic problems while mitigating diplomatic pressures or other political issues. Real-world cases include current dynamics between the US and China in terms of debt default and devaluation of dollars due to overprinting, and the relationship between Russia and the EU.

During my internship at The Export-Import Bank of China (TEIBC) and China M&A Association (CMAA), the experiences there triggered my strong interests in public policy. At TEIBC, a national bank implementing import-export policies, I was involved in the development of credit and loan programs for import-export commerce, and deeply experienced how policy influences thru different levels of economic pyramid and how current policy favors more state-owned enterprises rather than small businesses. At CMAA, a policy analysis institute, I performed in a series of research assignments, from data collection, market analysis to case studies. From first-hand materials, I concluded that a successful M&A not only depends on economic performance, but also relies on the overall environment shaped by policies and regulations.

With all these experiences and preparations, I am writing to you and the admission committee for a precious opportunity to further my study in finance and public policy at SIPA at Columbia University. Based on my research, at SIPA of Columbia, the International Finance and Economic Policy suites me best. *Cost-*

Benefit Analysis course would deepen my understanding for real-world economic models and carry-out practical project analysis while the course of *Government Use of Financial Instruments* would enable me to understand how government can serve its public by extensive financial tools. Moreover, I can contribute my own knowledge to a series of courses regarding China-related topics.

Hence, I believe School of International and Public Affairs at Columbia University will teach me, guide me and help me realize my goals. Now I'm fully prepared to take all challenges to achieve my career goals.

参考译文：

短文一

欧元区危机，"占领华尔街"运动，中国选举新领导人，16万亿美元的美国债务，对财政悬崖的恐惧，债务违约的前景，失业率，贫困等等。

这无疑是一个具有挑战性的问题，因为多米诺骨牌效应在比以往任何时候都更加紧密地在全球经济中发挥着更大的作用。政策制定者在措施和解决方案上争论不休，但从未指望达成一致意见，只会采取次优补救措施，从而导致社会福利损失。最终，公众成为不一致政策的受害者。对于我来说，我从社会责任的角度出发，以金融政策工具来解决涉及公共利益的现实问题为目标，我决定做出改变，将我的未来投入到公共政策的制定研究中，而学习 MPA 项目是我成长的必要条件。

毕业后，我想在我国的财政部、世界银行或者国际货币基金组织寻求工作，在那里我希望集中精力通过金融政策解决国家和地区之间的冲突和紧张局势。IMF的研究报告始终名列前茅，对世界经济具有影响力。作为一名分析师，我将获得足够的知识概况以及独特的曝光度。学习政府如何制定和实施金融政策工具，以解决涉及公共利益的现实问题，在这方面的真诚兴趣和职业目标的激励下，我感受到了提高自己的知识基础和研究技能的强烈要求，并逐步建立自己的决策专业知识体系。我特别想把研究重点放在国际金融政策与国内预算之间的关系和权衡上，仔细研究和衡量一个国家政府应该如何构建更好的国际和国内金融政策，以帮助更有效地解决国内问题，同时减轻外交压力或其他政治问题。现实世界的案例包括美国和中国之间在债务违约和美元因过度印刷而贬值方面的当前动态，以及俄罗斯和欧盟之间的关系。

在中国进出口银行（TEIBC）和中国并购协会（CMAA）实习期间，我对公共政策产生了浓厚的兴趣。在执行进出口政策的国家银行TEIBC，我参与了进出口贸易的信贷和贷款项目的开发，深刻体会到政策如何通过不同层次的经济金字塔影响，以及当前的政策如何更有利于国有企业而不是小企业。在CMAA，一个政策分析机构，我执行了一系列的研究任务，从数据收集、市场分析到案例研究。从第一手资料中我得出结论，成功的并购不仅取决于经济绩效，还取决于政策法规所营造的整体环境。

带着这些经历和准备，我写信给您和招生委员会，希望能得到一个宝贵的机会，在哥伦比亚大学SIPA学院继续我在金融和公共政策方面的学习。根据我的研究，在哥伦比亚大学的SIPA学院，国际金融和经济政策这个领域研究最适合我。Cost-Benefit Analysis课程会加深我对现实世界经济模型的理解，并进行实际的项目分析。Government Use of

Financial Instruments 课程会让我了解政府如何通过广泛的金融工具为公众服务。此外，我可以将自己的知识贡献到与中国相关的一系列课程中。

因此，我相信哥伦比亚大学国际与公共事务学院会教给我很多东西，指导我，帮助我实现我的目标，现在我已经准备好迎接所有的挑战来实现我的职业目标。

Second Topic (300 word maximum):

Please share any additional information about yourself that you believe would be of interest to the Admissions Committee. Please focus on information that is not already reflected in the other parts of your application or might not be clear in the information submitted.

第二题（最多 300 字）：

请分享任何你认为招生委员会会感兴趣的关于你自己的额外信息。请关注在申请的其他部分没有反映的信息，或者在提交的信息中可能不清楚的信息。

Essay II

Aim-Plan-Execution-Correction（a.k.a."APEC"）program, self-developed at the end of freshman year, is a specifically designed learning program which I intensely used since inception. APEC was originated after reading Jack Welch's *Winning*, where I learned that a strategy won't be extraordinary without a dedicated execution capability and Jeffrey Liker's *The Toyota Way*, where I realized continuous improvement should be set as a life-long focus. Then, I came up with an idea of combine these two together and finalized APEC program. Amazingly, I find it so efficient and effective that it has become my thinking benchmark since then.

when I first entered Nanjing University, I knew English is the top priority for my study and English spoken became a significant obstacle to prevent me from conducting a smooth communication with foreign friends. To overcome my Chinglish, I spared 30 minutes every morning to read out-loud and recite *New-Concept English 4*, a popular English textbook in China, throughout my sophomore year. After being fluent in reading, I recorded it and compared it with standard sound-track. By doing so, I corrected my questionable tones and accent enunciations. With constant practicing, not only I scored 114 in TOEFL with 26 in Speaking, but this experience made me more confident in expressing myself to people from worldwide.

Moreover, in my junior year, I went to UC Davis as an exchange student. I actively participated in Toast Club-an ad-lib speech community. I took every possible opportunity to practice myself and welcome people's sharp but helpful comments. During my three months there, I gave three 15-minute ad-lib presentations to over 200 people, covering a variety of topics, incl. *Freedom of China's Political Speech*, and *Cultural Conflicts between China and Chinatown*. Therefore, APEC is an ideal program that can deliver my goals.

参考译文：

短文二

Aim-Plan-Execution-Correction（又名 APEC）program 是我在大一结束时自行开发的一个专门设计的学习项目，我从一开始就使用得非常频繁。APEC 是在阅读了杰克·韦尔奇的《胜利》和杰弗里·莱克的《丰田之路》后产生的。在这本书中我了解到，没有专注的执行能力，战略就不会卓越。在《丰田之路》这本书中我意识到，持续改进应该成为终身关注的焦点。于是，我想到了一个主意，把这两者结合起来，最终制订了 APEC 计划。令人惊讶的是，我发现它是如此地高效和有用，以至于从那时起它就成为我思考问题的基本准则。

当我刚进入南京大学的时候，我就知道英语是我学习的重中之重，英语口语成为我与外国朋友顺利交流的一个重要障碍。为了解决我的中式英语问题，在我念大二的整个学年，我每天早上花 30 分钟大声朗读和背诵《新概念英语 4》，这是一本在中国很流行的英语教科书，在阅读熟练之后，我把它录下来，并与标准音轨进行比较。通过这样去做，我纠正了自己有问题的语调和口音。通过不断的练习，我不仅托福考了 114 分，其中口语 26 分，而且这段经历让我更有信心向世界各地的人表达自己的想法。

此外，在我上大三的时候，我作为交换生去了加州大学戴维斯分校，我积极参加了该校的 Toast Club——一个即兴演讲社区。我抓住每一个可能的机会锻炼自己，并欢迎人们尖锐而有益的评论。在那里的 3 个月，我向两百多人作了 3 次 15 分钟的即兴演讲，涉及的话题多种多样，包括中国政治言论自由、中国与唐人街的文化冲突。因此，APEC 是实现我的目标的理想计划。

五、需要什么样的推荐信

在所有的申请书面材料中，推荐信是除了个人陈述（PS）之外最为重要的申请材料，有时一封好的推荐信就能决定申请人能否被录取。推荐信由推荐人来写，用第三人称，以一个旁观者的角度来介绍他所了解的申请人，要求对申请人作出客观而诚实的评价，能起到个人陈述所起不到的作用。

从目前的情况来看，申请美国大学的研究生院需要三封推荐信，也有少数情况只需要两封，总之推荐信不可缺少。有一些推荐人（教授）愿意亲笔给申请人写推荐信，倘若这样，当然是最好的。有些学生，认识一些国外大学的教授，然后请他们来写，这样的推荐信非常有价值，国外大学的教授一般都是亲笔帮你写。国内的情况大家心里有数，大部分推荐人不会亲自给你写，一般的流程是：你跟教授打招呼，征得对方同意成为你的推荐人后，你写好英文推荐信（如果找留学机构帮忙申请，一般留学机构会代写）发给推荐人看，有时推荐人会提一些修改建议，或者直接在上面签名，这样就可以用了。

有人会问："美国大学录取学生的流程很严格，是不允许推荐信'作假'的，难道美国大学不知道推荐信有问题吗？"其实，很难界定找教授签字的推荐信是在作假，因为教授太忙（每个申请季可能有好几十个学生找他当推荐人），他确实没有时间和精力为每一个找他的学生写推荐信，但是他会仔细看学生写好的推荐信，然后签字。美国大学国际招生处也知道中国大陆学生有一部分推荐信是怎么操作的，也没有人去计较这些，所以国内大学普通教授的推荐信在招生委员会那里所起的作用很一般，但是必须要提供。当然，不是所有的国内大学教授的推荐信都只是签字，也有一部分教授坚持自己来写。国外大学的教授推荐信都是他们亲自写，这样的推荐信含金量就高很多。

我认识一位北大女生苏某，她被哈佛大学的东亚研究硕士项目录取，而且还给了"半奖"（学费全免），真正起作用的是一封特别厉害的来自哈佛大学教授的推荐信，她为了拿到这封推荐信付出了惊人的努力。这位哈佛教授当年来北京大学讲学，北大女生苏某去旁听他的课，然后想办法认识这位教授，哈佛教授回美国后，苏某继续跟他保持邮件联系，用这位女生的原话来说就是"死缠烂打"，到申请学校时，这位女生找他写推荐信，同时还找了一位在哈佛念博士的北大师兄帮忙跟这位哈佛教授打招呼，最后才搞定这封价值不可估量的推荐信。

推荐信的正文一般是500字左右，写成一页，大致的格式是：左上角是推荐人（教授）所在大学的校徽和校名，左下角是推荐人的地址、单位、职称、联系电话等。推荐信具体写什么呢？写推荐信一般要介绍申请人的性格特点、研究能力、学术水平、组织能力和领导能力等等。三封推荐信不能写重复的内容，这个要先设计好每封推荐信的内容，每封推荐信要表现申请人哪些优点或实力，三封推荐信组合在一起就把申请人"完美"地展现出来。

信中对申请人的评价一定要有具体的例子来证明，比如说申请人很优秀，那么是怎么优秀的呢？就要用事实说话。

在推荐信里必须展现申请人的与众不同之处，这点跟写PS的要求一致。还有一个要求是真实，在推荐信中所叙述的东西应该是申请人所经历过的，不要胡编乱造。

举一些例子，看看那些申请到美国名校全奖的学生的推荐信是怎么写的，他们对推荐信有什么看法。

例一：孙楠是清华电子系本科毕业生，被哈佛大学录取，全奖。他说："我拿到了一个资格非常老、水平非常高的清华教授的推荐信，他是斯坦福大学毕业的，在美国高校人脉很广，如果提他的名字，在电子学领域基本上是无人不知的。他是一个很厉害的教授，我能拿到他的推荐信跟我一直在他的实验室里做研究有关系。"

例二：张子陶是清华大学土木工程系本科毕业生，被西北大学录取，全奖。他说："我的推荐信很强，我有10封推荐信，其中4封是香港教授的推荐信，并且全是他们亲笔写的。我的推荐人有我们系年级主任、副系主任、系主任，还有香港大学的副系主任、系主任、从伯克利回来的香港大学教授……我申请了我们系所有的专业方向，因此所有专业方向的推荐信都要拿。当时我准备得有多么细致,连装推荐信的信封的一个圆角、信封的标签都是我一页一页打印上去的,而且圆角都是我一页一页裁好的,让对方教授收到推荐信后看起来会觉得特别漂亮、特别舒服。"

例三:李石磊是清华大学基科班本科毕业生,被杜克大学商学院录取,全奖。他说:"给我写推荐信的是我的导师、我的系主任,还有我导师介绍的一个耶鲁统计系教授,一共是3封推荐信。导师和系主任的推荐信是你一定要拿的,如果导师都不给你写推荐信的话,说明你这个人的品德有问题。如果系主任不给你写推荐信的话,说明你在系里没有什么地位。另外一封推荐信就是你自己选了,我之所以选择耶鲁统计系的这位教授,是因为我要强调自己的数理基础很好。这些都是要配合起来的,要突出你想要强调的东西。每封推荐信不能写一样的东西,如果都是一样的,看起来就没有什么区别,而是这封写一些东西,那封写一些东西。"

例四:何斌是北京大学生物科学专业本科毕业生,被芝加哥大学录取,全奖。他说:"一般学校要求3封推荐信,个别学校要求4封推荐信。我跟老师都比较熟,在学习和生活上我跟很多老师有很好的交流。我请了4位老师写推荐信,每个老师都针对我的某个方面来写,第一个是我大一和大二的数学老师,我们的私人关系很好,我希望通过他的推荐信体现出我在数理方面的逻辑能力,因为我申请的方向有一部分是系统生物学,它是一个数学、物理和生物的交叉学科,所以需要体现这方面的能力;第二个是我实验室的导师,写我的科研能力;第三个是我的生理学老师,体现我对生理学的理解能力;还有一个是我的遗传学老师,我们的私人关系也很好,是他把我带进了这个研究领域。"

申请美研一般要3封推荐信,以下一封推荐信是陈菲(化名)申请美国大学研究生所写,推荐人是本校老师,可以了解一下推荐信到底写什么内容。录取陈菲的学校有：哥伦比亚大学（MPA）、南加州大学（MPA）、约翰·霍普金斯大学（金融学硕士）和马里兰大学（金融学硕士）等。

Dear Madam or Sir,

  I am Bing Lin, a lecturer of Business School, Nanjing University. The strict criterion of admission requirement enables the students who can be admitted by Nanjing University must be the top students with earnest studying attitude and creative mind from the key high schools all over the country. I am very glad to recommend Fei Chen, a student with all the described qualities, to pursue a master's degree in your esteemed university.

  I have known Fei Chen when I taught her the course of Insurance Economic. Based on my impression, Fei Chen could perfectly combine theories with real situations in our class. She is a bright and aggressive individual who possesses a strong motivation to learn and excel in her course work. The Insurance Economic course in Nanjing University is case by case course, which also means that it requires students to demonstrate their unique creativity and their competency on solving real problems. Fei Chen has showed her independent thinking ability in working out various possible situations with her solid mathematical background and creative spirit during the class. Her hard work finally paid off when she achieved a 97 in my class under a 100 score system.

  I have worked as mentor of Fei Chen's paper. After picking a topic, she started from reading references, and when she was encountered with confusions she both came to ask for my help and emailed the original writer; in the meantime, in order to finish the dissertation, she taught herself advanced econometric knowledge, including time series and dummy variations. She also displayed her capability in programming while using R statistical software in the dissertation. Overall, I could see that Fei Chen did a fabulous job on analytic thinking and expressing herself in writing.

Judging by what I know of her, I believe that Fei Chen is fully qualified to pursue a graduate program in your University. Therefore, I recommend her with full of my enthusiasm.

Yours Sincerely,

Bing Lin

Nanjing University

22Hankou Road,Gulou District

×××@nju.edu.cn

参考译文：

尊敬的女士／先生：

  我是南京大学商学院老师林斌。严格的录取标准，使得能够被南京大学录取的学生必须是全国重点中学的尖子生，学习态度认真，思维创新，我很高兴推荐陈菲同学到贵校攻读硕士学位。

  我是在教授陈菲"保险经济学"课程时认识她的，在我的印象中，在我们的课堂上，陈菲能够将理论与实际情况完美结合。她是一个聪明和积极进取的人，有强烈的学习愿望，并且在她的课程学习中表现出色。南京大学的"保险经济学"是一门研究个案的课程，这也意味着它要求学生展示他们独特的创造力和解决实际问题的能力。在课堂上，陈菲凭借扎实的数学背景和创新精神，在各种可能的情况下，展现了独立思考的能力。当她在我班这门课的 100 分制下获得 97 分时，她的努力终于得到了回报。

我曾担任陈菲的论文导师，选好题目后，她从阅读参考文献开始，当她遇到困惑的时候，她会来找我帮忙，同时给原作者发邮件；为了完成论文，她自学了高级计量经济学知识，包括时间序列和虚拟变量。在论文中，她运用了 R 统计软件，展示了自己的编程能力。总的来说，我可以看出陈菲在分析思维和文字表达方面做得很好。

根据我对她的了解，我认为陈菲完全有资格到贵校读研。因此，我满怀热情地推荐她。

你的真诚的，
林斌
南京大学
鼓楼区汉口路 22 号
×××@nju.edu.cn

以上详细介绍的简历（CV）、个人陈述（PS）和推荐信是所有类型的申请人（包括文科、理工科和商科等）必须具备的。除了这些以外，申请书面材料还有 Research Proposal（研究计划）和 Writing Sample（论文）。

"研究计划"主要是针对理工科的学生，包括硕士和博士。很多学校不需要你在网申时提交研究计划，可是有些学校有这个要求，而且很多学生在跟教授套磁时会被教授问道："你以后的研究项目是怎样的？你的研究计划是什么？"所以理工科学生申请博士项目还是要好好准备自己的研究计划，你要向教授展现你的研究素养和逻辑思辨能力。一篇好的研究计划就是在暗示教授：进了你的实验室，我会上手很快的！研究计划有可能将你的留学申请升华到另一个等级，提高你被录取和拿奖学金的概率。

需要注意的是，研究计划可以展现你的逻辑能力，所以一定要逻辑清晰。而且，篇幅不宜过长，要精练，教授没时间读十几页的东西，最好精练到两三页。

Writing Sample（简称 WS）对于文科申请人非常重要，国外大学的招生委员会从申请人的 WS 中基本能看出申请人写论文的能力。WS 跟写论文差不多，可以当作是写英文版的论文，一般是直接把自己认为写得不错的中文稿件翻译成英文。许多人文学科和社会学科的专业方向都会要求申请人提供一份 WS，WS 主要是考查申请人的语言能力，还可以顾及到专业问题。

在具体写作上，WS 是一篇"论文"，是一篇以叙述和分析为主的文章，最好能有相应的理论框架，绝不能写成新闻报道。对于研究生，由于写过的文章比较多，可以选其中一篇来翻译成英文；对于本科生，可以选某门课的期末论文翻译成英文。篇幅长度是 10—15 页之间。

如果是艺术留学申请，还需要作品集。对中国学生来说，比较热门的申请专业有艺术设计、平面设计、工业设计、服装设计、建筑设计等，还有电影制作、动画制作、音乐制作等。不同学校不同专业对于作品集的要求不同，申请前一定要仔细查阅学校的官网信息。对于艺术留学的作品集，需要花时间和精力去好好准备，很多学生会找专业的留学机构帮忙，这是很有必要的。

第九章

正式申请与 offer 选择

一、网上申请和邮寄材料

准备好所有申请材料后，就要正式申请学校，申请的过程一般包括两个部分：一是填写网上申请表格，按学校要求填写信息；二是提交各种申请材料，包括成绩单、申请文书等等，或者一些证明材料。以申请美国大学研究生为例，在大四上学期的 9 月和 12 月是网上申请的主要时间段。申请表格的提交有两种方式：网上申请（Online Application）和书面申请（Paper Application）。一般是使用网上申请，一个是方便快捷，另一个是容易修改错误。申请人只需在网上填写相应申请表格并提交，学校即可获得申请人的基本信息和申请信息，加上申请人寄给学校的补充材料及证明材料原件，大学录取委员会即能对申请人作出综合评价。

申请人上网顺着学校的主页很容易找到它的网申系统，网申系统是一个表格系统，它会把你填好的表格自动生成一个 PDF 格式的文档，最后可以复查。如果检查没问题就到最后一步缴纳申请费，一般是用信用卡付费，用 VISA 或者万事达卡。

网申开始的时候，网申系统会给申请人一个 ID 号和密码以供确认，不需要一次性填完所有表格的内容，可以先填一部分，保存后退出网申系统，然后下次再填。下次申请人可以用自己的 ID 和密码再次进入该网申系统，继续完成填表过程，只要在学校的 deadline（截止日期）之前提交就可以。也有学校的网申系统不一样，只能一次性填完，不能保存后再填写，申请人要注意不同大学的要求。另外要说明一下，美国大学的研究生申请系统跟本科申请系统是不一样的。

完成网上申请后，马上要做的是网上送分，像托福、GRE 或 GMAT 等标准化成绩都有指定的官方机构送分，只要付费（刷信用卡）即可。

到了这一步，申请工作还没算真正结束，有的学校需要邮寄一些填写的表格，或者成绩单原件，或者财力证明（在银行开的中英文定期存款证明）……你所申请的学校申请系统会有提示，按照要求去做就是，哪一项没完成的话，上面都会显示出来。

前面的申请准备可谓是很漫长：经历了托福、GRE（或 GMAT）的准备和考试，经历了 PS 和推荐信的辛苦写作，经历了可能会影响自己一生的选校和选专业，经历了繁琐的申请表格填写……终于走到了"万事俱备，只欠东风"这一步，很多人已经精疲力尽。如果是在校大学生，有的人会感慨：难道我的大学生活就是在"寄托"（指考 GRE 和托福）中度过的吗？于是有人自嘲："没有寄托，哪有希望？"

申请季的时间是在大四第一学期，这个时候有专业课要学习，有的学生还要考托福或者 GRE，时间很紧张，精力也非常有限，如果在这种情况下，自己要去做这么繁琐的申请工作，确实是一个艰苦的挑战。我接触过很多大学生家长，他们心疼自己的孩子，于是花些钱去找留学机构或有丰富经验的留学工作室帮孩子做申请。

网申结束后，有的学校要求邮寄纸质版申请材料到学校，在网申系统里上传的是扫描件。邮寄材料的时候，一定要记住不能遗漏材料，最好是先列一个清单，然后按照清单把材料准备好，核对几次。除了准备好所需要的申请材料，还要特别注意以下事项：做一些标签贴在装好推荐信和大学成绩单的信封上，标签打印有申请人的个人信息；在 Cover letter（指寄送材料时所附上的材料清单）上写明申请人的网申 ID 号，还有一些补充信息；除了推荐信和大学成绩单，其他申请材料都不要装在单独的信封里，而是一起直接放进大信封，然后把这个大信封寄到所申请的大学去，这个大信封一般是用一号牛皮大信封，能印有自己现在所读学校的标记（有校徽和校名）最好。

有的大学要求所有申请材料在截止日期（deadline）之前寄到，每个学校的截止日期不一样，一般来说，美国大学硕士申请最早的截止日期是每年的 12 月 1 日。如果学校没有要求在截止日前寄到，那么一般的做法是：网申在截止日前完成，刷信用卡（交申请费），马上在网上送分（托福、GMAT 或 GRE），然后把纸质版材料用国际快递寄出。

邮寄方式一般采用国际快递，目前快递服务主要有三种：UPS、FedEx 和 DHL。终于把用自己的心血换来的一份份"申请材料"寄到遥远的大洋彼岸去，在"申请材料"寄出去的时候，也许申请人心里都会默默地祈祷：但愿这一份份包裹能换回一个个美国名牌大学的 offer……

寄出材料后，并不是说就全部完成了，一定要跟踪包裹寄到学校没有，可以用快递号码在国际快递公司的官网上查询，有时候会出现包裹寄丢的情况，如果学校迟迟未能收到包裹，采取的办法是跟校方确认后再寄出一份同样的包裹。

申请美国大学研究生，在所有的申请材料中，最重要的是大学成绩单。这个跟美国本科申请又大不一样，美国本科申请最重要的是托福和 SAT 成绩，他们对高中成绩单不是不看重，而是因为高中成绩单很难去做比较，中国大陆学生的高中成绩单 90% 以上都是 3.8 以上（按 4 分制计算，或者按百分制就是 90 分以上），这样就没法把申请人的距离拉开，而且，中国高中生的成绩单是怎么开出来的，他们也知道，除了极少数的高中，绝大部分的学校是可以随便开高分成绩单的。还有，即使两个学生的成绩单是真实的，全国那么多高中，他们怎么确定某某市二中的 GPA3.8 就比某某市一中的 GPA3.6 更好？像大学就不一样了，他们知道同样的分数，985 大学的学生就比 211 大学的学生优秀，它有可比性。再说了，大学成绩单一般不会作假。

我认识一个清华化学系本科生，他的托福只有 96 分，最后却被哈佛大学录取，是博士项目，给全额奖学金。他的 GPA 很高，而且大学本科期间在国际著名期刊发表了 4 篇论文。哈佛根本就不在乎他的托福分数低，甚至还安慰他不用担心自己的英文，到了哈佛一学期就自然会提高了。

美国大学很看重学生的大学成绩单，为了确保成绩不出问题，越来越多的美国大学需要美国第三方机构认证大学成绩单，以杜绝大学成绩单弄虚作假。如果学校需要成绩认证，那么要提前一个多月把成绩单寄给认证机构，由认证机构做认证后，成绩单会寄到申请的学校。

大学本科 GPA 低于 3.5 的话，一般很难申请到美国 TOP50 大学，100 分制换算成 4 分制，3.5 相当于百分制的 85 分左右，所以想出国读研的学生，如果想去美国名校，平时的学习非常重要，一定要考高分，保证平均分在 85 分以上，否则，不管托福、GRE 或 GMAT 分数有多高，都无法申请到好学校。如果是非 985 或 211 大学的学生，对 GPA 要求更高。

有的学生到了申请季发现自己的大学成绩不理想，想办法把成绩弄得漂亮一点，有一个办法是：去学校教务处找老师删去低于 70 分的科目分数，把删减版的成绩单打印出来。就是说，不作假不改分数，只是删去低分的科目。这个办法是不得已而为之，很多大学教务处不允许这样做，但是，事在人为，只要对申请有帮助，很多事情要主动去争取。

如果学生在大一、大二发现自己的 GPA 太低（低于 3.0，相当于平时成绩低于 80 分），将来想申请美国 TOP100 大学肯定不行，那么只有一个办法：就是转学先去美国读本科，然后再读硕士。这也是实现美国名校梦的途径，对于差等生来说是福音。我帮过很多因为在国内大学的本科成绩很差的大学生转学，最后都上了美国 TOP50 大学。也许学生会问："我在国内大学的成绩那么差，转学去美国怎么可以读名校呢？"实际的操作是，在开成绩单的时候，把那些该死的 75 分以下的科目成绩都统统去掉！或者更狠一点，低于 80 分的科目成绩都不要了，将来到美国大学多修一些科目就是了。这样开出来的成绩单就能保证高于 3.0，甚至可以达到 3.5 以上，以达到申请美国名校的成绩要求。

如果不考虑本科转学（去美国念本科确实很花钱，扼杀了很多人的想法），大学成绩低于 80 分的话，基本上跟美国 TOP100 大学无缘！想去世界名校（比如 QS 世界大学前 200 名）的话，只能考虑英国或者澳大利亚了。

二、大学成绩单如何做认证

申请美国大学的研究生，很多美国大学都需要做成绩单评估认证（Credential Evaluation），认证后的成绩单会向校方展示你以往的课程学习经历以及 GPA 成绩。越来越多的美国大学要求国际学生的成绩单必须经过指定机构的认证，否则不予接受，特别是排名比较靠前的美国大学。国内高中生申请美国大学本科不需要成绩单认证，因为高中成绩单在申请中的分量较轻，随便一所国内中学都可以给学生开出分数很高的成绩单来，都是清一色的 3.8 以上。

成绩单评估认证是留学申请过程中的一个重要步骤，有些申请人还不知道有这么回事，想申请美国大学研究生的学生都要好好了解一下，每年都会有学生因错过了成绩单认证的时间而放弃申请心仪的学校。

不是所有大学的所有项目都要求国际学生做成绩单认证，如果学校的官网有明文规定需要或必须认证，那就必须这样做；如果学校只是推荐认证，学生可以提交给相关机构做成绩认证，特别是成绩好的学生；如果没有明确说明，申请人可以选择不做认证。一般来说，申请本科转学，或者是申请商学院、医学院、公共卫生学院研究生的学生，基本上都要做成绩认证。可以在各校官网入学申请要求里面，找到对成绩单的详细说明和具体要求。

为什么要做成绩单认证呢？申请人的多样性，以及他们各自国家的教育制度、GPA 计算、学位授予形式都不尽相同。学校在评审留学生成绩单的过程中，需要用美国的通用标准来判断，美国 GPA 采用 4.0 的标准，但是中国大学有很多不同的标准，有的大学是 4.5（比如深圳大学），有的大学是 4.3（比如中国科学技术大学），有的大学 5.0，大部分大学采用的是 4.0，计算方式差别很大。美国本科一般是修满 120 个学分即可毕业，但多数中国大学一般要求至少 160 个学分才能毕业。

很多国外认证机构的认证前提是，学生必须先提交给国内教育部官方认证，然后出具成绩单和学历证明，这样可以验证成绩和学位的真实性，防止学术造假。只有经过校方指定机构认证的成绩单，学校才会接受，否则视为无效。

大部分认证机构通常提供三类不同的评估方式：

1. 课程评估（Course-by-Course）

这类认证报告通常用于大学入学、转学分或申请高等学位，以及专业许可和认证事宜等目的。Course-by-Course 认证对学生在美国以外学术机构完成的学科和课程进行描述、评估及认证，并提供对应美国教育体系—标准下的等价描述和换算。

Course-by-Course 认证也是美国大学最常要求的认证方式，一份完整的课程评估报告主要包括以下内容：所有完成的课程（All Completed Coursework）、每门课程成绩（Grades）、每门课程的学分（Credits）、美国的对等学位（Degree Equivalency）和最终累积平均绩点（Cumulative GPA）。

美国大学通常使用平均绩点（GPA）作为成绩评估，满分 4.0，如果国际学生的成绩绩点计算不是以此标准呈现，则认证机构将会按照该统一标准进行换算，最终等价对应到美国体系下的成绩描述。

2. 教育学历/证书评估（Document-by-Document）

Document-by-Document 认证是针对学生已获得的学历学位证书进行逐份认证描述，认证信息包括名字、就读机构名称和主要研究领域，并提供对应美国教育体系——标准下的等价描述（如学士、硕士、博士等）。这种类型的评估最常用于就业、移民或大学录取，一般不涉及转学分等情况。

3. 专业工作经验（Professional Work Experience Evaluation）

专业工作经验认证报告评估个人的专业工作经历及其教育证书，主要是为移民目的而提供，最常用于美国 H-1B 签证申请。

如果学校在官网信息中指定一家或两家认证机构，那么申请人从中选择一家办理就行；如果学校没有明确指定，那么申请人就要在众多的机构中挑选符合申请院校要求而又方便办理的。WES 认证是目前最受欢迎的成绩认证方式，其主要职责是帮助美国大学认证国际学生的成绩单和学历，把国际生的成绩转化为美国标准 4.0 算法的 GPA，以便美国大学招生委员会了解国际生的成绩和学历背景。

WES 是 World Education Services 的简称，中文意思是"全球教育服务"，总部设在美国纽约，在加拿大多伦多也有业务，是北美最大的资历评估公司。WES 为 NACES 认证成员，该机构每年评估超过 20 万份证书，为计划在美国和加拿大学习或工作的国际学生和移民提供证书评估。

中国学生如需完成 WES 认证则必须首先完成中国教育部"学位网（CDGDC）"或"学信网（CHSI）"认证，就是说学信网认证成绩单、学位网认证学位证。

学位网是主要认证有学位及以上的学历和成绩单认证，比如本科、硕士和博士，当然也可以认证高中或中职学历。

学信网是主要认证中等或高等教育非学位的成绩和学历认证，比如高中、大专或本科无学位（本科毕业证书）等。

认证形式有 Course-by-Course、Document-by-Document 和 CPA

Board Evaluation，具体选择哪种方式主要根据美国大学的要求来定，通常 Course-by-Course 服务使用最多。所需材料是国内认证后的成绩单（Verified Academic Transcripts）、国内认证后的学位证书（Verified Degree Certificates）。认证费用（Course-by-Course：）是 $205（ICAP）。

以 WES 认证为例，大致流程如下：

WES 只认证由中国教育部学位与研究生教育发展中心（CDGDC）或中国高等教育学生信息网（CHESICC）认证并直接发送的成绩单，其他未经认证的非官方成绩单均不予接受。所以大家需要分以下几步走：

第一步：WES 注册

1. 注册登录官网：www.wes.org。

2. 创建账户后，按流程填写相关个人信息和教育背景、认证目的等。

3. 信息填写完成后，选择认证类型。推荐使用 WES ICAP 的 Courses-by-Course 项目，这是大部分美国大学的认证要求，同时也保证能够直接给学校发送认证后的成绩单。

4. 接着选择认证报告需要寄送的美国院校，填写学校名称、地址等信息，可添加多所学校。

5. 提交申请并缴费，费用会视不同寄送方式有所差异。

交费后，WES 会生成一个 Reference No.，后续和 WES 联系以及国内认证时都需要用到，要妥善保管。

第二步：国内学信网认证（即成绩单认证）

1. 登录中国教育部"学信网"（https://www.chsi.com.cn/）。

2. 注册填写信息。

3. 成绩单中英文认证，需上传中英文成绩单。

4. 选择项目"申请目的"，选择"美国 WES"；"申请项目"，选择"大学成绩验证中英文报告"。如果是首次申请成绩认证报告，中英文都要选。

5. 添加学籍信息，填写时要注明是主修还是辅修，若有辅修的学位，在填写完主修学籍信息后，还可以再添加一个学位。添加完学籍信息后，需要手动添加中英双语的成绩单上的课程信息。添加课程时可以手动一个个添加，也可以选择上传成绩单 Excel 版本。在课程比较多的情况下，推荐后者（注：Excel 版本成绩单中的信息，需和成绩单原件的扫描件中的信息保持一致）。档案号要填 WES 的 RN，所以我们要先做 WES 注册。备注部分，建议填写自己在学校教务系统的账号和密码，可能会加快审理进度。

6. 接着上传所需文件的高清扫描版本，在读本科生的必备文件为：中英文成绩单原件扫描件和身份证扫描件。开具成绩单时，可以把中英文在读证明也一起开出来，在读证明可上传至"学籍证明"一栏。扫描文件有严格的要求：仅限 jpg/png 格式，成绩单必须为原件扫描，不可使用截图，成绩单必须加盖学校教务部门的印章，图片分辨率在 200×200 以上；身份证必须扫描正反两面。

7. 提交申请、确认和支付：提交申请后不允许添加或删除业务，所以在支付前，1—5 页面的内容请重新确认没有填错。确认无误后，最后缴费提交。缴费后，等待结果即可。中国学信网的认证费用可以用支付宝支付，学信网成绩单的认可费用是 300 元。

第三步：国内学位网认证（即认证学位证）

1. 注册登录 CDGDC 官网：http://www.cdgdc.edu.cn。

2. 注册完成后，按照导引要求，如实填写认证相关信息和学校背景信息，并上传成绩单、学位证书等相关材料附件。

3. 完成信息填写后，在认证报告接受地址一栏里，接受单位选择"WES"，系统会自动把 WES 地址填上（档案号填写 WES Reference No.）。

4. 提交申请并缴费，用信用卡或借记卡在线（通过"快钱"）支付即可。

在国内已经毕业的学生，还需自己寄送一份清晰的学位证书复印件给 WES。

第四步：发送报告

学信网做好的成绩单及毕业证认证，还有学位网做好的学位证认证，如何发送给 WES？需要登录学信档案选择国际传输，绑定认证报告后发送。

1. 在学信档案中点"国际合作申请"之"首页"，填上你的 Reference No.，会出现待传输的几个文件。最上面的两个是学信网自己的，传第二个（学历电子注册备案表），然后中英文成绩单、高等学位认证翻译件，这个点进去以后可以看到自己的学位证照片、中文学位认证书（来自学位网）、学位认证书翻译件（来自学信网）。

2. 向 WES 发送报告：认证报告完成后会给申请人发送短信通知，申请人需登录"学信档案"，进入后，点击"国际合作申请"选项，向 WES 发送报告，发送机构选择"WES"，填好姓名及 Reference No. 后，选择英文成绩报告发送。

第五步：WES 认证结果

国际传输是免费的，时间是大概一分钟之内。过几个小时，WES 会更新状态，说文件收到了，即国际传输顺利完成。支付 WES 认证费用即可完成 WES 认证，WES 收取的费用一共是 255 美元，其中认证费是 205 美元，寄送给你自己的报告是 10 美元，一所学校是 40 美元。增加学校数量则增加费用，认证报告每份是 40 美元。付款结束等待 WES 结果即可，4 周左右出结果。

三、套磁与面试

网申结束，把该寄的材料寄出去后，可以做个短暂的放松，缓解一下紧张的神经，接着要集中心思做好后面的事情，先是询问对方学校是否收到了申请材料，这些材料是否齐全。如果是申请博士项目，就要接着套磁，在选校之前就要开始套磁，网上申请结束后要跟教授继续联系，硕士申请一般不需要套磁。

"套磁"是指申请人跟申请学校的有关教授通过 E-mail 联系，增加自己被录取和获得奖学金的机会。对于理工科学生，套磁能起很大作用，你所拿到的奖学金其实就是教授的研究经费的一部分，与其说是学校给你发奖学金，不如说是教授给你发工作报酬；对于文科学生，情况完全不同，研究经费一般由院系决定，教授起到的作用很有限，因此套磁作用有限。套磁还有一个重要作用，就是通过跟教授联系，加上专业的咨询，可以筛选最适合自己的大学，确定最适合自己的专业方向。

套磁信的内容主要介绍自己研究经历和以后的计划，突出自己的特长，可以表现对教授项目的熟悉，但是不要不懂装懂。跟美国人通信切记要简短，直来直去，一般发 E-mail 不要超过 300 字。套磁的风格并没有统一规则，每个人做法不同，但应该注意不要烦别人，不要催促别人，言语要简单明了，意思表达明白即可。

1. 早期套磁

时间节点为申请学校之前，联系对象主要是在该校学习的朋友、校友、研究生院秘书等，询问该学校该专业的招生情况、录取比例、奖学金发放比例、学费、项目情况、毕业去向等，还有该院系在哪方面的研究实力较强、学校设施以及在当地可以利用的资源等等。了解这些可以帮助你决定是否选择该校，判断自己的申请有几成胜算。

了解自己想要申请的项目和研究方向后，就可以跟相关的教授联系。联系教授的一种方式是先不谈自己的申请，而是从教授的目前研究项目谈起，谈一谈自己对该项目的理解；另一种方式是直接表示对教授的研究方向感兴趣，并针对教授的研究项目和领域提一些自己的问题，这要求申请人有很强的学术背景，才能进行长时间的交流。

2. 中期套磁

时间节点为网上申请前后，比较好的联系时机是 9 月或 10 月，这时候已经陆续开通学校的网上申请系统，根据所申请学校的要求再准备申请材料，可以跟教授谈学术问题，可以从中判断教授喜欢什么类型的学生，在写 PS 的时候可以更好地迎合对方教授。

3. 后期套磁

时间节点为拿到 AD（admission，无奖学金录取）前后，每个学校都会在第一轮审核后得出一个初步的结论，这些申请人会在第一时间段（早的话在 12 月末和次年 1 月初）就得到 offer（有奖学金录取）。对于还没有收到 AD 的申请人来说，可能并没有被拒绝，只是教授现在还拿不定主意到底选择谁，这个时候"套磁"的重要性就会发挥出来。同等条件的申请人，教授一般都倾向于选择跟他联系过的人。

如果已经拿到了 AD，但是对方教授还没有说给奖学金，这时候要积极套磁，就是想办法要钱。

套磁的时候，也不知道到底哪个教授会给到 offer，建议申请人根据实际情况进行"海投"，多联系一些教授，这样的弊端是需要花费很多时间，也没有十足的把握能够拿到 offer。这么多年我所知道的申请美国大学博士项目，一般会申请 20—30 所大学，工作量比申请硕士项目要大一倍以上。申请硕士项目的时候，如果是申请一个专业，一般会申请 10—15 所大学；如果申请两个专业，那么一般会申请 15—20 所大学。

当然，也不要将申请成功的希望全部寄托在套磁的作用上，其他该准备的还是要好好准备，如果有科研成果更好，不要剑走偏锋，毕竟套磁的回复率和成功率都比较低。有的学生没有套磁，最后也能拿到理想大学的 offer。只要你足够优秀，一切皆有可能。

对于博士项目申请，套磁很重要，还有一个环节也很重要，那就是面试！绝大部分的硕士申请不需要面试，但是博士申请必须面试。如果你所申请的美国大学的教授给你面试机会，说明你被该校录取的机会很大。美国大学的招生委员会对部分申请人的书面材料感到满意后，需要通过面试进一步挑选优秀学生。面试还有一个目的就是判断申请人在他所申请的专业领域里是否有成功的潜力，包括逻辑推理能力，能否清楚而有条理地表达自己的想法，是否有团队合作精神等等。

大部分面试主要是考查申请人的英语口语，语言能力是去国外生活和学习最基本的要求，而且部分博士项目的奖学金以 TA（助教）形式发放，你获得这种奖学金，到美国大学后要给大一学生上课，如果口语不好，那怎么行呢？

面试前的准备工作主要有：熟悉一下自己的 PS 和个人简历，准备好面试常见问题，练习英语口语，有机会的话先模拟一下面试。面试的终极目标是向"面试官"推销自己，原则是——要真诚，但是不能太真诚。就是说，要懂得"美化"自己，扬长避短，让面试官喜欢自己，其实跟男女相亲差不多。

面试主要有三种方式：电话面试、网络视频面试和线下面试。先说线下面试，国外大学一般会事先用 E-mail 通知面试的时间和地点，有的国外大学会专门派人来中国，比如会来申请人数最多的学校清华和北大，或者来北京、上海、广州这些大学集中的城市，然后按照约定的时间进行面对面的面试。

电话面试又有两种方式，一种是事先通知的电话面试，另一种是突袭的电话面试。如果是事先通知的电话面试，可以把所有准备好的问题及答案都打印出来，放在电话旁，同时准备好自己的 PS、简历、电子辞典和专业书等等；如果是突袭的电话面试，自己还没准备好的话，应该想办法跟对方再约时间，实在不行，那么也不要慌张，对自己要有信心。

视频面试用事先说好的通信软件，比如 Skype，这种面试方式的优势是可以用眼睛来表达情感，辅助交流，还可以看事先准备好的资料。如果是面对面的面试，那么必须把这些材料的问题及答案全都背下来，或者背下关键词，以备组织要回答的句子所用。

面试常见问题和应对方法如下：

1. 你有哪些研究经历？

这是提前重点准备的问题，要有条理性地把各个研究项目尽量展开来说，思路一定要清晰，表达要清楚。

2. 你有哪些兴趣爱好？

这个也要事先准备好，因人而异，最好是说一些健康、向上的兴趣爱好，你总不能说自己喜欢打麻将或者泡妞吧，没有的话也要编一些正能量的爱好出来。

3. 除了选我们校，你还申请了哪些学校？目前有没有offer？

中国学生申请博士项目的学校一般都比较多，50%的人会超过20所，但是，回答申请的学校数目为10个左右比较好，即使已经拿到了offer，最好说自己面试了几个学校，还没拿到offer，要不对方觉得你已经有了offer就不太想给你了。也许，这样应对会有"欺骗"之嫌，但是，可以把它理解为一种面试"技巧"，这样心里会好接受一些。所以说，面试不能太真诚，否则吃亏的是自己。

4. 如果我们学校给你offer，你会来吗？

应该回答自己会珍惜每一个机会，如果你们学校先给我offer，那么我会优先选择它。

5. 你为什么申请我们学校？

可以根据你在PS里写的申请该学校的理由去回答，这个也要事先准备，把该学校的优点列出来，并告诉对方自己的特点很适合去贵校。

除了这些问题，面试还会问一些具体的学科专业知识，申请的专业不一样，回答的内容也会不一样。

其实，面试也没有那么"恐怖"，好像要对你刨根问底，像军校的"政治审查"一样。如果你运气好的话，遇到的教授真的很好，不会为难你。有一个被哈佛大学录取的北大男生跟我说，那个哈佛教授在电话面试他的时候，只问了一个专业问题，然后就聊到兴趣爱好上来，聊到了网球，相约来哈佛后一起打网球……

面试结束后，要尽快给对方发一封E-mail表示感谢。如果在面试中感觉有的问题回答得不是太好，那么在这封答谢的E-mail中给予详细解释一下，以消除对方可能存在的疑惑。

申请人在网上申请填写的材料会被相关人员打印出来，加上申请人寄出的申请材料，研究生院的录取办公室会处理申请人完整的申请材料，然后转到相应的院系。所有申请人的材料先是在系里的秘书那里汇总，小秘会根据本校的招生要求整理出一份名单，列出本次申请中符合条件的申请人，而且小秘会将这些人的申请材料分类，按每个人的姓名、学校、GPA、GRE 和托福成绩、所感兴趣的方向等等分好。接着，就是让系里要招学生的教授来挑选，那些教授都是 Admission Committee 的成员。每个系都会有一个录取委员会，包括五六个教授，有时候还有一两个博士生，他们将决定录取谁。大多数录取委员会收到材料就开始审阅，教授会根据小秘提供的信息，把申请人分为两堆：YES 或者 NO（Waiting list 在研究生院相对少一些），第一堆少，第二堆多，即先划掉大部分申请人。

美国大学研究生院的博士录取过程最主要的方式有两种：一种是研究生院向系里推荐，另一种是系里向研究生院推荐。前一种的过程是：研究生院收到申请人的材料后，进行一次筛选，一般是淘汰掉很多，然后把剩下的有可能录取的申请材料送到系里，最后由系里决定是否要发放奖学金。后一种的过程是：系里先审一遍所有申请人的材料，把合适的留下来，送到研究生院存档，把系里的录取决定通知研究生院，有时候由研究生院决定一些 fellowship 奖学金的人选。一般是由系里决定是否给申请人奖学金，最后由研究生院给被录取的申请人发放正式通知（offer）。

还有是教授说了算的，那么申请人是否被录取就不用通过录取委员会的投票决定，有些教授是院系某个研究项目的负责人，他有招收博士生的权利，但是也有一个前提，这个学生的 GPA、托福、GRE 等成绩也要符合该学校的基本要求。举个例子，我认识一位女生，当时华盛顿大学西雅图分校的一位教授来中国讲学，然后认识了这位女生，就跟她说，你只要托福考 95 分，我可以把你招进来。后来，这个女生申请了很多美国名校，把华盛顿大学西雅图分校当成了保底学校，最后她被美国TOP10大学录取了。

面试机会无比珍贵，在网上申请结束的时候，一定要注意保持电话畅通，每天要打开申请邮箱看一看有学校新邮件没有，甚至主动跟校方小秘联系。

很多年前，当时不是每个大学生都有一部手机，电话一般留的是宿舍电话，北京某著名大学的女生A跟我说了她亲身经历的一件事情，她跟同宿舍的女生B都申请了哈佛大学，辅导员给宿舍打电话，问她们宿舍有谁申请了哈佛大学，明天哈佛教授在北京面试学生。当时只有女生B在宿舍，是她接的电话，她故意说宿舍4个女生只有她自己申请了哈佛，其实她知道女生A也申请了哈佛，但是故意不报。结果第二天，女生B去参加哈佛教授的面试，而女生A不知道有面试的事情，错过了面试。最后还是因为女生A太优秀了，她主动联系以前套磁过的哈佛教授，对方给了她一次电话面试的机会，结果她被哈佛录取了，是博士项目，给了全额奖学金。而女生B因为不够优秀没有被哈佛录取，去了一所排名二十多的美国大学。后来女生A知道了这件事，对此愤愤不平，女生B的不道德行为败坏了自己的名声，班上的同学都疏远了她。

四、申请结果

申请结果出来后，几家欢乐几家愁，有的人拿到十几个offer，有的人一个也没有，有的人拿到了不太满意的offer还在等待最想要的offer……美国大学研究生院录取的情况大致是这样的：

1.教授或者录取委员会在第一轮审核中得出一个初步结论，会把竞争力很突出的申请人挑选出来，这些申请人会得到很满意的offer。

2.一部分申请人可能并没有被拒绝，只是教授还没有拿好主意选谁。在第一轮中不合格的申请人，会收到拒信。如果第一轮没有消息，说明仍然在候选人的池子中。接下来的offer分批发送，教授会根据前几轮发 offer 的情况从候选人的池子中选择剩下的人。

3. 有些申请人拿到几个 offer，会在 4 月 15 日之前选择一个，剩下的 offer 还给学校，这样美国大学就会把退回来的 offer 发给还在等候的申请人，所以，有的申请人会在 5 月甚至 6 月才收到学校的 offer。如果不确定自己有没有 offer，申请人要写信去询问。

总结一下，美国大学对申请人的答复一般有以下几种情况：

1. Give you the letter

这是每一个申请人梦寐以求的，给 offer 就是告诉你：不仅录取了你，而且要给你全额奖学金了。

对方学校给你发来 offer 的话，一般会先发个 E-mail 告诉你，稍后会邮寄给你一个正式的 Offer Package，里面一般至少会有一封 Offer Letter 和一个 Acceptance Form。如果是系里发来的，还可能有系里的教授介绍、课程介绍等等；如果是研究生院发来的，还可能有健康证明表、学校介绍、租房协议等等。有的学校没有发电子邮件预先告知，而是直接寄录取包裹，给申请人一个大大的惊喜！

一种情况是半奖：先是告诉申请人学费和杂费全免，也就是所谓的半奖。学校通常会尽可能帮助申请人满足资金需求，使其不至于放弃上学机会。此时，申请人可以回复学校，询问学校能否给予全额奖学金资助，或者是否可以为自己寻找其他资金来源。

另一种情况是全奖：申请人不应该在接受一所学校的 offer 以后，转而接受其他学校的 offer。如果收到的 offer 不是来自于自己最想去的学校，而想去的学校还没有给予答复，申请人可以联系自己想去的学校，告知自己已经收到 offer，正在做决定，询问何时可以得到该学校的决定。

2. Put you on the waiting list

没有拒绝给你 offer，但也没有答应马上给你 offer，而是把你放在等候的队列里，等到有人拒掉该校发出的 offer 后再考虑给你。有人拿到几个或十几个 offer，而他只能选择一个，其他的 offer 是要拒掉的。

然而，不是说有人拒掉了一个 offer，学校就会马上发出一个新的 offer，因为学校知道肯定会有人拒掉 offer，所以在第一轮会多发出去一批 offer。一般是有两三个人拒掉 offer 后学校才会考虑一个 waiting list，这样 waiting list 在短期内很难成为 offer。得到这样的答复让人心怀忐忑，感觉会有一丝希望，但是又没有完全把握，或许只能看运气了。

3. Give you the admission

即 admission，简称 AD，就是没有奖学金的录取通知，学费和生活费全部由你自己来解决，学校一分钱也不给。

为了获得奖学金，申请人可以套磁，一般是申请服务型奖学金，即助教奖学金（TA）或者助研奖学金（RA）。特别优秀的学生可以拿到最好的奖学金 Fellowship，这种奖学金还不用交税。申请人可以跟自己申请的院系联系，通过证明自己的教学能力和交流能力来争取获得 TA；申请人也可以跟教授联系，向教授展示自己的科研潜力，为自己争取获得 RA。如果系里仍有助研或者助教的空缺，只要申请人积极主动申请，教授们一般会给予的。

4. Decline your application

拒信。这是谁也不想收到的答复，被拒的感觉不好受，每个申请人都要做好被拒的心理准备，勇敢地面对，千万不要被"拒信"击垮。有的人倾其所有去申请留学，最后收到的是"拒信"，肯定很受打击，有可能一蹶不振。其实不管结果如何，都要坦然面对，不要把出国当成人生目标，而是把它当作实现人生目标的一个途径，此路不通还可以走另一条路。如果把它当作人生目标，那么一旦留学申请失败，这个人生目标也就烟消云散，很容易迷失人生方向。

5. No reply

就是没有消息，对方不给答复，有可能是因为申请材料不齐全，或者你的申请材料远远达不到他们的要求，或者材料在寄送的过程中丢掉了……有必要的话，申请人可以打电话或者发 E-mail 询问。

美国大学研究生院有一个"4·15协议",这是美国大学特有的协议,其他国家没有。"4·15协议"是由多数美国大学联合制定的,该协议规定:在每年的4月15日之前,申请人可以在已被录取的学校中任意选择,也可以选择对学校的录取决定不做答复。在此期间,申请人做出承诺,或者保持缄默,都不用承担任何责任,但是申请人明确答复时间不应该超过4月15日,如果在4月15日之后申请人反悔选择别的学校offer,则受损害的学校有权请求所有签署该协议的大学拒绝该生。

在4月15日之后,不答复将被视作自动放弃offer。如果已经签了字,甚至发E-mail承诺,都具有法律效力。如果签证官得知申请人违反了该协议,会给予拒签。学校在了解到申请人违反"4·15协议"后,可能会开除学生并将学生遣返回国。申请人在接受offer以前,应当慎重考虑,尽量避免出现反悔的情况。

如果学校给的截止日期比较紧张,可以联系学校说明情况,请学校多给一些考虑的时间。只要能够合理列出自己的理由,学校通常会愿意给申请人延后截止日期的时间。

申请人应尽早地把自己的决定(去还是不去)告诉给你offer的学校,并留足时间将自己决定拒绝的学校的各类录取资料在4月15日之前寄回学校。材料不一定非要在4月15日之前寄回到你所拒的学校,但一定要先用电子邮件通知学校自己不去了。如果在4月15日之后反悔而拒绝去录取你的学校,那么该校有权请求签署该协议的其他大学拒绝接受你。

其实该协议的实施对学校和申请人双方都有利,学校可以避免录取人突然反悔造成的混乱,对多数申请人意味着更加平等的竞争以及更大的录取机会。

"4·15协议"对admission没有限制,就是说,对方学校给你的录取通知如果是没有奖学金的,那么你可以不必在4月15日之前答复接受与否,但学校一般会给一个要求答复的截止日期,那么你在那个日期之前答复就可以了。

　　如果在选校阶段做过充分调查,并且认真思考过,那么在选择 offer 的时候就不会那么犹疑和痛苦。申请人已经对申请的学校有了足够了解,已经根据自己的留学规划对候选学校做了重要性排列。此时,申请人要做的是及时跟进各个学校的 offer 发放动态,与学校保持联系,为自己争取更好的机会。

　　我认识一个非常优秀的浙江大学的男生,本来他已经决定要去哈佛大学,在答应学校的前一天,斯坦福大学也给他来了正式的 offer,本来这是好事情,但是他为此痛苦了一个月:是选择哈佛,还是斯坦福?一个月过去了,在 4 月 15 日之前,他不得不痛下决心做出选择:接受哈佛的 offer,放弃斯坦福的 offer!他为这个选择痛苦了一个月,他苦笑着跟我说:"斯坦福还不如不要给我来 offer 呢,让我难受那么长时间,最后还是放弃它……"有时候选择 offer 好比是谈恋爱结婚,在两个完美的女孩面前很难选择。

　　在接受美国大学的 offer 后,要随时关注申请邮箱,如果不及时关注邮箱,可能会漏掉一些重要的信息。在接受 offer 后,一定要确认收到学校的正式回应,如果收不到回应,则应该继续联系学校。教授或者学校在口头或者邮件上答应的 offer,可能还会出现变动,申请人一定要注意。

　　一般来说,在收到 E-mail 录取通知后的两三周内,申请人就能收到学校寄来的正式录取包裹,里面有一堆入学材料,这些材料的内容通常非常多,申请人应该耐心仔细地查阅每一页。要关注如何回复学校录取通知的相关信息,有些学校会要求申请人必须在相应的材料上签字后邮寄回学校,还有一些学校表示可以接受扫描件或者 E-mail 答复。

　　其次,需要关注的是缴纳定金的说明,特别要看一下定金的缴纳方式和期限,如果逾期,学校就会认为该生默认放弃入学,那么你的 offer 有可能会被收回。另外,录取包裹的材料通常还会有关于体检、住宿、学费缴纳以及入学注册等相关信息。每一所学校都会有些差别，建议申请人在拿到包裹后要仔细查看，遇到任何不明白的地方最好咨询一下有经验的同学或老师。

在考虑选择哪所大学 offer 的时候要非常注意校方信息，以免被收回 offer，校方收回 offer 的情况有几种：一是申请人收到的是 Conditional offer（有条件录取），最终没有达到 Conditional offer 的要求；二是没有在 deadline 之前接受 offer 或者交纳押金；三是确认接受 offer 的时间太晚，但并未超过 deadline；四是申请材料作假；五是学校出现管理失误。

如果是 Conditional offer 的条件没有满足，申请人应该立刻与学校联系，向学校解释，询问有无任何补救措施。对于条件差得不是太远，或者有合理原因的申请人，学校都会愿意给予通融。

如果是因为没有按时交纳押金，可以联系学校，请求学校予以通融；如果接受 offer 的时间没有超过 deadline，申请人也应该联系学校，进行申诉；如果是因为材料作假，申请人基本上不存在挽救的机会；如果是学校出现管理的失误，导致要收回 offer，申请人要联系学校说明情况，必要的时候要据理力争。

还有一种情况，在 4 月 15 日之前答应去一所大学，但是，几天过后收到了心仪的学校的 offer，申请人该怎么办？根据经验，可以采取一些合理的办法为自己争取机会。首先，跟已经接受 offer 的学校联系，坦诚地说明情况，了解学校的态度。同时联系新的学校，确认收到 offer，确保不会出现其他变数。只要申请人的言辞合情合理，大部分学校还是愿意谅解申请人，同意申请人转入接受另一所学校的 offer。

五、拿到美国名校 offer 的感想

每个申请人都会经历这样一个阶段，可以称它为"申请综合征"。在申请季 10 月份开始投寄材料，结束是在 10 月份到次年 1 月份这段

时间，之后大家处在等 offer 的状态。在这个等待过程中，心情会非常复杂，非常焦虑，也很迷茫，可能有时候自己会信心高涨，有时候又会非常低落。有些人的 offer 来得比较早，就会在学校 BBS 的飞跃版上发文，大家就会惊叹。看到别人来了 offer，自己心里就会想：是不是没希望了？

等待 offer 的心情是焦虑的，每天即使不愿意开电脑，也要打开申请信箱看一看有没有来信，然后一遍遍失望地关掉电脑，接着等待，再看留学论坛，上面有三五人说我来 offer 了，明天又有三五人说我来 offer 了……感觉自己好像被美国大学给遗忘了，于是给学校写信询问，人家不理；去信多了也不好，怕人家嫌你不礼貌，也就不敢多问，只能等待……忽然有一天打开电脑，终于来了一封给 offer 的邮件，你简直不敢相信自己的眼睛，再看一遍，果然是！明明写着奖学金的钱数，你还是半信半疑，尔后，狂喜的心情无法形容！

赵亚楠毕业于清华大学工程力学系，获硕士学位，本科总成绩年级排名第二，赴斯坦福大学机械工程系攻读博士学位，获全额奖学金。在拿 offer 的过程中，她的体会是这样的——

> 到今年 2 月份的时候，除了斯坦福以外，该来的 offer 或者拒我的学校都有了消息，只有这个斯坦福，她既不说拒你，也不说要给你 offer。很多人都说，等 offer 的整个过程就像很痛苦地谈恋爱似的，它就是招惹你呀，但又不让你马上得到它。
>
> 大家都说，今年形势不好，而且好多人给我出主意，最后我申请了 12 所学校，拿到了 7 个 offer，谁也说不清楚学校是申请多一点好还是少一点好，这个太难说了，经济条件允许的话，还是多申请一些学校比较好，而且要把申请的学校档次拉开。
>
> 我不像有些出国的人那样还做了一些别的准备，除了申

请学校,同时找工作。我就是专心申请,专心准备出国,别的都不做考虑。

第一个给我来 offer 的是康奈尔大学,当时是寒假,我在家里,早上起来打开信箱一看,嘿,来了一个!赶紧给家里人看,感觉挺好的。收到斯坦福的 offer 也是在家里,当时 3 月份开学了,我回家一趟,打开信箱一看,果真来了。加州大学伯克利分校也给我来了 offer,我本来也想过要去伯克利的,但经过别人一劝说就更加坚定去斯坦福,问题在于伯克利那边我的未来导师是正教授,而斯坦福那边是助理教授,后来父母跟我说,看你着急地盼望斯坦福的 offer,如果放弃了,将来会觉得可惜。在过去的一两年里,我认定要去的学校是斯坦福,这个梦想在我心里是个很实在的东西。我仔细一想,不能光靠看网页上写着一个是正教授、另一个是助理教授,就判断未来的五年里正教授一定会比助理教授给我的研究带来更大的帮助。

哈佛也给我来了 offer,实际上,哈佛在给我来奖学金的 7 个学校当中给的钱是最多的,而且是那种叫 fellowship 的奖学金,不用干活,不用交税。可是哈佛那个项目我真的不是很喜欢,所以我放弃了。

我把哈佛给拒了的时候,在网上发了个帖子说,谁有兴趣的话可以跟那个哈佛教授联系,我可以告诉你们那个教授的 E-mail,看你们能不能争取到我放弃的 offer。发了帖子以后,我发现很多人都很诧异:为什么把哈佛给拒了?弄得我也在反思:我是不是丢了一件很美好的东西?

可能在某种意义上,哈佛有比较大的名气,但是我心里在想:既然是出国读书,我是选择一个适合自己今后五六年发展的地方,还是选择一个带给我更大荣耀的学校?最终还是放弃哈佛而选择了斯坦福。

殷允朋毕业于清华大学化学工程系，获硕士学位，本科成绩年级排名第一，赴麻省理工学院（MIT）化学工程系攻读博士学位，获全额奖学金。他拿offer的过程比较曲折，差点儿丢了offer，他跟我讲了自己的经历——

有一个小插曲，今年MIT录取了我们系6个学生，算是破天荒了，连我们系主任都感到无比惊讶，觉得太多了。在这6个学生当中，有一个被录取到MIT的材料系去，其余5个人都去MIT化工系。除我以外，其他4个人在今年2月15号那天都收到了MIT化工系的offer，而我却没收到，我想自己可能被拒掉了。

第一个给我来offer的学校是普渡大学，是1月份给的，来得很早。我在11月份把材料寄出去，差不多是等了两个月就收到offer。寄完材料后我赶紧做毕业设计，原来整天面对着英语课本学习，变成整天面对着课题做研究。

我申请的11所学校都是在我们专业排名前二十几的，太差的学校一个也不申请，因为当时我想：如果学校太差我就不出国了。

在MIT来offer出差错的那段时间我比较郁闷，每天晚上我从实验室回到宿舍楼，拎着一瓶啤酒回宿舍喝。我们宿舍比较特殊，有一个人是我们系六字班的年级第一名，我是五字班的年级第一名，有一个同学笑着对我俩说："你们两头小牛（指学习成绩超厉害）住到一块去了。"我们俩晚上经常没事就每人拿着一瓶啤酒边喝边看电视，聊聊天，还买点豆腐干和花生米下酒。

3月3号那天晚上，我写了一封信给MIT，问自己到底有没有被录取，如果没被录取，那我可以接受别的学校的

offer。第二天MIT发电子邮件回来告诉我："你已经被录取了！2月15号给你发E-mail了，可你为什么没收到？"我想那时候我的信箱可能坏掉了，所以没收到。在2月15号至3月4号那段时间，我还是比较郁闷的。

我把自己准备去MIT的事情告诉家里人，他们都不知道MIT是个什么样的学校，我都要去美国了，他们还是觉得：唉，出国干吗？外面那么乱，美国纽约的大楼都被飞机撞了，去了多危险，留在国内待着多好。

而且，像我们家乡那样的小城镇，知道这些美国名校的人并不多，能知道哈佛、斯坦福这些学校就已经不错了，像MIT这么怪异的名字，知道的人还真不多。我跟他们解释说，哈佛相当于中国的北大，MIT相当于中国的清华。他们才有点明白了，觉得：噢，MIT这个学校还是不错的。

我现在要去MIT，却不知道怎么跟别人说自己的感想才好，反正我现在回家总是被我爸我妈还有我姐用"书呆子"三个字来形容，可能是我身上的书生气太浓了点。你看去哈佛的基本上是北大的学生，去MIT的基本上是清华的学生，从这也可以反映出清华、北大这两个学校的特点来。

哈佛跟MIT的校园气氛区别有点类似于北大跟清华，MIT有一小部分人是另类的，比较活泼，但大部分都是死气沉沉，而且每天行色匆匆，不像哈佛学生特别有情调的那种，哈佛学生躺在草坪上听着音乐或者拿着一本书在看，或者开露天party……人家过得很有情趣。

我一共申请了11个学校，最后来了8个offer，除了MIT以外，还有在我们专业比较好的学校，比如威斯康辛、康奈尔、明尼苏达，还有普渡大学，最后我选择了MIT。这几个学校给的奖学金都差不多，免掉学费后，MIT给我每个月1890美元当作生活费，不过那边的消费高，MIT跟哈佛一样都在波士顿，我现在预租了一个波士顿的小房子，大概是"2.5米乘3.5米"的室内面积，一个月要500美元呢，里面什么都没有，连个台灯都没有。MIT今年发的奖学金一般都是RA那种的，是要缴税的，1890美元大概要缴200美元的税，这样只剩下1700美元左右，再扣掉房租，一个月只剩下1200美元当生活费了。

尹嘉路在15岁那一年被保送上北京大学化学系，本科成绩年级第一名，19岁赴美国哈佛大学念化学与生物专业博士，获全额奖学金。他是一个很传奇的人物，他留给我的印象很深，长得帅气，朝气蓬勃，身上有科学家的那种气质和魅力，他跟我讲了自己的经历——

  人有不同的选择，只要有一个目标专心去做就行了，所以我只申请了两个学校：一个是哈佛，另一个是法国的一所大学。这代表了我的两条人生道路：能去哈佛的话，我就完全做自然科学的研究；去不了哈佛，我就去法国留学，因为法国在欧洲，人文氛围比较浓，在欧洲那边可以培养自己对人类发展的理解能力。

  我的导师非常理解我对科学追求的那种感觉，我的年级主任也非常好，在申请出国中，老师帮了我不少忙。我先是拿到法国那所大学的offer，而在今年的1月31号，是我的生日，在我生日的那一天我收到了哈佛的offer，这是我长这么大得到的最大的一个生日礼物。

  举个例子，我这个人非常喜欢下棋，国际象棋、围棋我都喜欢，下棋有许多流派，那些顶尖高手的风格完全不一样，而实力差距非常小，胜败关键就在于你能否镇定或者执着地运行自己下棋的那套路子，按照自己的想法执行下去。一个人做事情，坚定自己的方向是至关重要的，你只要有理想,终究会有人给你机会。

能在哈佛读 5 年博士,对我来说非常重要,能去哈佛读书是上帝对我最好的恩赐。哈佛对培养博士的素质有很高的要求,全世界学术最高的人都会去哈佛演讲。哈佛跟斯坦福有很大的区别,斯坦福侧重于应用,她在硅谷旁边,而哈佛注重培养的是比较有底蕴的大师,这样的环境比较适合我。

现在能去哈佛,努力是一方面,也不能否认运气的成分。如果在我 5 岁的时候父母没有把我送去小学超常班,可能我的成长轨迹就改变了,可能今天我去不了哈佛,甚至来不了北大。我有了这么一个运气,但不会让别人觉得我去哈佛是耽误了这么一个名额,不会让别人这么说我。

既然我选择了一条充满荆棘的路,我情愿放弃一些人世间的美好。其实,我们在小学读超常班的那些人活得都很痛苦,你可能不记得你的小学同学了,但是我们小学超常班一共 25 人,长大后每次聚会至少会有十五六人参加。当然,这反映出我们小学同学的关系非常好,但是从另外一个方面来看,其实我们是一个特殊的群体,我们彼此之间能更好地互相理解。有些人最终上了北大、清华,但活得非常累,有二分之一的人越来越普通了,他们原来都非常优秀,智商超过 150,跟别人都不同,9 岁就上中学,非常有优越感,但慢慢地一步一步受到打击,有的甚至留级,然后上了普通大学念普通专业,受这样的打击其实是非常痛苦的。好比你在海边的沙滩做一个沙雕,海浪会把它吹平,而你又要维持这个沙雕的存在,这种感觉非常难受。

我们北大化学系一年级有 5 个班,我被分在"五班",我们班是最差的,有七八个同学毕业时竟然拿不到学位,只能拿到结业证书,连学业都毕不了,明年还得回来重新考试。在这样的班级里,既要跟同学们打成一片,又不能放弃自己的理想，还有自己的生活要照顾好。比如在食堂吃完饭回到宿舍看到每个人都在打游戏，而我却要背着书包去上自习，又时不时地想回来跟他们一起打游戏。其实，我是打游戏高手，他们怎么玩游戏都是我教的，考试成绩我是年级第一名，可他们却都排在年级100名之后。

从出国留学这个现象可以折射出很多东西来，有很多人并不真正明白自己为什么要出国，他们申请十几个学校或几十个学校，并不是说就想去一个什么学校、跟随一个什么教授、做一个什么研究课题，他们的申请理由是：人家能给我美元（奖学金）就可以。申请一大堆学校，由好的到次的，没有一个真正的目标。

一个在国内没有想法的人，很难说他到国外后就变得特别睿智，特别有想法。如果在国内已经有一个比较清晰的想法，到国外后加强与优秀的人交流，再加上自己的勤奋好学，最终才有可能达到由量变到质变的效果。

这么多年来我一直在忙碌，神经绷得紧紧的，不大顾及生活过得从容一些，可能也是因为自己不想过得太从容。我想自己人生的十位数还是1的时候，先胡乱搞一阵子，不必从容，先让自己焦虑一下，然后看看自己在混乱的状态中会有怎样的冲动。

对于年轻人来说，能够在做一件事之前把它计划得很好，这种人不多，我不属于这样的人，我是做完事情后比较能总结，像我有时候做的事情太多造成生活状态很混乱，过后我能安静下来花上一两天想一想：前半个月或前一学期我究竟做了哪些事情？有的是成功，有的是失败，总结下来会给我一些启示。好比做实验，也许前面一个实验做得很失败，没什么用，但我会总结它，或许对我以后做实验有所帮助，这也是我有效利用时间的一种方式。

其实，真正能去哈佛或者去斯坦福的人，不是说在北大、清华只会学习、考年级第一名或者发表多少论文就能去的，像我知道的今年也要去哈佛的一位北大同学，他是那种领袖级的人物——有思想，可以传道，也只有这种人才有资格去哈佛或者去斯坦福。

从一个侧面来说，去美国留学被拒签的很多，我觉得拒得越多越好，签证官如果不能真正感觉到你是去美国求学的，他就把你拒掉，这样中国人在美国的声誉会更好一些。如果只是为了去美国镀金，混个学位，或者为了挣点钱，签证官放他们去了，那么中国留学生在美国的声誉可能会越来越差。

留美学生高威毕业于清华大学工程物理系，获硕士学位，赴美国麻省理工学院（MIT）攻读博士学位，获全额奖学金。他等待 offer 的过程也富有戏剧性，他跟我说出了自己的感受——

我在联系 MIT 的过程中有个小插曲，我第一次申请 MIT 的时候申请错了，我申请了 MIT 的本科，因为我是在网上申请的，那个表格我看错了，后来发现不对，因为填到最后发现它的很多东西跟研究生没关系，这样我又重新申请了一次，申请了研究生。

可能是因为念本科一般不给奖学金，所以在 3 月份的时候 MIT 就给我来了一封拒信，告诉我说："你没有被录取。"其实在 3 月份之前我已经把申请 MIT 的本科给取消掉了，所以它给我来拒信我还以为是我的研究生申请被拒掉呢。就在我要答应去乔治亚理工学院（工程排名第三、综合排名前 50）的前一天晚上，MIT 又给我来了一封 E-mail，告诉我说："你被录取了。"我当时非常迷惑，因为我已经收到它的拒信了，它怎么又录取我呢？它先给我的是 admission（入学通知，没有奖学金），当天晚上我就给美国那边打个电话核实一下，MIT 那边的人告诉我："你确实是被录取了，但还没有给你奖学金。"然后我推迟了一天答复乔治亚理工学院，第二天我收到 MIT 给我奖学金的 offer，也就不去乔治亚理工学院了。

这是个小插曲，完全就是峰回路转，柳暗花明，到了最后关键时刻我才发现自己能去 MIT。就差那么一天的时间，不然我就去另一个学校了。看来网上申请的时候千万要注意啊，不要填错了申请表。我申请了 MIT 的本科，也申请了 MIT 的研究生，而本科的申请并没有完全取消掉，所以 MIT 收到了我两份申请，给了我两个答复。

留美学生梁晓晖毕业于天津南开大学法律系，考入北京大学法学院念硕士，其间在挪威奥斯陆大学法学院攻读硕士，回国后在北京大学法学院继续念国际法专业硕士，毕业赴美国哈佛大学法学院念博士，获得全额奖学金。想拿到美国顶尖大学法学院的 offer 很难，他是怎么拿到的呢？他告诉我有关他的经历——

我申请了 8 所美国大学：哈佛大学、耶鲁大学、加州大学伯克利、哥伦比亚大学、西北大学、康奈尔大学、杜克大学和宾夕法尼亚大学。那时候我跟一些朋友说："我只去美国排名前 10 的法学院的其中一个！"过两个月后，我又对他们说："我非前 5 名的法学院不去！"别人都觉得我挺狂的，我说："不信？你就等着瞧吧。"有的同学好心地劝我多撒网，跟我说："别人申请 25 个学校，你至少也得申请 20 个学校吧。"我说："不！除了前 10 名的法学院我就没兴趣了。"

实际上，这一点跟我以前的经历有很大的关系，比如我读过南开，读过北大，以我的高考成绩完全可以进北大的，但是我爸为了求稳，就劝我报了南开。申请美国大学的想法，跟我在南开毕业时考研的想法是一样的，如果想去美国一所普通大学，那我是很容易的，不需要做这两年的准备。如果去一所没有名师的美国大学，那我觉得没有人教得起我。

以前有一个外国教授问我，你觉得南开跟北大的区别在哪里？我说这很简单，南开是一个湖，而北大是一片海洋。同样，如果我去美国某个州的普通大学，那顶多是扎到一个湖里去，没有畅游的感觉，而你去了哈佛就完全不一样了，甭说别的，你看哈佛的选课单，有两百多门课供你挑选，那是什么感觉？而且开课的老师几乎都是世界名师，只有跟这些人学习才能学到我想要的东西。有些老师上课能激发你的创造力，这是教学最成功的一点。我不是冲着哈佛的名气去哈佛的，而是因为哈佛有名师。

申请的时候觉得自己应该没问题，肯定有学校要我。可是，把申请材料寄出去后等消息的时候，等一天、两天或一个礼拜没问题，但是等一个月后没有消息，我就突然一下失去信心了。在收到第一个offer之前是过年，那个"年"过得可真郁闷，整天想着美国那边怎么还不来消息，一打开信箱什么都没有，而上BBS看的时候，扑面而来的是这个人拿到了offer，那个人拿到了offer……而我的申请怎么回事？实际上，文科来offer比较慢，尤其是法学院。

第一个给我来offer的是哥伦比亚大学，那天收到哥伦比亚大学的offer，我都乐死了，真的要乐疯了，我觉得自己的判断、行动和期望都没有错，完全正确！

拿到第一个offer很高兴，但过两天就没感觉了。一两个礼拜以后，offer像雪片似的飞来了，越来越没感觉了，越靠后面来的offer就越觉得没意思了，有一种囊中之物的感觉。

哈佛的 offer 是最后一个来的，等到哈佛来 offer 的时候，我真的一点兴致都没了，因为我等它的时间太长了，另外我还想，你不要我也没关系，还有这么一堆好学校要我呢。事实就是这样，拿到哈佛的 offer，没有像拿到哥伦比亚大学的 offer 那样激动。如果是第一个拿到哈佛 offer，我想我会高兴得晕过去的。

最后除了耶鲁大学和杜克大学拒了我，其他 6 个学校都录取了我。耶鲁拒我有我的原因，它是 1 月 3 号截止申请，它的截止日期比所有的学校提前一个多月，而在这之前我帮老师代课，还在准备一个像模拟法庭那样的国际辩论赛，我没时间去充分准备申请材料，就随便寄了一份申请材料给耶鲁。我想自己准备充分的话，耶鲁是不会拒我的。

在我申请的 8 个学校里，有 6 个学校给我 offer，这是很不容易的。到 5 月份的时候，哥伦比亚大学还问我到底来不来，特别希望我能去他们的学校。虽然哥伦比亚大学给的钱多，但这对我来说不存在选择的问题，我就是要去哈佛。别人跟我说，如果你想生活过得舒服一点，还是去哥伦比亚大学吧。我说，如果我想后面几十年过得舒服一点，还是去哈佛吧。

在等待 offer 的过程中，充满了焦虑和希望，其实，做一件事只要付出百分之百的努力了，一般结果都不会太差，给自己信心，做到无怨无悔。

留学申请是一次难得的挑战，经历过留学申请的人，人生多了一份宝贵的经历，这份经历让自己变得更加坚强、成熟和睿智。

第十章

美国留学费用与奖学金申请

美国是很多人的留学首选目的国，一些学生很想去美国留学，但是考虑到经济条件不允许，只好选择其他国家。美国大学的学费每年都在上涨，8年前我有一个学生去波士顿大学读传媒专业（本科），大一时学费是3万多美元，到了大二她所读的传媒学院的学费涨到一年4万多美元，感觉很吓人！即使美国大学的学费年年在涨，只要是排名前50的大学，每年照样不缺从世界各地的学生申请。想获得顶尖的教育资源，就要支付高昂的教育成本，这也许很公平。大家可以参考一下北京、上海和深圳最好的那几所国际学校，一年学费从20万到50万元不等，每年招生日在校门口的家长和学生排起了长队，并不是能付得起高昂学费就录取你，而是要经过考试择优录取。

USNews统计了2002—2022年20年间美国私立大学和公立大学的学费变化：私立大学的平均学杂费上涨了144%，公立大学的州外学杂费上涨了171%，公立大学的州内学杂费增长了211%。美国大学的学费由Tuition和Fees两部分构成，Tuition即基础学费，一般指的是大学的"学分价格"，不同大学，甚至同一所大学的不同专业因规定修读的学分不同，基础学费也会有所不同。而Fees则指的是学杂费，有的大学会将这两项费用分开计算，而有的大学则会把Tuition和Fees加在一起计算。

美国的私立大学的学费一般比公立大学要贵，这个很好理解，私立大学没有政府的拨款，靠自己的经营来维持学校的运作，它们的收入来自学生的学费、校友的捐款，以及学校基金的投资收益等等。

一般申请博士才有可能拿到全额奖学金，申请硕士的话，每年能够拿到全额奖学金的学生可以说是凤毛麟角，幸运的话，拿到半奖（免学费）就不错了，还有的是给个 1 万—2 万美元不等的奖学金。不管怎样，想留学美国的话，都要了解一下美国大学的学费，到了美国后的生活费，以及有没有申请到奖学金或助学金的机会，这有利于自己做留学规划。

一、美国大学高昂学费及生活费

美国排名前 20 的大学几乎都是私立大学，其中常青藤大学的学费是最贵的，下面看看几所藤校在 2022—2023 学年的学费究竟有多贵。

普林斯顿大学公布了其 2022—2023 学年学生就读的费用为 79540 美元（约 55 万人民币），其中学费为 57410 美元（约 39 万人民币）。自 2023 年秋季起，家庭年收入低于 10 万美元的本科生将有机会通过该校新的补助计划免费就读，由校方负担学费、食宿等费用，预计将有 1500 名普林斯顿大学本科生受惠。

2022 年年初，斯坦福大学董事会宣布：2022—2023 学年的学费增加 4%，本科生就读年成本将上调至 77034 美元（约 53 万人民币），其中学费为 57693 美元（约 39 万人民币）。学校强调，疫情期间，食物原材、住宿等运营成本全面上涨，为了应对通货膨胀压力，涨学费实属无奈之举。

耶鲁大学的本科学院就读总成本上涨至 80700 美元（约 55 万人民币），相比去年 77750 美元涨幅约为 3.8%，其中学费为 62250 美元（约 43 万人民币）。

宾夕法尼亚大学在 2022—2023 学年本科生总费用（含学费和生活费）将首次超过 80000 美元，比去年的 79014 美元上涨 2.9%，达到

81340美元（约56万人民币），其中学费56212美元（约38万人民币）。为了应对教职员工薪资上涨、跨学科项目扩张、奖助学金支出等多方压力，校方认为提高学费是必要的举措，本次学费上涨，将为宾大新一财年的预算增加2.88亿美元，这可以帮助更多经济困难的学生。

还有哥伦比亚大学的学费是60514美元，哈佛大学的学费是51143美元，康奈尔大学的学费是60282美元，布朗大学的学费是62680美元。

除了藤校以外，再举一些中国学生喜欢申请的排名前50美国大学的学费，以2022年USNews排名为准。

加州大学洛杉矶分校是44830美元（加州大学几所分校都是4万多美元），卡耐基·梅隆大学是59864美元，南加州大学是60446美元，纽约大学是56500美元（含学杂费）、波士顿大学是58560美元、威斯康辛麦迪孙分校是39354美元（含学杂费）、俄亥俄州立大学哥伦布分校是37947美元（含学杂费）。

90%以上的美国大学都是"非盈利大学"，对于非盈利大学来说，它们所有运营赚来的钱，都必须用于学校的奖学金、研究以及投资等开销，可以说，多数美国大学是不以赚钱为目的而开办的。

纽约大学2021年的财政报告显示：在2021财年，纽约大学的学费和学杂费净收入总额约为21亿美元，而它用于教职工的工资等支出高达78亿美元，将近是学费总收入的4倍。

可以看出，光靠学生的学费收入是无法让一所大学正常运转的，除了教职工工资，学校的教学设施、研究项目、生活设施等一系列的运营也需要很大的成本，只能靠校友捐赠、投资收入或者政府拨款（公立大学）来填补。由此看来，即使学费很高，花这些钱去上学还是"物超所值"的，学校要花的钱远比学生所交的学费多。

美国本土学生会考虑贷款来支付学费，一些院校也会为学生提供多种多样的经济援助，大多数的经济援助计划同样适用于国际学生。美国名校的学费上涨这么多，对留学生家庭来说经济压力不小，但是也不用过于担心费用问题，以下这几种方式可以帮助学生减轻留学负担。

如果是去美国从高中读起，高中毕业一般是留在美国上本科，这样花费更高，一般都要准备300万元。曾经有一位大连的家长带孩子来我的机构学习暑期的AP化学，她的孩子是一个阳光大男孩，长得帅气，个子很高，说话非常有礼貌，很讨人喜欢。我在这位家长面前夸了这个学生，家长打了个手势说："孩子在美国上学是用钱垒起来的，一年要花50万呢，三年高中加上四年本科一共要花300多万，如果再继续读硕士，就要奔500万了。"除了固定的学费以外，有钱的家庭会给孩子多花一些钱。

出去读研究生的学生，大部分也要靠家里支持。除非是毕业工作几年的学生，有一部分积蓄。有一位中国人民大学的女生，大四毕业时申请到了卡耐基·梅隆大学、纽约大学的MPA硕士项目，其中卡耐基·梅隆大学还给她一年1万美元的奖学金，纽约大学是自费，学费和生活费太高，她放弃了。大四她在微软工作，毕业时可以留在那里工作，她就放弃了当年的留学，选择工作两年积累资金，两年后她申请到综合排名在60名以外但是给全额奖学金的美国大学商学院，最后去了该商学院读书。她属于家里不能提供经济支持、靠自己出国留学的学生。

还有一个中国人民大学的大四女生，毕业时被加拿大的UBC（英属哥伦比亚大学，加拿大综合排名前三）金融专业和美国的斯坦福大学统计学专业录取，都是念硕士。也许，很多人会选择斯坦福，但是，她最后选择了UBC，她的理由是UBC的性价比更高。UBC的学费比斯坦福低很多，而且一年给她几千加元的奖学金。在费用方面，包括学费和生活费，在UBC一年用十几万元就可以了，而读斯坦福一年要花四五十万元。

在出国热潮下，有钱的想出国留学，没钱的也想出国留学。曾经碰到一位高中生，说要去美国留学，但是家里一年只能给她3万元，我问她是人民币还是美元，她说是人民币，我说3万美元还差不多！她说自己到美国后可以打工，刷盘洗碗都行。

在我的帮助下去美国留学的学生当中，我很佩服学生C，她聪慧过人，而且长得相当漂亮。本科在中国传媒大学上的，毕业后去北京大学新闻传播学院读硕士，快硕士毕业时找到我，她说自己在申请哈佛大学肯尼迪政府学院，我有在哈佛大学读书的兼职顾问，希望我的顾问帮助她。我知道她想要什么帮助，她的目标很明确，就是哈佛大学肯尼迪政府学院！申请项目是MPA（公共管理硕士）。我问她："读哈佛硕士一般是自费，学费很贵，加上生活费一年要人民币50万元，两年就是100万元。你家里给你准备好钱了吗？"她信心十足地说："我家里没钱供我留学，但是，只要哈佛录取了我，我肯定可以找到事业有成的哈佛校友资助我在哈佛完成学业。"

最后，真的被她言中了，她在哈佛第一批录取学生中没有被录取，被放在等候录取的名单里，直到4月份，幸运之神终于降临到她头上，她如愿以偿被哈佛大学肯尼迪政府学院录取。而且，最后真的是找了一位事业有成的哈佛校友资助她完成在哈佛的学业。其实，她的成功有一个很重要的品质就是勇气，她有勇气去申请最顶尖的大学，她有勇气跑去哈佛认识教授要到一封重要的推荐信，她有勇气去找事业有成的哈佛校友资助自己……

去美国留学，在费用方面办法还是很多的，比如国家留学基金委每年给几千个中国学生提供资助，不过是有条件资助，一般是要签协议，交几万元保证金，保证学成毕业后回国工作两年或更长时间，如果不回来就拿不回保证金了。

美国留学费用的预算大致如下：

1. 学费和杂费

一年差不多是3万—6万美元。学费是以一个学年计算的，从每年的9月到次年的5月，约9个月时间。有些大学提供暑期课程

（6—8月）。一些大学的学费按照所选的课程的学分收费，杂费包括综合医疗保险费和学生活动费等。

2. 膳食和住宿费

一年是1.5万—2.5万美元之间。像在纽约和波士顿，吃和住都是很贵的，我有一个学生去波士顿的东北大学读硕士，一个月房租就是1400美元，纽约大学和哥伦比亚大学也是贵得很，对于家境富裕的孩子也就无所谓。在美国的中部地区或者商业不发达地区，这两项就比较便宜。多年前，有一位清华男生去麻省理工学院读博士，有全额奖学金，我跟他说："你跟很多人比多幸福啊，有全额奖学金，吃住不用愁！"他大发感慨说："幸福什么呀？我租的是8平方米的小房子，只够放一张床、一张桌子和一盏台灯，那个破小屋每个月还要花去我好几百美元呢。"

3. 书本和必需品

学校会估算每学年的书本和必需品费用，有些专业的学生可能花费更多，比如学建筑、学电影艺术的。

4. 其他费用

比如经常在外聚餐和参加party，经常买时尚的电子产品，或者节假日出去旅游，开销都比较大。

二、美国大学奖学金种类

申请博士的学生都会考虑申请奖学金，假如没有奖学金，即使被美国大学录取了，也很难去留学，因为博士要念5年时间（含硕士两年），5年自费需要一大笔钱。曾经有一个中国男生申请到康奈尔大学的化学工程博士项目，第一年没有奖学金，但是，校方承诺从第二年开始有全额奖学金，这个男生还是放弃了，不愿意自己花第一年的钱。其实，美国大学的教授也很清楚，如果不给你奖学金的话，你是不会来读博士的，所以一旦录取你就会给你全额奖学金。美国大学很少给硕士生奖学金，有的话也是部分奖学金，比如一年给个 2 万美元左右，给全奖的极少。

有人认为可以在国内大学读完硕士再去美国读博士，这样可以节省读硕士的时间，这是不行的，美国大学不认可中国大学的硕士课程，到了美国大学必须再读硕士课程，所以，即使你是清华、北大的硕士生，想去美国大学读博士的话，还是要读 5 年时间才能毕业。以前，在清华念完硕士去美国留学的，有一部分是选择读博士，因为有全奖，甚至还有念完博士再去美国读博士的，我认识一个在清华念完博士的男生，他被俄亥俄州立大学录取，是博士项目，我非常惊讶，我跟他说："你在清华念了 5 年博士，去美国后还要读 5 年博士，真是太厉害了！"可是他有点小小的郁闷，他说为了出国留学没办法啊，不申请博士没有奖学金。

通常说的"全奖"是指全额奖学金，奖学金的数额足够支付你的学费和生活费，节省一点的话还会有剩余。有些美国大学设有全免学费的研究生奖学金（Tuition Wavier），有的学校把它当作 Scholarship 的一种，有的学校把它单独列出来，这是非理工类申请人拿得最多的一类资助。如果学生可以获得学费全部减免，就是大学通常所说的"半奖"。

在申请美国大学硕士的时候，有的学校在网申系统里会提示要不要申请奖学金，很多学生主动放弃，因为想上名校，担心申请奖学金后会被学校拒绝，本来就做好了自费留学的准备，为了增加录取成功率，决定不要申请奖学金。

了解美国大学的奖学金是非常必要的，人们常说："人家美国大学给咱们钱干吗不要呢？"

美国大学的奖学金有政府和私人两大类，具体分为：联邦政府奖学金、私人基金奖学金、学院奖学金、系科奖学金、校际奖学金、系际奖学金、假期奖学金、助学金、助研奖学金、助教奖学金和减免学费等等。

中国留学生还可以申请的奖学金有：某些财团、机构、企业、媒体提供的奖学金，学术交流奖学金，以及各类研究性奖学金，还有基金会、院系私人捐赠的奖学金。

美国大学的研究生奖学金分为非服务性奖学金（Non-Service Scholarship）和服务性奖学金（Service Assistantship）：

1. 非服务性奖学金（Non-Service Scholarship）

申请比率最大，金额也最多，包括学院助学金（Fellowship）、奖学金（Scholarship）、全免学杂费（Tuition & Fee Waiver），以及其他一些学院本身决定的奖励（awards），这种 awards 在不同学院在金额上有很大差别。

①学院助学金（Fellowship）

Fellowship 是一种金额最高、竞争最激烈的非服务性奖学金，一般情况下，如果获得一所学院授予的助学金，便是获得了全奖，即除了免学费杂费、住宿费、保险费、书本费以外，还给获奖学生一定金额作为其个人消费费用。助学金在申请过程中竞争尤其激烈，一般除了要求较高的托福、GRE 或 GMAT 成绩外，还要有较好的国内学校成绩单、推荐信和研究计划，这些材料的准备要十分注意技巧，做到与众不同，才能顺利拿到全额奖学金，这种奖学金还是免税的。

②奖学金（Scholarship）

奖学金的发放形式可以是给一定的金额数量的美元，作为某种奖学金形式（如 Economic Scholarship）颁发给成绩优异的学生，也可以是一种学费或杂费的全免（Tuition Scholarship 或 Tuition & Fees Scholarship），此类奖学金的具体金额随学院规定的学杂费金额高低而不同。奖学金不像助学金一样只有一种形式，它在同一所大学可能设置几种甚至十几种不同形式的奖学金，一个学生可以有资格同时申请两种以上的奖学金。通常来说，获得 Scholarship 的概率要比获得 Fellowship 的概率大些，但 Scholarship 的金额比 Fellowship 要少一些。

③学杂费减免奖学金（Tuition & Fee Waiver）

在一些美国大学中，设有全免学杂费的奖学金，有的学院把它作为 Scholarships 的一种，有的学院把它单独列出来。全免学杂费是在非服务性奖学金中最容易申请的一种，虽然免去了学杂费，但由于学杂费只是留学总花费的一部分，如果要获得足够的留学资金，还需要同时申请其他形式的奖学金，来解决生活费的资金问题。

这种奖学金是颁发给优秀学生的，这种奖学金只能用于缴纳学杂费，如果学校一年给你 1.8 万美元的奖学金，选课你只花了 1.5 万美元，那么剩下的 3000 美元就作废了，不会给你现金去使用。

如果想在第二年继续得到这种奖学金，那么一定要保持学习成绩优秀，否则会有更优秀的同学跟你竞争。这种奖学金有的是要收税，有的是免税。

2. 服务性奖学金（Service Assistantship）

包含助教奖学金（Teaching Assistantship，简称 TA）和助研奖学金（Research Assistantship，简称 RA）两种，这种奖学金一般颁发给硕士生、博士生，主要是给博士生。如果给这两类奖学金的话，一般是足够交学费和杂费，还有钱供日常生活使用，但是这两类奖学金都要缴税。

①助教奖学金（Teaching Assistantship，简称 TA）

如果该大学有很多本科生，那么申请这所大学的研究生就有当教学助理的机会，一般是教大一本科生的课程，教学助理一周的教学时间在 20 小时以内。去美国大学读人文社科类的博士生拿此类奖学金的机会多一些。

②助研奖学金（Research Assistantship，简称 RA）

学校或教授有科研基金和科研项目，可以给学生提供助研奖学金，一般也是全奖，够交学杂费和生活费。在研究生院有博士生和硕士生，一般是博士生获得研究助理拿奖学金的机会更多一些，而且是读理工科类的博士生。

做研究助理的好处很明显：一是可以提高学术水平，二是可以把研究方向确定为自己的毕业论文方向，三是助研的薪水比助教的薪水要高一些。

中国学生去美国大学读博士的话，一般是 5 年时间，对方大学给你的奖学金一般并不都是给你 5 年的 Fellowship 或 TA 或 RA，有的是先给一年或两年，然后到时你再申请，看你的成绩而定，中国学生一般都很刻苦、勤奋，继续拿奖学金一般问题不大。也有学校给你奖学金就答应给你到毕业的，让你更踏实地做学问或科研。

没有奖学金的录取一般叫作 admission，简称为 AD。对于很多基础科学专业的博士项目，美国大学基本上不会发给申请人不带奖学金的 admission。美国大学给申请人发 admission 的情况往往是：系里不提供奖学金，比如美国大学的法律、新闻和 MBA 等热门专业；系里发完了奖学金，没有多余的钱给其他申请人了；还有就是一些美国大学倾向于发 admission，向入学者收取学费，以弥补学校经费的不足。

三、申请硕士会有奖学金吗

申请博士项目，只要学校录取你，一般都会给全额奖学金。读博士相当于帮实验室的导师做项目，实验室是有科研经费的，博士生拿到的奖学金相当于一份工资。美国大学给本科生的奖学金比例也会比硕士生多，但是，一些名校硕士的某些项目发奖会比较慷慨，甚至达到 10%—30% 的硕士生有奖可拿，只是全额基本不会有，多数是半奖或小奖。有些硕士项目是完全不发奖学金的，如果你对有无奖学金比较在意，最好提前在学校官网查清楚学校给奖的态度和政策。

如果家庭经济状况一般，又特别想去美国念硕士，那么找奖学金这个工作是必须要做的，多上网了解大学的经济援助办公室或者经济援助官方网站，在那里可以了解更多校方针对国际生设立的奖学金项目。

举个真实的例子，好几年前，我认识两位申请哈佛大学硕士研究生的女生，她俩都是北京大学外国语学院的本科生，女生 A 申请哈佛的东亚研究硕士，女生 B 申请哈佛的南亚研究硕士，结果两个人都被录取，但是一开始都没有奖学金。在申请奖学金的时候，女生 A 跟哈佛校方"哭穷"，说自己家里没钱，需要全额资助才能去哈佛读书，如果哈佛不能给她提供全额奖学金，她就去不了哈佛读书。女生 B 在申请表的家庭经济状况一栏填的是家里只能资助人民币 20 万元，说的是实际话。最后的结果是，女生 A 拿到了全奖（除了学费全部减免，还提供生活费），女生 B 拿到的是半奖（只是学费全部减免）。

在拿到美国签证后，女生 B 跟我抱怨说："早知道这样，家庭资金那一项我也填零。"可是，谁知道结果会是这样呢？其实，女生 A 这样做挺冒险的，她非要哈佛给全额奖学金才去哈佛，万一哈佛不给她奖学金，她就不能成为哈佛学生了，那多可惜呢。在我看来，只要哈佛愿意录取我，我没有钱也要借高利贷去读！

事实上，每年申请美国大学硕士能够拿到全奖的人很少，能够拿到奖学金的，都是非常优秀的学生。如果申请人的条件一般，根本就不要奢求奖学金，能够被心仪的大学录取就烧高香了，鱼与熊掌不可兼得。

美国大学的奖学金真的是五花八门，需要细心去找，或者靠别人的经验去了解怎么申请。当年我认识一位北京大学国际关系学院的男生，他去哈佛大学肯尼迪政府学院读硕士，一开始没有奖学金，他主动去找，最后一家日本财团资助他在哈佛大学读两年硕士，这种资助不需要回报。他跟我说："这点钱对那家日本财团来说是九牛一毛，但是对我来说是一笔巨款。"

有人会问：为什么一些国际大公司或者财团会设立奖学金？这个很好理解，不管是成功企业还是个人在大学设立奖学金，都是为了回馈社会，报答社会，同时也提高了自己的名望，像美国大学有很多图书馆都是个人出资建的。

我还认识两位非常优秀的清华本科生，本科毕业时他俩都去了著名的 M 咨询公司，工作两年后，他俩都申请到了哈佛大学的硕士项目，最后是雇主 M 咨询公司出资帮助他俩去哈佛大学念书，要求毕业后回 M 咨询公司工作几年。

能够申请到奖学金的人，虽然有运气的成分，但是，有一点是一样的，那就是自己足够优秀！所以，想申请奖学金的学生，必须先把自己变得特别优秀，否则，别说是要奖学金，没有奖学金的录取也是不可能的。

一般私立大学会有相对更多一些的奖学金配额，而公立大学相对会少一点，因为私立大学比较有钱。如果奖学金对你来说非常重要，建议在申请之前就和学校确认好：学校有没有硕士奖学金的配额？具体一点，国际学生有没有奖学金配额？因为确实有学校会在官网上面明确说明：我们这个项目没有奖学金，或者我们的奖学金只给美国本土学生，等等。

大部分美国大学研究生申请分第一轮和第二轮，第一轮决定录不录取你，第二轮看值不值得给钱。一般来讲，第一轮主要看硬件条件，如 GPA、托福、GRE、CV、个人陈述、推荐信、获奖情况、实习或工作经验等；第二轮着重看申请人的实验室工作、研究经验和论文发表情况。实验室经验主要也是参看申请人在专业课程里面的实验占多大比重，有多少小时的实验操作学习。而论文方面，只要有些技术含量，不管是在什么类型的刊物发表，都是有帮助的。博士录取看重这些，硕士录取也一样。有的人同时申请一所大学的博士和硕士项目，如果博士录取不了，可以接受硕士。

有一个清华本科生，成绩非常好，申请美国大学博士和硕士，结果是：斯坦福大学一个硕士项目录取了他，但是没有奖学金；排名 40 多的里海大学一个博士项目录取了他，给了他全额奖学金。他家里也不是很有钱，挣扎了一个月，最后选择了斯坦福大学的硕士项目自费留学。其实，他也申请了斯坦福大学的博士项目，但是没有录取。

想获得奖学金，GPA3.5 是一个门槛值，一些美国大学研究生院硬性规定：只有 GPA 达到 3.5（4 分制）才有资格申奖。如果 GPA 低于 3.5（按百分制差不多均分是 85），其他各个方面再强，拿奖几乎是不可能完成的任务。成绩排名也很重要，如果排名能在 TOP3 或 TOP5，可以考虑开一个年级排名证明，连同成绩单一起邮寄给所申请的院校。另外，如果 GPA 真的过不了 3.5，也不用太担心，只是部分奖学金申请不到，助研或学费减免还是有机会申请到的。GPA 低一些的话，可以考虑排名 100 以外的美国大学的奖学金。

我带过一个南京大学的本科生，硬件很不错：GPA3.6，托福 114 分，GMAT760 分，哥伦比亚大学和南加州大学的硕士项目都录取了她，专业都是公共管理，南加州大学给了她差不多 2 万美元的奖学金，哥伦比亚大学没有奖学金，她毫不犹豫地选择哥伦比亚大学。

还有一个真实的故事，有两个中国女生都申请到了卡耐基·梅隆大学的硕士，没有奖学金，但是，到美国入学后，这两个中国女生竟然跑到学院老师那里去"哭穷"，说家里经济困难，很可能无法读到毕业，美国大学教授大发善心，三天之内就在实验室帮这两位中国女生找到相当于助研性质的工作，从而获得相当于别人"全额奖学金"数目的助学金报酬。

美国大学硕士申请很难申请到奖学金，渴望获得奖学金的人们，首先要让自己更加优秀，那么获得奖学金的机会就会大大增加。

第十一章
美国签证与赴美准备

在接受学校的 offer 后，学校会寄来具有法律效力的官方文件 I-20 表格，这是由美国移民局和教育部联合签发的法律文件，作为你入学的唯一有效凭证，同时也是你申请美国签证和在美国入境时所需要出示的文件，其重要性可想而知，一定要妥善保管。

如果是申请硕士自费留学，I-20 表格上会标明你需要自己支付的学费的金额，签证官会以此为依据来检查你提供的存款证明是否符合条件。在拿到 I-20 表格之前，一定要跟学校保持联系，要求其确认寄送 I-20 表格，直到收到 I-20 表格为止，切不可因此耽误签证。

选择 offer 以后，就确定去哪所大学上学了，学生可以考虑申请住房，因为太晚找房子很可能找不到特别适合自己的。找到一个合适而性价比高的美国房子，是开始美国留学生活的第一步。

收到校方邮寄过来的官方文件 I-20 表格，就可以着手准备签证。签证是一个国家的主权机关在本国或外国公民所持的护照或其他旅行证件上的签注、盖印，以表示允许其出入本国国境或者经过国境的手续。美国签证是美国在本国或外国公民所持的护照或其他旅行证件上的签注，以表示允许持有者提出进入美国国境的申请，也可以说是颁发给他们的一项签注式的证明。

美国签证可分为移民签证与非移民签证两大类，移民签证是颁发给那些打算永久居住在美国的申请人，而非移民签证是颁发给那些在美国以外的其他国家有永久居所而在美国短期停留的旅游、医疗、商务短期工作或学习的申请人。

美国非移民签证共有 18 类，每一类签证都是由一个大写英文字母来代表，从 A 到 R，其中从事学术、学习的学生及其配偶、子女申请的是"F 签证"。赴美攻读 master（硕士）或者 PhD（博士）的学生，需要申请 F-1 签证。如果准备赴美攻读博士学位的学生已经结婚，其配偶可以申请 F-2 签证去美国"陪读"。

有了美国签证，并不意味着你可以随便进出美国，它只是允许你到达美国的入境口岸（机场或国土边界），得到移民官员的批准后你才能进入美国。持 F-1 学生签证在美国入境时，需要出示签证和 I-20 表格（原件），入境口岸移民官根据这两个文件准许你入境并确定在美国的居留期限，学习持续期的结束就是签证或身份的到期日期。

一、美国签证流程及材料准备

F-1 学生签证是签发给在美国政府认可的全日制学校就读的外国学生的一种签证，这些学校是美国政府认可的大学、学院、专业学校、中小学校、技术或职业学校、语言学校等等。在签证有效期内，持证人可以自由出入美国，也可以携带家眷一起赴美，还可以有所限制地工作。

F-1 签证的申请条件是：

1. 必须是全日制的学习，申请就读的学校是美国移民局所批准同意有权招收外国学生的学校；

2. 具有一定的英语水平；

3. 申请人必须能够证明自己有足够的经济来源，以供自己不依靠工作在美国完成学业，最好的证明是学校提供的奖学金资助或者"资助人"（一般是父母或亲戚）出具的书面承诺及具有经济担保能力的证明。

学生签证是一种临时签证，所以申请人在提出申请时，必须表明自己在美国完成学业后一定会回国。

总的来说，申请美国签证主要分四步走：第一，支付 SEVIS 费用；第二，填写 DS-160 表格；第三，缴纳签证费；第四，预约面签时间。

签证办理步骤是：填写申请表格，购买签证费，准备签证材料，网上预约，按预约时间面试。

在填写 DS-160 表格前要交 SEVIS 费用，I-20 表格上有一个 SEVIS ID，SEVIS 缴费是申请 F-1 签证必不可少的一环。SEVIS 全称是 Student and Exchange Visitor Information System（学生和交流学者信息系统），该系统汇集了所有前往美国的学生（F-1 或 M-1 签证）及交流访问学者（J-1 签证）信息，是一个存储现在美国的国际学生和交流学者信息的网络数据库。SEVIS 费用是交给美国国土安全局的，那里对你的信息有一个记录。

申请 F-1 非移民签证的每一位外国人均需缴纳 350 美元的 SEVIS 费用（缴费网址：fmjfee.com/），正确填写相关信息后，点击确认提交。如果缴费成功，系统会显示一份电子格式的回执页面（I-901），保存成 PDF 文档打印出来，面签当天需要带上。

交完 SEVIS 费用后，进行在线 DS-160 表格填写，DS-160 表格是所有美国非移民签证申请人必须填写的电子表格，申请人在去大使馆或总领事馆进行面谈之前，必须通过在线方式完成并提交 DS-160 表格。并且在面谈的时候带上 DS-160 确认页，才能进入使馆进行面谈。

完成并提交 DS-160 表格之前，先阅读非移民签证申请流程。在预约大使馆或总领事馆面谈之前，申请人先在线提交 DS-160 申请表，DS-160 表格填写需注意：

1. 申请人预约面谈的使馆/领事馆，必须与 DS-160 表格开头选择面谈地点的使馆或领事馆保持一致。

2. 除了按要求以英文（中国人名字一般用拼音）和中国文字填写申请人的全名外（中国文字在表格中标明为"申请人本国文字"），所有问题必须以英语作答，注意申请人必须填写中文全名及相对应的中文电报码。

3. 填写 DS-160 表时需要上传一张最近 6 个月内的照片。

4. 在填写申请表的过程中，如果未操作时长超过 20 分钟，申请流程将被终止。除非已记录申请编号或已将申请存入电脑文件，否则必须重新开始，请记下页面右上角显示的申请编号。如果申请人需要在提交申请前关闭浏览器，则申请人将需要使用该申请编号继续进行申请。

5. DS-160 表格填写完成之后，会生成标有字母加数字格式的条形码确认页，这个确认页要打印出来，而且要求页面清楚，去使领馆面谈的时候带上。

6. 打印标有条形码的确认页后，请点击浏览器上的"后退"按钮，然后将 DS-160 表格副本发送至申请人的邮箱。文件为 PDF 格式，需使用 Adobe Acrobat 查看或打印。

7. 每一个新的签证申请都必须提交新的 DS-160 非移民签证在线申请表及其相关的条码。接下来去中信银行缴纳签证费，签证费用 160 美元。然后是在网上预约面签时间，预约成功后，确认页打印出来，面签的时候需要带上。

去美国大使馆或领事馆签证时，申请人需要带上以下材料：

1. 必备材料：

① DS-160 表格确认页；

② 有效护照，有效期需超出在美预定停留期至少 6 个月；

③ 一张在最近 6 个月内拍摄的 2 英寸 ×2 英寸（5.1 厘米 ×5.1 厘米）照片；

④ 面签预约确认页；

⑤ 美国学校或项目提供的 I-20 表格：记得在 I-20 下方签名，未满 18 岁需要家长签字；

⑥ 缴纳签证申请费单据。

2. 辅助材料一（学术类）：

①学校出具的录取信、奖学金 letter（如有）；

②中英文大学成绩单原件，无须密封；

③毕业证和学位证原件及盖章翻译件（如有）；

④托福、雅思、GRE 或 GMAT 等成绩单原件或打印件；

⑤赴美研究或学习计划，以及相关详细信息，包括美国大学导师或系主任的姓名及电子邮箱地址；

⑥一份详细介绍以往学术和专业经验的简历；

⑦未来导师的个人简介、简历或打印网页；

⑧计划入读学校的专业项目介绍；

⑨旧护照、身份证。

3. 辅助材料二（财力证明类、非全额奖学金获得者需准备以下材料）：

①银行存款证明原件：父母或者学生名下均可，金额建议约 50 万人民币，至少 3 个月定期；

②父母工作收入证明，要求中英文对照；

③亲属关系公证（提供资金人与申请人亲属关系公证，户口本若能显示亲属关系则可以不用公证）。

4. 辅助材料三（学生或家长名下的均可带上）：

①房产证原件（如有）；

②其他不动产权证（如有，带原件）；

③企业营业执照、验资证明、股权证明等（如有，带原件）；

④结婚证（如已婚）。

面签之前需要辅导一下，搜集一些面签常问的问题，只要好好准备，签证这一关会顺利通过，不要有太大的心理负担。这是留学申请最后一步，更应该有信心和勇气。面签常问的问题一般会有：可以介绍一下你自己吗？你的爱好是什么？你要上哪所学校？你为什么选择这所大学？你的专业是什么？你将在美国读什么学位？你为什么想去美国学习？毕业后你打算做什么？你父母是做什么的？等等。

赴美留学的学生去美国驻华大使馆或领事馆签证，一般会有下面几个结果：

1. 如果签证通过的话，会让你留下护照，等着护照贴完签证给你邮寄回去或者自取（这个过程一般需要5—10个工作日），这是最好的结果。

2. 如果被拒签，签证官会给你一张拒签理由说明，同时在你的护照盖上一个蓝色的章。上面写着"Received"字样，下面是美国使领馆的拒签条款。被拒签后，当然心情不爽，最好能保持良好的心态，不要跟签证官理论什么，尽量保持微笑，或者强作笑颜，毕竟这个地盘是人家的，你还可以准备二签，不要把关系搞砸了，要不然二签或三签会受到不利的影响。

3. Check，护照暂时留下，但是不能马上批准签证，申请材料需要审核一段时间，一般会说2—4周。美国大学有些专业是涉及军事方面的，比如核物理，或者什么飞行器专业、材料专业。这些专业被称为"敏感专业"，一般是理科和工科，不会出现文科专业。美国签证实行了更加严格的审查制度，很多理工科的学生需要审查才能拿到签证，这种情况称之为"Check"，他们会留下你的材料，然后把这些材料送到美国华盛顿审查，如果审查后没有问题，就会给你签证，被Check的人一般都能拿到签证。

以上三种基本包括了99%签证会出现的结果，还有两种情况可能会出现：一是，面试顺利通过，签证官也没有说审核，面试完等了两周还没收到护照，一查自己的签证状态还是AP（Administrative Processing，是指行政处理，一般是面完后补材料或者背调的状态），说明自己的材料被审核了，可能面试完后签证官发现了某些问题需要进一步调查审核，这个时候你要耐心等待，使馆可能会有电话回访让你补材料；二是，面试顺利通过，过了两天查询签证状态，拒签了（refused），可能是面试完后发现申请人不符合条件。有些申请人提供虚假材料，被后续审核发现了，所以说当场面试通过了不是说百分之百能拿到签证。

被拒签后还可以申请再次签证，但是一年拒签三次后只能等第二年继续申请签证。如果三次拒签，只能放弃当年出国留学的打算，一般可以跟学校申请保留 offer，延迟一年再赴美留学。即使学校同意保留你的入学资格，第二年的签证不是百分之百能够通过。以前有学生被美国大使馆拒签后，痛下决心换一个国家留学，选择重新申请学校去加拿大、英国或者新加坡留学，对美国真是又爱又恨！

如果顺利拿到签证，那么就要准备启程赴美，这是激动人心的时刻，也是百感交集的时刻！也许，由于时间紧迫，还未好好体味成功的喜悦，就要登上飞往美国的飞机，相信有很多中国留学生在踏上美国土地的那一时刻很感慨这一切来之不易，在飞越重洋的征途上有多少欢笑和泪水，只有自己心里最清楚。

二、美国签证经历

前面为了拿到 offer 付出了千辛万苦，剩下最后一关就是签证，如果这一关失败了，那么前功尽弃，为之付出那么多的努力、时间、精力和金钱都得不到回报，非常可惜，所以，到了签证最后一关要非常慎重，千万不能掉以轻心，否则遗憾终生。

下面是几位拿到签证的中国留美学生的签证经历，分享一下发生在美国驻华大使馆的真实的签证故事。

例一：

留美学生梁晓晖毕业于天津南开大学法律系，考入北京大学法学院念硕士，期间在挪威奥斯陆大学法学院攻读硕士，回国后在北京大学法学院继续念国际法专业硕士，硕士毕业赴美国哈佛大学法学院念博士，获得全额奖学金。他在大学已经拿到一个学士学位、两个硕士学位，而且上的都是名牌大学。他的签证富有戏剧性，第一次拒签竟然跟他拿到的学位太多有关。在他二次签证通过后,我在北京大学见到了他,他跟我说起了他的签证经历——

第一次被拒签了,原因很简单,签证那天排在我前面的有两三个也是去美国大学法学院的,但不是去哈佛,然后他们都被那个签证官"美国大姐"给拒了,轮到我时,那个"美国大姐"问我为什么要去美国留学,我说我要去美国读个学位。她马上又问我:"你都已经读那么多学位了,还要读学位?"她觉得我有这么多学位足够让我在中国做很多事情了,或者找到一份很好的工作,没必要去美国再读一个学位,然后就把我给拒了。

当时被拒了我根本没有反应过来,我反而觉得挺好玩的,因为我觉得自己不可能被拒,我的背景那么好——哈佛的,而且是全奖!别人都跟我说:"把你拒了是天理不容的事!"可是这个事在美国大使馆就发生了!从大使馆出来,我一直没反应过来,嘻嘻哈哈了好长时间。直到周围有人说,今天早上"二签"的几百号人只过了十来个。我一听就傻了,那时我才反应过来:"一签"被拒是多么可怕的事情!我才真正意识到"二签"的难度特别大,真是个大问题,所以我非常紧张。

那天从签证室出来的时候,有人问我:"签过了没有?"我说被拒了,他又问我:"你去哪个学校?"我说去哈佛,他无比惊讶地问:"你去哈佛都被拒了?"我说我还是全奖呢。他说:"不可能被拒呀……"别人都不相信。后来这件事竟然在当天所有签证的人中传开了,第二天我的一个同学从美国打电话来问我:"昨天哈佛全奖被拒的那个人是不是你呀?"我说:"是啊,就是我。"哎,这件事都传到美国去了。在大家看来,哈佛全奖被拒是相当罕见的。因而,大家在讲到签证的时候，都会劝你别太自信，人家哈佛全奖的都被拒了。

在美国大使馆门口，你能真正体会到什么是"几家欢乐几家愁"，非常无情。有很多女生在门口哭呀，小姑娘有爸爸妈妈陪着，或者爸爸妈妈在外面着急等着，给人一种上刑场的感觉。

如果签过了，从里面出来满脸春风，周围的人都立马围上来问："你签过了没有？"你要是说签过了，哗的一下把你围得水泄不通，很多人给你塞机票卡片让你订美国机票，那场面就好像你是大明星人家要你签名一样。

第一次被拒签后，我去了一趟欧洲，回来的第二天就要二签，从欧洲回来时我开始害怕了，心里真的很没底。第一次签证是踌躇满志，第二次可就是忐忑不安了。

第二次签证的时候，我在里面东张西望，担心碰到不好签的签证官，看看一会儿是这个，一会儿是那个，足足等了两个多小时，轮到我了，一看还好，是那个"台湾大妈"，算是"自家人"还好一些。她就问我："嘿，这是怎么回事？上次怎么被拒了？"我说上次人家嫌我读的学位太多，我说自己就是喜欢学习，所以读很多学位。"台湾大妈"笑了笑，然后问我："你想在美国当律师吗？"我回答："我就是不想当律师。"她又问："真的吗？"我回答："真的，不骗你。"然后，她又嘻嘻地笑，让我过了。就这么简单。

我第二次从美国大使馆出来，人家给我塞订美国机票的卡片时我也很高兴，但你会觉得现实很无情，我旁边被拒签的就没人搭理，没人给他塞订机票卡片。

我觉得被拒签一次的人生挺完整的。第一次被拒签，过了两三天后我才意识到它的严重性，然后才开始难过，伤心了，不像大使馆门口的女生那样一出来就哭，她们的悲伤来得特别快，而我特别慢。

在被拒签之前，我一直自我感觉非常良好，你想一想，美国排名前 10 的法学院有 6 个要我，而且都是全奖。别人也在给我煽风点火，这么多人崇拜我，让我觉得：你美国大使馆不给我签证你美国要怎么过？就必须让我去美国！然而，第一次签证那个"美国大姐"无情地把我拒了，我发热的脑袋一下凉了下来，就觉得什么事都有可能发生，你必须要保持一个平和的心态，你要永远看清楚自己。

长这么大，在其他任何方面都不可能打击到我，只有这个拒签，现在回头想想，真的是一件好事。如果第一次签过了，我都不知道自己现在会是个什么样子。我有一个高中同学在美国驻华大使馆工作，他是信教的，我第一次被拒签的时候，他跟我说："你以前实在是太顺了，现在给你一次打击，是主有意识在拯救你的未来。你要相信主的一片苦心，这是拯救你的未来的好机会。"我想一想觉得有道理。

例二：

留美学生赵亚楠毕业于清华大学工程力学系，获硕士学位，赴美国斯坦福大学念机械工程系博士，获得全额奖学金。在她拿到签证后，我在清华东门外的一家咖啡馆见到了她，她放弃了哈佛大学全奖的 offer，最终选择去斯坦福。她说——

当时我想的是，我去的学校（斯坦福）很好，签证应该没问题，而且很多人也这么认为，但是我还是做了很充分的准备。签证官有几个比较刁难人的问题，比如说，一个是你为什么选择美国而不选择在中国的大学念博士，这个问题我能够比较理直气壮地回答，因为你再想刁难我，也得承认一个这样的事实：斯坦福是个很好的学校，换了是你，你也会想去那里学习一段时间。第二个问题是回国计划，是很多签证官拒人的一个理由，算是杀手锏了。这个问题对我同样存在，在斯坦福拿到博士学位比在其他一般的学校拿到博士学位更容易在美国找到好工作，以及拿到更高的薪水，那你为什么还要回中国来？这个问题很头疼，你要先说服自己才能说服签证官。

　　签证那天太幸运了，赶上那个爱放女生过的签证官，这样我就很有优势了，而且，那天他的心情非常好，我们那一队不管是女生还是男生都过得很顺利。有些人条件很一般，表达得也不是很好，但还是过了。后来我一想，觉得自己挺没有成就感的，因为我拿的是斯坦福的offer，还准备了那么长时间，去了大使馆跟去美国普通大学的人一样通过。

　　当时签证官先问我去斯坦福所读的专业，让我解释一下，我很快就说完了，我觉得他对我已经比较满意。接着，他常规性地问我回国计划，当然，我跟清华学生回答的一样，就是回清华当教授。在事先准备问题的时候，我也想过找一些别出心裁的东西来回答，但后来一想，还是这个流俗的回答（标准答案）胜算更大一些，因为你回答了这个问题，他就问你由此延伸的另一个问题——为什么不在美国当教授而回中国来当教授？这个问题大家都被问过了，知道怎么回答。如果你回答他的前一个问题是别的答案，那你就不知道他接下来的另一个问题是什么，也就无法事先准备好答案，所以我想别自找麻烦了。

　　后来我想，一个去斯坦福的学生跟去美国普通大学的学生去签证有什么区别吗？区别在于，签证官问我的问题比去普通大学的学生要少一些，而且基本上没看我的材料，应该说在签证的时候去好大学是有优势的。

　　签证之前，我没有害怕的感觉，但是从大使馆出来，我却感到有些后怕，因为真的见识了在里面那种严峻的形势，真的有签证官把一堆堆的人给拒了,别的队伍比我这一队通过的人要少,可以说我这一队放水了,因而去那边等着拿护照的人几乎都是我这一队的。其实大家都在回答类似的问题,尽管我去的是斯坦福,但是签证官不想让我过的话,也会挑出毛病来。当时我要是被分到另一组遇到别的签证官,我真的不敢说结果会是什么样子。

在我签证通过后,我的亲姐姐关心地问我:"你有没有想过会被拒签?"我说,刚开始我真的没想过会被拒签,但是签过了以后我心里却在想:是啊,真的有可能被拒签啊!

例三:

留美学生王琦毕业于北京大学国际关系学院国际文化传播专业,获硕士学位,赴美国普渡大学读比较文学博士学位,获得全额奖学金。在她赴美之前,我在北大校园跟她交流过,她对签证有深刻的体会,她说——

我在前天刚签完证,运气还算比较好。签证前有点紧张,因为我同宿舍的一个女孩刚刚被拒掉,她申请第二次签证又被拒掉了,这难免影响我的情绪,所以挺紧张的。这个命运你完全无法控制,以前你考托考G什么的你都能控制,但到了这最后重要的一刻,你的命运完全掌握在别人手里。

那天去签证的时候,紧张是紧张,但又觉得自己使不上劲。进去以后,那个签证官就问我两个问题,泛泛的,就是说你为什么要学文学,你以后想干吗。我说我以后要回北大当教授,我们英语系的老师就有从普渡大学毕业的。不过,这些回答对签证官来说其实并不重要,他都已经准备给你过了。当时我们签证的时候,它是十个人一拨,我们这一拨有三个是学生,而且都是女孩子。签证官把我们三个女孩子放在最后，前面都是什么探亲啊、商务啊，被拒了三个，到我们学生签证时还挺容易的。签完以后，一起签证的有一个女孩是清华的，她去得克萨斯大学，去念机械吧，当时我们俩一起打了个车回来，木然地自言自语："签过了吗？"还不敢相信是真的，我掐了掐自己的胳膊疼不疼，然后就觉得今天让我干什么都行呀……

签过了还是挺幸福的，不过我真的觉得像做梦一样。我现在回想起来，那是一个窗口，那个老外坐在里头，右边放着一堆大张的白纸，那表示拒签；左边放着浅粉色纸条，你签过的话，签证官会递给你浅粉色纸条……白纸跟浅粉色纸条也就相隔30厘米，要是他拿白纸在上面画一下给你，那你就完蛋了。我突然觉得那是命运之手，就看签证官把手伸向哪一边了。完全是签证官一时的反应，他要给你就给你，不给你就算了，你没有什么理由可讲。像我那个被拒签的同宿舍女孩，她要去美国学国际政治，拿的也是全奖，签证官认为她有移民倾向就把她给拒了，你没有办法。前面你一切的努力，你被学校录取了或者拒掉了，你都能想得通，可能是自己哪一块做得不够好，但是在签证那一刻，你没法控制。

例四：

留美博士生张湛经历过两次留学申请和两次签证，他的经历非常有意思，14岁考入北京大学化学系，本科毕业一年后，拿到美国俄克拉荷马大学的offer，因三次被拒签未能成行，后来考上北京大学东语系的梵巴语专业硕士研究生，毕业后赴美国哈佛大学近东语言与文明系攻读伊朗研究专业博士学位，获全额奖学金。张湛第一次准备出国申请了13个学校，都是化学方向的专业。我俩在北京五道口的一家咖啡馆见了面，他兴奋地跟我说起自己的经历——

第一次申请留学，到最后只来了一个offer，博士全奖，俄克拉荷马大学，University of Oklahoma，那个大学在美国属于什么层次呢？相当于中国的三流大学，在美国中部，据有些外国人说那个学校还不错。反正也就来了这么一个offer，2月份就来了，挺早的，当时我还是挺高兴的。后来我就去签证了，我去签了两次，两次都没过，第三次去签证的时候我才郑重地跟家里人说我要去签证了。

我没有特认真地准备签证，当年形势也特别不好，前面两次签证我都被拒了，到了第三次准备签证，我妈就盯上我了，每天都训练我老半天，搞得我心情很不好。到了第三次签证的那一天，我跟卖机票的人都商量好了，就说签证结束后给他消息，如果签证过了，就去拿机票，第二天就去美国。

第三次签证的前一天晚上，我心里一直在唠叨："千万别让我签过了……"因为我特别不想出去了。当时我的心理状态就是这样，我出去学化学干吗呀？特别没意思，我的兴趣已经不在化学这方面了。于是第二天我如愿以偿地没有被签过。

当时美国大使馆那里排着一队人，签证官拿着一个锤子，嘭嘭嘭地敲，两分钟一个人，反正全拒了，我说什么他也根本不听。我也不想努力，因为根本就不想去，心想拒了就拒了吧，也挺好的。当时快到中午了，签证官可能也想赶紧办完事吃饭去，所以拒签的速度特别快。

如果我签过了不去美国，家里人肯定不能接受，我自己也不会接受。我不是那种特别强势、能自己选择、说不去就不去的人，我做不出这样的事情来。如果我那次签过了，我可能也就接受了这个事实去美国留学，读一个三流大学。

签证没有过，我心里的一块石头总算落地，我可以选择下一步的生活了。当时我可以选择继续申请，第二年再去美国，或者申请去英国、加拿大的一些学校，这是一般三次被拒的人的选择，但我没有这样做，我下了决心要考北大段晴老师的研究生。可是，我家里人，尤其是我爸，他想不明白我为什么这样选择。我爸觉得学化学可以为社会做贡献，而我学现在这个东西没用，跟念经似的，不能造福人民。

接下来张湛是考研和读研，然后是第二次申请留学，最终拿到了哈佛的 offer，并且顺利拿到了美国签证。真的是塞翁失马焉知非福，如果当年签证顺利通过，也就不会有被哈佛录取的机会，所以，做事情不能患得患失，不必强求什么，顺其自然好了。

我问张湛在四年后的第二次签证是什么情况，他说："签证之前我还紧张了一下，因为万一签不过，我就没有退路了，我学这个在国内能干什么工作？但是签证特别顺利，我还没跟签证官斗智斗勇呢，他就把我签过了，让我觉得特没成就感。当时签证官问我要去学什么，我说我要去学伊朗学。他又问我现在学什么，我说我现在学印度学。然后他又问我伊朗和印度有什么关系，为什么要转专业方向？我跟他说：'伊朗人和印度人在古代是同一拨人。'签证官马上说：'过！'"

我说："四年前，你在美国大使馆被拒了三次，还记得吧？"

张湛回答："对。当时签证官问我回国干什么，我就随便答了一个，反正我说什么都是被拒。"

我问："这次签完证你有什么感受？"

张湛回答："签完以后我就给我妈打了个电话，我妈在电话里大叫：'啊，啊……'我自己倒没觉得什么，因为我觉得这回拿到签证是理所当然的吧。"

很多年以前，我认识一位在北京大学刚本科毕业的女生，她特别优秀，除了学习成绩好以外，还经常在学校当主持人，钢琴十级，她被斯坦福大学录取了，电子工程硕士项目，没有奖学金。遗憾的是，那年夏天，她三次签证未过。至今依然记得那天晚上，在北京大学东门外道别时，她那充满哀怨的眼神。斯坦福留学梦就这样破灭了，实在太可惜，让人感到无比残酷，要知道她为了拿到斯坦福大学的录取付出了多少心血和艰辛，在北大四年付出了多少个日日夜夜为留学而准备！最后却因为在签证最后一关功亏一篑。

如今，时代不一样了，美国人已经相信中国人有钱了，很多家庭供得起孩子在美国自费留学，最近几年的美国学生签证很容易通过，相比10年前准备留学的那些人，现在的学生无疑是幸运的，赶上了好时代。

三、办理出国手续及赴美准备清单

拿到签证后，接下来办理出国手续，走到这一步很不容易。紧接着是办理出国手续，包括护照、户口和档案的处理、体检以及公证。

护照在申请学校之前就要办好，它是中华人民共和国出入国境的必需证件，需要在当地公安局出入境管理处办理。我国护照分为因公护照和因私护照，因公护照又分为外交护照、公务护照和因公普通护照。不是特殊人员的话，只能办理因私护照。

申请出国留学的学生，均属于"申请自费留学不参加就业"，最后结果不管是成功还是失败，毕业后他们跟学校的关系结束了，户口和档案没有接收单位，从国家政策来说，这群人的档案属于"流动人口档案"，除了国家指定的人才流动服务机构（如教育部留学服务中心和地方高校毕业指导中心），一般机构不得擅自管理流动人口档案。

户口和档案对于留学人员的意义主要体现在回国以后，比如就业、升学、结婚和子女落户口等方面。还有，在工作岗位上评级、调动也需要档案。为了避免给将来有可能回国后的生活带来不必要的麻烦，出国前一定要把档案处理好，比如找个地方放好。

体检是为入学所做的一个程序，签证不需要体检证明，所以很多人都是在拿到签证后才去体检，如果签证未过，体检了也没用，况且体检是要花钱的。国外大学会给你寄来体检表，或者提供可下载的表格文档供你打印，打印那个表格后去体检就可以了。体检和注射疫苗是两个独立的项目，可以同时做，也可以一次只做一个。

美国大学对学生赴美前需要注射的疫苗会提出要求，一般会以一个表格的形式呈现，称为 Immunization Requirement（即学校要求必须注射的疫苗），或者是 Medical History Form（你的疫苗注册记录）。每一所学校要求的疫苗种类和数量不同，因此需要仔细阅读你将要入读的学校关于疫苗的要求，并在表格上填写自己的个人信息。

出国前的体检在各省市的出国旅行卫生保健中心进行，网上查询自己所在省的国际旅行卫生保健中心网址并进行预约。体检时建议携带以下材料：2寸彩色照片3张、儿童免疫接种证（如丢失，建议补办）、证件（身份证或护照）和美国校方给的疫苗表格及其他相关表格。

把美国学校的免疫接种要求和儿童免疫接种证交给出国旅行卫生保健中心的工作人员，工作人员会告诉你需要做的体检项目和需要接种的疫苗种类。体检结束后就可以去打疫苗，需要把学校的疫苗要求表格和疫苗本交给医生，然后等待接种疫苗。三个工作日后，你可以拿到医生填写完整的疫苗表格，另外还会拿到一个红色的小本子（健康检查证明书）和一个黄色的小本子（疫苗接种或预防措施国际证书），赴美留学时这两个小本一定要带上。

要特别注意的是，I-20表格一定要妥善放好，不能丢了。不仅是签证要用到它，而且要带着它去美国入学，没有I-20表格是上不了飞机的。我曾经有一位学生，父母在首都机场送他一起去美国，结果在上飞机前被拦下了，就是因为没有带官方文件I-20表格，当初学生签证回家后，装在包里的I-20表格被家长放在橱柜里，结果家长忘了拿。最后，家长只好把机票改签，回山东老家拿I-20表格。损失点机票钱倒是小事，关键是耽误了入学时间。

赴美留学跟在国内上大学一样，出行之前要准备行李，这是家长和学生必须操心的事。在国内上大学要带的行李比较简单，只要有钱，到了学校所在的城市，很多东西都可以在到校后再买。有些东西不能随便带，否则进不了海关，甚至会给自己带来很大的麻烦。有的文件一定要带上，否则上不了飞机。

以 2022 年秋季入学为例，赴美之前需要准备的东西有以下这些，把它做成一份详细的行李清单。

1. 入境政策具体要求

国内出发前准备：完全疫苗接种证明（科兴、国药），必须是完成完全接种疫苗 14 天后；赴美航班起飞前 1 天进行核酸检测，拿到核酸检测阴性报告，入境登机时需要 24 小时内有效核酸阴性证明与疫苗接种完成 14 天记录；个人联系方式，以及美国入境后的联系方式（包括但不限于地址、电话等）；个人护照，需有 6 个月以上有效期；有效的美国签证。

2. 疫苗要求

根据美国 CDC 公告，确认满足以下条件才可视为完全接种：

单剂型疫苗，接种经 FDA 认可或 WHO 紧急授权疫苗的 14 天后；两剂型疫苗，接种经 FDA 认可或 WHO 紧急授权之疫苗的第二剂 14 天后；临床试验疫苗，完整接种经 FDA 认可或 WHO 紧急授权之疫苗（非安慰剂）的 14 天后；混打疫苗（mix-and-match），接种任 2 剂经 FDA 认可或 WHO 紧急授权之疫苗 14 天后，而混打疫苗者两剂之间需间隔至少 17 天。

美国接受的疫苗类型包括：中国 BIBP/Sinopharm（国药疫苗）和 Sinovac（科兴疫苗）。疫苗接种时所带证件须与办理签证、登机入境等所用护照一致。

3. 登机携带材料

24 小时内核酸检测报告（中英文），报告上需要有名字、出生日期、护照号等能够证明报告人身份的信息；I-20 原件；护照原件签证必须在有效期内，如果签证在老护照上，需要新老护照同时携带；课表确认你的开学时间距离上飞机日期不超过 1 个月，建议把官网公布的开学日期（官网直接搜索）/课表（学生系统中）/Orientation 安排（一般是邮件通知）打印出来；汇款底单，如果已交学费，把汇款底单或转账记录打印出来。

4. 入关材料

护照原件，签证必须在有效期，如果签证在老护照上，需要新老护照同时携带；美国大学 offer 原件；I-20 原件；检验检疫记录核酸检测证明（中英文），学校疫苗表、小红本、小黄本，检疫表（如有）；签字笔1支。这些材料放在一个袋子里，以备海关查验。

5. 入学报到材料

护照原件；I-20 原件；检验检疫记录、学校疫苗表、红黄本、检疫表（如有）；I-94（美国出入境记录）表格，到校后登录网站打印出来；SEVIS Fee 缴纳凭证；完整高中成绩单（美本留学生需要）或国内大学成绩单原件（大学毕业生需要），要求中英文、信封密封、加盖学校红章；高中毕业证原件（美本留学生需要）或毕业证书、学位证书复印件（大学毕业生需要），要求中英文、信封密封、加盖学校红章；汇款底单（如有）。

6. 必备物资

①现金：美国人偏向于使用信用卡而非现金，建议在入境时带2000或3000美元现金，不得超过1万美元现金，否则需要申报，尽量带一张双币信用卡（可以用父母的）的副卡以防需要用钱。

②手机：务必开通手机长途及国际漫游，有些航空公司会在长途飞行中提供 Wi-Fi，可以带上平板电脑，在上面安装好微信等聊天 App，这样在飞机上也能跟家人联系。

③通信录：准备好一个纸质版的小本子，写上重要联系人的电话号码，包括在美国接待你的人的电话、学校的电话、在美国的亲友、紧急联系人的电话和家里人的电话，以便在手机没电时使用，或者万一手机丢掉时还能有一份通信录。

④地图：校园地图、学校所在城市地图（在网上购买）各一份。

⑤电子产品及电器：电脑、平板电脑、手机、移动硬盘、吹风机、录音笔等。

根据个人情况还需准备一些东西：

①药品：日常必需的药品，如消化不良药（泻立停、黄连素等）、感冒药（泰诺、康泰克等）、创伤抢救药品（云南白药）。

②生活用品：墨镜、近视眼镜、隐形眼镜、剃须刀、手表、转换插头、卫生用品、化妆用品等。根据个人所需进行准备，美国框架眼镜价格偏贵，建议在国内购买。

另外，护照照片，一寸、两寸提前准备多张，用的机会少，最好也准备一些。出国前最好到眼科、牙科把眼镜、牙齿等弄好，在美国看眼科、牙科的费用昂贵。

7. 没必要带的物品

各种调料、调味品、零食、厨房用具、床上用品，大学周边都有大型的亚洲超市，大部分可以买到，建议不用带这类物品。

8. 严禁携带物品

肉类，任何新鲜、脱水或罐头类肉品都不可携带入境；蔬果类，新鲜蔬果不可入境，也包括飞机上发的水果；植物类、种子、盆栽和草木产品；动物类、昆虫、野生动物、动物标本和动物皮毛制品；盗版类，盗印书籍、盗版影视等。

医药类中药很多成分都是严禁进入美国境内的，比如：麻黄碱类药物（鼻炎片、感冒胶囊等）、士的宁类（跌打万花油、风湿关节炎片等）、吗啡类（肠胃宁、咳喘宁等）、含有动物或动物器官（如鹿茸、牛黄等成分的中药或中成药等）。

若所携带的必需药物中含有麻醉剂或成瘾性成分，需提前向美国海关申报。如必须带药，要保留原包装（整盒、带中英文说明书），也不要携带明显超过个人服用量的药品。因治疗自身疾病必须携带某些处方药或注射器时，应请医生开具处方，备齐药品的英文说明和购药发票。不确定能否携带的东西可以在美国入境海关物品查询官网查询。

第十二章

美国名校录取的文书 PS 实例

一般来说，美国大学要求申请人的 PS 的字数是 1000 字以内，差不多是两页 A4 纸的篇幅，写 800—900 字的篇幅最好，但也有超过 1000 字的。有些国外大学要求申请人的 PS 在 600 字左右，比如英国大学，那么就要写得精简一些。PS 的文本有两种格式：一种是，每段前面不空格，那么段与段之间空一行；另一种是，每段前面有空格，那么段与段之间没有空行。

申请美国大学硕士的 PS 一般会提前三个月准备，申请博士的话，从当年的 7 月份（暑假）就要开始准备，一直到 12 月份最早的一批学校递交。PS 写完第一稿后，要请教有经验的师兄师姐或者老师修改，如果找留学机构帮忙申请，也是需要反复修改。对于准备申请的学生，很有必要看看别人的 PS 是怎么写的，或许可以从中找到写 PS 的灵感。为什么他们能够被美国名校录取？申请文书非常重要，而 PS 是所有申请文书的重中之重。

下面是几位中国学生申请美国大学硕士或博士写的 PS，不同学校不同专业，学校有哈佛、斯坦福、MIT 和耶鲁等，专业方向涉及文科、理工科和商科等，这些 PS 都是原创申请文书，他们能够申请成功，PS 起了至关重要的作用。

十多年来，由于一直从事留学规划和留学申请工作，我帮学生构思过几百份 PS 或者 Essay，特别是 PS，要写出一份出色的 PS 的确是艰难的挑战。一篇好的 PS 需要自己花很长时间来构思和创作，自己要不停地修改，还要请教行业高手指点、修改和润色。

一、哈佛大学全奖录取的 PS

此篇 PS 的申请人叫张湛，张湛考入北京大学化学系，本科毕业一年后拿到美国一所大学的 offer，因三次被拒签未能成行，后考上北京大学外国语学院东语系的梵巴语专业硕士研究生，毕业后赴哈佛大学近东语言与文明系攻读伊朗研究专业博士学位，获全额奖学金。

Statement of Purpose

Iran: the center of the old world

Irreversibly, the modern world is going toward globalization. Under such a new historical background, the old way regarding human history as constituted of different national or regional histories, should be substituted by a broader point of view, which regards the history of human civilizations as a whole, in other words, a global view. Located right in the middle of Eurasia, Iran proper, ranging from Anatolia to the Punjab, from the Caucasus to the Persian Gulf, was actually the center of the Old World. Before the discovery of the new continents, it was mainly through Iran that the West and the East felt the influence and even the existence of each other. Therefore, the Iranian Studies inevitably play a key role in understanding the communications and interactions of the civilizations of the world.

China needs Iranian Studies, and vice versa.

Moreover, Iran has greatly influenced China, especially as the medium disseminating Buddhism. From the great discovery of massive manuscripts in Turfan and Dunhuang in the last century, this influence has been appreciated better and better by the academic world. It also has increasingly drawn the attention and the interest of Chinese scholars. Unfortunately, most of their studies were based on Chinese materials. Without an overall view of the Iranian culture and languages, their studies were largely limited. However, considering the significance of Chinese historical accounts about the Iranian world, a competence in ancient Chinese is highly desirable. Nowadays, comprehensive studies based on the primary sources in Iranian languages together with reference to Chinese materials are urgently needed. I have decided to devote myself into this field and will try to make my own contribution.

My academic background

Due to a special program for gifted students, which reduced 8 years of education (2 of elementary, 6 of middle and high school) to 4, I graduated from high school at the age of 14. Outperforming most of the 18-year-old competitors in the National Entrance Examination, I was successfully admitted to Peking University, the best university of China, to major in Chemistry. Realizing that chemistry was not my genuine interest, I was introduced step by step to the fascinating field of Iranian Studies by Prof. Duan Qing, when I started to study Sanskrit with her in 2000. This notoriously difficult language has never frustrated me. Instead, I found infinite enjoyment studying it. After graduation, I decided to follow my inclination within and prepared to pursue graduate studies with Prof. Duan, to major in Sanskrit with a special attention to Middle Iranian languages.

when I had already had some knowledge about French, German, Arabian and Russian, I was admitted to the College of Foreign Languages of the Graduate School of Peking University, ranking No.1 among the 95 students enrolled in the college that year.

During my graduate study, I was systematically trained in Sanskrit, Middle Iranian languages and other relevant languages by the best scholars in China. Starting from the elementary books of Perry and Stenzler, I have read a large variety of Sanskrit texts during the past two years. As for prose, I have read Hitopadesa and Kathasaritsagara; for PhilosoPhical works, the 4th and 5th chapters of Brhadaranyaka Upanisad and excerpts from other important Upanisads; as for grammatical works, the first two chapters of Katantra, Sārasiddhantakaumudi, and a small portion of Vyakarana-mahabhasya and Kasika; as for Kavya, Meghaduta and the first chapter of Laghuvamsa; as for Buddhist texts, I have finished Saddharmapundarika and am reading Vimalakortinirdesa. I have obtained familiarity with all the types of texts mentioned above, as well as a quite large vocabulary. In addition, from the beginning of my graduate study, I continued to study New Persian in the Department of Persian Language. I can now read and speak Persian with ease. From the second semester onwards, I began to study Pahlavi with Prof. Duan. Using MacKenzie's dictionary and Nyberg's Handbuch, I read 'Kār Nāmag ī Ardashīr Pāpakān', 'Legend of Keresāspa', 'Ayyātkār ī Zarērān', a part of book 7 of Dēnkard, and the Psalm in Nyberg's *Handbuch*, within two semesters. During these classes, I also had an introduction to Old Persian; I have read the first two columns of the Behistun inscription. As to help understanding and memorizing the ideograms in Pahlavi, I have studied Aramaic for two semesters and then Biblical Hebrew for one. I got a straight A in all the languages mentioned above. Moreover, I have acquired, through self-study, elementary knowledge of Tibetan and ancient Greek.

My research: a Jewish-Persian manuscript

I had the good fortune to get access to and to study a newly found Jewish-Persian manuscript. As Jewish-Persian study is a totally new field in China, I had to work independently. Starting from the identification of the letters, I proceeded deeper and deeper into this brand-new field. By reading many articles written by prestigious scholars, including A. Stein, D.S. Margoliouth, C. Salemann, W.B. Henning, G. Lazard, D.N. MacKenzie, J.P. Asmussen, and V. Minorsky, I became acquainted with the field and its researchers. A preliminary form of my work, with translation and annotation of the text, is accompanying my application as writing sample; further study will result in my MA thesis. Although many problems still remain unsolved, the precious experiences I obtained when dealing with this primary source will definitely benefit my further studies and researches.

My academic interest: Khotanese

Influenced by my advisor Prof. Duan Qing, who has obtained her PhD. degree in Hamburg University under the direction of the eminent Professor Emmerick, my main interest is the study of Khotanese. Actually, it is at this field that I aim my language training. I am now studying early Khotanese with Prof. Duan, using an unpublished reader by Prof. Emmerick. We plan to read some manuscripts next semester. I hope to pursue further study specializing in Khotanese, with a concentration on the role it played in spreading Mahayana Buddhism into China, under the direction of Prof. P. Oktor Skjærvø, who is the world leader of Khotanese Study after the late Prof.s Bailey and Emmerick. The possibility of studying Avestan, Sogdian and Manichaean Middle Persian—indispensable components of Iranian studies that are not available in China—is another factor that makes Harvard the ideal place to pursue my further research. As for other fields, I am interested in comparative mythology and Manichaean Studies.

A scholarly life

During the past two years, many famous scholars have visited our department, including Dr. Peter Skilling, Prof. M. Witzel, Prof. H. Isaacson, Prof. J. Braarvig, Prof. H. Falk, and Prof. Saroja Bhate. I have benefited a lot not only from their lectures, but also from personal contacts with them. Through communication with these scholars and the many years of contact with my advisor, Prof. Duan, I have come to realize that besides their outstanding academic achievements, they are also amazing human beings who, with fresh curiosity and an open attitude towards the world, manage to keep the heart of a young person. I respect them not only as great scholars but also as models for a meaningful and rewarding life. In sum, I want to lead a scholarly life and make my own contribution for both Iranian Studies and China.

参考译文：

个人陈述

伊朗：旧世界的中心

现代世界正在不可逆转地走向全球化。在这样一个新的历史背景下，将人类历史看作是由不同国家或地区的历史组成的旧观点应该被一种更广泛的观点所取代，即把人类文明史看作一个整体，也就是全球的观点。伊朗位于欧亚大陆的正中央，从安纳托利亚到旁遮普，从高加索到波斯湾，实际上是旧世界的中心。在新大陆发现之前，东西方主要通过伊朗感受到彼此的影响和存在，因此，伊朗研究在理解世界文明的交流与互动中不可避免地发挥着关键作用。

中国需要伊朗研究，反之亦然

此外，伊朗对中国的影响很大，尤其是作为传播佛教的媒介。自上世纪吐鲁番和敦煌发现大量手稿以来，这种影响越来越受到学术界的重视，它也越来越引起中国学者的关注和兴趣。不幸的是，他们的大部分研究都是基于中文材料。由于没有对伊朗文化和语言的全面了解，他们的研究在很大程度上受到限制。然而，考虑到中国对伊朗世界的历史记述的重要性，掌握古汉语是非常必要的。目前，迫切需要以伊朗语为基础、结合汉语资料进行全面的研究，我已经决定投身于这个领域，并将努力做出自己的贡献。

我的学术背景

由于英才特别教育制度，将8年的教育年限（小学2年、初高中6年）缩短为4年，14岁我就从高中毕业。在高考中，我超越了大多数18岁的竞争者，成功考入了中国最好的大学——北京大学，主修化学。当我意识到化学并不是我真正的兴趣时，我在段晴教授的带领下一步一步地进入了伊朗研究这个迷人的领域，当时我开始跟她一起学习梵文，这门出了名难学的语言从未让我感到沮丧，相反，我发现了学习它的无限乐趣。大学毕业后，我决定发展自己的兴趣，跟随段教授继续研究生学习，主修梵语，特别关注伊朗中部语言。在我已经掌握了一些法语、德语、阿拉伯语和俄语的情况下，我被北京大学研究生院外国语学院录取，在该院 95 名的录取新生中成绩排名第一。

在我的研究生学习期间，我接受了中国最优秀学者的梵语、中古伊朗语和其他相关语言的系统培训。从 Perry 和 Stenzler 的初级书籍开始，我在过去两年中阅读了大量的梵文文本。至于散文，我读过 Hitopadesa 和 Kathasaritsagara；对于哲学著作，我读过 Brhadaranyaka Upanisad 的第 4 和第 5 章，以及其他重要奥义书的摘录；至于语法作品，我读了 Katantra 的前两章、Sārasiddhantakaumudi，以及 Vyakarana-mahabhasya 和 Kasika 的一小部分；还有 Kavya、Meghaduta 和 Laghuvamsa 的第一章；至于佛经，我已经读完了《修法》，正在读《维摩诘》。我已经熟悉了上面提到的所有类型的文本，以及相当大的词汇量。另外，从读研究生开始，我就继续在波斯语系学习新波斯语，我现在可以轻松地阅读和说波斯语。从第二学期开始，我开始跟随段教授学习巴列维语。使用 MacKenzie 的词典和 Nyberg 的手册，我在两个学期内阅读了 Kār Nāmag ī Ardashīr Pāpakān、Legend of Keresāspa、Ayyātkār ī Zarērān、Dēnkard 第 7 册的一部分，以及 Nyberg 的诗篇，在这些课程中，我还介绍了古波斯语；我已经阅读了 Behistun 铭文的前两栏。为了帮助理解和记忆巴列维语的表意文字，我学习了两个学期的亚拉姆语，然后学习了一个学期的《圣经》希伯来语。我在上面提到的所有语言成绩都获得了直 A。此外，我通过自学获得了藏文和古希腊文的基本知识。

我的研究：犹太波斯手稿

我有幸接触并研究了一份新发现的犹太波斯语手稿。由于犹太－波斯研究在中国是一个全新的领域，我必须独立工作。从对信件的识别开始，我在这个崭新的领域里越走越深。通过阅读许多著名学者的文章，包括 A. Stein, D.S. Margoliouth, C. Salemann, W.B. Henning, G. Lazard, D.N. MacKenzie, J.P. Asmussen 和 V. Minorsky，我了解了这个领域和它的研究人员。我的作品的初步形式，翻译和注释的文本，随我的申请作为写作样本，进一步的学习将使我的硕士论文得以完成。虽然还有很多问题没有解决，但我在处理这一一手资源的过程中获得的宝贵经验，必将对我今后的学习和研究有所帮助。

我的学术兴趣：于阗语

受到我的导师段睛教授的影响，她在汉堡大学著名教授埃默里克的指导下获得过博士学位，我的主要兴趣是研究于阗语。事实上，我的语言训练目标就是在这个领域。我现在和段教授一起学习早期的于阗语，使用的是埃默里克教授的一本未出版的读物，我们计划下学期读一些手稿。我希望在 P. Oktor Skjærvø教授的指导下，专门研究于阗语，着重研究其对大乘佛教传入中国所起的作用。有可能学习阿维斯坦语、粟特语和摩尼教中波斯语，这是伊朗研究不可缺少的组成部分，而在中国是没有的，这也是让哈佛成为我进行进一步研究的理想之地的另一个因素。至于其他领域，我感兴趣的是比较神话和摩尼教研究。

学术的生活

近两年来，Peter Skilling 博士、M. Witzel 教授、H. Isaacson 教授、J. Braarvig 教授、H. Falk 教授、Saroja Bhate 教授等多位知名学者来访。我不仅从他们的讲座中获益良多，而且从与他们的个人接触中也获益良多。通过与这些学者的沟通，及多年与段教授的接触，我已经意识到，他们除了有杰出的学术成就，他们也是神奇的人类，用新鲜的好奇心和开放的态度，设法保持一颗年轻人的心。我尊敬他们，不仅因为他们是伟大的学者，而且因为他们是有意义的人生的楷模。总之，我想过一种学术生活，为伊朗研究和中国研究做出自己的贡献。

二、斯坦福大学全奖录取的 PS

此篇 PS 的申请人叫赵婧，为申请美国斯坦福大学所写，她毕业于清华大学水利水电工程系，本科成绩非常优秀，赴美国斯坦福大学攻读土木工程专业硕士学位，获全额奖学金。

Statement of Purpose

"What really impressed me are her excellent academic record and constant excitement on research!" "That is her broad background in both engineering and management that I admired most!" "What? I'd thought she was an active organizer of students' activities!" "No, No! She was a master-hand in chorus and dancing!" "You guys only see one side or another. She excels in not only academics, but also art and social activities." That's how other people view me, an open-minded, energetic, and well-rounded student. However, I think my most shining point is my unceasing struggle to attain my goal, which is to become an outstanding civil engineer so that I can better the infrastructure of our society.

My first success towards this object was the admission into the most prestigious university in China, Tsinghua University, where I tackled my studies with vigor and maintained a rank of No.2 out of 76 students. For me, excellent grades were not good enough. A successful engineer must possess comprehensive knowledge and synthesize it into a holistic view. Hence, I selected Construction Engineering and Management as my minor according to my interest. Despite the ever-increasing workload, I reasonably allocated study time, and became the only one in my school who simultaneously stuck to studying both engineering and management. In possession of these two branches of knowledge, I stepped firmly in the academic climate of civil engineering.

An outstanding engineer must have abundant experience as well. Therefore, I actively took part in practical designs and experiments, all of which developed my capability of independent research and taught me the importance of self-motivation.

For example, in the Tenth Annual Structure and Design Competition, my group made a cable-stay bridge with only wood and paper within dimension restrictions. We drew our 3D design with AutoCAD, simplified it into 2D statically indeterminate truss structure, calculated its internal force and deformation using Structure Mechanics Solver for Windows, and carried out many experiments. This first involvement in research polished my ability to identify engineering problems and propose alternate solutions through step-by-step analysis.

My internship as an Assistant Technician in the China Three Gorges Project Corporation gave me opportunities to come into contact with practical construction. As the largest hydroelectric engineering in the world, this project displayed to me state-of-the-art construction methods, and effective control of time, cost and quality. What is more, the experience vividly revealed the difference between research and industrial application, and deepened my interest in industrial work.

Other than strong professional ability, in my opinion, cooperation, leadership, and organization skills are also essential for an excellent engineer. Thus, I polished myself in all sorts of extracurricular activities. For example, in the First Chinese University International Business Negotiation Competition, I was responsible for all financial analysis on my team, such as the Asset Assessment Report, Balance Sheet, etc. In the final round, our team members cooperated closely, and beat the opponent consisted of four students majoring in economics. This competition not only enriched my knowledge, but also improved my ability to communicate and defend ideas effectively. In my junior year, I was elected vice president of my department's Students' Union. This job became another challenge for me, because I was preparing for the GRE test, studying major and minor courses, and singing in chorus at the same time. Though highly pressed, I encouraged myself to keep working efficiently, and cultivated a hard-bitten character, which is necessary to confront frustrations in future life.

My reason to pursue the graduate program of Structural Engineering and Geomechanics in Stanford is mainly out of my great interest in the subject, which spurs me to gain more extensive and deeper knowledge at the very frontier of research. My major courses have provided me with a sound background in mechanics and mathematics. Besides, my knowledge of Hydraulics and Construction Management will help me take multidisciplinary approaches to attack problems. Finally, this program may be the most appropriate one for me: (1)The program has a long tradition of excellence in research, education, and service to the profession, and receiving graduate education in it is my dream for years.

(2) The program is highly interdisciplinary, and enjoys an intense collaboration with many programs, such as Center for Integrated Facility Engineering. Therefore, I can bring my interdisciplinary background into full play and study happily under this atmosphere. (3) There are distinguished faculties, e.g. Ronaldo Borja, Eduardo Miranda, whose work I am very interested in. (4) I was deeply attracted by the broad research facilities, for example, the well equipped Blume Center. I believe that I can carry out my graduate research more conveniently with aid of them. (5) The students' extracurricular life in this group is colorful. For example, there are Student Chapter of ASCE and ESW-USA, which can provide excellent opportunities to supplement classroom education. What's more, through the activities, such as the "happy hours", I can show my art abilities and improve my communication skills. (6) I have learnt more information from Fushen Liu, who is my senior schoolmates at Tsinghua University, and now studying in Stanford. He highly commended the relaxed and friendly student-faculty relations and the exciting and innovative academic atmosphere, and passionately encouraged me to pursue the graduate program in Stanford.

If possible, my main research interests in the future will be focused on:Geomechanics;Design-Construction Integration;Risk and reliability analysis.

I will pursue the MS degree in Civil Engineering at first, and then continue into the PhD program, which is my ultimate objective. After obtaining a PhD degree, I will devote myself to working as a civil engineering professional, focusing on providing safe, economical, and functional infrastructure systems to serve our society.

参考译文：

个人陈述

"真正让我印象深刻的是她优异的学习成绩和对研究的持续不断的热情！"

"我最佩服的就是她在工程和管理两方面渊博的知识背景！"

"什么？我还以为她是学生活动的积极组织者呢！"

"不，不！她是合唱和舞蹈的高手！"

"你们这些家伙只看到一个方面或另一个方面，她不仅擅长学习，而且擅长艺术和社会活动。"

这些是别人对我的看法，一个思想开放、精力充沛、全面发展的学生。然而，我认为自己最大的闪光点是我为达到自己的目标而不断奋斗，那就是成为一名优秀的土木工程师，这样我可以更好地为社会的基础设施建设服务。

我在这方面的第一次成功是被中国最负盛名的大学清华大学录取，在那里我精力充沛地学习，在76名学生中保持第2名的学习成绩。对我来说，优秀的成绩还不够，一个成功的工程师必须拥有全面的知识，并将其整合成一个整体，因此，我根据自己的兴趣选择了建筑工程与管理作为辅修专业。在课业日益繁重的情况下，我合理分配学习时间，成为学校里唯一一个同时坚持攻读工程和管理的学生。掌握了这两门学科的知识，我坚定地融入了土木工程的学术氛围。

一个优秀的工程师还必须有丰富的经验，因此，我积极参与实际的设计和实验，这些都培养了我独立研究的能力，也教会了我自我激励的重要性。

例如，在第十届结构与设计大赛中，我的团队在尺寸限制的条件下，只用木材和纸张制作了一座斜拉桥。我们用AutoCAD绘制了三维设计，将其简化为二维超静定桁架结构，使用Windows结构力学求解器计算了其内力和变形，并进行了多次实验。第一次参与研究，锻炼了我识别工程问题并通过逐步分析提出替代解决方案的能力。

我在中国三峡工程总公司实习，担任技术员助理，这给了我接触实际施工的机会。作为世界上最大的水电工程，这个项目向我展示了最先进的施工方法，以及对时间、成本和质量的有效控制。更重要的是，这段经历生动地揭示了科学研究与工业应用的区别，加深了我在工业方面参加工作的兴趣。

作为一名优秀的工程师，除了专业能力需要加强以外，我认为合作、领导和组织能力也是必不可少的，于是，我在各种课外活动中磨砺自己。例如，在第一届中国大学国际商务谈判比赛中，我负责团队所有的财务分析，如资产评估报告、资产负债表等。在最后一轮比赛中，我们团队成员紧密合作，击败了4名念经济学专业的同学。这次比赛不仅丰富了我的知识，也提高了我有效沟通和辩护的能力。在我上大三的时候，我被选为我们系学生会的副主席，这份工作对我来说是另一个挑战，因为当时我要准备GRE考试，还要学习专业课和辅修课，同时还要参加学校艺术团的大合唱。虽然压力很大，但我鼓励自己保持高效率的工作，培养了坚强的性格，这是面对未来生活中的挫折所必需的。

我之所以选择斯坦福大学的结构工程与地质力学研究生课程，主要是因为我对这一学科有着浓厚的兴趣，这促使我去研究最前沿的专业领域，获取更广泛、更深入的知识。我的主修课程使我在力学和数学方面有了良好的基础，此外，我的液压和施工管理知识将帮助我采取多学科的方法来解决问题。最后，我觉得这个项目可能是最适合我的一个项目：(1) 这个项目在研究、教育和服务于专业方面有着悠久的优秀传统，接受研究生教育是我多年的梦想。(2) 跨学科性强，与综合设施工程中心等多学科紧密合作，在这种氛围下，我可以充分发挥我跨学科的背景，快乐地学习。(3) 有一些杰出的老师，如罗纳尔多·博尔哈、爱德华多·米兰达，我对他们的工作非常感兴趣。(4) 广泛的研究设施深深吸引了我，比如设备齐全的 Blume 中心。我相信有了他们的帮助，我可以更方便地进行我的研究生项目研究。(5) 这个小组的学生课外生活丰富多彩，例如，ASCE 和 ESW-USA 有学生分会，可以提供很好的补充课堂教育的机会。更重要的是，通过活动，如"快乐时光"，我可以展示自己的艺术能力，提高自己的沟通技巧。(6) 我从我的清华学长刘福深那里了解到更多的信息，他正在斯坦福大学学习，他高度赞扬了轻松友好的师生关系和令人兴奋的创新学术氛围，并热情鼓励我去斯坦福攻读研究生课程。

如果可能，我未来的主要研究兴趣将集中在：地质力学、设计-施工一体化、风险与可靠性分析。

我将先攻读土木工程硕士学位，然后继续攻读博士学位，这是我的最终目标。在获得博士学位后，我将致力于成为一名土木工程专业人员，致力于提供安全、经济、实用的基础设施系统服务于我们的社会。

三、麻省理工学院全奖录取的 PS

此篇 PS 的申请人叫徐书楠，他毕业于清华大学土木工程系，本科成绩非常优秀，赴麻省理工学院（MIT）攻读交通科学硕士学位，获全额奖学金。

Statement of Purpose

Attracted by the science and affected by my family, I had a dream to be a great researcher when I was only a little boy. My father majored in mathematics and my uncle works as a structure engineer, both of whom hope me to be an excellent researcher, which is also my own dream. Fortunately, now I have found where my dream will be fulfilled, that is, in the field of transportation.

1. Loving research, the motivation to fulfill my dream.

Since childhood, I have been obsessed by the science and have great enthusiasm to do scientific research, which always encourages me to approach my dream step by step. Having stood at the second place in *Henan Province Mathematics Contest*, I was accepted as one of the totally 84 students of *National Science Class (NSC)*, which was overseen directly by the *Institute of Education* and recruits students from all over the country. After three years' strict scientific training, I was admitted to *Tsinghua University* without taking entrance exams. In college study, further knowledge provided me with greater enthusiasm to study and to research, which helped me to **acquire No. 1 GPA in academic courses and all courses among 91 students in my grade** and several important awards and honors, such as two top scholarships. (Please refer to my Resume if you want to see the details.)

Besides academic areas, I also loved the research in practical work and tried my best to deal with them using my academic knowledge. This summer, I had the opportunity to participate in the project of *Huangzhuang* Subway Station construction, the most giant and complicated Subway Project in Beijing ever since. The unfamiliar factors and tough problems challenged my capability greatly at first. However, only two weeks later, I had become an important member of the project, in which I put forward creative suggestions. My technical report which obtained the highest score after this intern fairly reflected my prominent contribution.

2. Transportation, my interest from teenager.

My interest in transportation began from six years ago, when I was accepted as a student of NSC and began my study in *Beijing*. The severe traffic problems here gave me a big shock, making me aware of the significance of transportation. When I had to spend hours to pass though merely one mile in the crowded road or stay in school in holiday just because of the heavy train transportation, I always asked myself: "why there are so many problems in transportation? How to make the traffic more effective?" These questions always attract me to seek for the answers.

College time in Civil Engineering Department provides me a good chance to explore the solutions. Having experienced the course study and work opportunities, such as the internship in *CHELBI Engineering Consultants, Inc.*, I understood that transportation is not just a simple decision as where to build a road. In fact, there are so many research problems included in the areas of transportation, for example Intelligent Transportation System. Gradually, my enthusiasm in research and my interest in transportation work together; I realized that it is the exact field that I will fulfill my dream.

Having required the basic knowledge in transportation, I participated in the research group under the supervision of Professor *Lu Huapu,* who is in charge of the Transportation Group in *Tsinghua University.* Due to my excellent performance in mathematics study, I chose the Dynamic Route Guidance System as my research work, and narrow it down to the organization of transportation for the urgent problems, for example an accident. This is not only an academic problem, but also a practical one, which is also studied in *MIT,* such as in the research of Mobility and Transportation in the 21st Century. After several materials' reading and discussion with the professors, I have already built a model to deal with the simple situations. Now the research is still in process.

3. Why I fit for transportation researches.

Besides my great interest in transportation, I also have talent in the relative areas, such as mathematics and computer skills, which will benefit transportation research highly. Many areas in transportation, such as dynamic traffic assignment, required a great deal of mathematics knowledge, like calculus, probability and operational research. I did an excellent work in mathematics studies. During my college time, I have learnt 7 math courses (25 credits), with a total GPA of 97.9/100. On the other hand, in view of the huge amount and complexity of calculation in transportation research, computer science is necessary to perform simulation and numerical calculation. All these require strong programming ability, which is also my familiar field. Started to study programming at 10 years old, I have mastered many computer languages now and could use C proficiently. Besides, my knowledge in data structure is great; I have also experienced database. (Details about my mathematics and programming abilities please refer to my Resume.)

4. MIT, the best place to fulfill my dream.

For all my great interest and talent in the transportation, I do believe it is my dream which I have chased for a long time. However, being deeper in this field, I recognize that although acquiring great accomplishments, transportation is still far to be mature. There are so many areas, such as Advanced Traffic Management Systems, just at the beginning. There is still no effective way to deal with the dynamic traffic flow. Again and again, I realize further training is necessary to fulfill my dream of being a great researcher. Considering that America has the highest level in transportation research and MIT group is one of the top, I strongly wish to pursue my PhD degree in MIT, where I can be exposed to the most exciting challenges and the forefront of the most advanced research. Besides my strong desire, my talent presented above may well qualify me to meet the needs of your esteemed group. The research I do in dynamic traffic guidance after urgent circumstances is also part of your program Mobility and Transportation in the 21st Century. Besides, your new area CEE System PhD also attracts me very much. For all the reasons, I strongly aspire to acquire a chance to study in MIT, from where I could devote all my wisdom and enthusiasm to fulfill the dream of my life.

参考译文：

个人陈述

受到科学的吸引和家庭的影响，当我还是一个小男孩的时候，我就有一个梦想，将来要成为一名伟大的研究员。我的父亲是学数学专业的，我的叔叔是一名结构工程师，他们都希望我成为一名优秀的研究人员，这也是我自己的梦想。幸运的是，现在我找到了可以实现梦想的地方，那就是交通领域。

1. 热爱研究，是实现梦想的动力

从小我就痴迷于科学，对科学研究有着极大的热情，这一直激励着我一步步接近自己的梦想。在河南省数学竞赛中获得第二名，我被选为国家科学班（NSC）的84名学生中的一员，该班由教育部直接监督，面向全国招生。经过三年严格的科学训练，我没有参加入学考试就上了清华大学。在大学的学习中，更深奥的知识让我有更浓厚的学习和研究热情，这使我在专业课程和所有课程中取得了同年级91名学生中GPA均排名第一，并获得了多项重要奖项和荣誉，如两项特等奖学金（具体内容请参阅我的简历）。

在学术领域之外，我也喜欢在实际工作中进行研究，并尽力运用我的学术知识去处理这些问题。今年夏天，我有机会参与了黄庄地铁站建设项目，这是北京有史以来规模最大、最复杂的地铁项目。一开始，陌生的因素和棘手的问题给我的能力带来了很大挑战。然而，仅仅两周后，我就成为这个项目的重要成员，在这个项目中我提出了一些创造性的建议。这次实习结束后，我的技术报告获得了最高分，很好地体现了我的突出贡献。

2. 交通，我的兴趣来自少年

我对交通的兴趣始于6年前，当时我被NSC录取，开始了在北京的学习。这里严重的交通问题给了我很大的震撼，让我意识到交通的重要性。当我不得不花几个小时在拥挤的道路上通过仅仅1英里，或者假期待在学校仅仅是因为繁重的火车运输量导致交通不方便，我总是问自己："为什么有这么多的交通问题？如何让交通更有效？"这些问题总是吸引着我去寻找答案。

在土木工程系的大学时光为我提供了一个很好的探索解决方案的机会，经历了课程学习和工作实践，比如在CHELBI工程顾问公司的实习，我明白了交通不仅仅是一个简单的决定，比如在哪里修路。事实上，在交通领域有很多研究问题，例如智能交通系统。渐渐地，我对研究的热情和对交通工作的兴趣结合在一起，我意识到这正是自己要实现梦想的领域。

由于在交通运输方面有一定的基础知识，我参加了清华大学交通运输组组长卢华普教授的课题组。由于我在数学方面的优秀表现，我选择了动态路径引导系统作为我的研究方向，并将研究范围缩小到紧急问题的交通组织，比如事故。这不仅是一个学术问题，也是一个实践问题，麻省理工学院也在研究这个问题，例如在21世纪的机动性和交通运输方面的研究。经过几次材料的阅读和和教授的讨论，我已经建立了一个模型来处理简单的情况，目前这项研究仍在进行中。

3. 为什么我适合做交通研究

除了我对交通感兴趣外，我在相关领域也有天赋，比如数学和计算机技能，这将对交通研究有很大的帮助。交通运输的许多领域，如动态交通分配，需要大量的数学知识，如微积分、概率和运筹学。我的数学成绩很好，在大学期间，我学习了7门数学课程（25学分），总GPA为97.9/100。另一方面，考虑到交通运输研究中计算量的巨大和复杂性，需要利用计算机进行模拟和数值计算，这些都需要很强的编程能力，这也是我所熟悉的领域。我从10岁开始学习编程，现在已经掌握了许多种计算机语言，能够熟练使用C语言。此外，我在数据结构方面的知识很丰富，我有数据库运用方面的丰富经验（关于我的数学和编程能力，请参阅我的简历）。

4. MIT，实现我梦想的最佳地方

我对交通有着浓厚的兴趣和天赋，我相信这是我追逐了很长时间的梦想。但是，深入了解这个领域，我认识到，虽然取得了巨大成就，但交通运输还远不够成熟。有很多领域研究才刚开始，例如高级交通管理系统，目前还没有有效的方法来处理动态交通流。一次又一次，我意识到进一步的训练是实现我成为一名伟大研究员的梦想所必需的。考虑到美国在交通研究方面的水平最高，MIT是顶尖的群体之一，我强烈希望自己能在MIT攻读博士学位，在那里我可以接触到最激动人心的挑战和最先进的研究前沿。除了我强烈的愿望之外，我前面展示的才能很可能使我有资格满足您尊敬的团队的需求。我所做的关于在紧急情况下进行动态交通引导的研究也是您的"21世纪的交通运输"项目的一部分。此外，您的新领域CEE系统博士项目也很吸引我。因此，我非常渴望获得在MIT学习的机会，在那里可以用我所有的智慧和热情来实现我的人生梦想。

四、耶鲁大学录取的PS

刘亮（化名）毕业于加州大学欧文分校，专业是细胞与发育生物学，GPA3.42/4.0，托福102分，MCAT28分。大四那年，他自己申请

美国前50名的大学，很遗憾一个学校也没录取，最后找到我，让我想办法为他量身定制申请方案。最后录取学校有耶鲁大学、哥伦比亚大学、达特茅斯学院3所藤校，还有美国排名前20的艾默理大学也给他offer，最后他选择就读耶鲁大学（公共卫生硕士）。

想拿到美国TOP10大学或者藤校的offer，对一个申请人要做全面的考量和分析，挖掘重点，这很考验留学顾问的专业水平。在硬件不可改变的情况下，软实力就显得非常重要，尤其是申请文书。

Personal Statement

I grew up in a family enriched with medical and public health culture. Possessing both MD and PhD degrees, my father is a director and my mother an attending Physician in a major hospital in Guangzhou, China. Dinner time was like a seminar in healthcare services for me when my father would share the latest policies in healthcare and my mother talked about the newest clinical protocols their department implemented to decrease hospital associated infections. Their conversations inspired my initial interest in public health, especially health policy and management, which deals with accessibility of essential health services among the expanding volume of population and complexities of universal health coverage and health care system.

With such an aspiration, I enrolled in University of California Irvine and majored in Cell and Developmental Biology. As a non-English-native student, I was challenged by the difficult jargons and complicated biological mechanisms covered in class. However, my determination to study health related subjects was so strong that I devoted greater efforts to study and formed study groups to support each other. As a result, my name was often on Dean's

Honor list owing to excellent academic performance. To delve into hands-on experience in conducting biological research, I worked as Clinical Research Coordinator Assistant in the Kimonis Lab (PI name: Dr. Virginia Kimonis) for two years since 2013 and primarily focused on experiments towards developing therapeutic strategies for an autosomal dominant disorder, Inclusion Body Myopathy associated with Paget Disease of the Bone and Frontotemporal Dementia (IBMPFD) - a disease caused by a mutation in the Valosin Containing Protein (VCP) gene. My responsibilities encompassed extensive cellular and molecular assessments involving PCR, immunohistochemistry, western blot, and cell work. In addition, I became proficient in animal-related tasks such as mice care and tissue harvesting as well as patient-related tasks such as Physical assessment and blood sampling. As a result of my endeavor, I coauthored the publication *Balance of lipids improves pathology in VCP multisystem proteinopathy* on peer reviewed journal PLOS ONE. Moreover, in collaboration with two postdocs, our most recent work concerning the characterization of patient-specific inducible pluripotent stem cell (iPSC) is being finalized for submission.

In the summer of 2014, I participated in a medical mission trip to Ghana, Africa with Global Medical Brigades. Due to limited accessibility to healthcare, remote villagers have to travel for miles on foot in order to visit a doctor. Hence, our team installed a clinic in their village for providing free dental and medical services. I realized the real world of healthcare was very different from what I encountered in U.S. and learned in the classroom. In order to gain more insight into healthcare setting in real life, I have volunteered in UCI Medical Center weekly for over 70 hours. From discharging patients to aiding minor procedures in surgery, I was exposed to the manifold responsibilities of a Physician and acquainted with the hospital protocols. Our patients shared with me their suffering and the road to recovery. Though I could not share their burden or pain, hopefully one day I would be able to bring patients an identical sense of healing and joy through my involvement of the modern healthcare system. Since the needs and challenge of health system comes, to a great extent, from large public or private healthcare aspects, there is an imperative need to design and implement effective management strategies and policies to improve the current healthcare industry. In my opinio, an individual approach to treating disease is inefficient since the disease burden has shifted from the infectious diseases to chronic diseases in both U.S. and China, especially within the ascending aging population.

My goal is to devote myself to promoting healthy aging and cost-efficient accessible healthcare in the world. Population in China has been aging rapidly over the past decade as a consequence of the recently abandoned one child policy. With most families having only one child and nursing homes poorly constructed in China, the challenges faced by the aging population to properly manage their health and life are heavy. I would like to work at a policy-level to promote access to healthcare, access to knowledge regarding chronic illness management, and access to quality home-care services for the entire population.

I realized that Yale is the place I desire to study because of the exceptional faculty members and self-motivated peers.

I acknowledge that though it will be very fulfilling, to pursue study at Yale can be tough, intense and even frustrating at times; however, a strong and determined mind is never afraid of challenges. I deeply understand that it requires more perseverance than intelligence in a person and will devote my full efforts to conquering all the obstacles ahead with the skills and experience that I have developed these past years.

参考译文：

个人陈述

我成长在一个医学和公共卫生文化丰富的家庭，我的父亲是中国广州一家大医院的主任，母亲是主任医师，拥有MD和PhD学位。对我来说，晚餐时间就像一个医疗服务研讨会，父亲会分享最新的医疗政策，母亲会谈论他们部门为减少医院相关感染而实施的最新临床方案。他们的谈话激发了我对公共卫生的最初兴趣，特别是卫生政策和管理，这涉及在不断扩大的人口数量中基本卫生服务的普及性，以及全民健康覆盖和卫生保健系统的复杂性。

怀着这样的抱负，我就读于加州大学欧文分校，主修细胞与发育生物学。作为一名非英语母语的学生，我受到课堂上难懂的术语和复杂的生物机制的挑战。然而，我学习健康相关学科的决心是如此强烈，以至于我更加努力地学习并成立了学习小组互相支持。由于学习成绩优异，我的名字经常出现在院长荣誉榜上。为了深入研究进行生物学研究的实践经验，我从2013年起在Kimonis实验室（PI名称：Virginia Kimonis博士）担任临床研究协调员助理两年，主要专注于为常染色体显性遗传开发治疗策略的实验与骨和额颞叶痴呆症（IBMPFD）相关的包涵体肌病——一种由含 Valosin 蛋白（VCP）基因突变引起的疾病。我的职责包括广泛的细胞和分子评估，涉及 PCR、免疫组织化学、蛋白质印迹和细胞工作。此外，我还熟练掌握了与动物相关的任务，如小鼠护理和组织采集，以及与患者相关的任务，如身体状况评估和采血。在我的努力下，我与他人合写了《脂质平衡改善 VCP 多系统蛋白质病的病理》一文，在同行评审的 PLOS ONE 期刊上发表。此外，我跟两名博士后合作，我们最近关于患者特异性可诱导多能干细胞（iPSC）表征的工作正在完成提交。

2014 年夏天，我跟随全球医疗旅前往非洲加纳执行医疗任务，由于医疗条件有限，偏远的村民不得不步行数英里去看医生。因此，我们小组在他们的村庄设立了一个诊所，提供免费的牙科和医疗服务，我意识到现实世界的医疗保健与我在美国遇到的、在课堂上学到的非常不同。为了更深入地了解现实生活中的医疗环境，我每周在 UCI Medical Center 做志愿者超过 70 个小时。从让病人出院到协助小手术，我接触到了内科医生的多重职责，并熟悉了医院的协议。我们的病人和我分享了他们的痛苦和康复之路，虽然我不能分担他们的负担或痛苦，但我希望有一天，我能通过参与现代医疗体系建设，给病人带来同样的治愈感和快乐。卫生系统的需求和挑战很大程度上来自大型公共或私人医疗保健方面，迫切需要设计和实施有效的管理策略和政策，以改善当前的医疗保健行业。在我看来，在美国和中国，疾病负担已经从传染病转移到慢性病，特别是在人口老龄化加剧的情况下，个体治疗疾病的方法是无效的。

我的目标是致力于促进世界上健康的老龄化和经济有效的医疗保健体系建设，中国人口在过去十年中迅速老龄化，最近取消了独生子女政策。由于中国大多数家庭只有一个孩子，养老院建设也很差，老龄化人口在健康和生活管理方面面临着严峻的挑战。我希望在政策层面开展工作，促进全体人口获得医疗保健，获得有关慢性病管理的知识，以及获得高质量的家庭护理服务。

我意识到耶鲁是我渴望学习的地方，因为那里有杰出的教师和积极上进的同龄人。我承认，尽管在耶鲁学习很有成就感，但有时会很艰难、很紧张，甚至会令人沮丧，然而，我有坚强而坚定的意志，从不害怕挑战。我深深地明白，这需要一个人更大的毅力，而不仅仅是智力。我将尽我的努力，以我过去几年积累的技能和经验，克服所有的障碍。

五、杜克大学商学院全奖录取的 PS

此篇 PS 的申请人叫李石磊，他毕业于清华大学基础科学班，被美国杜克大学商学院录取，市场营销专业博士项目，获全额奖学金。他的申请属于跨专业申请，从理工科转到商科，这种跨专业申请的 PS 写起来难度很大。

Personal Statement

I went through a totally different academic route than other peer students. I have not taken any of the entrance examination of schools because I kept being pre-approved to the higher level schools for my achievement in the academic Olympics.

I started to participate in the academic Olympic competitions since I was nine. My school was one of the most celebrated schools in China, noted for her five championships of the Mathematic Olympics, in a row. During my engagement in the academic Olympics, I have received more systematic and rigorous training than regular students. Finally, I became a top player in China (tiptop national ranking: 7) thanks to the advanced training. The special training not only develops my creativity and imagination, but also gives me a solid mathematical background, which gives a positive influence on my future research. After ten years digging in academic Olympics, I found that the most important thing it brought to me was not dozens of awards, but a different way of thinking which I benefited a lot.

I became the first one to achieve a vole in my city, and a few in China, which meant I won all the academic Olympic competitions including mathematics, Physics, chemistry, and English Olympics. In the winter, I signed a contract with ATP (Academic Talent Program) of Tsinghua University and formally became a member of the most honorable program in China. ATP gathers only sixty top students in China every year. And the program is so special that all the ATP members have the privilege to choose any major of any graduate school as we like if we want to continue our further study in China. This is such a great beneficial policy for us that most of my classmates choose to go to graduate schools in China. But it is not for me, because I am always eager to expose myself to a more competitive atmosphere to further improve myself. In the past, I attended the most competitive possible schools (programs), and I performed well at any standards. Now I want to further challenge myself in a new environment. I believe that working with the world-top professors and students will definitely help me to perfect myself, not only academically, but also personally. And I always dream to be a member of world-class program and make my contribution to that program. So I decided to apply for your honorable program.

I started doing research in marketing at the beginning of my junior year. Before I started, I talked with my advisor, Professor Wang. Since the ordinary way of study cost so much time that I would barely have time to participate in the real research, he suggested me to learn by doing and involved me in real research projects in a team of graduate students while I studied fundamental theories and methods. Each time we have a project, he recommends me some related books and papers, and I first study by myself then discuss with him. I started my research by consumer brand choice model, because I thought my solid mathematical background would make it much easier for me at the beginning of my research, and Professor Wang hoped that I could do some model developing work in the future. During the research, I find my self enjoy the modeling very much, and I myself also hope not only to study and use the existing models, but also to develop new models. I know that model developing is one of the toughest topics in marketing research, but it does not scare me at all, contrarily it makes me feel more excited to discover the mystery.

During the last year, I have participated in several researches. My latest research was about market segmentation based on conjoint analysis and latent class methods, in that research we were trying to segment the potential laptop customers on campus. After brainstorming and Focus Group interview, we designed a questionnaire to let the interviewees evaluate different combination of brand, price, CPU, HD, and memory. I chose R in data processing rather than Matlab and SAS, which I used in my former research, because I wanted to take this opportunity to acquire another statistical software. Although it was my first time to use R, I found it, like Unix, very open and individualized. Now I have two cases at hand. One is a study of the relationship between customer satisfaction and loyalty, and market segmentation based on customer satisfaction and loyalty, applying to the newspaper. The other one is with my advisor Professor Wang, concerning the brand choice of planned trip consumer and unplanned trip consumer based on structure equation. During my reading of academic papers, I also find some other interesting topics, such as pricing and promotion strategy, and advertising effects. These experiences equip me for my graduate study.

After carefully studying the introduction of your program from the Internet, I find that the program fits my interest best because the direction it is engaged is the very one I am strongly interested in. Many projects and PhD courses in your program fascinate me very much and the world-class reputation of Duke University also attracts me. I am looking forward to working with the faculty such as Professor Wagner A. Kamakura and Professor Richard Staelin. And I am confident that I will be able to contribute to the program and take great strides towards fulfilling my prospective objective——to become a leading researcher of marketing in China in the future.

参考译文：

个人陈述

与其他同学相比，我走了一条完全不同的学术道路，我没有参加过任何一所学校的入学考试，因为我一直在学术奥林匹克上获得成就而被提前批准进入更高级别的学校。

我从9岁开始参加学术奥林匹克竞赛，我的学校是中国最著名的学校之一，以连续5次获得数学奥林匹克冠军而闻名。在参加学术奥林匹克期间，我接受了比普通学生更系统、更严格的训练。最终，通过这些先进的训练，我成为中国的顶级选手（全国排名第7）。这种特殊的训练不仅培养了我的创造力和想象力，也给了我坚实的数学基础，这对我未来的研究有积极的影响。经过10年的学术奥林匹克的挖掘，我发现它带给我的最重要的不是几十个奖项，而是一种不同的思维方式，让我受益匪浅。

我成为我所在城市第一个获得奥林匹克奖项大满贯的学生，在中国也获得了一些奖项，这意味着我赢得了所有奥林匹克学术竞赛，包括数学、物理、化学和英语等。那个冬天，我跟清华大学ATP（学术人才计划）签约，正式成为中国最光荣计划的成员，ATP每年只在中国选拔60名顶尖学生。而且这个项目非常特别，如果我们想在中国继续深造，所有的ATP成员都可以根据自己的喜好选择中国任何研究生院的任何专业，这对我们来说是一个非常有利的政策，以至于我的大多数同学都选择在中国读研究生，但这不适合我，因为我总是渴望让自己置身于更具竞争力的环境中，以进一步提高自己的能力。在过去，我参加了最具竞争力的学术竞赛，我在任何标准下都表现出色，现在我想在新的环境中进一步挑战自己。我相信与世界一流的教授和学生一起工作一定会帮助我完善自己，不仅在学术上，而且在个人成长方面。我一直梦想成为世界一流研究生项目的成员，并为该项目做出自己的贡献，所以我决定申请您的荣誉计划。

我在大三开始做市场营销方面的研究，在开始之前，我和我的导师王教授谈过，因为普通的学习方式耗时太长，我几乎没有时间参与真正的研究，所以他建议我在做研究中学习，让我在研究生团队中参与真正的研究项目，同时学习基础理论和方法。每次我们有项目的时候，他都会给我推荐一些相关的书籍和论文阅读，我先自己研究，然后跟他一起讨论。我从消费者品牌选择模型开始我的研究，因为在我开始研究的时候，我认为自己扎实的数学背景会让我的研究更加容易，而王教授希望我以后可以做一些模型开发的工作。在研究过程中，我发现自己非常喜欢建模，我自己也希望不仅学习和使用现有的模型，而且开发新的模型。我知道模型开发是营销研究中最难的课题之一，但它一点儿也吓不倒我，相反，它让我更兴奋地发现其中奥秘。

在过去的一年里，我参与了多项研究，我的最新研究是基于联合分析和潜在类别方法的市场细分，在该研究中，我们试图细分校园内的潜在笔记本电脑客户。经过头脑风暴和焦点小组访谈，我们设计了一份调查问卷，让受访者评估品牌、价格、CPU、HD和内存的不同组合。我在数据处理中选择了R，而不是我以前研究中使用的Matlab和SAS，因为我想借此机会获得另一个统计软件。虽然这是我第一次使用R，但我发现它和Unix一样非常开放和个性化。现在我手头有两个案例，一个是对客户满意度与忠诚度关系的研究，以及基于客户满意度与忠诚度的市场细分，应用于报纸；另一个是我和我的导师王教授一起做的，基于结构方程的计划旅行消费者和非计划旅行消费者的品牌选择。在阅读学术论文的过程中，我还发现了一些其他有趣的话题，例如定价和促销策略，以及广告效果。这些经历为我的研究生学习提供了有利条件。

在网上仔细研究了您的项目介绍后，我发现这个项目最符合我的兴趣，因为它所从事的方向正是我非常感兴趣的方向。您的项目中的许多项目和博士课程让我非常着迷，杜克大学的世界级声誉也吸引了我，我期待着与Wagner A. Kamakura教授和Richard Staelin教授等合作。我有信心能够为该计划做出贡献，并朝着我的未来目标迈进一大步——未来成为中国领先的营销专家。

六、哥大、宾大和密歇根大学录取的PS

李昆（化名）是中国科学技术大学少年班学院大四学生，专业是理论物理，GPA3.95/4.3，托福110分，GRE 333分。他不想再继续读物理，重点申请统计专业方向的硕士项目。

申请研究生最重要的文书就是PS，他的本科学的是理论物理，申请硕士是统计学，在写PS时遇到了极大的挑战，跨专业申请是很难的。在准备PS时，我跟李昆进行了多次头脑风暴，构思PS怎么写。李昆申请到了哥伦比亚大学、宾夕法尼亚大学和密歇根大学安娜堡分校的统计学硕士项目，他最后选择去密歇根大学安娜堡分校（两年制，专业排名高）。

Personal Statement

In the eternal universe, every human has only one irreversible and irretrievable life to live, and I am not an exception. Every revolutionary era in the scientific timeline witnessed myriads of inquisitive, sagacious and innovative universalists like Benjamin

Franklin, Thomas Edison and Noam Chomsky who experted in one specific field but can extend their findings to broader ranges of disciplines. With admiration, I anticipated the opportunity to be equally creative and contributive in that since very young almost all people around me have spoken highly of my aptitude in math, science and my potential to be a scientist.

As young as eight, I watched an American movie called Mirage set in desolate desert. I was enchanted by an atmospheric phenomenon-optical illusion. I instantly hurried to query father why. Then he told me convoluted theory that when light contacts a certain medium it will refract with a specific refractive index and angle, which seemed far beyond my comprehensibility at that time but ignited my passion for acquiring the Physical knowledge and working out refractive index and angle. In high school, I showed extraordinary mathematical abilities. Specifically, throughout three consecutive years from 2009 to 2011, I won the first prize at the National Senior High School Mathematics Competitions, especially in 2012 I was awarded the third Prize at the 2012 Chinese Mathematics Olympics, which inspired me to apply for University of Science and Technology of China, a top-ranking science university where I could spare no effort to enrich scopes of Physical knowledge and unveil mysteries.

Though my major was theoretical Physics, I could also make good use of mathematical theories or formulas to analyze and interpret data in experiments. In high-energy Physics experiments, much of our work concerns handling sample data to testify a proposed probability distribution given current theories or hypotheses to be proved. Specifically, when radiation

Photons impact metals, they may react in three ways: Compton scattering, electron pair effect and Photoelectric effect. We can calculate reaction cross section and corresponding occurrence probability based on current Physics theories for every condition. Furthermore, when I did Rutherford scatter experiment, I estimated corresponding exit directions of entering alpha particles according to a few hypotheses, thus graphing a probability distribution of exit azimuths. To testify differentiated distributions, I need statistical approaches to construct test statistics for further hypotheses.

Besides, statistical approaches were also needed when I was required to process multi-group data, especially process errors—calculating errors of indirectly measured values via direct measurement errors and obtaining confidence intervals of indirect measurements. Actually, as high precision was not necessary, I did it roughly with the assumption that the errors obey normal distributions: on one hand, to estimate standard deviation of error distribution with multi-group data of the same quantity; on the other hand, to first-order approximate the standard deviation of indirect measurements into linear sum of direct ones, thus obtaining standard deviation of indirect measurement by combing above two procedures. By adopting normal distribution, I could conclude the confidence interval from standard deviation.

From my perspective, statistics is a comprehensive and cross-disciplinary course. It can assist researchers and analysts to collect, process and analyze data, whereby they may hypothesize nature of study object and even predict its future. Statistics also encompasses plenty of professional knowledge from breadths of disciplines especially mathematics. Most importantly, statistics can be widely applied in almost all possible fields of social and natural science such as Physics, chemistry, biology, sociology and even computer science.

Actually, there are three contributing factors to my decision to apply for statistics. First is my aptitude and passion for mathematics, which is closely related and prerequisite to statistical studies; second is that I have abundant experience applying statistical basics in science experiments, so I am confident enough to learn statistic well; last but not least, statistics is the core part of the theoretical paradigm of natural and social sciences, also crucial tool to cope with Hume's problems. In this sense, I yearn for molding a statistical thinking pattern to acquire synthetic knowledge more effectively.

Albeit a skeptic, I sense that an invisible hand has pulled me, mathematics, Physics, statistics and the universe together. As Archimedes once put, "Give me a fulcrum, I can leverage the earth." Then I believe statistics might be the fulcrum to me. I read a lot about Durkeim who concluded that incidence of suicide can be considerably influenced by the bond of social integration and social regulation. I felt envious of him and his conception, in hopes of specializing in sociology as a doctor or a researcher like him. Like the catcher in the rye, I will hone my academic and personal qualities to be a qualified statistician and sociologist.

参考译文：

个人陈述

在永恒的宇宙中，每个人都只有一次不可逆转、不可挽回的生命，我也不例外。在科学的历史长河中，每一个革命性的时代都见证了无数好奇、睿智和创新的普世主义者，比如本杰明·富兰克林、托马斯·爱迪生和诺姆·乔姆斯基，他们只擅长一个特定领域，但可以将自己的发现扩展到更广泛的学科领域。带着敬佩之情，我期待着能有机会在这方面发挥同样的创造力和贡献，因为很小的时候，我周围几乎所有人都高度评价我在数学、科学方面的天赋和成为科学家的潜力。

8岁时，我看了一部以荒凉的沙漠为背景的美国电影《海市蜃楼》，被一种大气现象——光学错觉迷住了，我立刻跑去问父亲为什么会这样。父亲告诉我一个复杂的理论：光线接触到某种介质，就会以某种特定的折射率和角度折射。这在当时似乎远远超出了我的理解能力，但却点燃了我学习物理知识、计算折射率和角度的热情。在高中时代，我表现出非凡的数学能力，2009—2011年，我连续三年获得全国高中数学竞赛一等奖，特别是获得2012年中国数学奥林匹克三等奖，这激励了我申请中国科学技术大学，这是一所顶尖的理工科大学，在这里我可以不遗余力地丰富物理学知识的领域，揭开物理学的奥秘。

虽然我的专业是理论物理，但我也可以很好地利用数学理论或公式在实验中分析和解释数据。在高能物理实验中，我们的大部分工作都是处理样本数据，以证明在现有理论或假设有待证实的情况下所提出的概率分布。具体来说，当辐射光子撞击金属时，它们可能以三种方式发生反应：康普顿散射、电子对效应和光电效应。根据现有的物理理论，我们可以计算每种条件下的反应截面和相应的发生概率。此外，我在做卢瑟福散射实验时，根据几个假设估计了进入 α 粒子的相应出口方向，从而绘制出出口方位的概率分布图。为了证明差异分布，我需要用统计学方法来构建进一步假设的检验统计量。

此外，在处理多组数据时，也需要使用统计学方法，特别是处理误差——通过直接测量误差计算间接测量值的误差，得到间接测量值的置信区间。实际上，由于不需要高精度，我大致是在误差服从正态分布的假设下进行的：一方面，用相同数量的多组数据估计误差分布的标准差；另一方面，将间接测量的标准差一阶近似为直接测量的标准差的线性和，结合以上两步得到间接测量的标准差。采用正态分布，可以由标准差得出置信区间。

在我看来，统计学是一门综合性的跨学科课程，它可以帮助研究人员和分析人员收集、处理和分析数据，从而推测研究对象的性质，甚至预测其未来。统计学也包含了很多学科的专业知识，尤其是数学。最重要的是，统计学可以广泛应用于几乎所有可能的社会和自然科学领域，如物理、化学、生物学、社会学，甚至计算机科学。

事实上，有三个因素促使我决定申请统计学：首先是我研究数学的天赋和热情，这与统计学研究密切相关，也是统计学研究的前提；二是我有丰富的统计学基础应用于科学实验的经验，所以我有信心学好统计学；最后，统计学是自然科学和社会科学理论范式的核心部分，也是解决休谟问题的重要工具。从这个意义上说，我渴望塑造一种统计思维模式，从而更有效地获取综合知识。

尽管我是个怀疑论者，但我感觉有一只看不见的手把我跟数学、物理、统计学和宇宙拉到了一起。正如阿基米德曾经说过的："给我一个支点，我可以撬动地球。"那么我相信统计学可能是我的支点。我读了很多关于迪尔凯姆的文章，他的结论是，自杀的发生率在很大程度上受到社会融合和社会监管的影响。我很羡慕他和他的构想,希望像他这样的医生或研究员专攻社会学。就像麦田里的守望者一样,我要磨练自己的学术和个人素质,成为一名合格的统计学家和社会学家。

第十三章

美国名校申请成功案例解析

在留学行业从事咨询十多年，我帮助过很多学生申请到美国名校，也研究过很多美国名校申请成功的案例。上一所美国名校对一个人的影响到底有多大？不敢说是一生，也许会影响到一个人未来20年的命运。

从准备托福考试到美国名校录取，至少要花两年时间，如果用两年时间的辛苦付出，能换来未来20年的人生坦途或者辉煌，那么这两年的付出是非常值得的。

有一位去哈佛大学念博士的女生在赴美前这样跟我说："谁都想成为最优秀的人，如果到最后我没有实现这个目标，我也不会为此而消沉，或者失去生活的勇气，因为你选择走这条路，就注定看不到另一条路的风景。不管什么原因，我走上留学这条路，我相信在这条路上会看到很美的风景，而我要清楚的是，自己要以什么样的心态来欣赏它。"

我们会羡慕那些拿到美国名校offer的申请人，成为"美国名校毕业生"意味着将来可以进入精英阶层。他们是怎么获得成功的？背后付出了什么？

"努力成为最优秀的人！"这是申请美国名校的成功秘诀。在下面的成功案例中，有近年申请成功的学生，也有多年以前申请留学美国的学生，他们有一个共同之处：让自己变得更加优秀！

一、留学哥伦比亚：渴望追求不平凡

陈菲（化名）是南京大学商学院金融系大四学生，GPA3.6（4 分制），托福成绩 114 分，GMAT 成绩 760 分，申请硕士研究生专业有：金融学（Master of Finance）、公共管理硕士（MPA）和公共政策硕士（MPP）。

在大三放暑假时，陈菲跟她妈妈一起到北京来找我，她们母女俩在北京找了几家留学机构后还是选择了我。陈菲是一位非常有礼貌的漂亮女生，说话很谦虚。她在美国加州大学戴维斯分校做过一学期交换生（大三第一学期），成绩是 3.75（4 分制）。找我时她的托福已经是 114 分，但 GMAT 只有 710 分，正准备再考一次。她学习语言的能力很强，托福第一次就考了 114 分。一开始，陈菲对自己能否去美国 TOP10 大学没有信心，甚至担心自己去不了美国前 30 名大学。

在后面的沟通中，陈菲非常配合，也非常积极。她的性格很好，从来不抱怨什么，遇到问题一起努力解决。第二次 GMAT 的成绩考出来后，她马上打电话给我，分数是 730 分，提高了 20 分。这个分数已经不错了，但是我希望她考到 740 分！她本来不想考了，但是我跟她举了几个例子，以前我带过几个 GMAT 740 分的学生申请到了美国排名前 10 大学，她现在又有时间，没有理由不继续考。所以，她听从我的建议，又报了一次 GMAT，最后考出来的分数是 760（满分 800），这已经是很高的分数了。

为什么要出国留学？申请留学的目的是什么？陈菲说出了自己的心路历程——

我的青春期叛逆夹杂着一份使命感：上初中时我跟校长辩论，反对中国的填鸭式教育，反对校长为了学校的成绩来"逼迫"学生学习。在高中的英语演讲比赛中，我以"A letter to nobody"为题，诉说了我一方面渴望追求不平凡，渴望洒脱地追逐理想；另一方面又"懦弱地"难以放弃"高考"这个承载千军万马的独木桥，遵循无数中国孩子所遵循的轨迹。同时我又是一个热爱生活的人，一个十几岁的中国少年可能很难摆脱的就是"学生"的标签，然而我却更注重个人兴趣的培养：唱歌、键盘、吉他、游泳、滑冰、滑雪、长跑、网球、旅游、摄影……同学们都称我为"十项全能"。正是我这种"非典型中国学生"的特征使得很多朋友都认为我应该成为一个"国际人"。

进入大学后，当我所学的知识越来越专业化，我深深地爱上了"金融"这个领域，我喜欢思考金融产品的创新，比如如何更有效地利用中国市场现有的沪深300股指期货对冲单只股票，我分析一些银行的理财产品的运作方式以及营销策略，我关注黄金白银的期货市场。读过一些广告、人资、组织管理的书籍后，我对商科的其他领域也产生了浓厚的兴趣，经常与学这些专业的同学讨论商业案例和社会焦点问题。

我更是无时无刻不在探寻"商机"，在银行实习时，我发现附近约20家银行都没有食堂，午餐时间员工会出去吃饭，因此觉得在这附近开一家外卖店是一个绝好的主意，我甚至在做梦的时候都会涉及产品……以上这些，再加上我在学生组织中的经历，使我渴望尽早参加工作，施展自己的能力，而逐渐淡忘了自己的"留学梦"。

然而，正是在美国加州大学戴维斯分校的交换生经历唤醒了我的留学梦……我惊讶地发现，一所名校可以辐射一座城市，城里的人们和颜悦色相对，诚信待人，社会风气中很少"仇富"，也没有"嫌贫"；我惊讶地发现，名校的学生可以因为学费上涨而集体抗议，在操场上搭帐篷，四处游说，为自己维护利益，而老师也可以在课堂上毫不避讳地探讨此事的是非；我惊讶地发现，公交车上的陌生人可以彼此聊天，下车前要和司机说"谢谢"；我惊讶地发现，名校里的学生会玩很多新奇的运动，比如在两棵树上拴根绳子走钢丝，每个人都走得那么兴高采烈；我惊讶地发现，名校的老师可以在 discussion section（讨论部分）中和学生互动，力求学生可以吸收课堂的知识，期中考试题太难学生普遍分数低时，老师可以应学生的要求再设一次考试；我还欣喜地发现，美国的课堂里可以传授很多实用的知识，比如 retire plan（退休计划），比如 auto loan（汽车贷款），对于晦涩的理论知识也会应用深入浅出的教学办法；我惊奇地发现，坐在我旁边的同学是主修 IR 的韩国同学，我可以和他尽情讨论朝核危机……

我更多的是发现了自身的进步空间，简单的一个 CAPM 模型，在国内的大学里只是一门课一章中的一页 PPT，可以背下公式应付考试，然而在美国大学的一门课中，大半个学期就在学习这个模型——它的由来，它渗透的思想，在实际问题中的多种运用……虽然 CAPM 是一个可能具备很小的实际意义的模型，但它所体现的思想具有巨大的启发性。修完这一门课后，我对它的理解更加地深刻，甚至将它与中国的"中庸之道"做比较，产生了关于生活的感悟。

所以，我发现自己有很多很多的不足，还需要学习，去美国名校留学是我最佳的选择！

在专业方面，陈菲第一选择是金融学，第二选择是偏向于金融的公共管理硕士（MPA）或者公共政策硕士（MPP）。众所周知，美国大学的金融硕士申请竞争激烈，申请美国前30名大学的金融硕士很难。在选校方面，我跟陈菲交流后，申请的学校名单如下：

金融学硕士专业选校：哥伦比亚大学、约翰·霍普金斯大学、范德堡大学、得克萨斯大学奥斯汀分校、马里兰大学和雪城大学。

公共管理或公共政策硕士专业选校：哈佛大学、芝加哥大学、哥伦比亚大学、杜克大学、卡耐基·梅隆大学、南加州大学、加州大学洛杉矶分校、纽约大学、宾夕法尼亚州立大学帕克分校和华盛顿大学西雅图分校。

在研究生申请的材料中，PS是重中之重，我先跟陈菲一起交流，进行头脑风暴，把PS的主要内容构思出来，然后在一位美国藤校毕业的文书顾问的协助下，写出完整的PS各种版本，一遍遍地修改，直到满意为止。在写申请金融专业的PS时，我跟陈菲进行了头脑风暴——

问题一：你的家庭背景对于你攻读Finance并形成对此专业的兴趣有无影响？

陈菲回答：

我的家人没有在银行或者其他金融机构工作过，但是他们对我在专业的选择上影响很大。我的爷爷在他上大学期间主修数学，并一直辅导我学习奥数，使我从小养成了很好的思维习惯，喜欢抽象思考，我在中学乃至大学期间的数学成绩优异；在上大学选择专业时，我本想主修数学或相关的基础学科，但考虑到未来的职业发展，我最终选择了金融这个密集运用数学知识的学科。

我的叔叔和父亲都在企业工作，他们在工作中与银行交往密切，他们对银行和金融的认识也很深刻。上高中期间我的父亲会经常跟我说，金融就是什么都要学，要了解各个行业，从能源产业到零售产业，再到房地产……要摸透每个行业的产业链以及上下游关系，所以他一直坚信金融行业的人都很博学。此外，我的父亲也经常带我去他公司的财会部门，那里经常会有银行人士造访，有时我会坐在旁边听，观察他们的举止与礼仪，听Bankers是怎么用一个个问题套出企业的信息又不显得咄咄逼人。

同时，我们家是"全民炒股"，我的爷爷、奶奶每天最常做的事情就是上网看新闻捕捉消息，而我的叔叔几次强调，等我学完了证券投资学他就聘我为理财师。

问题二：本科四年的学习让你对于本专业有了哪些感悟？

陈菲回答：

1. 编程很重要（学术研究，金融产品的开发）。

2. 创新对于金融产业的发展很重要，但是创新不能过分脱离实体经济。

3. 与普通投资者不同，金融人应该更加善于套利与套保，套利行为不但可以使投资者获得零风险利润，也可使市场定价趋于合理；套保行为可以使资产的持有者规避因未来价格波动带来的风险。

4. 金融学中有很多理论有着苛刻的应用条件，使得在现实情况下具有较低的应用性，但是它们的启发性不可忽视。

5. 虽然金融学的研究方法包含定量研究与定性研究，但是数字总是更有说服力，利用数据可以计算出某个信息是否完全被市场价格吸收，即是否有利用价值；利用历史数据可以推测出一个相对合适的套保比例；利用数据的横向、纵向比较可以观测趋势、总结规律，以便应用于行业管理的各个方面。

问题三：本科四年参加过哪些本专业的project（项目）？

陈菲回答：

参加花旗杯金融与信息大赛，开发了一个软件：利用沪深300股指期货套保单只股票，产品针对持有大量数额某只股票的股东，帮助其规避未来股票价格下降的风险。产品优势是其可以动态调整套保方案（股指期货合约的类型及数量），且采用非对称套保方式，当股票价格高于某一值自动套保，低于某一值自动减持期货合约数量，使在预定日期股东总资产不低于目标值。

问题四：你认为自己在性格方面为什么适合攻读Finance硕士学位？

陈菲回答：

我具有典型"AB型血"的双重性格，有着"A型血"人的冷静、敏感和钻研精神。比如在银行实习时，领导让我完成一些企业的贷款情况追踪报告，除了根据报表计算财务数据并进行比对、分析外，我还会非常用心地记下这些数据。在课堂里，数字都是应用题中的已知条件，但是在实务中，对一个产业的数据有印象，则代表了解一个产业的规模与发展情况，我深知这种常识可以使一个"新手"崭露头角。同时，我会记下这些企业的名字，通过工作中的很多细节（比如同事们都在喝某个牌子的玉米汁）来体会企业和银行之间的微妙关系。事实上，这方面的性格在我孩童时期就已经体现出来：据我的家人说，在我四五岁的时候，只要每天给我一张纸，我就可以待在那里一天不动，我会将这张纸变成各种手工制品，水彩画、立体面具、剪纸、折成各种小动物……我也经常会搜寻家里的废品进行旧物改造，如果某天我没有做成一件手工品，我就会觉得那是失败的一天。我认为金融人需要具备一个理性的、冷静的头脑。首先，要足可以安抚人心，可以得到他人的信任；其次，在金融领域的很多岗位上，人们需要处理复杂的信息和事务，沉住气去整理思路是非常关键的。

同时我也有着"B型血"人的热情、主动、极强的适应能力。刚开始实习的那几天，我可以每天几十次鼓起勇气给陌生顾客打电话，在一分钟里介绍我所在银行的情况，询问对方是否有贷款需求，并争取获得跟对方谈的机会。去美国大学做交换生时，我摆脱了对中国同学的依赖，让自己在最短时间内适应当地人的生活，我学着在汽车站和陌生人搭讪聊天，并参加了很多当地人的活动，使得和我同去的中国同学一直叫我"local（本地人）"。大三那一年，我和室友及她的父母一起租房子，在别人看来我会处于非常别扭的境地，而我却和他们一家人相处得出奇地好，我可以同时得到同龄人和长辈的信任和喜爱。

Finance是一个前沿的学科，信息至关重要，主动挖掘信息的态度很关键。我的性格中有热情、随和的一面，跟人容易打交道，拥有更广的信息资源。

问题五：你认为自己在能力方面为什么适合攻读Finance硕士的

学位？

陈菲回答：

1. 创新能力：在学生工作中体现了一定的创新精神。在学校我策划了吉他社晚会，我设计了午夜狂欢节目，包括让社员扮演街头流浪艺人、宿舍阳台男女对唱等环节；在学生会体育部增设了部门秘书小组，负责部门的财务、活动记录与物资采购，不但使工作进展得更加有条理，也使部员得以接触更加多样性的工作。

2. 抗压能力：大学的经历使我从一个性格比较懦弱的人变成了一个内心强大的人。在学生会工作时，指导老师为了锻炼我们的抗打击能力，经常在各方面给我们出难题，并且经常批评我们，比如活动经费从来都非常紧张，我们需要精打细算，并放弃很多花哨的想法；比如在策划运动会时，我每修改一次策划方案，他都会让我再修改一次，我也被骂哭过好几次，后来我发现自己面对困难更加从容。

3. 交际能力：具有一定的公众演讲能力，多次主持院系文艺晚会，并经常在社团中演讲，摸索出了很多演讲的技巧，比如在学生会招新宣讲时，在PPT上放了一个大大的高中练习册的图片，在上面放了一个红叉，告诉新生加入学生会有助于他们尽快摆脱高中的生活状态，引起了观众的共鸣。在UCD做交换生时，我住在Homestay，跟那个美国家庭相处非常愉快，我学会了如何更好地与人交往，想融入一种不同的文化环境需要自己更加主动地付出，而不是被动地耗时间解决问题。

4. 抽象思维能力：我喜欢数学和哲学，喜欢把抽象的思考应用于生活。

问题六：大学期间你有什么样的实习经历？

陈菲回答：

我有过三个实习，实习单位分别是中国银行结算部、东亚银行信贷部和倍丰集团财务中心。在中国银行结算部实习时比较简单，主要是接触企业的存款工作，并且卖一些理财产品。这段实习主要是体验银行单位的工作节奏，并且将学校学到的知识实践一下，我参与每天整理、清点货币的工作，也知道了每天的存款要如何储存。在东亚银行信贷部的工作很有趣味性，每天跟经理出去见客户，评估客户的项目。在实习中，我也有意了解一下银行的理财产品，思考这些产品市场定位的角度。倍丰集团是中国农业产品的龙头企业，受到四大国有银行和政策性银行的青睐，我了解了财务中心是怎么运营的。

问题七：在未来攻读硕士期间，你准备研究的课题是什么？

陈菲回答：

我比较关心的是中小型企业融资问题，中小型企业是社会发展与创新的动力之一，由于其未来的不确定性，想获得银行贷款比较困难，中小型企业融资难也是很多国家都存在的问题。

从以上陈菲对罗列问题的回答可以看出，她是思考过自己为什么要出国留学的，也是认真对待留学这件事的。

陈菲的申请录取结果是：哥伦比亚大学录取，专业是MPA（偏金融方向）；约翰·霍普金斯大学录取，金融学硕士；南加州大学录取，专业是MPP，并且一年有17676美元的奖学金；马里兰大学商学院录取，专业是金融学。

最后，陈菲选择了哥伦比亚大学，这个MPA项目是两年制。她对申请结果很满意，终于实现了自己的常青藤梦想。

二、留学哈佛：从迷茫到追求真理

张湛在14岁考入北京大学化学系，本科毕业一年后收到美国一所普通大学的化学博士项目offer，因三次被拒签未能去美国，后考上北京大学外国语学院东语系梵巴语专业硕士研究生，毕业赴哈佛大学近东语言与文明系攻读伊朗研究专业博士学位，获全额奖学金。

张湛是北京人，特别能说会道，个子很高，长得眉清目秀，气质儒雅。他有过两次申请出国留学的经历，在第二次申请成功准备去哈佛之前，我跟他有一次深入的交流，他绘声绘色地跟我说起了他独特的留学申请经历——

  其实我根本不知道自己上了大学要干什么，有一次做完实验，我和一个同学一起在光华教学楼上自习，那个同学跟我说："咱们还是出国吧。"他跟我说出国有多好，又说要出国也不是很难，很容易就能出去了。当时我上大二，也没怎么细想，就跟家里人商量了一下，然后开始考托考 G 了。

  那时候非常懵懂，上大学也不是来学习的，而是来玩的，来了北大之后也没有好好学习，我们一个年级 170 多人，我的成绩排在第 130 多名，学得很烂，经常晚上看电影。

  大三的那个暑假，我找一个中学同学玩，那时他在北航上大三，他跟我说："咱们过一年再出国吧。"我想都没想，就答应说："行啊，咱们过一年再出国吧。"所以那个暑假我什么也没干，所有的时间都拿来玩《星际争霸》（游戏）了。

  大四那一年我基本也什么事都没干，当时北大南门外的网吧在早上 7 点到 9 点是免费的，我去了以后就在那儿上网聊天，别人都在申请学校。

  当时我选择晚一年再出国也是因为自己比较迷茫，不知道自己为了什么而出国。上了这么多年大学，我觉得挺累挺没劲的，没意思，也没有成就感。说实话，我的成绩这么烂，也不知道自己想要干什么，就想等一等，看一看。

  大二的时候，我上了一门选修课叫"东方文化"，是北大外国语学院开的。外国语学院有很多语种，比如阿拉伯语、日语、菲律宾语、越南语、印地语什么的。"东方文化"这门课就是让教每一个语种的老师来讲相应国家的文化、语言和宗教之类的东西，我对这门课非常痴迷。这门课上课时间是在星期五晚上，在化学楼，那个教室非常大。8点钟我就去占座，上课的时候也认认真真地做笔记，到了期末的时候，别的同学还拿我的笔记去复印当作考试复习资料。从那个时候开始，我就喜欢上这些东方文化的东西。

大三的时候，我上了一门课叫"东方语言文字"，与前面那门课类似，也是东语系开的。"东方文化"主要讲生活习俗之类的东西，而"东方语言文字"主要讲语言和文字。这门课的第一堂课是历史系的颜海英老师讲的，她讲的是古埃及，特别有意思，最后还教了我们古埃及语"我爱你"的写法，我现在还会写呢。那个时候我准备了一个小本子，上完课都去请上课的老师给我写一个"我爱你"。

那些老师都非常有意思，比如颜海英老师，她是东北师大毕业的，她研究的这门语言，全国也就只有七八个人能懂，我觉得她挺厉害的。还有段晴老师，她是我后来在北大读研究生的导师，是讲印度学的。她来上课的时候会早到几分钟，跟坐在前面的同学聊一聊，有一次我和她聊了几句，我跟她说："前面讲埃及的那个历史系老师说她会的语言全国也就只有七八个人懂。"段晴老师说："我会的好几门语言，都是全国没有一个人会，只有我会。"这话把我吓得够呛。上她的课也挺有意思，我也让她用梵语写了一个"我爱你"。

大三下学期的时候，段晴老师开了一门"基础梵语"课，我之前上过她的课，觉得挺好的，所以就去上了这门课。段老师不喜欢开有好多人的课，所以她总是说这门课特难，于是把好多学生都吓走了，剩下几个人后她才开始讲。我们用的是佩里的教材，后面有练习。我做那个练习特别认真，简直是废寝忘食。大三下学期我也没有什么其他的课，除了一门生化课，就没有别的专业课了，所以我全身心地学这门课。虽然学得稀里糊涂，但还是觉得特别有意思，特别高兴。

　　我第一次正式准备出国是在大四毕业后，因为我决定等一年再出国，所以没有找工作，而是准备出国，我在燕东园那边租了一个地下室住了下来。平时我也没有课，所以就到北大挑课上。我查看他们的课表，然后从里面挑一些我感兴趣的课去上，挑的都是一些文科的课程。

　　我真的觉得那个时候自己上课上得如痴如醉，就跟自己刚上大学似的，从来没有上过这么有意思的课，以前我都没有这种感觉。当时我就不想出国了。我是化学系毕业的，申请留学的话，一般是申请化学方向的项目，那时候申请工作已经开始运作起来，就跟赶鸭子上架似的，必须得继续做留学这些事情。

　　当时我申请了13个学校，都是化学方向的博士项目，最后只来了一个offer，有全额奖学金，是美国俄克拉荷马大学，相当于中国的三流大学。

　　因为三次签证被拒，张湛不得不留下来，这时候他准备考北大东语系段晴老师的研究生，坚决不读原来的化学专业。他想读北大东语系的梵巴语专业（全称是梵语巴利语专业，梵语和巴利语是印度的两种古语言，1946年由季羡林先生在北大开设此专业），在他父亲看来，读梵巴语跟念经似的，不能造福人民，而学习化学至少可以进化工厂为国家做贡献，可是张湛坚持要读这个奇怪的专业。

　　我问他："那你是怎么说服你爸的呢？"

　　张湛说："这也没有什么说服不说服的，父子之间总不会正面交锋，他就是不怎么爱理我了，气得好像心脏病都要犯了。我妈说要去见我的未来导师一面，我妈有一个很要好的同事也说要一起去，于是我们三个人一起去见段老师，在段老师家附近的一家餐馆吃了顿饭。当时我妈就问她：'段老师，我儿子跟您学这个梵巴语专业有什么用?'段老师也毫不含糊,她声音洪亮地说:'学我们这个专业是追求真理!'我妈愣了一下,转过神来后说:'噢,追求真理?好啊……'段老师挺逗的,一点儿也不含糊。我死乞白赖想上,我妈心疼我这个儿子,就说:'你要是高兴,愿意上就上吧。'我爸不同意也就那样了。"

我说:"接着你是怎么准备考研的呢?当时你才19岁,很多19岁的年轻人是在准备考大学,而你是在准备考研。"

最后考下来还比较理想,我的成绩是当时北大外国语学院的第一名。这样我爸也开心了,跟他们单位的同事吹去:"我儿子考了他们北大学院第一名!"他心里的疙瘩也慢慢解开了。

然后我读了北大研究生,念的是印度学方向的梵巴语专业,学梵文、佛教、印度教和吠陀(印度人的圣经)。

不是说梵文特别难吗,我憋着一口气,不信学不好,只要是我见过的词,我全部能背下来。从一开始我就比较努力,这样学了一段时间。当时我没有想到会转到伊朗研究这个方向来,刚开始我想考研究生的时候,段老师就跟我说:"你别学印度方向了,你学伊朗这个方向吧。"

段老师在本科学的是德语,后来被季羡林老先生看上了,所以转到了东语系,上研究生学的是梵文,再后来被国家送到德国学于阗语。于阗语是古代新疆(现在的新疆和田)一带的语言,属于伊朗语系。最开始是斯坦因,也就是盗走好多敦煌宝藏的那个英国人,在于阗附近考察时发现了很多于阗语文献,当时没有人能看懂,也没有人会,后来在敦煌藏经洞里发现了大量的于阗语文献。

我特别喜欢学这个专业,学得很轻松,成绩也还可以。当时关于研究生毕业之后的出路,我都没怎么想,就是服从命令听指挥,段老师让我去哪我就去哪。但段老师的主意特别多变,一会儿说"你去荷兰吧",一会儿说"你去德国吧",一会儿说"你去英国吧",没谱,但后来她说:"你还是去哈佛大学找那个老师吧……"那个老师也就是我现在的哈佛导师,有一个外国学者评价他是"研究伊朗学的皇帝",

他是世界第一牛，现在活着的研究这方面的学者就数他最棒。我就说："得，我听段老师的，段老师叫我干啥我就干啥。"于是就着手准备申请。

第二次准备留学我的方向就很明确了，不像第一次申请留学时不知道自己要干吗。现在我就是要跟那个哈佛教授学，就是要学这个，其他的地方我不去，也不懂。然后我开始考托福，考 GRE。最后我只申请一个学校，就是哈佛，然后拿到了 offer。

我颇感兴趣地问："这个过程是怎么样的？你凭什么优势拿到哈佛的 offer？"

当时第一学期我学了新波斯语，第二学期开始我跟段老师学中古波斯语，她是国内极少数会讲中古波斯语的人之一。这是全中国第一次开设这个课程，学生只有我一个人。

研二上学期11月份的时候，我们看到了一些新发现的手稿的照片，其中有一件非常完整的手稿是用希伯来字母写的，但不知道是什么语言。拿去给希伯来语专业的老师一看，那个老师说不是希伯来语，但不知道是什么，最后经过研究才知道那是用希伯来字母写的波斯语。段老师就跟我说："你就研究这个东西吧。"当时我有些退缩，我说："我哪看得懂啊？我不行，我不行……"段老师说："这么好的机会，你不要退，你必须上！"她非让我做研究不可，我只好硬着头皮开始做。

波斯语我学了两个学期，还扔掉了一个学期；中古波斯语我才学了一个学期，也没学多少；而希伯来字母我才刚刚开始学，还比较懵懂，这个任务对我来说还是比较艰巨的。

我从希伯来字母和波斯语字母的对应关系开始研究，一点点去做。我和我的波斯语老师合作，我能读希伯来字母，有中古波斯语背景，他会新波斯语，因此我们一起研究讨论。整个事情并不是这么简单，因为这件手稿很久远，是公元800年左右的一件手稿，上面所写的波斯语和现在的波斯语有些地方不一样，而且它是出在于阗这个地方，所以也受到了当地的一些影响，有些词我根本不知道是什么，查字典也查不到，完全不会。经过几年的研究后，这项工作也终于有了一个大概的眉目。

去哈佛要写一个论文样稿，我就写了这个，因为这也算是一个新的成果。暑假的时候，有一个哈佛教授来我们系访问，他是哈佛梵语与印度学系的教授，特别厉害，是我的偶像，叫 Michael Witzel。他跟我说："你可以去哈佛呀，你肯定能去呀。"他还说："冬天的时候你可以乘飞机去法国旅游呀……"还告诉我机票多少钱。当时我陪他和他夫人玩了一天，去天坛，去琉璃厂，去后海喝咖啡……他对我来说更像是一个老朋友，而不是个大教授。

研二上学期的时候，那时候离我申请出国还有一年时间，我曾经给段老师介绍的那个哈佛教授写过一封信，说："我想去你那里学习，能不能给我一些建议？"他给我回了一封信，算是有一点儿交往。开始申请后我没有再跟他联系，因为我觉得再跟他联系有一种作弊的感觉，所以我只管自己写申请材料，然后把资料寄过去就完了。

研三的寒假我出去旅游，我从北京出发，到太原，到西安，到兰州……到兰州的那一天我从网上收到 Michael Witzel 的邮件，说我被哈佛录取了。那天正好是我的生日。

拿到哈佛的 offer 后我还在 BBS 上发了一个帖子，说我拿到哈佛的 offer 了，我是学什么的。因为我学的东西比较奇怪，导师也奇怪，这个帖子就被转到了很多 BBS 上去，也转到了清华的飞跃重洋版，还是从北大的 joke（笑话）版上转过去的。我还被别人善意嘲笑说："为了出国竟然学这个稀奇古怪的东西？也太不择手段了吧！"

我问："你对后面想出国留学的人有什么建议？"

张湛回答："就是要思考，出国之前要问一问自己：'我想要什么？这辈子我想怎么过？'最重要的一个问题就是自己想要什么。想不明白可以先申请着，但一定要去想，你不能说想都没想过就出国留学了。你可以说你想过了，但是想不出来，但你不能说你没想过。中国孩子从小所受的教育缺乏独立思考，遇到一件事情自己不太会去思考，去分析，而是服从命令听指挥，老师让干啥就干啥，一步一步由别人来教你、管着你，你只要按照上级指示去做就可以了，没有一种独立的思考能力。东方人比较顺从，西方人比较独立。"

我问他在北大这么多年来的体验和感受是什么，他说——

> 从上大学到后来读研，我在北大整整生活了9年，从14岁进北大，到现在已经23岁了。我人生中最青春的这段时光都是在北大度过的，从一个小孩成长到现在的样子。北大让我感受到的一种气息就是自由，尤其是我上了研究生后，我更能感受到这种气息。它的范围很广，无论想学什么方面的内容都有课可以上，你都可以去学。上研究生期间，我学了很多门语言，全世界没有几个大学有北大这么好的环境，像我们专业的学生学什么的都有。
>
> 如果要说我在北大的收获，或者北大对我的影响，我可能也说不出来什么，但北大已经融入我的生命里，就是那种"生是北大人，死是北大鬼"的感觉。上本科时，我的化学系导师跟我说过一句话，他说："什么是北大精神？就是四个字：忧国忧民。"这句话对我的触动很大。不管是北大还是别的学校，现在的大学生要有一种对国家、对人民、对社会、对整个世界的责任感。你学到了这些知识，对社会要有一些回馈，要对下一代人做出你的贡献。即使你学的是那些经济前景很好的专业，你也不能只是为了钱而去学，同时也应该为这个国家做贡献。我这样说好像很假，但确实应该有这样的理想。

我问："虽然人还没到哈佛，但是你已经有哈佛的学生号了，已经算是哈佛博士生，你对现在的自己感到满意吗？"

张湛回答："我对自己现在的状态还是满意的，因为我已经找到自己未来的人生方向。"

我问："你设想过自己的未来是什么样子的吗？"

张湛回答："5年以后，我肯定会比现在进步很多。以前我从来没想过自己能去哈佛，申请的时候，我的导师段老师跟我说：'你申请哈佛吧。'我说：'哈佛？我哪能去哈佛啊？'段老师就骂我一顿，说：'哈佛怎么了？哈佛不也是学校吗？你一定能去，百分之百！没问题！'从小到大这二十多年来，我一直在北京生活和上学，离开北京没有超过一个月，而现在却要去那么遥远的地方。我特别期待去美国，因为去了美国之后，整个世界都向我打开了，比如我想去希腊，想去土耳其，想去埃及、中东、法国、英国、日本、澳大利亚……去了美国之后这些地方我都可以去了，以前我都是在国境线以内转悠。"

我说："你去哈佛学的是伊朗研究，你觉得自己将来能为这个社会创造什么价值？"

张湛回答："这个问题问得非常好！我学这个专业，现在倒是还没有一个怎么为社会做贡献的切入点。我现在学这个学科，只是因为我的兴趣在这儿，而我学它的最终目的还没有太清楚，比如我学历史、学文献是为了什么，我现在只能说，我是为了了解过去，是为了不让这些珍贵的东西湮没在历史长河中。我现在学的是文科，以后可能是一个文人，而一个文人所要做的事情就是做学问，为大众写文章，或者写书。当我做了这些研究后，大众可以读我写的书，那些对这门学科有兴趣的人能够更快地了解相关的东西，而不必花跟我一样多的工夫。咱们国家现在经济发展很快，像一些理工科类能够直接创造价值的专业已经发展到一定的水平，现在人们的精神生活已经跟不上物质生活的发展，所以这方面需要更多的人力、财力和时间的投入，以提升整个民族的素质，丰富整个民族的精神生活。"

我问："你现在有没有计划在哈佛读博士期间做些什么？"

张湛回答："我已经学过12门语言，去了美国我可能还要再学10门左右。这么多语言听上去可能挺夸张的，其实也没什么，我就是要求面广，但是都学得不深，就像我有 20 多张银行卡，但是每张卡里的钱都不多。"

我问："读完博士后，你想从事什么职业？"

张湛回答："我肯定是要当教授的。我现在不能预见 5 年后的生活，但我现在设想我不会毕业后马上回国，因为我回国就是回到北大，我可能不会直接回到北大，而是先去其他地方转一转，比如以学术交流的名义、做一个访问学者之类的，去英国、法国、日本或者去中东……这些地方我都要去看一看。像我做学术肯定会有人给钱，钱不是很大的问题。"

我俩谈到了理想与现实的冲突，他说："现在很多女孩都很现实，有的女孩就想嫁给能在北京买得起有两个卫生间的大房子的男人。"我顿时大笑，他接着说："很多人像植物一样生活，没有目标，自生自灭。每天为了一块水泥或一块铁皮而拼命奔波（指攒钱买房），那有什么意思？"然而，现实是残酷的，有多少大学生的梦想在他们走出校门的时候就已经破灭了？

张湛把放在书包里的硕士论文集拿出来给我看，里面有一张在新疆出土的公元 800 年的文献，这是他做毕业论文时研究的手搞，看起来像"经文"一样，我一点儿也看不懂，他说全中国只有三个人能看懂，他是其中一个。

三、留学普林斯顿：有一种奇迹般的感觉

刘元（化名）是个北京女孩，高中是在著名的北京四中念的，后来上了清华大学电子工程系，本科毕业后去普林斯顿大学攻读电子工程博士学位，获全额奖学金。我问她："你从什么时候开始有出国留学这个想法？为什么想出国留学？"

刘元说："出国的想法我早就有了，上高中就想过，但是我爸我妈都觉得时机还不成熟，就没让我走，而且当时觉得自己能考上清华就

想先考清华，然后再出国。在大三的时候我还挺痛苦的，在选择推研（保送读清华硕士）还是出国上痛苦了一阵子，后来还是选择了出国。我有一个习惯，当我在做选择的时候，我会问自己：'如果我不做这件事情的话，我会不会后悔？'然后，我觉得自己如果不出国，将来会后悔，所以我选择了出国留学这条路。"

我问："你在读高中的时候，你的同学有在高中毕业就出国留学的吗？"

刘元说："我们班有一个同学去杜克大学了，学的是经济学和数学的双学位，还拿了奖学金，而且她现在已经毕业去美国 JP 摩根（著名投资银行）工作了。"

我问："有人选择高中毕业就出国留学，你是上了国内名牌大学再出国留学，你怎么看待这种选择呢？"

刘元说："我个人觉得这两种选择都无所谓，因为我觉得一个人今后要是有所作为的话，无论走哪条路最后都会有所作为。我那个去杜克的高中同学，她当时数学学得很差，但是她特别有才，她会演戏，会朗诵、写诗，她写的诗还在《北京晚报》上发表过。留学之前，她家里人对她的保护有点过分，平时她不管去哪里，都要爸妈开车送她去，她是一个一直被父母保护的女孩，但是到了美国以后，她一下子变得非常独立。从某种意义上来说，我觉得她走出国留学这条路挺好的，我挺受启发的，也想去美国看看美国的教育到底是什么样的。"

我问："你是上了清华以后才真正下决心要出国留学的吗？"

刘元说："记得大三的时候，我们系好像所有人都在考 GRE，当时我特别紧张，心想那么多人都在准备留学，哪有我的机会？后来一位师兄跟我说，你不用紧张，你现在很多人都在准备，但是到最后推研的那一刻，至少有一半的人会放弃出国，有些人会选择一条比较稳妥的路去走。"

在考 GRE 的时候，发生一件很糟心的事，刘元的 GRE 作文只考了 4 分（满分 6 分），她认为分数被判低了，于是申请 GRE 作文复查，她说——

我在 8 月份申请 GRE 作文复查，然后在 10 月初美国 ETS 给我寄了一封信说：你的成绩变动了，成绩单随后寄到。当时一听成绩变动了，我心里很高兴，心想肯定是分数升高了，因为复查后成绩变动的话，成绩一般都是会升高。但是，过了一个礼拜后，我拿到这个复查的成绩单简直要疯了，因为我的作文原来是 4 分，复查后变成了 3 分。本来我申请重判是想提高 0.5 分，提高到 4.5 分，没想到还掉了 1 分，太悲催了！

这是我听过的最低的 GRE 作文成绩了，我听说过 3.5 分，但是没听过谁考了 3 分。我拿到复查成绩单的那一刻站都站不住，正好晚上在宿舍里，我赶紧上床，哭得稀里哗啦，自己失恋的时候也就这么难过。

当时我觉得整个美国都不欢迎我，觉得自己根本就没法去美国了，因为我没有特别辉煌的申请亮点，不像我们年级成绩前三名的同学百分之百可以冲刺美国名校，我觉得自己的申请非常没有把握。

后来我考虑去找工作，因为我一直觉得自己上完本科去找工作并不是一件坏事情，然后我去听学校毕业生的宣讲会，真的开始考虑找工作。但是，我想等申请结束再去找工作也不迟，大不了拿工作作为保底，所以痛哭一场后继续申请，心想：现在已经是最坏的事情都发生了，只剩下一条路，只能向前走了。

当时我还给美国 ETS 打电话，跟他们咨询了这件事，想看看有什么解决方法，就这样纠缠了两个礼拜，没有一点好转。这个事情对我有一个特别大的好处是：像一盆冷水泼在我头上，一下子让我特别清醒，让我对自己的申请格外重视。我知道我的 GRE 作文分数是我的短板，别人看了以后可能都会觉得这个孩子的写作能力非常差，所以我在后面申请中给美国大学教授写的每一封信，寄出去之前我都会检查好几遍，看看有没有单词和语法上的错误，而且我觉得现在自己只能把能准备的东西准备好，比方说我的 PS。

当时还有一件事特别有意思，ETS 总部在美国新泽西，就在普林斯顿大学的旁边，我给 ETS 打电话忍不住哭了，我跟对方说："你知道吗？拿到复查作文成绩单的时候我的留学梦全部碎了。"我还跟他说："我特别想去你们邻居的那个学校，就是普林斯顿，但是现在已经不行了。"那个接电话的工作人员安慰我，我觉得他当时说那些话可能有些幸灾乐祸，可能觉得这个姑娘挺傻的，都是这个分数了还想去普林斯顿？他跟我说了他的经历，说当年他考 GRE 时作文也重判分了，后来发现不行只能重考。我问他考了多少分，他说 4.5，我当时就差点晕过去，这不是故意气我嘛。他最后给我发 E-mail 还跟我说祝你梦想成真之类的，听起来虽然是安慰的话，但还是感觉有嘲讽的味道。

我问："选校的时候，你是看重学校排名还是专业方向？你是怎么准备申请材料的？申请的结果如何？"

第一，学校排名还是很重要的，我觉得去美国就是为了获得更好的教育，就是为了去体验那种生活，所以那种在中国听都没听说过的学校我根本不会选。美国综合排名前 50 的大学是我的选校范围，我不会去选第 100 名以外的学校做保底。

第二，我觉得地理位置也很重要，以前我一直生活在北京，城市环境对我很重要，所以像 UIUC、普渡这类在美国乡村里的学校我都没选，不过后来他们告诉我，普林斯顿大学好像也是在乡村里，离纽约有 40 分钟的车程，所以还行，但是像 UIUC 和普渡，据说学校周围是开车开一个小时都看不见人,那种地方我不会选,即使它们的排名很高。

刚开始我一直申请电子专业,到12月份的时候,我突然想尝试一下别的专业,于是申请了西北大学的大众传媒专业。我一直特别喜欢心理学,我还申请了3所美国大学的心理学专业。我一共申请了21个项目,其中17个是电子方面的,全是美国大学的博士项目,后来我越申请心里越没底,所以还申请了几个master(硕士)的项目。

我一共申请了20多所学校,每个学校的PS都不一样,我的PS是这样构思的:有一段是写我未来的研究兴趣,有一段是写我为什么要选择这个学校,在写这两段的时候,我会去看申请学校的主页,根据他们教授研究的方向和成就来写。我的PS文风很朴实,写我以前做过什么,是什么让我慢慢喜欢上微电子学的。

在推荐信方面,申请电子专业我准备了3封推荐信。申请西北大学时我还请了我们学校人文系的一个老师帮我写了封推荐信,一共4封推荐信。

我不知道推荐信有多重要,但是我知道找什么样的老师给你推荐很重要。我有一封推荐信的老师是从斯坦福回来的,后来我能拿到斯坦福的AD(无奖学金录取)跟他的推荐有关系。这位教授认识我申请的普林斯顿大学项目的教授,所以他的推荐信又起了作用。我还有一个推荐老师,教我电子器件的,他跟普林斯顿大学招生的教授似乎也有某种意义上的联系,刚好这个老师特别喜欢我,所以当这个招生的教授让我们老师帮忙推荐的时候,他可能会说一些我的好话。

我申请的西北大学是大众传媒和计算机科学的双学位的PhD,当时我去看西北大学的网站主页,负责那个项目的是一个女教授,特别有气质,第一眼看上去就觉得她特别像美国电视剧《欲望都市》里的那个Carrine,当时我也不知道自己为什么会有勇气给她写信,那个时候套磁基本上都很郁闷,因为教授一般都不回信,但这个教授特别好,她说欢迎你来申请,她会去找我的申请材料来看,她在鼓励我……我上网去看她的个人背景，她自己是学语言学、心理学和文学的，她拿过双博士和双硕士的学位。她在 MIT 任教的时候在计算机系当教授，然后去西北大学任教，她既是公共传媒系的，又是电子和计算机系的。

她负责的这个项目是属于双博士学位，就是传媒和计算机双学位，这两个你可以选择，比方说你侧重于传媒方向，你可以多研究一些人的特点，再去想怎么把它用在计算机上；或者你也可以侧重计算机和编程，开发各种软件。当时我觉得这个项目特别适合我，因为我特别喜欢研究人。我跟她进行了很多次联系，她给了我面试的机会，最后她选中了我。她只招三个人，要了一个哈佛毕业的本科生，又要了一个伯克利毕业的本科生，还有一个就是我。

我觉得在申请过程中面试很重要，可以跟教授有交流，普林斯顿大学是通过 Skype 视频面试我的，而西北大学的面试是电话面试。

其实，我的面试机会不多，只有两个，一个是普林斯顿，一个是西北大学。普林斯顿那个教授本来说要来中国大陆面试，但是后来又改成视频面试了，我按要求去北京大学参加统一视频面试，学校一共面试好几天，每天从早上 8 点到 12 点，每个人差不多半个小时，每场有三四十个学生一起参加面试。

面试准备挺匆忙的，没有做太多的准备，我去网上看了看他们的实验室介绍，去看看他们目前在做什么，还有一些论文资料，太深的东西我也不能理解，但我知道他们在做什么，然后就去面试了。面试官问的问题是：你为什么选择普林斯顿？你的父母是做什么的？你高中在哪儿上的？你将来毕业后希望去工业界还是学术界……就是类似这样的问题。

当时我说毕业后去工业界，其实我觉得自己准备得并不好，包括面试的第一件事是自我介绍，我的自我介绍我都没有打好草稿，坦诚地说，在我从清华骑自行车去北京大学参加视频面试的路上，我都觉得普林斯顿不会要我。一路上我都没有想面试时我该说什么，我想的都是普林斯顿可能不会要我，半路上我还给我妈打电话说我不想去面试了，因为一个人面对失败是很痛苦的，我宁可接受学校把我拒了是因为我没去参加这个面试，而不是参加面试完后我因为不够优秀被拒了。

之前我问过一位学长，他跟我说普林斯顿对我们这个专业申请的学生都会面试，但是去年我们系念电子器件这个专业的本科生，申请普林斯顿全部被拒，所以我觉得尽管普林斯顿给了我一个面试机会，但是录取的希望特别渺茫。

当我到了北大那个面试地方后，正好我前面还有一个人，那我可以准备一下自己该怎么说之类的，赶紧想一想提纲什么的。那时候特别难过的是，有个清华的师兄在我后面，我们俩正好认识，他一直在跟我聊天，我们俩就彼此乱说了好多话，搞得我也没来得及准备面试，匆匆忙忙就进去了。

其实，想进普林斯顿挺难的，比如说他们录清华电力专业的学生，没有面试，每年都是惯例，对于学习成绩排在年级前三名的学生就直接给 offer。我们专业一个年级一共有 96 人，我的综合学习成绩排在年级第 20 名，所以不算特别优秀。大一的时候我的成绩不好，大二的时候一般，大三的时候我的成绩特别好，当时我拿的是清华综合一等奖学金，一下子在我们班就排第一了，所以大三的成绩还有点说头，但综合起来并不好看。

当时我觉得自己只有百分之一的可能性被普林斯顿录取，因为去年普林斯顿在我们专业的所有毕业生中一个都没招，我想对方可能就是不招我们系的人。

面试的时候，我感觉对我来说就像益智问答——就是他问我什么我就答什么。面试完后，我给我妈打电话说这是我长这么大最糟糕的一次面试了。就特别难过，因为完全没有准备好，我都不知道自己在说什么。

其实，普林斯顿算是我很早的一个梦想，最后能去普林斯顿是一个奇迹。那个去杜克大学的高中女同学，我曾经问她最想去哪里，她跟我说是普林斯顿,其实普林斯顿是一个很低调的学校,所以我当时特别傻地问:"普林斯顿是什么学校呀?你为什么不想去哈佛?"她说她特别喜欢普林斯顿,还说普林斯顿在美国的地位和排名其实一点儿都不次于哈佛,当时听她这么一说我甚至有"普林斯顿第一、哈佛第二"的那种感觉。她特别想去普林斯顿,她觉得普林斯顿的环境特别好,建筑也特别漂亮,她跟我描述了很多,所以对我来说,那是一个很梦幻的地方。申请学校的时候,像哈佛、MIT 我都没有申请,但是我却申请普林斯顿了,就是在那些最顶尖的美国大学里我挑的是普林斯顿。

电子专业排名前三的美国大学是 MIT、斯坦福和伯克利,但是在我心目中是普林斯顿最好,如果斯坦福给我 offer,跟普林斯顿相比,我还是会去普林斯顿。我觉得自己挺幸运的,在我心目中,在电子专业方面普林斯顿是最好的,我拿到 offer 了;在传媒专业方面,我觉得西北大学是最好的,我也拿到了 offer,对于申请结果我非常满足,有一种奇迹般的感觉。

当时是西北大学先录取我,甚至我都已经决定要去西北大学了,我还跟同学说:"就算普林斯顿给我 offer 我也不去!"但是,最后我却背叛了自己。

选择 offer 的时候,我问过很多已经在美国读书的中国留学生,咨询过三四十人,自己像个疯子一样,见到人就说选择 offer 这件事,不管什么人,我都愿意听他们的意见,已经到了近乎疯狂的程度。我问那些中国留学生:"假如西北大学和普林斯顿大学都给了你 offer,你会选哪个?"他们觉得我是在说一个冷笑话,就觉得当然去普林斯顿了,这还用问吗?普林斯顿是一个超一流的大学,西北大学尽管也不错,但是在感觉上跟普林斯顿不是同一个档次。普林斯顿的那个教授特别有意思,当时他给了我 offer 后,因为我不太敢相信这是真的,我还特意给他写了封信问他:"您会不会搞错人名了,这个 offer 真的是给我的吗?"美国教授给我回信说:"没有问题,你有资格拿这个 offer。"

我说:"我认识一个去哈佛的男生,在他拿到哈佛的 offer 后也不敢相信是真的,竟然连续看了 5 遍哈佛发来 offer 的电子邮件。"

刘元说:"对!就是很不放心。普林斯顿这次给我们专业的本科生两个 offer,一个给了我们年级成绩第二名的学生,一个给了我,而我们年级成绩第一名的学生没有拿到普林斯顿的 offer,不过那个年级成绩第一名的学生去哈佛了。他的哈佛 offer 也拿得非常痛苦,刚开始他拿到的是斯坦福大学和康奈尔大学的 offer,哈佛的那个 offer 是被清华电子系另一个专业的成绩第一名的学生拒掉之后才给他的,那个拒掉哈佛的牛人去 MIT 了。现在回想起来,我觉得申请最重要的是要有坚持的信念,你可以积极地坚持,也可以消极地坚持,但是只要坚持不放弃就会有成功的希望。"

我说:"成功必须要有坚持的品质,你已经具备了这样的品质。能够被普林斯顿录取,你觉得自己的优势在哪里?"

刘元说:"我觉得是一种综合优势,但是也有单个的优势,比如说我申请的是电子器件这个专业方向,在这门课上我是年级第一,在相关的课程上我的成绩也还不错,教授可能就会觉得这个女孩还不是那么不开窍。"

我说:"在留学申请方面你很成功,现在想出国留学的人越来越多,你对他们有什么忠告或者建议?"

我觉得,第一点就是一定要改变你的思维方式。你要知道这不是高考,不是一根线,没有什么硬性的指标来评定你,你要去适应美国的申请体制,它考查的是综合的因素。然后,你必须对自己有个充分、全面的认识,尽可能展现你更多的优点,申请不光是硬性的,比方说你的 GPA 多高、GRE 多高,它还包括了很多软性的东西,比如个人魅力、表达能力等综合素质,还有你对这件事情的激情、你的兴趣等等,这些他们都会很看重。

第二点是态度。你一旦认定走这条路就必须坚定不放弃,就是要坚持,不管是积极的坚持还是消极的坚持,你在那里坚持就行了,你可以非常积极主动地用各种方式去提高你自己被录取的概率。如果你的情绪不是很高,你可以什么都不做,但是你只要在那里坚持就可以了。

最后我想说,出国留学是一件好事情,在清华有很多同学比较愿意去选择一条简单的路,就是去推研,就是你不需要经历任何痛苦就可以轻松读研,但是选择留学这条路,你会遭受很多很多的痛苦,这会形成很大的反差。比方说,别人推研成功后就天天在宿舍里玩游戏,但是你却可能活得比大一大二还惨,每天晚上不停地写各种申请材料,承受很多压力,因为你不确定等待你的结果是什么,但是你应该想这种经历对于你来说也是一种财富。当你去面对选择的时候,你可能会觉得很苦恼,但是这对你来说其实是一次机会,让你比别人更早思考自己想要什么样的生活,思考自己的人生道路。从这种意义上来讲,我觉得不管你最后留学申请的结果如何,这个过程都会给你带来很多财富,即使最后申请失败,你也会收获一种精神财富。

从申请策略上来说,最重要的是尽可能让教授认识你,就是所谓的套磁。我觉得交流很重要,让教授了解、认识你这个人非常重要,然后你尽可能去打动他。

我问:"你现在快离开清华了,有没有留下什么遗憾?"

刘元说:"申请之前的遗憾可能是觉得自己在大一大二为什么没有好好学习,那时候只知道玩,如果那时候好好学习了,学习成绩再高一点的话申请学校会更有把握。其实,我最大的遗憾是我在大学四年没有谈恋爱,在大学里也遇到过很多男孩,但一直都没有找到一个合适的,感觉很难过。"

我说:"马上要毕业离开清华了,你有没有想过自己为什么要上大学?清华搞毕业典礼的时候,大礼堂里面拉着一条横幅,上面写着标语:'人民送我上大学,我上大学为人民。'你怎么理解这条标语的意思呢?"

刘元说:"我觉得写得很好,现在中国处于转型期,有时候有些东西会过于极端，比如说自我主义，就是强调自我张扬，更多地追求'为所欲为'，觉得我想怎么样就可以怎么样，我认为这样少了一点责任感，其实应该在自我与责任之间找到平衡点，所以不能只想着自己的利益，应该想一想人民大众。"

四、留学耶鲁：过程比结果更重要

唐欣在高中获得过全国奥林匹克竞赛生物一等奖，在华中科技大学生物医学工程系毕业后，赴耶鲁大学攻读生物医学博士学位，获全额奖学金。他的托福接近满分，GRE 分数也非常高。暑假，耶鲁委托北京外国语大学举办英语培训项目，那批准备去耶鲁的中国留学生集中培训一个月，唐欣是其中一员，我见到了唐欣。我俩在北外的一家咖啡馆见了面，他长得帅气，文质彬彬。

他的高中是在重庆外国语学校读的，毕业后保送到华中科大，虽然上的不是清华、北大，最后他跟清华、北大的优秀毕业生一样去耶鲁大学深造，他成功的秘诀在哪里呢？唐欣慢条斯理地跟我讲起了他的留学申请经历——

上大学之前，我妈在法国一家医院做交换医生，我和我爸跑去法国看望我妈，在巴黎住了两三个月，当时心里就有一个想法：将来自己一定要出国留学！

当时也没想得太多，只是觉得应该出国读书。后来在准备申请的过程中，遇到了很多机会，也得到过很多人的帮助。

想去欧美国家留学的话，英语这一关是肯定要过的，所以在大一我就好好准备英语，比如平时多看一些英文报纸，参加跟英语有关的校园活动……有一些很优秀的学生，最后因为英语不行而出不了国，这是很遗憾的。我到了大二下学期才去上出国英语培训班，在大三上学期把 GRE 和托福都考了，成绩都还不错。

在申请过程中，我觉得最重要的是怎么去提升自己的竞争力，申请材料只是一个表现。像我们这种出去读博士的学生，相当于找了一个工作，对方在我们身上投钱和教育资源，希望我们能为他们做出一些东西来，可以说是一个雇佣关系。对方给我们提供一个受教育的机会，我们发表论文，这样学校的声望也随之提高，学校又可以获得更多的钱招更多的优秀学生，从而形成一个良性循环。

对于工科生来说，申请学校的时候，实验室的科研经历非常重要，这是我的深刻体会。对于大四的本科生，如果你对这个领域有一个比较全面的了解，并且科研做得还可以，已经崭露头角，那么对方教授会觉得这个学生很有前途，就会对你感兴趣，那么你被录取的机会就会很大。如果是已经在国内读了研究生的工科生，对方更是看重你的科研经历，还包括发表的论文以及参加过什么学术国际会议。

在本科阶段，我参加过一个国家863项目，还参加过一个国家自然基金科研项目……去年10月份的时候，我参加了一个在中国召开的国际会议，还在会议上发言，这次经历对我的申请帮助很大，提升了我的竞争力。

我在本科念的生物工程专业是华中科大的重点学科，在全国高校都叫得响。我们学校有个生物技术系，虽然不是特别强，但是今年的本科毕业生也申请到了很多世界名校。前几年我们学校申请出国的学生很少，学习好的学生一般是保研去了，去年有很多人申请留学，结果非常好，大家一看形势不错，今年申请的学生数量翻番了。

很多人认为，出国留学读博士是最优秀的学生的选择，我不完全认同这种观点，我觉得，如果出国留学适合自己的个人发展，哪怕自己不是最优秀的学生也要敢去申请，并不是说我不是清华、北大的学生就没有机会。

我问:"大家都知道,背景提升对申请非常重要,你在这方面做了哪些重要的项目?"

对于理工科学生来说,非常重要的一点就是要有研究经历。我是在大三下学期才开始参加实验室工作的,这个时候开始并不算晚,因为大一大二的时候学业压力相对大一些,平时要忙于学习。进入实验室需要确定一个专业的大方向,我选择的是组织工程方向,主要是因为我对这个方向的研究非常感兴趣,而且非常看好这一领域的前景。

我要感谢华中科技大学先进生物材料与组织工程中心的张老师,我跟他表达了我对这方面非常感兴趣,想进入实验室参与科研工作,张老师表示欢迎并鼓励我在这一领域进行探索,之后他给了我很多支持和机会。

我最开始是选择跟着做毕业设计的大四学生一起做实验,对于本科生来说,这是一个很好的机会,因为毕业设计的题目门槛比较低,所以像我上大三的学生去了之后能够很快地参与实质性的科研工作,学到基本的科研方法和思路,而且一般情况下师兄师姐都会很乐意提供帮助。我从做毕业设计的师姐那里学到了很多东西,并且在实验室也混了个熟脸,让师兄师姐对我有一个好印象,为后面科研工作的开展打下基础。

大三暑假的生产实习也是在这个实验室完成的,生产实习对于申请出国的同学来说是一个不可多得的机会,与科研环境来一个近距离的接触。本科生希望通过实验室的短期工作来发表很多论文或者做出好多专利是不现实的,而且国外的教授在评价本科生时也不会有如此高的奢望。

本科生申请留学要有自己的策略:在实验室里,本科生做的工作顶多是一台机器上的一颗螺丝钉,但是本科生不能只看树不看森林,认为自己做的事情就是倒一倒试管、敲一敲键盘之类的活儿,而是应该知道自己这颗螺丝钉在这台机器中起了什么样的作用；国际上有哪些人在做这方面的工作，而我们这里的核心竞争力又体现在哪个方面；然后在自己的 Research Proposal（研究计划）和 PS 里让教授看到你为了让整台机器更好运转，为改进这颗螺丝钉做了什么样的思考和努力，并且达到了什么样的效果。

我还想强调的是，本科生在实验室要学会跟人打交道，学会把握机会。参加过实验室工作的同学都知道，在科学研究过程中的状况并不是有人出卷子来进行考试，很多时候你所做的事情就是这个世界上独一无二的前沿工作。要跟师兄师姐和老师多沟通，多参加学术活动，从交流中学习。

在实验室的时候，随着研究工作的逐渐深入可能会遇到一些比较好的机会，比如我参与过写作一篇投到我们这一领域顶级杂志的文章的结果分析部分，并且很荣幸地被列为作者之一。由于我的导师大力提携，我有幸参加了一次国际会议，并且带了一篇论文去作学术会议报告，在会议上接触到了若干重量级的学术带头人和很多工业界的朋友，这些机遇对我的留学申请帮助非常大。

但是，我要强调的是：不要抱着一定要获得一些可以量化的成果的心态去参加本科生级别的实验室工作，因为很多机会是可遇不可求的。在实验室要培养自己的综合素质，比如对专业方向的整体把握、沟通交流能力、基本实验技能，以及科学的思维方式。通过实践，本科生可以对要申请的专业方向有更深刻的认识，能够更有效地跟美国教授交流，并且更加充分地展示自己的核心价值。

我问："申请博士项目有一个环节很重要，就是套磁，你有没有跟对方教授套磁？"

我很早就开始套磁了，这是一个交流的过程，我很难想象自己不套磁的话结果会怎么样。首先你要去交流，了解对方教授感兴趣的是哪方面，那么你是不是要往这方面去准备申请材料，自己是否适合去那里读书……套磁的目的不是仅仅为了给对方教授一个好印象。

我申请到的耶鲁大学这个项目是中美两国合作的项目，叫作"中国留学基金委/耶鲁大学生物医学世界学者"，培养经费有一部分来自中国，中国一共有5所大学的学生可以申请这个项目，分别是清华、北大、复旦、浙大和华中科大。今年是第一届，每个学校有4个候选人，当时有20人去上海面试，我是其中之一。耶鲁大学专门派教授过来面试，最后我被录取了。

我读的是博士，读这个专业可以做学术，也可以进工业界。如果进工业界的话，将来我想回国发展。

我问："在准备申请材料的过程中，你有什么心得体会？"

每一份材料都是一个申请人所呈现在评审委员会和未来导师面前的面貌的重要组成部分，所以都应该加以重视。从我的申请经验来看，我的CV（个人简历）做得很好，不是随随便便把自己的一些经历堆砌上去，而是用一种别人很容易接受的方式呈现出自己的重要经历，让人看起来有节奏感，在小标题和字体上下了功夫。

一个美国教授可能会收到全世界几百份申请材料，他可能会先看CV，这就决定了看完CV后还有没有必要接下去看这位申请人的其他材料。教授看了简历后就会对一个申请人建立起一个初步的印象，并且这个印象在很大程度上决定这个申请人能否越过最开始几轮的淘汰。简历的内容一定要让人一目了然，注意结构，要规范地给出基本的信息。GPA和托福、GRE等分数只占有区区一行，其他部分都需要用自己的实践经验来充实，这也说明了参加实验室的研究工作的重要性。

PS是比较个人化的东西，写的时候要有侧重点，可以把CV里一些要点阐述出来，让对方教授更加了解你。我的PS开头就写我当年去法国的经历，然后讲我在学术方面的准备，比如我努力学习，什么时候进了实验室……我所在的实验室很牛，导师也很牛，我从他那里学到了很多东西。

在大多数情况下，申请美国大学并不是几项关键参数的同质化竞争。对于达到最低硬件要求的学生，招生委员会一般会非常人性化地对每个人的材料进行评鉴，这个时候个性化程度最高的PS就会起到全面展现申请人精神面貌、对专业的理解以及对自己的规划把握能力的作用。申请人应该抓住PS这个机会来表现自己：为这个目标做了什么样的努力？对自己将要从事的研究工作有什么样的了解？对自己的未来有什么样的规划？以及这个PhD学位对申请人来说意味着怎样的机会……这些都是招生委员会的教授在看一篇PS时所希望了解到的信息。在写PS时要有一个明确的主线，有重点想强调的东西，语言最好不要太浮夸，要用事实来引导教授看PS时的思路。

然后是Research Proposal（研究计划），这份材料主要是自己所做的研究工作的总结，也是一份非常重要的展现自己学术素养和能力的文件。写作方法不拘一格，可以是一个框图加一些说明文字，也可以是很多数据及分析。这份材料应该做得专业一些，能够让人眼前一亮。有一点要注意的是：研究计划的内容一定不能泄露实验室的研究进展和机密，这一点跟人品相当有关。

最后是Recommendation Letter（推荐信）。关于推荐信的情况是这样的：中国大多数的教授都会要求请他们写推荐信的学生写出一个初稿，然后在此基础上稍加修改、签字、封口就搞定。这样对于学生来说要有一个整体的规划，哪一封推荐信主要是突出哪方面素质，相互之间重叠不要太多。而且一定要和你想要找的老师有良好的沟通，因为不是每个老师都愿意给你的推荐信签名。在语言上千万要避免学生腔调，措辞要客观平和，这是对老师的信誉和自己申请的结果负责任的表现。

这些是要准备的申请材料，总的来说，材料只是一个形式，多方面有效展现自己的专业素质和潜力是整个申请中需要不断去努力的。

我问："从你有留学的念头到最后申请成功的过程中，你有没有想过放弃？你对目前中国大学生踊跃留学的现象有什么看法？"

我觉得大家不要抱着最后非出去不可的目的，其实，在准备和申请的过程中你已经收获了很多东西。我在作出出国留学这个决定时很有把握，也明白自己的优势在哪里，明白自己适合做什么事情，这是最大的收获。有了这个收获后，即使最后去的是比耶鲁差一点儿的学校，我也可以接受。申请耶鲁的时候，跟很多申请人相比，我知道自己比别人差多少，即使最后去不成也无所谓，因为在国内我也有很好的发展机会。

自始至终我没有想过放弃，申请结果是成功还是失败我都能接受，这种心态很重要。

想清楚为什么要出国留学还是比较困难的，要去多了解这方面的情况，同时要独立思考。大一的时候，我真的不知道怎么着手准备出国，网上的留学信息很多，但是有的是有价值的，有的是误导，自己要作出判断，要去思考。

有两种出国现象是不好的，一种是出于父母的希望，另一种是觉得自己的成绩好那么自己一定要出国。应该是看自己适合不适合出国，不能让父母左右自己的选择，当然，父母的意见可以参考。有的人觉得自己不行，甚至妄自菲薄，就不敢申请出国，其实没必要这样，如果觉得出国留学对自己的未来发展帮助很大，那么可以去努力，去奋斗，去申请……我们系有10%多的毕业生申请了出国留学，比往年多很多，以前很多人不敢去申请，觉得自己不行。我觉得很多事情你要敢去尝试，有些机会自己一定要抓住。比如我参加过一个国际会议，一般是博士生和教授才有资格参加国际会议，我的导师觉得我很有前途，就派我去试一下，我也抓住了这个机会。

我问："申请博士一般要面试，这个环节非常重要，你有什么感受？"

在申请过程中，面试也是一个很重要的环节，我有电话面试，也有面对面的面试。这也体现了一个与人沟通的技巧，不是说你光有专业知识就可以的，你怎么去告诉别人你要做什么？你怎么说服别人相信你能做好？你怎么表达自己的想法？平时你要掌握这方面的能力。

面试是最直接有效的沟通交流手段，同时也是对申请人要求最高的一种交流形式。面试的一个核心思想就是要引导面试官的思路，一个面试官要在很短的时间里从众多的申请人中甄别出有潜力的申请人，并且很大程度上要为自己的决定负责任，压力也是很大的。如果你采取被动的态度，任由面试官发问，面试官在压力下很可能就问出一些莫名其妙的问题来，一般情况下这种问题会造成双方的痛苦。

在面试前要想好自己给面试官留下什么样的印象，传达给面试官什么样的信息。就我个人经验，比较好的办法是抓住话题往自己熟悉和对自己有利的方向进行引导。很多面试会有一个自我介绍的环节，准备这个环节的重要性不在于要挖空心思出奇制胜，而是需要能够让面试官形成一个良好初步印象时，让他捕捉到一些感兴趣的敏感关键词，然后进行更深入的交流。如果没有自我介绍环节，面试者就应该注意准备一些常规问题，比如自己参与了什么研究项目，做了什么科研工作等等。把这些一定会涉及的信息加以组织和挖掘，把握住面试的机会来展现自己。

我说："出国留学是大学生毕业出路之一，不管最后是否出国留学，大学生最好了解一下留学信息，了解前人的申请经验，然后作出判断：自己可不可以走出国留学这条路？"

唐欣说："确实是这样，但是有一点很重要，家庭要有一定的经济基础。即使最后申请到了全额奖学金，在申请过程中还是要花一大笔钱的。我的家庭条件还算好，当时我准备申请要花钱时，我爸跟我说：'你自己去申请啊，如果最后申请失败，花掉的这笔钱就当作是我的股票亏了一点，也无所谓。'这样我心里就没有经济上的压力。有不少家境不好的学生申请出国时都会有经济上的压力，一天到晚患得患失。当年我去法国的时候，觉得将来能到法国来留学也不错，后来了解多了，大家都说美国是留学国家的首选，我也这么觉得，美国大学的教育确实是全世界最好的。"

我问："你是华中科大的毕业生，相对于清华、北大来说，华中科大差一些，你在本科四年的体验是怎么样的？"

唐欣回答:"当年我是保送的,我对这个专业比较感兴趣,华中科大的生物医学工程专业在全国大学来说也是排在前几位的。当年提供给我保送机会的学校有华中科大、中山大学和北航等等,没有清华、北大,最后我因为喜欢这个专业而选择了华中科大。4年前我想到了出国,但我没有想到在这大学4年里自己会有这么大的变化,所以说华中科大给了我很大的惊喜。今天是7月15日,昨天7月14日是法国的国庆日,4年前的7月15日我在法国,那时我才18岁,4年后的我真的变化很大,可以说华中科大帮助我更好地成长。"

附录:

这篇名为《梦想照进现实》的短文是唐欣自己写的感想,从中可以看到他在大学里的成长、人生的选择,以及对自己美好未来的追求。我曾经去过华中科大,在美丽的校园逛了一天一夜,跟一些优秀的在校生交流过。我在华中农业大学和华中师范大学给学生们作演讲的时候,叮嘱他们要好好珍惜大学时光,不要到大四毕业时感觉自己蹉跎了岁月。

1. 先从梦想说起

没有梦想的大学生活是不完整的,大一大二给了梦想很多生存发展的空间。我是被保送进入华中科技大学生科院的,所以在我的同龄人正在奋战高考的时候,我和我爸到法国巴黎去看望当时正在那边做交换医生的妈妈,并且在欧洲待到9月份开学才回来,这段经历对当时18岁的我影响很大,以至于萌生了一个关于出国留学的念头,不能说是梦想,而是一种很幼稚的信念,觉得自己一定要在国外大学接受研究生教育。接下来几年风风雨雨一步一步走过来,很幸运地遇到了很多人和机遇,把这条路走通了。

关于梦想,我想说有梦想的人是幸福的,因为他知道自己的人生目标在哪里，不至于在大学众多的选择和诱惑中迷失。但是梦想本身是脆弱的，关键在于要找到一条实现梦想的道路，并且用自己所有的智慧和勇气走到最远。

从大一开始，我见过很多声称出国是自己梦想的人，但是能够走到最后的只是很小的一部分。如果他们放弃出国是因为找到了自己真正的兴趣所在，那我祝福他们，但是事实上，如同一句话说的："让登山者停下的，不是远处高耸的山峰，而是鞋子里的一粒沙。"很多人是因为一些小的困难，如英语不够好，学业压力大，最后放弃了。我个人觉得这主要是因为支撑他们的动力不够，因为他们并没有完全想清楚自己是否适合走留学这条路，也没有估计到这条路的艰难险阻。如果一个人对出国留学的理解只是浮现在脑海中的风景、建筑，而并不清楚出国留学对自己的人生能够起到什么样的影响，以及自己现在所要做的努力，那么很难想象这样的梦想能够支持他走完申请的路程。

2. 关于合适的定位

《狮子王》这部卡通电影的宣传语比较发人深思，这句宣传语是："生命最大的挑战就是找到自己在生物圈里的位置。"我觉得这句话很有道理。上高中的时候，大家是典型的"同质化竞争"，大家都是在同一个教室学习同样的书本，到时候考同一张卷子；到了大学后，游戏规则开始改变了，大学阶段是一个人会很大程度上完成从一个懵懂、任性的学生到一个成熟、有责任感的社会人的转换。如果一个人能够意识到这一点，在这几年中对自己的未来走向有规划，并且主动培养自己的综合素质，这个转换就会过渡得比较平稳，这个人在这一阶段的人生赛跑中也就占了先机。如果只是逃避选择和责任，盲目而被动地跟着大众走，到真正面临选择的时候就会无所适从。

说到我大学四年最熟悉的出国留学申请领域，我个人认为选择出国留学这条路的原因切忌是认为这是最优秀的人的出路，因为每个人都有最适合自己的一种生活方式，找到这种生活方式就是最大的成功和幸福。也不希望大家只是把选择出国留学这条路看作一种对于自己能力的证明，出国留学不是人生目标，它只是你要成为自己想做的人、达到自己想达到的目标的一个手段。

3. 关于学习

不管怎么说，大学阶段的学习是非常重要的一个环节。大学课程设置的意义在于让学生在自己的专业方向能够初窥门径，与此同时提供一个比较宽的知识储备基础。大学教会我很重要的一点就是在合适的时候做合适的事情，在我看来，除非是有特殊原因，大学前两三年的学习是非常重要的。我身边很多同学在大四毕业的时候谈到自己大学四年最遗憾的事情，就是安排给自己学习的时间太少了，学的东西不够多。

我个人喜欢把大学阶段的通识教育和专业基础教育称作"原始积累"阶段，在这个阶段确实会吃很多苦头，做很多未必很有趣的工作。说到这里，我想跟大家分享史泰龙出演的电影《洛奇》（Rocky）里的一个镜头：为了挑战拳王，拳手洛奇要不断训练拳击，于是每天凌晨五点钟他在闹钟声中醒来，睡眼惺忪地起床，走到冰箱前拿出一个大杯子，然后一个一个地敲了五个生鸡蛋放在杯子里，最后一口喝了下去。很多时候就是这样，生鸡蛋未必很可口，但是它是洛奇提高自己身体素质的基础，正如大学的知识储备对于一个人的未来发展一样。

很多人跟我讨论英语学习的问题，我个人认为，在全球化的大背景下，在中国日益开放的今天，学习英语的意义已不是学习一门单纯的语言和语言后面的文化意味，而是已经跟学习阿拉伯数字一样，是对一种事实上的国际通用标准的适应。这是一个以人为主的世界，而英语正成为来自各个国家、不同背景的人们的共同沟通交流的工具。关于英语学习，我首先还是要提一下关于定位的问题，对于不同的定位，英语学习的侧重点是不一样的。要出国的同学需要通过大量阅读科研论文和参加 GRE 考试来增强自己的学术英语能力，而这对于找工作的同学来说意义不是很大。关于学习方法，每个人的定位、基础和资质不一样，适合的方法也不尽相同。但是，总的来说，英语学习贵在坚持，切忌一曝十寒。

我从大一开始决定要出国，当时我分析发现自己的英语弱项是在词汇和基础的语感，于是我经常买诸如 China Daily 这样的严肃英文报纸来看，坚持每天听英文广播，并且我还经常骑车到主校区图书馆去，到外文资料阅览室查阅一些英文学术专著来看。经过大一一年的积累，我对学习英语的感觉增强了很多。从大二开始我参加许多英语竞赛和活动来锻炼自己，并且和许多志同道合的朋友们一起切磋提高英语水平。我个人觉得这种方式很自然，而且非常有效，因为跟很多人一起提高英语水平，一方面在精神上是一种很好的激励，另一方面朋友之间可以相互沟通和学习。除了自学和参加各类竞赛，通过准备一些考试来提高英语水平也是一种不错的办法。

4. 关于调整心态

正如我之前说过的，大学给有各种志向的人提供了非常宽广的舞台，并且我觉得在华中科大有各个方面都比我强很多的人，所以要调整好自己的心态，找好自己的位置，发掘自己的优势弥补自己的劣势。保持良好心态需要注意两点：一是要有自己的心理平衡方式，除了很多事情自己要想通，听音乐写日记或者找好朋友交流都是很好的减压办法；还有一点是关于发掘自己的兴趣和特长，在大学里各方面的牛人很多，要明白"山外有山、人外有人"的道理。

五、留学杜克商学院：大学挂科也能拿到全奖

申请美国大学商学院的竞争一直很激烈，甚至达到白热化的程度。那些经过理性思考，仍然决定选择读商学院的人，大部分是来自名校或者各个领域的精英。他们的综合素质比较高，有远大抱负，有超强的进取心。

商学院的教学模式强调实践经验和理论知识的重新组合，重在培养国际化的、具有战略性眼光的优秀领导人才。商学院可选择的专业有：金融学、MBA（工商管理硕士）、市场营销、人力资源、国际商务、会计和财务管理、金融投资、战略管理、管理信息系统、物流管理和商业分析等。

李石磊在高中获得过全国数学奥林匹克竞赛一等奖，保送上清华大学基础科学班，毕业后赴美国杜克大学商学院攻读市场营销专业博士学位，获全额奖学金。

他在上本科时有过三科考试不及格（后来补考通过），本科成绩GPA低于3.0，像他这样的学生，为什么能被著名的杜克大学商学院录取呢？而且还给他全额奖学金。我在清华东门外的一家咖啡馆见到了即将赴美留学的李石磊，听他讲起自己的申请经历——

真正着手准备是从大三开始的，那时候我下定决心要准备出国留学了。大学前两年我的学习成绩不太好，后两年的成绩已经弥补不了，因为前两年的学分太多，想去美国好学校的话，我没法靠学习成绩取胜，那怎么办呢？我开始跟随导师做研究，然后发表论文。后来确实做出了一些东西，我

的申请材料里比较闪光的是我发表了三篇文章。我现在正在做的课题算是现在还没有人做的，这是一个营销界的领先课题。

我一共申请20所学校，其中美国的大学有16所，还有两所加拿大的大学和两所中国香港的大学。

整个申请过程很麻烦，基本上用了一个学期的时间来申请。大四上学期基本上没干其他事情，都是在申请，每天就是准备材料，打印材料，签字，跟国外的导师联系、套磁……差不多就这些事情。我们班还稍微幸福一点，我们系大四的课程压力不太大，有的系大四的课程压力很大。

最后我收到3所大学的offer，分别是杜克大学、UIUC和香港科大，在这3所大学中我最想去的是杜克大学。

我申请杜克大学商学院的专业是市场营销，在美国的专业排名是第3，杜克商学院排名是全美商学院前10。杜克大学的专业排名和综合排名都比较靠前，但是杜克大学在国内的知名度不是特别高，可能会越来越好。

我问："你有没有总结过自己为什么能被这么好的商学院录取并且拿到全奖呢？"

一方面是我有论文发表，另一方面是我有奥赛获奖，再一个可能是面试的原因。杜克大学的PhD director来北京面试我，他问我："你的学习成绩为什么这么差？"我说："我可能就是不太喜欢考试，我挂掉了三门，有两门是因为没有去参加期末考试。"就是这样，因为当时我在拍电影，我自己拍了一部DV电影，正好在外面拍外景，没赶回来考试。挂了就挂了，导致现在毕业还有点困难。这三科都是主课，就是量子力学、数理方程和概率论三门课。那位教授回美国后跟我说，面试组内部的争论很大，两方的意见都比较明确，一方觉得这个小孩还是个天才，应该录取；但是另一方可能觉得我有点不负责任，竟然大学有挂科，因为我的学习成绩确实很差。后来他们派了两个有中国背景的教授来跟我的导师谈，我的导师跟他们聊了一下，最后他们还是决定录取我，我内心挺感激的。

我申请斯坦福也出现这样的情况，他们也是内部争议很大，我的名字出现在斯坦福最后的一个小名单里，他们把6个人放到一个小名单里，今年要了4个人，最后把我拿掉了。

我的亮点在哪里呢？我在国内的顶级期刊发表了三篇论文，这个对我申请很重要。美国教授也看学习成绩，但是不同学校的学习成绩没法比较，而论文发表是客观的，你能够在顶级的期刊发表论文，有发表的要求，一条线摆在那儿，美国教授心里都明白，必须达到那条线才可能发表论文，所以能够发表论文，证明我的能力还可以，这是客观的。

实际上我在申请之初也没想到会有哪个学校要我，因为我的客观条件就是这样，很不理想，我的托福考了两次才勉强达到入学最低要求，挺困难的；GMAT也是刚刚够用，而且作文只有3.5分（满分6分）；GPA只有77分（100分制），这是很低的分，换成4分制就是不到3.0，要80分才能够3.0。当时没想太多，就把专业排名前20的美国大学先剔除了几个自己不喜欢的，哈佛和康奈尔也剔除了，我申请最差的一个商学院是全美排名第25，我觉得不管我这个人条件怎么样，都应该去一个世界顶级的商学院。我就是这么想的，我确实是一个"很不要脸"的人，GPA那么低还敢申请那么好的商学院。我就觉得自己应该这样，所以就申请了。

很庆幸有一些学校确实很欣赏我，我把自己定位定得比较怪，有点剑走偏锋的那种感觉，有时候美国人就是愿意要这样的人。商学院不会要四平八稳的人，你一定要有一些特别的东西吸引对方。我估计有一些正常一点的大学就直接把我的资料pass掉了，可能在很多大学我连第一关都没过，因为我的GPA只有77分，他们可能就不会看申请材料了。

我总觉得自己是一个非常幸运的人，我能被杜克录取是一件很没有道理的事情。我有一个数学系的同学，他是我的一个朋友，我们以前是同学，他现在要去南加州大学读 PhD，有一次我们在一起吃饭，他感慨说："美国商学院其实没有我们想象的那么难申请啊。"我说："你这话是什么意思啊？我申请到了你就觉得没有想象中那么难申请吗？"在准备留学的申请人当中一提到商学院，大家都会觉得：噢，商学院？很难！不太可能申请到吧。

我去的是非常正统的商学院，如果是专业方向稍微偏一点的地方，其实机会还挺多的。你要敢想敢做才有结果，你要是觉得商学院不好申请，你连试都不试一下怎么行呢？我申请的全部是商学院。不过还要看申请的是什么方向，比如金融的 PhD 千万不要申请，几乎没有中国学生能申请得上的，也不是说申请不上，如果去一个排名 100 以外的大学读金融的 PhD，还不如留在清华经管学院读呢。美国顶尖大学的金融 PhD 是很难申请到的，多少年的结果都是这样，所以我选择市场营销专业，市场营销算是比较主流、比较大众化的商科专业，能拿到 offer 已经很好了。

我觉得自己的优势是，我的导师是从耶鲁大学毕业的，我平时读的所有东西都是英文的，我开始做 marketing 之后，了解的全都是世界上最前沿的东西。那个美国教授 Director 来北京面试我，我就跟他说，我觉得怎么怎么样，我做过什么，我看过您的什么东西……你跟人家套磁不可能跟人说"Hello"就让人家要你吧，你总要看人家一些发表过的论文或者正在做的研究项目才行，我看教授的论文看得比较多，也是强迫自己去看一些东西，只有看了人家的一些东西，才能找到一些关键点。被我套磁过的教授大部分都给我回信了，但是他们大部分不在招生委员会里，你事先没法知道他在不在委员会里，所以只能多套磁，不管套不套得中，或者有没有结果。

申请之前，杜克大学的老师我是没有套磁的，他们过来面试我，我才跟人家聊了一下。我跟人家讲我看过什么东西，这个老师研究什么方向，然后我跟他聊这方面的东西，让他知道你对这个学科有什么样的想法，因为他录取你的话是想让你去做研究的，不是去考试的。杜克的老师在面试我的时候问我："你对营销知道多少？"然后我跟他讲我做过什么样的研究，他心里马上就有数了：这个人在做什么？是不是我想要的人？

我问："你对后面想出国留学的人有什么建议？"

李石磊回答："我的建议就是要想清楚再出去，国外不是很好玩的地方，要是想出去玩的话，就干脆别出去。PhD是很难念的，这一点我非常清楚。以前就是想出去看一看，之所以申请PhD就是因为读PhD有奖学金，申请master一般没有奖学金，我也不太想让家里人花钱供我留学，所以我申请PhD。很多人会申请各种不同的专业，有的专业申请master，有的专业申请PhD，我嫌麻烦，所以我都是申请PhD。出国留学绝对不是玩的，包括念master也不是玩的，有的master也很难念。"

我问："你是出国留学的一分子，中国很多大学生都想出国留学，你对大学生出国留学的现象有什么看法？"

以后出国留学的人肯定会越来越多，中国这股出国留学潮从20世纪90年代才开始，印度的出国留学潮在60年代就开始了，现在也是越来越多，印度的学生读完博士毕业后，有不少留在美国大学当教授，成为教授之后他们来招生，所以印度人非常好申请学校，而且印度还是英语体系，很好对付出国考试。90年代初出去的那些中国人，如果毕业后留在美国大学任教的话，现在也快是professor（教授）了，也有招生的资格了，这个时候雪球就越滚越大，他们也愿意招中国人，所以中国人出国留学肯定也会越来越多。

在25岁之前，你的学习能力可能会决定你的大部分东西；但是在25岁之后，尤其是在30岁之后，你个性中的一些东西才会和你25岁之前培养起来的东西配合着起作用。比如学历，我是清华毕业的，清华毕业的学生在中国找工作没有问题，因为清华在中国是最强的，但是你到了美国,美国有很多大学比清华强,你有什么好牛的?从头开始吧,要靠你自己最本质的东西——谁也拿不走的东西去努力。

我问:"现在有没有开始计划到美国后的发展?你对未来有什么期望?"

我现在就是在网上不断地看房子,看车子,比较无聊和郁闷的时候就看一看,然后我就想自己以后住别墅,开宝马,然后就 happy。我没有计划学习,没有计划我每天要学习多少个小时,以后要发表什么样的论文,我没有想这些事情。虽然我也不断地把有用的书收集、复印,准备打包运过去,有用得着的时候就看一看。我更多的是想到那边之后怎么生活,比如怎么吃,怎么住,开什么车,到哪儿玩之类的。我计划得比较好,圣诞节要去纽约,春节要去加州,都是想一些比较开心的事情。你要是总想着博士资格考试,总想着期末考试,那就害怕了,不敢去了,也没法去了。

5年之内,我的期望就是我能顺利从杜克毕业;再往后5年,从商学院出来有可能去企业界,也有可能留在学术界。我的导师是从耶鲁大学毕业的,他毕业之后就先进了企业界,当了公司总经理,后来回到国内大学当教授。他跟我说可以先在学术界干几年,我觉得这也对,等博士资格考试过了之后再去想这些事情,因为未来5年可能会发生很多事情,没准我毕不了业呢,或者犯点什么事儿被遣送回来了呢……这都有可能。上幼儿园的时候,我想当一个交警;上小学的时候,我想当一个科学家;上高中的时候,我想当民航客机的机长……我的愿望都是一些很奇怪的东西,也在不断变化。

我希望自己能够过得好一点,也让家里人过得好一点。因为现在要走了,更多想到的是分别的情景。不管是家人还是朋友,和他们分别都是很难受的事情。心再硬的人,在临走的时候,在踏上飞机的时候,肯定会有一些感慨。

李石磊已经拿到签证,我问他:"马上要去美国了,现在是一种什么样的心情呢?"

李石磊回答："因为临毕业了，现在有各种各样的聚会、邮寄东西啊、体检啊，还来不及有什么心情。如果真的要说出一种心情的话，那就是现在我很感激清华。"

一个月后，李石磊到了美国，他给我的邮箱发了一张照片，照片上的他开着一辆崭新的捷豹轿车，脸上堆满了笑容，想必他过得很 happy。

六、留学斯坦福：一颗牛心永不灭

张晓梦在高中获得过全国高中生数学和化学竞赛一等奖，保送上清华大学生物医学工程系，毕业时本科成绩排名年级第一，赴美国斯坦福大学电子工程系攻读博士学位，获全额奖学金。她一共申请了 16 所美国大学，中途放弃 4 所，共拿到斯坦福大学、加州理工、MIT、耶鲁大学和哥伦比亚大学等 11 个 offer。

上大一时张晓梦申请过转学，并且被康奈尔大学录取，但是最后她放弃了，决定在清华念完本科再留学。我在清华校园见到她时，不免有些吃惊，因为这位在系里 4 年学习成绩排名第一的女生，不但学习成绩超级优秀，长得还那么漂亮，感觉老天爷对她偏心了。她是南方女孩，长得亭亭玉立。在谈笑之中，她形容自己在清华的 4 年里是"一颗牛心永不灭"，说完又觉得后悔了，不该这么转，应该谦虚一点。

张晓梦的班里有 35 人，有 7 人申请出国留学，有的去了 CMU、西北大学、芝加哥大学等美国名校。

张晓梦说："申请只是一个过程，结果也不会决定你的人生，一方面大家要大胆去选择，相信年轻时拥有出去闯一闯的资本；另一方面也要想清楚自己是否适合出国留学，一旦决定了，大家也会有与我相似的经验，并发现一些因素并非可控，所以还是要好好学习，做科研，偶尔休闲，走好自己的路。"

她的申请结果还是很不错的，给她来博士项目全奖 offer 的学校有：斯坦福大学（EE）、Caltech（BE）、耶鲁大学（BME）、哥伦比亚大学

（BME）、USC（EE）、UIUC（BE）、UMN（BME）、UIowa（BME）。还有 MIT（ME、无奖）和 JHU（BME、硕士）。

注：BME 是指 Biomedical Engineering（生物医学工程专业），BE 是指 Bioengineering（生物工程专业），EE 是指 Electrical Engineering（电气工程专业），ME 是指 Mechanical Engineering（机械工程专业）。

中途退出申请的学校有：UPenn、Berkeley、Cornell 和 Dartmouth。被拒的学校有：HST（哈佛—麻省理工医疗科技学院）和 Duke。

1. 前期准备

在留学申请的前期准备中，有三项非常重要：本科 GPA、GRE 和托福成绩，还有科研经历（research）。

尤其对于本科生而言，GPA 很大程度决定了一个人的申请结果。不仅要重视 Rank（排名），还要重视 GPA 的绝对值。拿清华来说，申请 EE（电子工程专业，全称 Electronics Engineering）的有电子系、自动化系、电机系、生医系和物理系的学生，但是电子系学生申请到 offer 的数量和质量是别的系学生不能比的。上大一时，由于性格不太适应清华较为严谨、沉默的学习环境，张晓梦的 GPA 受到影响，到大二才逐渐适应走上正轨。她认为从任何时候开始努力都不晚，与环境磨合，然后调整，蜕变，只要不放弃，自己都可以变得更好一些。GPA 是申请中最重要的依据，一定要重视。

GRE 和 TOEFL（简称 GT）成绩至少要达到公认的标准，不能让 GT 拖了申请的后腿。在考 GT 的时间安排上，尽量在大四前搞定。张晓梦在大一申请本科转学时考了 TOEFL，后来决定放弃转学的 offer（康奈尔大学）。大三下学期很忙，有课业，加上各种竞赛活动，她的第一次 GRE 考得不理想，在大四 10 月份的一个星期内连考 TOEFL、TSE 和 GRE 三项，时间安排不合理，但是运气不错，TOEFL 和 GRE 考出非常高的分数。

张晓梦说："申请前我很不重视 GT，也不太认真准备，直到去年暑假跟国外朋友交流了才意识到 GT 的重要性，醒悟太晚，不过考出来的结果也知足了。如果像我一样很无奈拖到大四10月份才考，也要充满信心，不会影响申请的。"

在国外教授心目中，本科生基本没有真正的research（研究），但是，有一些科研经验至少证明你有独立的思考能力，也算是一种个人潜力的表现。通过简单的科研，还可以发现自己的兴趣所在，在写PS什么的也可以言之有物。对于各种科研活动，张晓梦都很乐于尝试，她参加过两个SRT（大学生研究训练计划、Students Research Training），还参加不少比赛，包括美国数学建模ICM一等奖，一些挑战杯、电设、国内数学建模的奖项，让CV有一些可写的东西。如果有paper（论文）发表当然是最好的，不过要发质量较好的论文就比较难。招生的教授们并不指望本科生有paper，所以没有就不强求，不会影响竞争力。

2. 选校策略

选校时主要根据自己的喜好来选，参考标准来自综合排名、学校地理位置和气候，还有该区域Liberal（自由）的程度，以及学校的整体气氛和人文环境。毕竟将在那里生活上几年，选择一个自己适应度比较高的环境是非常重要的。根据自己的背景，张晓梦选择的主要是BME（生物医学工程）或者BE（生物工程）的项目，并且选择性地申请了几个EE（电气工程或电子工程）和ME（机械工程）的项目。

张晓梦的选校策略是，首先尽可能了解不同学校的信息，网上的信息量很大，但是要真正获得第一手信息，最好直接联系已经在美国留学的师兄师姐。她在选校初期跟在Duke任教的一位清华师兄探讨选校的问题，那位师兄给她介绍了一些招生的过程、教授选学生的标准，以及一些program的发展状况，对她的选校起到了很好的指导作用。另外，尽量联系你感兴趣的实验室的老师，以获取招生信息。这不算是一般意义的"套磁"，目的不是建立长期联系，所以跟你是本科生还是研究生没关系，你只是需要这些信息来指导选校。教授的回信率主要取决你的"套磁"信中是否有亮点，亮点可以是GPA、GT或者科研成果，总之尽量突出你的强项。如果跟你兴趣背景相符的老师并不招生，那么这个学校就不是很好的选择，不如把目光转投别的学校。

选校是申请中最重要的一环，张晓梦的原则是不逼迫自己太快决定，在申请过程中也可以不断调整，她最终申请的 17 个 program 几乎是在大四 12 月底才最终确定的。拿到一些 offer 后，她觉得自己申请的学校有点多了。当时她做了一些纵向横向的比较，觉得以自己的背景进入 TOP10 的美国大学还是比较乐观的。

张晓梦的选校名单：

Ⅰ：HST (MEMP)、Stanford (EE)、Caltech (BE)、Berkeley (BE、Jt.PhD with UCSF)。

Ⅱ：UPenn (BE)、Yale (BME)、Duke (BME)、MIT (ME)、JHU (BME)、Gatech (BME)、Columbia (BME)、USC (EE)、Cornell (ECE)、Dartmouth (BME)。

Ⅲ：UIUC (BE)、UMN (BME)、UIowa (BME)。

以下根据张晓梦在选校和后期申请中了解到的信息，她说出自己对这些 program 的看法——

HST：全名是 Harvard-MIT Division of Health Science and Technology。两个顶尖名校合办的一个 program，申请难度很大。我申请的原因主要来自 Duke 师兄的鼓励，属于玩票性质。曾经和 HST 中搞 MRI 的一个老师电话聊过，发现目前 HST 的招生环节仍然有些问题，使得国际学生、BME 背景的学生不太容易被录取。对于以后的申请人，我的建议是不要从 Harvard 申请，也不要从 MIT-EECS 申请，而是选择从一些不太热门的 MIT 的专业申请，比如 NE，会容易进去一些。

Stanford：我申请的是 EE，相对于 BE，EE 的录取机会要大一些，但是要拿到 fellowship 并不容易，尤其对于 BME

背景的学生。Stanford 有一个很棒的 Molecular Imaging 的 program，加上学校临近硅谷，创业机会大一些。但是 EE 系里做 Imaging 的只有 Dwight Nishimura 和 John Pauly，方向都是和 MRI 相关的。因此对我来说，申请 EE 也是"硬申"了。

Caltech：今年我最意外的 offer 来自 Caltech（加州理工学院）。全世界诺贝尔奖密度最大的地方，学术气氛浓厚，适于科研。由于学校规模限制，招生很少。要进去的话，除了自身背景没有硬伤外，还要有方向 match 的实验室，因为似乎是教授推荐、系里再录取的。今年 BE 总共录取了 9 个学生，多来自 Stanford、MIT、UCLA 等本科名校。对我而言，这个 offer 价值很大，最终放弃的原因主要是 BE 系中课程偏生物，与我兴趣不符。

Berkeley：它的 BE 系有一个与全美顶尖医学院 UCSF 合办的 Joint Program，学生是可以在两校不同实验室间 Rotate 的，方向很全，机会很好，但被录取的难度也不小。

Yale：BME 在起步阶段，但是投入大，发展势头很好。整个 BME 都很偏 MRI，而且是与 Neuroengineering 相关的一些应用。我要说的是 Yale 的 Brain Imaging 相当不错，是一个八校组成的联合项目中的一员。加上 Yale 老牌名校的声誉，不失为一个好的选择。今年 Yale 很友好，给了大陆两个 offer，除了我之外，还有 SJTU（上海交大）一个研究生 GG。而且 Yale 没有面试就给了我一个大大的 fellowship，算是最让我感动的 offer 了。

UPenn：虽然 Penn 的工学院声誉一般，但是 Bioengineering 非常出色，从规模和方向设置来看，都是 BME 学生不错的选择。Penn 的 BE 招生不多，估计十多个。而且今年 Decision 出得非常晚，我只好 Withdraw 了，没法对录取情况作出评价。

Duke：Duke 的 BME 是全美 TOP 级别的，今年又投入了很多钱，可见其发展决心。招生不少，但是申请人数极多，近些年没听说在大陆招生。

JHU：BME 排名第一的学校。我们系本科生传统是申它的 M.S.E. Program。在我婉拒了 JHU（硕士录取）后，他们还许诺帮我改成 PhD 的 program，让我内疚了一阵子，无奈我不太喜欢 Baltimore 这个地方。JHU BME 的 PhD Program 绝对一流，面试很严格，今年在大陆录取了 SJTU 的那个研究生大牛。

MIT：ME 中有一个 BME 的方向。MIT 的 BME 分散在好几个系，ME 中算是比较大的一支，方向包括 Imaging、Biomechanics 乃至 Tissue Engr.，都偏机械方面的应用。由于我将 EECS 充了 HST 的炮灰，便又申了 ME，毕竟 MIT 相对其他 TOP 的学校对我们系算是比较友好的，还是要把握机会。ME 录取的学生比较多，只是国际学生没有 fellowship，想要 RA（助研奖学金）的话，如果锲而不舍还是有比较大的机会套到的。我没找到很感兴趣的 Lab，就没怎么联系教授。

Columbia：BME 排名一般，但是 NYC 还是有很大的吸引力。从传统来看，也算是对我们系较为友好的学校。今年没什么资金，大大缩减了招国际学生的计划，明年肯定有强势反弹。由于"小秘"一开始弄丢了我的材料，直到 4 月 15 日才给了口头 offer。

USC：贵族学校。不太了解它的 BME，但是 EE 排名在 TOP 10 左右了，EE 中的 Signal Processing（包含 Imaging）还是有一些不错的老师，且不断从 Stanford 等学校挖人过去。我拿的 fellowship 是两个老师一起推荐的，可能给 fellowship 都要经过类似的过程吧。

Cornell：ECE 门槛挺高的，而且是教授直接招生，方向 Match 最为重要。由于曾经拿到过本科 Transfer 的录取，我对 Cornell 的 ECE 怀有特殊的感情，即便整个系里几乎没有与我方向 match 的老师，我还是申请了。不过对于 BME 的学生，我的建议仍是申请它的 BME 系。Cornell 的 BME 偏 Biomechanics，只有一两个老师在做 Imaging，今年录了电机系的 LT 同学。

Dartmouth：Thayer 工学院规模很小。我只是喜欢 Dart 的贵族气息和人文氛围。Dart 的 BME 中几个 Optical Imaging（Breast Cancer 检测）的组还不错，似乎喜欢物理、电子背景的学生。

UIUC：BE 是新从 ECE 分出去的，由于引进了几个大陆背景的老师，今年对中国学生相当友好，我和 Cathy JJ 都拿到了 offer，估计势头还是会继续。

UMN：工科很不错的一个学校。BME 系每年都在大陆招几个学生，但是今年在我们系只招了我一个，比较奇怪。

选校是申请中重要的一环，尤其对于 BME 的申请人，面对在美国工科中的热门专业，和来自其他不同系的竞争，更应慎重。对于 TOP 的 Program，由于 BME 招生要比 EE 少很多，竞争更为激烈，或许可以转而申请 EE、ME 什么的。

3. 申请材料

在大四 10 月底结束了 GRE 考试后才开始准备材料，时间上很仓促，张晓梦花了两天时间就写好了 PS 初稿，然后发给一个外教朋友、biondi 和在美国的一个表姐看，请他们提意见。最后从 biondi 和那个美国朋友得到一样的意见：中心内容不明确，段落过渡不自然。她猛然惊醒，原来 PS 不是自身成绩的堆砌，而是要有很强的内在逻辑性。她修改后就顺眼多了，第三遍修改时只是小修小改，去掉一点文字，然后就定稿了，可谓十分迅速。最后有 800 字，还是被美国朋友嫌长，但是她执意用这个版本。

PS 是短小精悍型的比较好，注意段与段之间的逻辑联系和过渡句的运用，务必使之有一个令人信服的主题。不要在 PS 中提 GPA 和 Rank，以及 Honors 这些东西，这些信息在别的材料中（比如 CV）都有，PS 的篇幅是很宝贵的，每一句都要斟酌。张晓梦觉得自己做得不好的一点是没有针对不同的学校来修改 PS，不同学校的 PS 基本上都只有几句话的区别（最后一段修改）。如果时间比较宽裕，尽量研究一下不同学校所做的研究的特点，然后将其表述在 PS 中。

CV 是最简单的材料了，把所有的经历罗列一下，包含的项目自行决定，主要的就是成绩、科研经历、获奖经历和 GT 成绩部分了。据说有些学生会贴照片，尤其是漂亮的女生，其实没什么意义。

张晓梦请了 4 个老师写推荐信，根据所申专业有选择性地寄送。一封来自她的导师，导师平常对她的评价不错，这封推荐信对张晓梦的申请会有一定帮助；一封来自医学院的赵教授，张晓梦很感激赵教授破例为她这么一个生医背景的学生签推荐信；还有一封来自系主任胡老师，张晓梦申请 EE 时用他的推荐信；最后一封来自她在 Duke 任教的师兄，师兄很欣赏她的思路和个性。张晓梦说："对于大多申请人而言，如果没有'牛推荐'，就应该找身边最熟悉自己的老师，所以早点开始做科研是有帮助的。至于推荐信的准备，大家都走差不多的流程，老师经过沟通后一般都是愿意为你签字的。"

有些材料需要邮寄，大家一般都是用的 UPS 或者 DHL。为了便于美国大学的小秘处理材料，材料中都要附一张 Cover Letter，写明 Check List，这个照着师兄师姐的模板做一份就行了。

4. 专业方向及套磁

由于清华 BME（生物医学工程）规模及专业方向的局限性，该系的学生一般都会申请 Medical Imaging（医学影像）、Image Processing（图像处理）、Signal Processing（信号处理）和 Neuroengineering（神经工程学）等专业。在国外大学 BME 系中，Imaging 和 Image Proc 相对上面提到的其他几个，属于比较大的方向，资金和招人都比较多。要根据自己的兴趣和未来的打算来选择专业方向，做不喜欢的事情总是令人沮丧的。另外，在 BME 中，由于大多方向还未产业化，除了 Image（图像）相关的之外都不太好找工业界的工作，所以选择专业方向时还要考虑未来是走学术道路还是其他道路。

选定专业方向后，可以试着套磁。如果是想建立长期联系，不要选太多套磁对象。人的精力毕竟是有限的，建议最多选择 5 个最想去的学校，找里面感兴趣的导师来套。张晓梦曾经坚持着套过两三个老师，最后都不了了之。她解释原因是："一方面因为懒，另一方面不想建立太深的联系，否则到时人家给你 offer 而你选择别的 offer，要拒教授时会有强烈的负罪感。后来即便给我 offer 的教授中并没有套磁过的，拒绝的时候我还是很难受，我喜欢像 Stanford、Yale 这种由 Committee（委员会）直接决定给 offer 的。"

至于套磁信要怎么写，张晓梦说了自己的经验："套磁信的措辞，我不觉得需要十分讲究，但是要有亮点来吸引对方的注意。我的套磁是属于措辞比较严肃的，不建议将信写得像是在央求对方什么。有人研究教授发表过的论文以投其所好，这也很好。不过 E-mail 终究不是我喜欢的套磁方式，我相信'说'永远比'写'更有效率，与其费尽心思措辞，不如拿起电话与教授直接交流吧。"

5. Offer 的选择

张晓梦的自身条件很好，申请非常顺利，从 1 月开始就陆续收到 offer，情人节那天意外收到 Caltech（加州理工学院）的 offer，她感觉吃了一颗定心丸。陆陆续续也有不少电话面试，她很珍惜面试机会，一方面可以发挥自己口语上的优势，另一方面可以更加全面地展现自己。她的很多 offer 都是在 2 月底、3 月初来的，除 Caltech 外，其他都被她尽快拒掉了，或者推荐给其他同学。来了那么多 offer，她必须做出选择，最后她一直在 Caltech 和 Stanford 之间摇摆，有些烦闷。

拒掉 Caltech 是个艰难的过程，她很喜欢这个学校，本来她还打算去一趟美国参观校园，由于时间太紧迫未能成行。Caltech 汇集了一些真正的天才，这一届 Caltech BE 录取的美国本土学生几乎都是放弃了 Stanford BE 而选择了 Caltech，可见她的魅力。

最终影响张晓梦选择的主要还是兴趣，她说："对每个申请人来说，如果有条件，最好选择自己最想做的专业方向，无论你今后转向何方，毕竟要在这个领域待上好几年，没有兴趣是坚持不了的。其次再考虑地理位置、气候、学生之间相处的氛围、奖学金的类型和导师水平等等。"

张晓梦的两封拒信来自 HST（哈佛—麻省理工医疗科技学院）和 Duke，前者是意料之中，后者则有些意料之外。毕竟，她的一封推荐信还是来自 Duke 的老师，Duke 招生也不少，她觉得自己的背景也没什么不符合 Duke 的地方。曾经有一个 Duke 教授跟她开玩笑说："如果你没有被 Duke 录取，我将无法相信。"看来在申请过程中没有什么是绝对的，比如她拿到了完全意料之外的 Caltech、Yale 的 offer。正如她的一个师兄所说，申请中很大程度还是靠运气。

6. 总结

张晓梦的申请工作集中在大四 11 月中旬完成，用了一个月时间准备申请材料，时间颇为紧迫，各项材料准备都比较紧凑，也算是循规蹈矩。对于自己的申请经历，张晓梦做了最后的总结——

Communicative & Sociable（善于交际）：一位清华师兄说，申请的过程就是"Marketing Yourself（自我营销）"，要做到这一点，最重要的环节是交流。我算是善于交流的人，E-mail 套磁就是一种书面的交流，更有效的是电话和面对面交流，面对面当然是最好的方式，但是条件不允许的情况下，我倾向于用电话的交流方式。当有需要与对方教授联系以获取一些信息时，我一般直接打电话，比较节约时间。我的所有电话面试都进行得非常愉快，不管这对结果是否有影响，有效的交流能够为你赢得更好的机会。

Comprehensive（全面的）：对于申请理工科 PhD 来说，那些人文、艺术方面的表现当然并不重要。在 CV 中，我也只是稍稍提及了自己在音乐、文学上的喜好和表现，以及兼职当主持人的经历，但是，我相信综合的理解力也会体现在个人陈述等材料中，这样的陈述也会受到欢迎，毕竟你展现的是一个完整的人。

Open-Minded（开放的）：善于学习，从各种人身上获得经验，拥有广阔的视野，可以使自己做出更为明智的决定。多跟周围的同学交流，我们系今年本科生之间的交流比较好，从申请结果可以体现出来。另外，美国也有一些申请 PhD 的交流论坛，有空可以 Google 一下，很有意思。

Confident（自信）：申请中总是出现很多意想不到的问题，我尽量让自己保持自信。无论在去年 10 月份搞定 GT、TSE，还是后来被迫在短时间内搞定申请材料，我都坚决不自乱手脚。严谨的思维和解决问题的条理性是必不可少的，无论有什么麻烦出现，相信自己能够兵来将挡。

四年一瞬，云淡风轻。回望当年保送入清华时的少年意气，不尽感慨。也曾有困惑和挣扎，但总是告诉自己要坚定地走下去。我们怀揣梦想而来，我们将带着微笑离去……每个人的选择不尽相同，进退得失也只能留给自己体味。

我只相信，人生的每个此刻都是新的起点，前方人生之路的精彩与挑战并存，我会继续探索着前行……

七、留学麻省理工：1% 的运气加上 99% 的实力

徐书楠毕业于清华大学土木工程系，赴麻省理工学院（MIT）攻

读交通科学（Transportation）硕士学位，获全额奖学金。在徐书楠赴美之前，我跟他在清华东门外的一家咖啡馆见了面，进行了一次深入的交流。他个子中等，衣着朴素，眼神充满了自信，很典型的清华男生形象。

他所在的本科班，决定出国的不到20人，最终的结果是：1个去MIT、1个去西北大学、2个去UIUC，另外2个去了新加坡和中国香港（因为没有考GRE），其他人也大多拿到了比较满意的offer，总体形势一片大好。具体从专业来看，最好申请的是交通方向，班上拿到的4个dream offer都是交通方向。"岩土"次之，"管理"再次之，"结构"最难申请——几乎没有什么offer。

回首往昔，无限唏嘘。他经历了最痛苦的备考GRE和托福阶段，却收获了最幸福的申请过程。这个过程他感触最深的是什么？改用爱迪生那句话就是："所谓申请，就是1%的运气加上99%的实力，然而，那个1%往往更加重要。"

为了准备出国英语考试，他的GPA从大一、大二的第一名下降到了大三的第十一名，幸好最终还是保住了前三年总成绩的第一名。GRE考试整整准备了5个月，平均每天准备时间不下6小时，其间，他放弃了很多，连参加了三年多的西麓学社的经典阅读活动也放弃了。托福一共考了两次，第一次准备了四个月，第二次准备了两个月，最后考出来的成绩是勉强可以用。

相比于艰难的英语考试，他的申请过程实在是顺利得出乎意料，大年初四就收到了Berkeley的全奖，让他过了一个极爽的春节。3月2日收到了Berkeley的Package与MIT的offer，当天就撤销了其他学校的申请，接下来是在这两所大学之间的选择摇摆。

作为一个申请个案来说，他的特点是：申请条件，优势和劣势一样明显；申请过程，非常与众不同，他理解最深的问题，不是大多数人所关心的问题，诸如如何套磁，他套磁过的教授，80%都没有回他，有10%回了一次就断了，只有一个保持联系，那个人还是当年从清华出去的同系师兄。

他最突出的优势是 GPA，本科四年综合成绩是 90.6，排名年级第一（共 91 人）；专业成绩是 92.9，也是年级排名第一。GRE 和托福成绩很低，不值一提。没有论文发表。至于科研经历算是几乎没有，申请前的暑假他找过老师，接了一个科研题目，但还没怎么开始做，唯一的作用是研究经历看起来不是一片空白那么难堪。他的申请结果是，收到两个很满意的 offer：MIT 的 Transportation 硕士全奖（RA）和 Berkeley 的硕士或 PhD 全奖（Fellowship）。没有奖学金的录取学校有密歇根大学安娜堡分校和加州大学欧文分校，拒绝他的学校有杜克大学和佐治亚理工学院。拿到理想的 offer 后，他主动撤回（Withdraw）申请的学校有：Stanford、UCD、CMU、UT-Austin、UW-Madison、UMCP、Purdue 和 University of Toronto。

1. 什么是最重要的

申请刚开始的时候，徐书楠也经常上水木清华 BBS 的飞跃重洋版上看看有关留学申请有用的信息，上面有很多人发问，最常见的问题莫过于——

"申请中什么最重要？"

"我的 GPA 只有 3.2，是不是低了点？"

"大家帮忙看看，我这样的情况能申请什么档次的学校？"

……

在申请之初，对这个过程几乎一无所知的申请人直接问这些与自身利益最直接相关的问题，这种心态是容易理解的。问一问这些问题，听一听大家的意见，当然也有好处。但是，任何人的意见，都只不过是"意见"而已，他们永远也不能代表你。学校不同、专业不同、年份不同、性别不同……这一切的一切，都会影响到留学申请。

关于 GPA，重要性是不言而喻的。以徐书楠他们系为例，这次申请最好的 offer 是他和他的一个师姐（硕士生），他俩都拿到了 MIT 和 Berkeley 的全奖。他的师姐是 0 字班的成绩第一名，他是 2 字班的成绩第一名。虽然 GPA 不代表 offer，但是在所有的申请指标中，这项指标与 offer 的相关指数是最大的，所以，想留学的学生一定要尽全力去争取最好的 GPA。如果因为考 GRE 和托福而影响了学习成绩，绝对得不偿失。

关于 GT（GRE 和 TOEFL），以徐书楠的申请经验来说，他认为：“如果你的目标是 MIT、Stanford、Berkeley 这样的学校，GT 的作用几乎为零。当然，如果对方拒了你，可能以这个做借口，但是真正的原因却绝对与 GT 无关。每个学校对 TOEFL 分数有最低要求，我申请 Berkeley 的 PhD 就是没有达到它的 TOEFL 最低要求分数，没想到 Berkeley 居然是给我第一个 offer 的学校，TOEFL 不够线的问题人家连提都没有提过。当然，如果是其他学校，GT 大概还是有点用处的，Duke 和 Geotech 早早地拒了我，我相信跟我的英语成绩不高有关系。"

当然，GT 分数能够考高一些还是要尽量考，拿一个体面的 GT 分数总没什么坏处。只是实在考不出来高分，也不要因为分数低而不敢申请那些顶尖名校。

关于 paper、研究经历等等，对于本科生来说，绝大多数人没有什么拿得出手的成果，在一个没人听过的国内期刊上发篇文章，大概对申请不会有什么帮助，所以完全不必为自己的这点劣势而自卑。

接下来就是申请材料。没有人比你更了解你自己，认真地发掘一下自己的优点，难道你会没有一点闪光的地方？你的申请材料、PS、CV、推荐信，就是要突出自己的闪光点。关于这些材料如何准备，徐书楠说了自己的体会——

第一，毋庸置疑，PS 是你展现自己的最佳舞台，也是整个申请材料中最重要的材料，无论花多少时间来准备都不为过。很多学校对 PS 有特殊的要求，比如，Stanford 有字数限制，Berkeley 要求写两篇 PS 等等，所以千万不要以为写出一篇通用版本的 PS 就一切 OK 了。当然，写出第一个自己非常满意的 PS 版本很重要，加以修改就能成为不同的版本。

第二，PS 没有一定的规则，无论长度，还是内容。比如，有人说 PS 不能超过两页，不要超过 1000 个单词，或者最好写在一页之内等等。我申请 MIT 的 PS 就写了两页半。有人说，PS 就要直入主题，从大学写起，高中部分最多稍微写一写。我在申请 Berkeley 的一篇 PS 中，就专门用一段写了小学的事情，教授在发给我的 offer letter 中还引用了那篇 PS 中的两句话，想来对方还看得饶有兴趣。当然，到了今天，在中国学生当中，写 PS 已经有了一定的约定俗成的"规矩"，如果没有特殊的理由，还是按着规矩来写比较好。只是，如果你的确有充足的理由来打破常规，一定要给自己以足够的信心。

第三，对于自己的优势，如果你自信有足够的说服力，千万不要吝惜笔墨；对于自己的劣势，如果不是对方要求，完全没有必要在申请材料中提起。比如，没有人规定在 CV 里一定要写上自己的 GT 成绩，如果你觉得成绩不理想拿不出手，不如不写。这不是隐瞒什么，只是不要刻意地暴露自己的短板而已。由于我的数学 GPA 高达 97.9，而几乎没有什么研究经历，所以在我短短两页的 CV 中列出了所有数学课的成绩，而研究经历只写了短短两三行，paper 和 GT 根本没写（其实也没有 paper）。从结果来看，效果也不错。

第四，你的申请材料准备得如何跟你的英语能力关系并不大。材料的好坏，在于你能否提供足够的内容来展示自己，而不在于你是否文采飞扬。当然，一篇句式重复、语法错误满天飞的 PS 是没有人愿意看的，所以，在你完成这些材料后，可以找一个英语水平很高的人帮忙修改。这里我要感谢清华自动化系的一个高中同学，他几乎帮我修改了所有的申请材料，对申请起了很大的作用。

再下面就剩下套磁、面试了。我有过套磁和面试的经历，可是很遗憾都属于最失败的范畴。我的两个offer都是在没有套磁、没有面试的情况下直接给的（套过磁，但是对方教授都没回我）。我有一点小小的体会，很多时候面试的作用没有想象中的那么大，我觉得很多教授在面试之前心里就已经有人选了。他们面试的一个很大的目的就是问最后一个问题："如果给你offer，你会来吗？"对这个问题一定要认真准备，现在几乎是面试的必问问题。所以，我想对有机会获得面试的人说，完全没有必要惧怕面试，面试起码说明教授对你很感兴趣。

总的来说，留学申请是一个繁忙、复杂的过程。实际上，无论申请多么复杂，也复杂不过微积分的证明题；无论多么繁忙，也繁忙不过连续考五六门课程的考试周。也只有我们自己付出了努力，才能最大程度地做好自己的申请。当我们历尽艰辛到达自己申请的高峰，那种一览众山小的感觉不是也很迷人吗？

2. 最后的选择

申请的结果因人而异，有的人只有一个offer，那就不用想太多了，也没有选择；有的人拿到很多个offer，于是一轮轮地筛选，留下两个或三个，然后进行痛苦而快乐的选择……徐书楠最后就遇到了这样的offer选择的问题，他有一些自己的心得体会，他说——

我指的offer选择，决不限于MIT和Berkeley这两所学校，其中道理，对于很多学校应当都是适用的。

在offer选择的过程中，最重要的是明确自己的目的。如果目标明确，比如，读PhD，搞研究，当Professor……那么选择会容易很多。但是，即使是研究生，也有很多人还没有明确的人生规划,何况本科生呢?所以,如果你不清楚自己未来的定位,没有关系,有一个方法可以试一试。

这个方法就是很流行的优劣势分析,把你关注的项目列出来,根据关注度给予一定的分值,然后给每一项分别打分,最后相加取最高分。这种看起来比较理性的方法,一些理工科的学生或许会喜欢,如果你觉得适合你,不妨一试。对于我,却并不喜欢这种方法。我对科学向来抱有一种严谨的怀疑态度,尤其是我们的心理,又岂是简单的数字所能够表达的?我宁可用一种更加简单却同样有效的方法。当你了解足够的信息(足够总是相对的,你自己满意就行),就找个安静的地方坐下来,把每个学校的优劣势统统在脑海中过一遍,然后凭着印象选择一个学校,OK,在很大程度上,这就是你最想去的学校。不要担心遗漏了什么优势或者劣势,如果你真的遗漏了,那只能说明你并不关心这些部分。决定了去哪里后,就千方百计地说服自己去想她的优点,而对于那些打算拒掉的学校,就去发掘它们的不足。

当然,这样的方法对于理工科出身的学生很多时候是不能满足的,所以我们常常还要回过头来去具体分析每所学校的优劣。不过没有关系,你会发现,有了你刚才具有倾向性的心理暗示,这时你所做的具体分析,八成与你纯感性的结论是相吻合的。别担心,这在心理学上是常用方法。

当然,offer的选择决不是一个可以规范化的过程,仍然是那句话——只有你才最了解你自己。只有你自己做出的谨慎的选择才不会后悔,而只要这个选择是经过了你谨慎的思考后做出的就不要后悔。人生得意须尽欢,何必跟自己过不去呢?看开一些,快乐一些,像Friends(美剧《老友记》)中的Joey那样傻傻的、简单的快乐,不是也很好吗?

在人的一生当中，出国留学只是众多选择中的一次选择，不必赋予它更多的含义，而是坦然面对；走出国门，也仅仅是一个人生起点，不要把它当作你最终的人生目标。申请到什么样的大学，它绝不是你未来成功的决定因素，你不可能靠着一张哈佛大学的文凭吃一辈子。以后的人生道路还很漫长，终究要靠自己的努力去走，人生的辉煌要靠自己去拼搏，而不是靠一张闪耀的文凭。

真正的强者，应该能够在以后漫长的求学之路中始终高昂着头勇往直前，应该能够在那个陌生的国度保持一颗谦卑的心来包容一切。最后用《易经》中古老的训言来勉励准备申请留学的人和即将启程飞往美国的人们，那就是："自强不息，厚德载物。"

附录一

英国留学申请规划

一、英国留学有什么优势

留学考虑的因素很多，最重要的是考虑去什么国家和读什么大学。很多人想去美国留学，但是竞争激烈，那怎么办？退而求其次。去不了美国，可以去其他国家。除了美国以外，中国学生比较喜欢去的国家有英国、加拿大和澳大利亚等，还有中国香港地区的大学也受到中国学生的青睐。

英国教育制度历经数百年的发展，拥有世界名校资源，比如深受中国学生追捧的G5精英大学：剑桥大学、牛津大学、伦敦大学学院（UCL）、帝国理工学院和伦敦政治经济学院（LSE），均为世界级名校，享有最多的英国政府教育与科研经费。在科教方面，英国曾经有一百多人获得诺贝尔奖。

英国G5精英大学（G5，英文称the G5 group或the G5 super elite）是中国准留学生的"梦校"，G5精英大学代表的是英国顶尖的高等教育水平，能入读G5精英大学对于学生来说是顶尖学霸水平的象征。很多中国高中生在做美英本科混合申请时，把美国TOP30大学跟英国G5大学并列申请，当作第一梯队学校。

2023年QS世界大学综合排名TOP100的榜单中，英国大学有17所，数量仅次于美国，但优质大学区域密度位列世界第一。这17所大学是中国学生申请英国留学的目标学校，分别是：剑桥大学（TOP2）、牛津大学（TOP3）、帝国理工学院（TOP6）、伦敦大学学院（TOP8）、爱丁堡大学（TOP15）、曼彻斯特大学（TOP28）、伦敦国王学院（TOP37）、伦敦政治经济学院（TOP56）、布里斯托大学（TOP62）、华威大学（TOP64）、南安普顿大学（TOP78）、格拉斯哥大学（TOP81）、利兹大学（TOP86）、伯明翰大学（TOP91）、杜伦大学（TOP92）、谢菲尔德大学（TOP96）和圣安德鲁斯大学（TOP96）等。

2020年全球疫情给留学生的求学带来严重影响，但是进入2021年后，令人意外的是，留学英国的人数不降反增。2021年5月20日，中国驻英国大使馆官网公布一条信息：2020年中国在英国留学人员总数约为21.6万人，是英国高等教育最大的国际学生群体。在美国的中国留学生总数最高峰时达到37.2万人，可以说美国和英国是中国学生最热门的留学国家。

英国大学真正受中国学生欢迎的主要原因是：大学教育水平一流，世界名校众多，申请条件比美国低一些，留学总费用比美国要少（特别是读硕士）。

美国和英国留学的差异，主要在申请条件和留学预算方面，在申请条件方面，英美两国都是教育大国，对标化成绩都非常看重，门槛比较高。英国院校一般把各种条件卡死，不满足就不能申请；美国大学会灵活一些，这个"灵活"指的是对申请人的要求没有那么死板。而且，英国院校会有自己的list（名单），申请人尤其需要注意，如果自己所读的本科院校不在学校的list上，就不能申请这所院校。

英国大学的申请要求没有美国大学那么高，除了G5大学以外，申请硕士的话，其他大学几乎都不要GRE或GMAT成绩，这就吸引了一大批害怕考试的学生。而申请美国大学硕士的话，美国排名前100的大学，几乎所有学校都需要GRE或GMAT成绩，除非个别专业不需要。

在留学预算方面，美国读研的总费用通常要比英国高，一般情况下，美国硕士一年的总费用（学费加上生活费）要50万元（人民币左右，美硕学制很多是一年半或两年，这样留学预算就要在 80 万元以上；英国硕士以一年制授课型为主，大多数专业读下来的总费用在 40 万元左右，商科专业会高一些。相比之下，同样是拿一个硕士学位，去英国留学的总费用就比美国低很多，所以留学英国的性价比很高。

对于本科留学，去英国留学也具有高性价比，本科学制三年（苏格兰地区除外），比美国大学的本科少一年。还有，英国有纯正的英语环境，完成学业时，除了在专业上掌握世界领先知识，同时能讲一口流利的英式英语，为未来在国际化的职场打下坚实基础。

不过，如果计划念完本科后去美国读研究生，英国大学的本科跟美国大学的本科相比就没有优势，毕竟英国大学的本科只有三年，学的课程没有美国大学四年学的多。如果在高中阶段想将来去美国读研究生，那么还是去美国读本科比较好。澳大利亚的大学本科大部分专业也是三年制，在澳大利亚读完本科想申请美国名校的硕士很难。

高中生在美国和英国之间做留学选择时，一定要明白这一点：去英国大学读本科很难换专业，而美国大学很容易转专业。对于那些还想不明白大学读什么专业的高中生，最好是选择去美国留学。

对于中国高中生，想去英国大学念本科，一定要早做规划和准备，因为只有你在高中学的是 A-Level 课程，才能直接进入英国大学的本科学习，三年就可以毕业，那么在选择高中的时候，最好是去读开设有 A-Level 课程的国际学校。

A-Level 的全称是 General Certificate of Education Advanced Level，即英国高中课程，也是英国学生的大学入学考试课程，在中国开设 A-Level 课程旨在为中国学生提供进入国外大学的有效途径。

如果你在高中学的不是 A-Level 课程，那么需要先读一年英国大学的预科，然后才能读本科课程。从时间上来看，一年预科加上三年本科，也是四年时间，跟去美国大学读本科的时间一样。

英国的学位是分等级的，如果能拿到最高等级，对以后继续深造或就业都大有帮助。英国的学校一般采用计分制算成绩，把各科成绩按等级乘以学分求和再以总学分除之，每一年成绩按照百分比计入最后毕业总成绩。这个比例根据学校不同会有区别，很多英国大学本科第一年的成绩并不会被计入最后毕业总成绩中，第二年及第三年则是以不同的百分比换算。本科的话一般是以 40 分为及格，90 分为满分，成绩越高学位等级也越高。

英国本科学位划分为四种，一般根据毕业总成绩来划分。

1、First Class Honours（1st），即一等学位。

分数在 70 分以上为一等学位（fist class degree），一等学位是英国学位最优秀的象征，无论是继续深造还是找工作，都是一块沉甸甸的"敲门砖"，英国 G5 大学硕士录取的基本入学要求就是一等荣誉学士学位。这个分数相当于国内大学百分制的 90 分以上。

2、Second Class Honours, Upper Division（2:1），即二等一学位。

分数在 60 至 69 分之间为二等一学位（2:1 degree），二等一学位在大部分英国人心中也是十分优秀，想申请更高学位时会被名牌大学录取。这个分数相当于国内大学百分制的 80-90 分之间。

3、Second Class Honours, Lower Division（2:2），即二等二学位。

分数在 50 至 59 分之间为二等二学位（2:2 degree），二等二学位虽然也是二等成绩，但是在英国雇主眼里就不如二等一优秀。这个分数相当于国内大学百分制的 75 分以上。

4、Third Class Honours（3rd），即三等学位。

分数在 40 至 49 分之间为三等学位，英国大学的三等成绩相当于国内大学百分制的 60 至 70 分之间。

二、英国大学本科的申请途径

准备去英国大学读本科，比较常见的两条规划路线：一是在国内找一家有开设 A-Level 课程的国际高中，可以直接申请英国大学本科，三年就可以毕业；二是去英国大学读一年预科，考试通过后可以上本科。

除了这两个申请途径以外，还有其他几个申请途径。一般要通过UCAS系统来申请英国大学本科，需要注册，然后通过该网站完成申请。

途径之一：通过国际高中课程成绩申请

中国学生申请英国大学本科一般是先读 A-Level 课程，然后用 A-Level 成绩申请。

英国大多数中学开设的 A-Level 课程科目相当广泛，有文科、商科、经济、语言、数学、理科、计算、法律、媒体和音乐等。A-Level 课程一般在中国开设数学、进阶数学（或称高等数学）、物理、计算机学、会计学、商业学和经济学等课程供学生选择。学生可根据期望大学的专业要求选择三到四门课程攻读，并在国内参加考试。

应该选择哪几门课程是学生和家长普遍关注的问题，也是非常难回答的一个问题。学生选择课程时，一般要考虑现在自己的优势科目和将来的发展方向，即你想选择哪个大学和什么专业，从而根据它们的要求来选课。建议选择适合大部分大学和专业的课程，给自己今后发展留下比较大的选择空间。

大部分学生都是用两年的时间修完这种课程，但能力很强的学生可以在更短的时间内修完。这种课程要求学生学习三门或四门主科课程并参加毕业考试，考试合格者即可进入大学就读。学生的考试成绩及其所选修的 A-Level 课程，在很大程度上决定着能否进入理想的大学和学习所选择的学位课程。

如果想冲刺英国名校，最好是上一所国际学校读 A-Level 课程，比如牛津、剑桥等只接受 A-Level 成绩的学生申请。由于 A-Level 课程通常需要 2 年时间，因此主要适用于国内的高一、高二学生。

考试成绩不满意可以申请重考，最终成绩以最好的一次成绩为准。在准备 A-Level 课程的同时，要抓紧考出雅思成绩。英国本科的雅思成绩要求普遍不低，G5 院校更是要求总分 7 分以上，如牛津、剑桥的雅思要求为总分 7.5 分，各项小分不低于 7 分。还有，像伦敦大学学院、伦敦国王学院、华威大学等 QS 排名较高的大学对雅思要求也比较高。

另外，AP 和 IB 国际课程的成绩也可以用来申请英国大学本科。例如：剑桥大学一般是要求学生有 5 门 AP 成绩获得 5 分（满分），牛津大学和帝国理工学院是要求 4 门 AP 获得 5 分，爱丁堡大学是要求 3 门 AP 成绩获得 4 分。剑桥大学的 IB 成绩要求是总成绩达到 38 分至 42 分（包含核心科目成绩，满分 45 分），特定科目要求成绩为 6 至 7 分；牛津大学的 IB 成绩要求是 38 至 40 分（包含核心科目成绩），特定科目要求成绩为 6 至 7 分。

同样，A-Level 课程成绩也可以申请美国大学本科。最近几年来，很多中国学生喜欢同时申请美国和英国的大学，等录取通知书来了以后再做选择去哪里留学。

途径之二：申请英国大学的本科预科

如果是高三在读生或者已经高中毕业，错过了读国际高中课程的最佳时机，或者在语言方面迟迟考不到较高的雅思成绩，可以选择前往英国参加为期一年的预科学习。通过预科课程，能够提升自己的英语能力，并掌握基础的专业知识与学习方法。需要注意的是，进入预科学习并不代表能够百分之百升入英国大学本科，有一定的通过率，这就是读预科的风险，可能会增加学习的时间和留学费用。

英国留学预科是通往英国顶尖大学成功率最高的一种方式，预科就是大学预备课程，这个概念源自英国。中国和英国的教育体制虽然从小学一年级到大学四年级总共都是 16 年，但这 16 年的分割却有所不同，中国是 12 年的基础教育加上 4 年的本科教育，而英国则是 13 年的基础教育加上 3 年的本科教育，所以在中国完成 12 年的基础教育后要想去英国读大学就要补上第 13 年的基础教育。

另外，预科还会给非 A-Level 体制毕业的高中生补上 A-Level 最后一年专业划分的基础课，比如商科、理科、工科、人文、社科和艺术类等，学生可以根据未来想读的意向专业来选择预科课程。

本科预科适合人群是国内高中在读或已经高中毕业的学生，未满足直读英国本科要求，语言要求一般是雅思 5.0-6.0 分（具体要求以学校当年的要求为准）。

预科课程分为不同的专业方向，例如：商科方向、理工科方向、社科方向、艺术方向、工程方向等。英国预科学制通常为一年（三学期）或半年（两个学期），开学时间为每年的9月份（秋季入学）或1月份（春季入学）。所有大学均设有9月份开学，但并非所有大学的预科都有1月份开学。每个专业有相应的升学分数要求，学生成功完成预科课程便可以升入大学就读本科课程。

开设预科课程的英国大学有：圣安德鲁斯大学、KCL、UCL、SOAS、华威大学、杜伦大学、巴斯大学、布里斯托大学、伯明翰大学、南安普顿大学、拉夫堡大学、爱丁堡大学、诺丁汉大学、利兹大学、伦敦玛丽女王大学、卡迪夫大学、埃克塞特大学、肯特大学和雷丁大学等。

英国顶尖名校不开设预科课程，如牛津大学、剑桥大学、LSE、IC等，但这些大学接受一流大学的优秀预科学生申请。

途径之三：申请英国大学的国际大一

英国有部分院校为高三毕业生开设了大一文凭课程，全称 International Year One 或 Undergraduate Diploma，中国学生高中毕业后可直接入读，相当于英国大学的大一。学生完成该课程后，可直接进入大学二年级学习，三年内可完成本科学位课程。

Diploma 课程和本科预科不同的地方是，课程完成后分数达到升读要求可衔接大二课程。这种方式可以节省一年的时间和费用，成为经济条件一般的学生的首选。学生凭高中三年成绩单即可申请，但是开设大一文凭课程的院校相对会少一些。大一文凭课程结束后，若成绩不达标很难找到其他可以接受其成绩的大学，转学会有限制。

途径之四：凭高考成绩申请英国大学本科

这是近几年新出现的途径，随着去英国的中国学生越来越多，部分英国院校认可中国的高中课程和高考成绩，中国学生可以在高考之后凭成绩选择入读英国大学本科课程。从2018年开始，伯明翰、剑桥等大学陆续宣布认可中国高考成绩直申英本一年级，截至 2020 年，已有 51 所英国院校承认高考成绩。

学生只要有高考成绩和雅思成绩就有机会前往英国留学，省去高昂的国际课程以及预科费用，也为高中毕业生提供更多的升学选择。但是，这些学校的入学门槛不低，多数学校都要求高考总分达到满分的 80% 以上，剑桥更是只招收全省前 0.1% 的学生，还会参考高中会考成绩以及竞赛情况。对于参加高考的学生，平时还要分出一部分时间和精力来学习雅思，考出达标的雅思分数，走这个途径的学生一般是学习能力很强的优秀秀生。

途径之五：用国内大一成绩申请转学

对自己所读大学或专业不满意的国内大学新生，在大一可以考虑转读英国大学本科课程。

推荐院校有：剑桥大学、伦敦大学国王学院、曼彻斯特大学、布里斯托大学、华威大学、伯明翰大学、巴斯大学、约克大学、艾克赛特大学、纽卡斯尔大学、杜伦大学、拉夫堡大学、谢菲尔德大学和南安普顿大学等。

这种方式适合国内大学四年制的大一学生，需要国内大学本科学习成绩单和雅思成绩。

三、如何申请英国硕士研究生

在硕士申请录取方面，英国大学和美国大学有很多不一样的地方，英国大学主要看重申请人的本科背景、成绩高低、文书内容，还有实习等其他情况，或者说，主要是看申请人所读的本科院校在不在英国大学的院校清单（list）里面，还有 GPA 够不够高，这两个因素最重要。英国大学看重申请人的本科出身和学术能力，而美国大学考量的是综合背景，比如申请人的毕业院校、GPA、申请文书、实习经历、科研背景、GRE 或 GMAT 成绩，还有其他社会经历、所获得的各种成就等，并且会考虑申请人的思维能力、领导能力等。美国大学没有所谓的院校清单，所以国内一些普通大学的学生也能申请到美国藤校。

英国大学在世界上的排名高，申请成功率也高，一些在国内考不上 985 或 211 大学研究生的学生把留学英国当作人生逆袭的绝佳机会。如果申请英国大学读研，只要本科成绩还算可以（均分 80 以上），想上一所 QS 世界大学排名前 100 的还是不难的。

每年中国学生去英国读研的人数比读本科多很多，去英国读硕士，已经是很多大学生的人生规划，学制只有一年，学费加上生活费一年是 35 万至 50 万元之间。商科的学费最贵，一年高达 3 万英镑以上，而读文科学费一年只要 1.5 万到 2 万英镑之间。

从学制和课程安排来看，英国大学硕士有 Taught master 和 Research master 两种类型。

Taught master 指的是授课型硕士，学制一般为一年，大多中国学生申请的是一年制授课型硕士。上课时间一般为本年度的 9 月到次年的 8 月，所有课程都是专业相关的教师进行专业课授课，不需要跟随导师进行项目研究，一般在 8 月左右上交最终论文。

Research master 指的是研究型硕士，研究型硕士申请人数较少，申请难度更大，往往需要申请人有往学术方向发展的兴趣和目标，以及展现出本科期间相关的学术研究能力。研究型硕士一般是两年制，平时要做科研而不是上课，能否毕业全看论文的质量。

从学制上来看，英国大学授课型硕士的时长更短一些，一年即可完成，但是在毕业的学术要求方面却高于国内大学的专业硕士，对于毕业论文的要求是需要撰写具有学术性的论文，要严格按照学术标准来写，除学术论文外没有其他的毕业形式。

英国的 Research master（研究型硕士）基本可以对标国内大学的学术硕士，但 Research master 对于学术成果的要求，还有硕士学位的发放，可能高于国内学硕对毕业学术论文和学位发放的要求。

如果只是想要提高学历，提高就业竞争力，而不是想要更高的专业学术水平，那么更适合读授课型硕士。

每年申请英国大学硕士的中国学生很多，近几年更是有增无减。从学校数量上来说，英国大学比美国大学数量少得多，所以在选校的时候无法像美国大学一样拉开档次。英国大学比较看重学生的硬件背景（本科院校、GPA、语言成绩等），但 G5 大学一般要求学生要参加 GRE 或 GMAT 考试，比如帝国理工学院的 MSc/MRes 学位要求申请人必须有 GRE 成绩，牛津大学的金融经济专业要求 GMAT 或 GRE 成绩。

从申请难度上来说，英国学校除 G5 大学外，其他学校的申请难度要比同档次（指 QS 世界大学排名）的美国大学低很多。

决定去英国读研，至于选择什么大学，最关键的还是要看自身条件，比如自己是什么大学的本科生，GPA 是多少？雅思考多少分？在选择某一所大学的时候，我们要参考一些标准做出评估。

首先看学校排名，比如参考 QS 世界大学排名，这是国际认可的排名，是大多数国内企业招人的评判标准。

然后考虑学校所在地，原则上是能去大城市就不去小城市，除非自己实在付不起较高的生活费。英国是个各地区经济发展不平衡的国家，如果想读商科，一定要优先考虑经济发达地区的大学，将来还有机会留下来工作，比如伦敦地区就特别受欢迎。

最后看学校的专业实力，在学校排名差距不大的情况下，那么就要看申请的专业排名。

申请英国大学的硕士跟美国大学有一个最大的区别，就是英国大学对国内的本科院校有自己的 list（名单列表），你所读的大学名字必须出现在你想申请的英国大学的 list 上，如果名单上没有，那么不管你有多么优秀，你都不能申请。美国大学没有这个门槛要求，美国大学录取学生是"英雄不问出处"。所以，一些准备出国读研的大学生，一定要先了解自己的学校能不能申请那些英国好大学。

选专业要考虑的东西很多，但是有两个因素最重要，就是兴趣和就业。选择自己感兴趣的专业，也能把自己的潜力激发出来，取得好成绩，顺利毕业。对于想跨专业申请的学生，一定要慎重选择专业，除非自己有丰富的实践经历，否则申请成功率低，所以还是建议不要轻易跨专业申请。当然，实在是不想读自己原来的专业，那就换专业，然后做一些背景提升，提高申请成功率。

除了 GPA 重要外，就是雅思成绩。大学官网会给出各个专业对于雅思的要求，想申请排名靠前的英国大学，雅思一般要考到 7 分，而雅思 6.5 分也能申请到排名靠后的英国大学。如果马上要申请了而雅思还未达标，可以先提交申请再补交雅思成绩。

如果实在无法达到雅思的要求可以先读语言班，英国大部分学校都会开设语言班，在开学之前会通过 3 至 20 周不等的语言班课程学习英语，之后会有一个语言测试，通过后就可以直接入读硕士课程。很多比较好的英国大学的语言班会超额招生（有赚钱的嫌疑），然后只让一定百分比的学生通过，不通过的学生可以继续学语言，或者转到其他大学去。想读语言班，一定要先打听该校的语言班通过率。

在选校确定下来后，就要准备各种申请文书。英国留学文书包括一篇个人陈述（PS）、一篇简历（CV）和两封推荐信（RL）。这个文书要求跟美国大学申请类似，准备起来没什么区别。

英国大学也采用网上申请，相对于美国大学申请会简单一些，填写的东西没有那么复杂。在递交申请后，也要交申请费。一般只会收到两种结果：录取或者拒绝。如果录取的话，收到的是 conditional offer（有条件录取）。如果是应届毕业生，在提交申请的时候用的是大学前三年的成绩单，并且没有学位证和毕业证，所以后面需要补交最后一年的成绩和两证，并达到学校的要求，才能换取 uncon offer（正式录取），所以在最后一年一定要把学习搞好。

在收到录取后，需要注意的是：

一是接受录取并缴纳留位费。留位费就是押金，如果你想去这个学校就必须缴纳相应的押金，学校才会给你留位置，金额一般在一千至两千英榜之间，给学生考虑的时间在一个月左右。

二是申请留位费延期。如果缴了押金，最后自己不去这个学校或者选择去别的学校，那么押金是不退的。如果还在等更好的大学的录取，而想争取多一点的时间考虑，可以申请留位费延期。

申请英国签证时，需要跟学校申请 CAS 文件，CAS 的全称是 Confirmation of Acceptance for Studies，指电子录取通知书。学生在收到英国大学的 offer 后，需要在学校规定的时间内缴清费用。缴清费用意味着确认入学，之后学校会发给学生一个 CAS 码，里面包含学生的个人资料和课程信息，一个 CAS 码的有效期限是六个月。CAS 码的优势主要包括签证方便和身份确定两方面，具体如下：

一是签证方便。学校将 CAS 码发给大使馆，大使馆可以快速了解该学生的相关信息，审核结果比较快。

二是身份确定。一个 CAS 码对应唯一的一个学生，学校及时将 CAS 码对应的学生信息发在系统中。英国驻华大使馆签证中心可以直接看到，从而确认该学生的身份，然后办理签证。

拿到 CAS 后就可以申请签证，办理签证所需的材料有：签证申请表、护照（记得检查有效期）、存款证明、offer letter（录取通知书）、CAS 文件、雅思成绩单等，还有毕业证、学位证、学习成绩单和两张白底彩色照片。

准备好这些材料后，在英国签证中心官网预约签证，所有的材料都是电子版上传官网。

存款证明一般是定期存款，存在学生个人名下，如果是存在父母名下，需要提供学生和父母的关系证明文件，比较麻烦。存款金额要求是九个月生活费和一年学费的总和，定期三个月，签证规定要求提前 28 天存入就好，建议时间长一点。

不管是去美国留学还是英国留学，不管是去读本科还是读研究生，建议家长和学生都要至少提前两年做好留学规划，免得走弯路，或者造成不必要的选择错误。在留学方面，家长和学生千万不要自以为是，一定要多多请教有丰富经验的顾问老师或海外名校的中国留学生。

附录二

加拿大留学申请规划

美国大学有三千多所，而加拿大的大学少很多，只有九十多所，绝大部分是公立大学，办学经费主要来源于政府拨款，学费相对便宜。去加拿大留学，留学总费用比美国、英国低很多，这点会吸引一部分留学预算不是很宽裕的家庭。在加拿大公立大学学习的留学生，学校提供打工机会，入学后可以向学校申请兼职工作，这样也可以减轻一部分经济压力。

举一个例子，我认识一个中国人民大学的大四女生，她在本科学的是金融专业，同时申请了美国和加拿大的硕士，结果出来后，加拿大的UBC（英属哥伦比亚大学）和美国的斯坦福大学都录取了她，UBC给了她部分奖学金，录取的是她喜欢的金融专业，而斯坦福大学要自费，录取的专业是统计。我以为她会选择著名的斯坦福，但是她选择了UBC，她说："从学校名气来说，当然选斯坦福，但是，斯坦福录取我的是统计专业，而UBC录取我的是金融专业，我更喜欢金融。还有一个重要的因素，UBC的学费比斯坦福便宜很多，我去UBC的话，因为有部分奖学金，我一年的开支不到10万元。如果去斯坦福，要读一年半时间，没有80万元读不下来，所以，我最终选择了性价比很高的UBC。"

除了多伦多大学、UBC、和麦吉尔大学以外，加拿大大部分学校的学费适中，很多工薪阶层的家庭都可以接受，不像美国动辄一年要

40 至 60 万元的留学开支，加拿大的大学本科学费大部分集中在 2 万至 2.5 万加币之间，换算成人民币在 15 万元以内，当然也有学费在 3 万加币以上的。不管是本科还是研究生，加拿大大学的学费一般在 12 万至 20 万元之间。加拿大留学的性价比很高，在加拿大一年的学费和生活费加起来在 30 万至 45 万元之间。像美国的哥伦比亚大学和纽约大学一年的学费都是六万多美元，仅仅学费一年就要 40 万元起步，包括在纽约的生活费在内，一年需要七八十万元的留学开支，即使如此昂贵，每年申请哥伦比亚大学和纽约大学的中国学生趋之若鹜，让人感慨中国最不缺的就是富裕家庭。美国公立大学的学费相对便宜一些，但是一般一年也要四万多美元，低于四万美元的大学很少。

选择加拿大留学，大部分学生会考虑在当地毕业后留下来工作，在工作两三年后再去考虑是否回国。加拿大是这些国英语系国家中对学生毕业后拿工作签证最友好的国家之一，比美国的工作签证要容易获得。只要在加拿大高等教育机构学习两年以上，毕业即可获得三年工作签证；工作满一年，且工作符合加拿大国家职业标准中的一类，无需跟所学专业相关，通过语言关就可以申请经验类移民。审批时间约在一年内，学生有可能拿到枫叶卡，所以去加拿大留学吸引了想出国移民的申请人。加拿大渴望通过吸收国际人才来推动社会经济的发展，像金融专业、管理类专业、教育专业以及电子计算机专业的就业前景非常广，许多大型企业与学校直接对接。

加拿大的全日制高等院校每年有两个学期，9 月至 12 月为秋季学期，1 月至 4 月为春季学期，共 8 个月，有的大学分三学期。多数大学采用学分制，普通学士需要修 90 学分，一般修读 3 年；荣誉学士需要修 120 学分，一般修读 4 年。硕士学位一般在荣誉学士的基础上再修两年就可获得，申请博士课程必须在硕士课程完成后才能进行，博士学制一般是 3 年。

除大学以外，加拿大学院联合会拥有超过 120 所会员学院，这些公立学院包括技术学院、社区学院、工艺专科学院、应用艺术和技术学院等。教学内容侧重于应用，如美术、工科、商科及其他专业训练，一般期限为1至3年。这些学院只发证书或文凭，不授予学士学位，但学生可以选择一些以后可转读大学深造的课程。修业期是1至2年，程度相当于大学一二年级，学完后可转入正规大学二三年级，继续攻读学士课程。

在2023年QS世界大学综合排名TOP100的榜单中，加拿大的大学只有3所，远低于美国和英国。这三所大学是：麦吉尔大学（TOP31）、多伦多大学（TOP34）和英属哥伦比亚大学（TOP47）。排在前200名的学校还有：阿尔伯特大学（TOP110）、滑铁卢大学（TOP154）和西安大略大学（TOP172）。

除此之外，大家喜欢参考的是麦考林（Maclean's）排名，把加拿大大学按照三类进行排名，分别是医博类（Medical Doctoral）、综合类（Comprehensive）和基础类（Primarily Undergraduate）。医博类大学往往拥有医学院及博士学位，代表加拿大科研最高水平；综合类大学主要是提供本科及硕士学位；基础类大学主要专注于本科教学。中国学生申请加拿大的大学，一般会考虑医博类和综合类这两类学校。

近几年，加拿大的大学不好申请，用留学咨询机构的话来说就是太费劲，即使学生的条件很好，也不一定能申请到很好的大学（尤其是研究生申请）。主要原因是，加拿大的高等教育跟英国、澳大利亚走的路线很不一样，英国和澳大利亚把教育当作一个产业来大力发展，每年可以赚很多钱，而加拿大是一个高福利国家，不靠发展教育产业赚钱，每年就招收很少比例的国际学生，显得不热情。所以，想读世界名校的中国学生，加拿大不是留学的首选国家，但是，如果考虑性价比的话，留学加拿大是不错的选择。

一、本科升学途径及申请流程

加拿大跟美国这两个国家都属于北美教育体系，大学教育和录取要求非常相似。申请加拿大的本科时，除了个别学校要求提供 SAT 成绩，一般不需要 SAT 或 ACT 成绩，只要提供高中成绩单和语言成绩（托福或雅思）就可以申请大多数加拿大大学的本科。

加拿大的本科申请流程是先到先得，学校为各个专业制定招生人数，先提交申请的学生会被学校提早评估决定是否录取，一旦招生人数达到该专业接纳人数上限，该专业就会停止招生。

如果是国际学校的学生，不管是学 AP，还是学 IB 或者 A-Level 课程，都可以直接申请，申请要求跟美国大学本科差不多。如果不是国际学校的学生，而是参加了国内的高考，那么想去加拿大读本科，有以下几种升学途径：

1、直接申请加拿大大学本科。

直接申请加拿大本科，对于学生的要求比较高，首先要求学生的雅思在 6.5 分以上，高中平均成绩至少在 85 分以上。加拿大名校一般要学生提供高考成绩，需要提供高考成绩的大学有：多伦多大学、UBC、麦克马斯特大学、麦吉尔大学、滑铁卢大学、女王大学和西安大略大学等。

适合的学生类型是：高考成绩至少在二本线以上，在校平均分在 85-90 分之间，英语成绩优秀。

2、语言和本科的双录取。

双录取的意思是学校给学生发两份录取通知书：本科专业录取和语言录取。在加拿大大学认可学生的学术能力后，需要学生先学习一定时间的语言课程，学习课程的时间长短跟学生英语水平相关。根据语言考试成绩或学校的语言内测来评估分班，达到语言要求后就能进入本科就读专业课。

适合的学生类型是：学习成绩达到大学的要求，但标化成绩（托福或雅思）未达到直接录取的要求。

3、先读公立学院再转学分读本科。

在加拿大的名牌大学附近有一些公立学院，通常这些学院与所在地区一所或几所大学都签有转学分的协议，保证学生在公立学院中学到一定的学分后可以顺利转学进入这些大学就读。这些学院的直接入读要求是雅思成绩达到6分或6.5分，如果学生的英语成绩达不到要求，学校也同样会根据学生的英语成绩水平来给学生安排英语课程。这有点类似于美国的社区学院，读完后再申请上本科。

适合的学生类型是：此方法主要适合于高中成绩一般的学生，包括中专或职高的学生，或者家庭对留学费用较为敏感的学生。

4、大学预录取项目。

加拿大有一些大学设有预录取项目，录取要求比直录低一些。无论是学术成绩还是英语成绩，都比直录的要求低，这样学生可以在预录取项目里继续学习学术英语课程，以及部分大一的学术课程，时间通常为一年至两年，根据学生的基础来定。预录取项目成功完成并达到入学标准后，可以进入到大学本科开始大一或大二的学习。

这种预科项目在加拿大并不是所有的大学都有开设，目前开设有此类预科项目的大学有：西蒙菲莎大学、曼尼托巴大学、多伦多大学和约克大学等。

适合的学生类型是：英语水平还无法达到大学直接入读要求，但又想在补足基础后入读加拿大名校的学生。

5、国内低年级本科生转学。

加拿大所有大学都支持本科转学分，如果是国内一本院校的学生，可以通过"高考成绩、本科GPA（建议至少上80分）和合格语言成绩"组合直接申请加拿大大学，然后转学分，这样在时间上可以少于四年毕业。

如果申请人是国内非一本类院校就读，可以考虑对高考成绩没有硬性要求的加拿大大学。

适合的学生类型是：想更换目前自己本科所读的大学的学生。

从目前的留学申请实际情况来看，加拿大的本科申请门槛不高，很多中国学生喜欢去著名的多伦多大学读本科，如果把这个学校定位为自己的梦校,在高一好好做规划的话,申请成功率还是很高的。

真正申请加拿大本科的时候,需要准备什么材料呢?主要有以下几项:

准备材料之一:学术成绩,学术成绩分为三个方面。

一是高中成绩,中国学生提供初三和高中三年的成绩单。由于正式申请的时间一般是在高三第一学期,整个高三还没有成绩,所以只能先递交前面的成绩,如果收到了有条件录取,再补上高中最后一年的成绩单。

二是会考成绩,会考成绩大部分学校会要求提供。如果申请的是名校,可能要求会考成绩全是 A,可以有一两个 B。大部分学校的基本要求也是 A 和 B。

三是高考成绩。有一部分名校有高考成绩的要求,也有很多大学不用提供高考成绩。需要提供高考分数作为申请材料的大学一般要求学生的高考分数至少在二本分数线以上,大部分要求一本分数线以上。个别学校目前也接受中国学生提供 SAT、ACT 或 A-Level 等成绩替代中国高考成绩。

准备材料之二:语言成绩,主要是雅思或托福成绩。

大部分学校的雅思成绩要求在 6.5 分(单科 6 分以上)以上,部分专业会要求 7 分(单科 6.5 分),如果是托福的话,跟美国大学的要求差不多,想直录的话,一般要求 80 分以上,想上名校就要考到 100 分以上。如果学生的语言成绩达不到直录要求,加拿大的院校会提供双录取的机会。双录取可能会限制专业的选择,很多大学的工程类专业不接受语言双录取的申请人。

准备材料之三:软性背景材料。

如果申请的是加拿大一流的大学,那么软性材料的准备尤其重要,比如荣誉证书、比赛获奖、社区服务实践和实习经历等,这些都属于个人竞争力,很多大学很看重学生个人能力的培养。

准备材料之四:申请文书材料。

这个准备跟申请美国大学本科差不多，也是需要个人简历（CV）、推荐信（2封或3封）和Essay写作等，一般要求申请人提供一至数篇的个Essay。

另外，申请人还应提交其他能够充分证明自己才能的文件，如果申请人在国际竞赛中得过大奖，这将大大增加被录取和授予奖学金的机会。

一些中国学生会同时申请美国和加拿大的大学本科，只要把美国大学的申请材料做好了，就可以用来申请加拿大的本科。相对来说，加拿大的申请材料比美国简单一些。

加拿大没有统一的教育部，各省教育体制不同，毕业要求都有一定差别。常见的几种申请方式可以通过以下成绩来申请，分别是：安大略省高中文凭（OSSD）、A-Level课程、AP课程、IB课程或高考成绩等。

关于加拿大本科申请，要特别注意两点：

一是要尽早规划和准备。加拿大的本科申请系统一般是9月初或中旬开放，加拿大的大学遵循一个原则：网申提交后，材料全部收齐，谁先到谁先审核，符合该校的录取标准就发offer。

二是要先确定好专业。加拿大的大学在申请时必须定好专业方向，很多大学可以给你选择2个学院和2个专业，每个专业的入学要求和课程要求不同，所以申请人一定要提前确定好自己的专业方向，按照入学要求仔细规划好自己的课程。

加拿大大学本科申请流程如下：

1、先了解自己感兴趣的大学。

可以参考加拿大大学排名，找排名靠前的几所学校先做了解。再了解一下在感兴趣的学校中自己想学的专业是否算该学校的强项，对于想毕业后留在加拿大的学生来说，专业排名比学校排名重要。如果毕业了要回中国，应该直接瞄准牛校。

想深入了解学校应该上学校的官网，大部分学校官网首页的

admissions 里会包括 undergraduate（本科生）、graduate（毕业生）、transfer（转学）、international（国际生）。一般要看的是 international 和 undergraduate。

了解了学校对本科生的要求后，大概评估一下自己的条件（语言成绩、GPA 等），进行对比后选定几所自己要申请的学校。

2、开始申请学校。

在 Admission 的类别下，都有 Apply now 的选项，点进去后开始填写网申表格。网申表格一般包含你的基本信息和要申请的专业。有的学校除了这些基本信息外，还要求你填写课外活动、获得奖项，填完后会进入付费页面，要求你交一定数目的申请费。

3、登入学生系统查询状态。

递交申请表后，学校会给你填的邮箱发一封电子邮件，里面包含你要用的 USER ID 和密码，这个 ID 和密码一定要记好。然后登录学校官网，登入学生中心，输入 ID 和密码，就能登入你在那所学校的系统，里面会列出你的申请状态、材料清单（已交或未交）、奖学金申请情况等。

4、寄送材料。

根据清单把学校需要的材料全部快递给学校，对于应届生来说，一些材料（如高考成绩、高中毕业证等）可以日后拿到再补交。递交这些材料之前，如果其他材料齐备，就有机会拿到 Conditional Offer，即有条件录取。

5、等待录取结果。

这是一个漫长而煎熬的过程，对于应届生来说，要一边忍受高三的一次次考试和繁重的作业，一边等待国外大学的 offer。由于那些牛校需要高考成绩，所以还得努力学习。大部分学生会同时申请多所大学，也会陆续收到不同学校的 offer。

6、选择录取学校。

在所有学校的结果都出来后，接下来就是定校，最后定一所自己最想去的，登入该校学生中心，点接受，然后交费。

7、申请签证。

在拿到学校的录取通知书后，才可以提交签证申请，把材料准备好，然后预约好签证时间。

8、启程留学。

拿到加拿大签证后，就可以飞赴加拿大留学。

二、如何申请加拿大硕士研究生

加拿大大学的硕士研究生分为两种类型：授课型硕士和研究型硕士。

授课型硕士是以就业为导向，主要以授课为主，教授通过 lecture（讲课）或 seminar（研讨会）的形式讲课并布置作业。学生完成作业及考试，合格后拿到学分。当总学分和成绩都达到专业要求后方可毕业，拿到硕士学位。大部分专业时长在一年到两年之间，其中有些专业也有 Co-op（即带薪实习项目，Co-op 的全称是 Cooperative Education）。

研究型硕士是以科研为导向，专注某个领域做项目研究，通过论文答辩才能毕业。申请需要提前联系教授，要求和难度较高，大部分项目时长 2 年。就读期间需要做一些相关研究，毕业时需要完成一篇论文和论文答辩，只有通过了才能顺利毕业（有的项目还会要求学生至少发表一篇文章）。相对于授课型硕士，加拿大的研究型硕士本身就带着研究任务，所以在大多数情况下，会有工资或者奖学金。

在学校的选择上，中国学生一般喜欢参考 QS 世界大学排名榜单，从综合排名来讲，多伦多大学、麦吉尔大学和英属哥伦比亚大学都是榜单里 TOP50 的名校，也是加拿大最难申请的大学。其次是麦克马斯特大学、滑铁卢大学和西安大略大学等，申请难度也非常高。这点和英美澳的学校很不一样，申请时一定要有心理预期，就是说在同样的条件下，一个学生能申请到QS世界大学排名前100的美国、英国或澳大利亚的大学，但不一定能申请到排名差不多的加拿大大学。

加拿大大学的大部分研究生专业不接受跨专业申请，学校会考察你的相关本科背景，有没有足够的学术背景和知识储备，确认你是否有能力完成研究生阶段的学习。可以接受跨专业申请的只有MBA和一些教育学科，申请时不硬性要求本科学历课程相符。跟美国大学相比，会发现加拿大大学的申请自由度较小，让人感到局促。

加拿大大学的研究生项目大部分是9月份入学，还有极少数专业是1月份开学。不同学校不同专业的申请截止时间有很大不同，每年的时间也会变动。

加拿大研究生申请没有统一标准，不存在只要完成哪些要求就百分之百会被录取。不同学校不同专业的要求差别很大，同时根据每年的情况及录取人数的调整，相关要求也会随之调整。总体来说，可以分以下几个方面去准备：绩点（GPA）、语言考试（雅思或托福）、GMAT/GRE考试、申请文书（CV、推荐信及PS）和面试等。

加拿大研究生申请非常重视学术成绩，大部分学校都是GPA达到3.0以上，排名高的学校一般都要达到3.3至3.5的GPA。

为什么加拿大研究生比美国和英国更难申请？主要有以下原因：

1、如果雅思或托福成绩不够，美国和英国很多大学会发放有条件录取通知书，允许学生先去上语言课，语言课达标后可以直接去上专业课。加拿大的大学很少提供这种有条件录取。

2、英国和美国有不少大学可以接受本科均分70至80分的申请，有些私立大学甚至接受60至70分的申请，但是加拿大很少有大学接受80分以下的申请。加拿大的名校圈里有一句话说："我们就算倒闭了也不会为了盈利而扩招，从而降低学校的名誉和学术精神。"

3、加拿大本身大学并不多，偏远省市大家又不愿意去，这样可以选择的学校就更少。

申请加拿大的硕士研究生相对有一定的门槛，但更有含金量。加拿大的教育非常看重学生的综合因素与学业成绩，更重要的是硕士招生与培养体系并没有产业化，培养人数有限，而且注重质量。

为了申请到理想的大学，应该在几个方面做好准备：

一是 GPA 越高越好。申请加拿大研究生的硬指标就是本科的 GPA，在本科最后两年的学分一定要足够优秀。加拿大含金量高的专业一般要求 GPA 在 3.5 以上，想上加拿大名校，大学本科里的每一门课都要认真对待，考出高分。

二是注意"套瓷"。如果想申请研究型硕士，那么选导师和被导师认可是非常重要的。在申请研究型硕士中，导师选人起着决定性的作用，所以要懂得跟意向中的导师"拉关系"，俗称"套瓷"，"套瓷"的核心是你有被导师认可的学术成绩，以及与导师研究方向吻合的研究兴趣。

三是其他亮点。比如，你是否参加过竞赛或做过相关专业的科研项目？是否有实习或者工作经验？对于竞争激烈的热门专业，这些可能是你是否被录取的决定性因素。

加拿大的硕士生毕业后，如果选择回国就业，加拿大的硕士学位在国内的认可度非常高；如果选择在加拿大就业，多数硕士生毕业可以找到本专业领域的工作；如果选择移民加拿大，那么读个研究生可能是性价比最高的移民方式之一，在加拿大很多省份的移民政策中，有研究生移民专门通道。

所以给大家的建议是：如果不是为了移民，就去美国和英国留学；如果想移民，那么加拿大是很好的选择。

另外，如果本科生想去加拿大读博士，需要注意的是，加拿大的博士申请一般要求申请人已经拿到硕士学位，如果你是一个本科生，最好先读个硕士，这点跟美国和英国不一样。本科生直接申请博士，在英语系国家当中，包括美国、英国、新加坡、澳洲是可行的，这几个国家都接受本科生直接申请博士，基本不要求有硕士学位，可以理解为硕博连读。

附录三

中国香港升学申请规划

中国香港是世界十大金融中心之一，地理位置非常优越，高等教育水平很高，最近几年吸引越来越多的大陆学生去求学。香港高校的课程设计与国际接轨，纯英文授课，学术水平走在世界前沿。在2023年QS世界大学排名前100榜单上，有5所香港大学上榜：香港大学（TOP21）、香港中文大学（TOP38）、香港科技大学（TOP40）、香港城市大学（TOP54）和香港理工大学（TOP65）。大家比较关注的香港高校，除了这5所大学以外，还有香港浸会大学、香港岭南大学和香港教育大学，号称香港"八大名校"。

从求学到就业，香港一直充满机遇与挑战，有的学生选择香港求学，也是考虑到毕业后留在香港工作。香港作为亚太地区国际金融中心，拥有超过百家的世界500强公司总部和办事处。而且，香港紧挨着深圳，即使将来考虑在深圳就业和发展，也有很多机会。

跟内地高校相比，香港高校有很多不能替代的优势，这也是很多内地生选择香港读大学的重要原因。

香港的国际化程度高，其学术也偏向国际化氛围，很多专业的教授都来自不同的国家和地区，跨文化领域广，多元化程度高，其学术环境也更加多元化、国际化。内地一流大学的国际化程度和国际化的历史，很难在短时间内超越香港，因此，在学术环境方面，香港是比较占优势的。学术环境的国际化，带来的就是资讯的多元化，在香港获得的资讯会更丰富。还有，香港每所院校都会为本科生提供很多交换学习的机会，就业和读研的机会都很好。

反观内地大学，近年来考研蔚然成风，好像不考研就找不到工作一样，关键是内地考研淘汰率太高，为了提升自己的学历，不得不把读研的目光转向国外或者香港。

香港的学制是大学本科四年，硕士一般是一年（也有两年）。教育体系与国内差异不大，大部分学生是为了双语教学而考虑前往求学。从求学的经济开支来计算，在香港求学比较合算，比美国、加拿大、英国和澳大利亚留学便宜。好一些的大学学费要贵一些，一年在15万元左右（商科最贵，超过20万元）。

去香港留学，主要是申请香港八大名校，可以把香港的大学分为四个梯队。

第一梯队：香港大学、香港科技大学和香港中文大学，相当于清华、北大、复旦和浙大。

第二梯队：香港城市大学、香港理工大学，相当于国内中上985大学。

第三梯队：香港浸会大学、香港岭南大学、香港教育大学，相当于国内强211大学。

读研的话，一般会考虑以上八所名校，太差的学校就没有读研的必要了。

第四梯队：都会、树仁、恒生、珠海学院，相当于国内二本院校。

香港都会大学、香港树仁大学、香港恒生大学、珠海学院这四所院校没上榜QS排名，对内地生的申请要求没有那么高。以上几所院校对内地生的本科报考要求是高考分数二本线以上，个别省份或个别优势专业可能需要达到一本线，英语单科要求110分左右（满分150分），每年都有一批二本线的内地高考生申请这些大学，特别是香港都会大学。

一、如何申请去香港读本科

自从香港的高校放开招收大陆高中生后,每年申请去香港念本科的大陆学生越来越多,从目前的实际申请情况来看,内地生申请港校本科,一般是走统招、自主招生和国际生三条申请通道。重点介绍这几个途径:

途径之一:高考统招,提前批录取。

统招是指内地统一高考招生,与常规报考高考志愿是同一个途径,属于零批次录取院校,所以通过填报高考志愿即可申请,而录取的标准是以高考分数为主。

香港统招高校有香港中文大学和香港城市大学,两所高校参加提前批次录取。考生在填报高考志愿时,在提前批次填报即可,无需另行向大学申请报名,同时不必参加面试,港校将依据学生高考成绩综合考虑择优录取。考生在填报两校的同时,也可以填报其他本科一批的内地重点高校,若考生未被这两所港校录取,也不影响内地本科一批的录取。

需要特别注意的是,港校普遍实行全英文教学,对英语单科成绩要求在120分甚至130分以上(满分150分),如有雅思、托福成绩达到要求也可以。

途径之二:港校自主招生,提前批录取。

自主招生是指学校独立招生。考生自行向学校提出申请,报名时间在高考前,等到高考成绩公布后,香港高校安排申报考生在约定的时间、地点进行面试,再结合考生高考成绩进行综合考量、锁定拟录取名单,在高考统招开始前发出录取通知书,一般在每年7月7日前录取结束。

想参加港校自主招生的考生,在2月份就要开始注意各高校报名信息,学生需在该学校官网先注册,并提交相关材料,然后参加高考,高考后还会有面试,最终会以学生的高考成绩、面试表现以及文书材料质量等进行筛选，给予录取。

凡是已经被香港高校自主招生录取的考生，必须在 7 月 7 日前到各市（州）招生办进行确认，经考生本人书面确认后，考生档案不再投放其他院校；如不确认，则不再被香港高校录取。

香港自主招生的高校名单有：香港大学、香港科技大学、香港理工大学、香港教育大学、香港浸会大学、香港岭南大学、香港树仁大学和香港都会大学等。

根据往年的录取经验，想申请香港八大名校，学生的高考成绩必须超过一本线好几十分，而且对英语单项也有要求，比如要求 120 分或 130 分以上（满分 150 分）。除了八大以外的香港高校，也是要求学生的高考分数在二本线以上。

其他加分项：比如学生丰富的校内校外活动，国家级的一些比赛证书，国家级的竞赛获奖成绩，这些对于申请香港本科非常有帮助。

途径之三：走国际生申请路线，类似于申请英国高校。

什么叫国际生？就是在中国不参加国内高考的学生，读的是国际学校或国际班，比如读 A-level 课程、IB 课程的学生都是国际生。

语言成绩要求：雅思 6.5 分以上或者托福 80 分以上。

各项国际考试或课程的分数要求如下：

SAT 成绩：满分为 1600，申请香港大学、香港中文大学、香港科技大学要求为 1450 分以上。

ACT 成绩：满分 36 分，申请香港大学、香港中文大学、香港科技大学要求为 30 分以上。

IB 课程成绩：满分 45 分，申请香港本科至少 30 分，申请香港大学、香港中文大学、香港科技大学至少 38 分以上。

A-Level 课程成绩：申请香港本科一般要求有三门 A-Level 成绩，每个学校都有相应成绩要求。

途径之四：先读副学士，再申请本科。

港校本科申请条件比较高，达不到要求的可以考虑先读港校的副学士（两年制，相当于专科）。香港大学、香港城市大学、香港理工大学和香港浸会大学等都推出副学士课程，副学士课程的学制 2 年，获得副学士文凭后，可以凭副学士成绩申请香港本土大学或者国外大学，可以直接申请入读大三课程。一般应届生高考只要分数超过二本分数就可以申请，不过副学士一般是全英文授课，对学生英语要求比较高，学生高考英语一般要 100 分左右（满分 150）。

总之，想去香港高校读本科，一定要提前规划和准备。参考这几年港校（八大公立高校）录取的高考分数要求，一般报考的建议是：高于一本线（或特殊类型招生控制分数线）50 分以上，英语单科 120 分（满分 150），可以报考香港城市大学、香港理工大学、香港浸会大学、香港岭南大学和香港教育大学；高于一本线（或特殊类型招生控制分数线）100 分以上，英语单科 130 分，可以报考香港大学、香港科技大学和香港中文大学。

三、如何申请去香港读研究生

很多大学生，由于家里经济条件不允许，只能放弃美国、英国等国家留学，转而考虑一些费用比较低的国家或地区，中国香港便是其中之一，在香港读研的费用比较适中，一年制的硕士读下来二十多万元可以搞定，比英国留学省下一半费用。

有人怀疑香港院校一年制的硕士太水，在国内考不上研究生才去香港读研，花个二十多万元读个硕士值不值得？去哪里留学，选择适合自己的就是最好的。

跟英国相比，中国香港的大学在招收学生时没有所谓的 list，就是不限制你的本科是在国内哪所大学念的，只要硬件（GPA、雅思或托福等标化分数）达标就可以申请。很多大学生还在纠结是国内考研还是留学的时候，有一位还在迷茫中的双非大学生仿佛发现了新大陆一样那般狂喜，他这样感慨说："考研太难，我们学院考上北京或上海

985/211 大学的研究生 3 年才出 1 个！绝望之际，突然发现还有留学这个出路！不用考什么政治、数学，一年就能拿硕士学位，学校肯定比我本科学校强多了！一下感觉找到了方向，报班买书学托福，线上线下一通实习，跑来跑去搞比赛，把每天安排得满当当，充实开心！"最后这个大学生如愿去香港（八大名校之一）读研了。

从学校排名来看，能够申请到香港前 5 的院校，就相当于你读研的水准跟清华、北大、复旦、上海交大、浙大、中国科大并列。还有一点非常重要，每年香港院校的硕士招收人数很多，这也给大陆学生很大的录取机会。我认识一个在国内勉强考上三本大学的女生，家里有钱，但是申请不到英国大学，最后去了香港岭南大学，拿到了硕士学位，这个硕士学位给她找工作带来了很大的好处。

1、去香港读研有什么好处？

用一句话来总结去香港留学的优势就是：时间短、费用低、见效快、可落户！

跟美国大学相比，申请中国香港读研比较容易，学校的要求没有那么多，而且比较容易拿到 offer。对于国内那些二本大学生，香港特别有吸引力，这也是获得学历提升的好机会。

我认识一些港中文的硕士毕业生，他们在国内工作，年薪基本都在 30 万元以上，而且工作几年后，有不少还自己出来创业当老板。有一个女孩是在国内二本毕业的，去香港浸会大学念了个教育学硕士，毕业后在深圳一家国际学校当老师，周末还在留学培训机构兼职当雅思、SAT 老师，一年总收入达到四五十万元。如果她没有浸会大学的硕士文凭，很难有国际学校的职位，也很难做兼职培训师。

香港院校硕士的学费一年在 15 万元左右，比如香港大学一年学费是 17.1 万港币，香港科技大学一年学费是 14 万港币，香港中文大学一年学费是 14.5 万港币，每年有少许调整。跟美国、英国那些世界排名差不多的大学相比，确实便宜很多。

香港还有一个很吸引人的地方，就是毕业后可以留港工作永居，香港的7年永居政策是指"1年留学＋1年工作签证＋5年工作"。

当然，在香港上学也有一些劣势，首先是学生住宿拥挤，在外面租房子很贵；第二，国际化氛围不如英美，虽然是全英文授课，但缺少生活中使用英语的氛围，前两年有人统计过，在香港留学的学生中，71%是大陆学生，这样会欠缺一点留学的感觉；第三就是毕业仓促，学习、实习和找工作全部在一年内完成，如果留学前没有清晰的职业规划，压力会大很多，所以，在留学前就要明白你来香港留学的目的是什么。

2、香港读研有什么要求？

香港院校的硕士也是采用申请制，跟申请美国、英国大学一样，有硬件、软件要求。硬件背景是：本科院校水平、专业（对口或跨专业）、GPA、标准化考试成绩（托福或雅思、GRE或GMAT）；软件背景是：科研经历、国际交流、实习或工作经历、校园社团经历、活动经历、各类荣誉、获奖情况和作品集等。

申请也需要准备申请文书，包括：CV、PS、Essay和推荐信等。

香港地区排名越靠前的大学，对软件背景越看重。这点跟英国、澳大利亚不同，英澳一些留学产业化的大学，对软件背景没太多要求，分数达标就录取，申请文书也只是有就行，没必要改了又改，甚至有的学校连文书都不用，那些大学给人的感觉是流水线生产"硕士"，只要你付得起学费，那么就欢迎你。想申请香港地区排名靠前的大学，一定要在软件方面下功夫，这点倒是跟申请美国大学很类似。

文书是你所有背景的一个载体，通过文书的描述，将软硬件背景有逻辑地串联起来，进一步展现一个灵动的自己给学校，让学校了解你最优秀的一面。

除了准备标化成绩和文书材料外，还要关注一下自己的专业是不是需要面试，申请香港八大名校的硕士时不是所有的专业都要面试，一般来说，理工科、医科中会有少数个别专业需要面试，像商科、文社科基本大部分专业都需要面试。

3、申请香港硕士需要哪些材料？

大陆研究生考试形式一般是：参加年底统一的考研招生考试，通过初试，参加面试，确认录取。

而香港研究生申请是采用的"申请和审核制"，申请流程一般是：参加雅思或托福语言考试，准备申请材料，提交网申，参加面试（不是所有专业都有面试），收到 offer。

在关键的申请环节，需要准备材料，所有材料都需要中英文，这些材料的准备跟申请美国、英国大学差不多。

学校材料清单有：大学成绩单（至少 6 个学期、毕业生需要提供本科完整成绩单）、在读证明（在读的学生需要提供）、毕业证和学位证（毕业生需要提供）、中英文评分标准（一般教务处可以开）、大学成绩排名证明（非必须）、两封老师的推荐信、中英文均分证明。

个人材料清单有：护照和港澳通行证（带签名页扫描即可）、雅思成绩单或其他语言成绩单、GMAT 或 GRE 成绩单（主要是商学院要求）、中英文实习证明、PS（个人陈述）、CV（简历）、工作证明（中英文，如有工作）、论文发表经历（如有就提供）、作品集（申请艺术设计类或建筑类专业）、Writing Sample（少量专业需要）。

最近两年因疫情影响，很多计划去欧美留学的学生也重点申请中国香港的研究生，这就造成了竞争更加激烈。其实，不管形势怎么变化，想上世界名校，首先要让自己更加优秀，其他都是按要求去做就行，最后能否如愿被录取，取决于自己的综合实力，还有运气。

经历过留学申请的历程，到最后往往会有这样的感悟：选择去哪里留学，读什么大学或者专业，到最后不是你喜不喜欢的问题，而是合不合适的问题。你喜欢的，对方不一定会录取你，因为达不到对方的要求，所以要找到适合自己的，然后充满信心地走上这段非凡的人生旅程……

2023 年 5 月完稿
写于北京、深圳

后 记

你想上比清华更好的大学吗

  从事了十几年的留学咨询，曾经带领精英团队创造过辉煌的业绩，帮助过许许多多的中国学生进入美国名牌大学的校门。有过辉煌，也有过失落，回忆往昔，感慨颇多。

  跟十年前相比，如今想申请到美国本科的藤校或者前30名大学越来越难了。有人统计过近年来美国大学本科在中国录取的数据，被美国8所藤校录取的中国籍高中毕业生，一年一共只有400名左右；被美国前30名大学的中国籍高中毕业生，一年一共只有5000名左右。可见竞争有多激烈，很多想出国留学的学生，在初三毕业就开始进入留学跑道。

  当然，申请美国大学硕士研究生还是比较容易的，因为招收的学生名额比较多。举个哈佛大学的例子，每年有多少中国学生能进入哈佛大学深造呢？根据哈佛大学发布的2022学年学校数据统计，本学年共有41名中国本科生、1200名中国研究生在哈佛大学注册在读，另外，还有120名中国学生就读于哈佛大学的继续教育学院（extension school）。可见，哈佛大学每年在中国招收的研究生远多于本科生，跟本科生相比，哈佛大学在中国录取研究生相对慷慨很多。

  过去十年间，哈佛大学每一届本科生人数在1700人左右（实际录取人数每年大约在2000人左右，有一小部分人拒绝哈佛的offer）。最近两年，清华大学招收的本科生一年在3500人以上，显然比哈佛多一些。2022学年哈佛大学共有41名中国本科生在读，四届学生平均下来，每年仅有10名中国学生在读。

美国有一家专门帮学生申请顶尖名校的留学中介，有一天，办公室接到一个来自中国大富豪的电话，这位大富豪问："我的孩子想上哈佛，一千万美元可以进哈佛吗？"可想而知，哈佛大学的offer有多值钱！

多年以前，有一位见多识广的留学咨询同行跟我说："出国留学是有钱人的游戏。"他用"游戏"这个词我难以接受，但是，在留学行业待的时间久了，觉得"游戏"这个词不是贬义词，而是一个中性词。

想上美国名校，特别是想读本科，没有一定经济实力的中国家庭想都不用想。首先，在国内上一所名牌国际高中或者省重点高中的国际班，这三年要花多少钱？没有一百万元下不来。还有，好马配好鞍，在校外找最好的考试培训机构，找最好的留学咨询机构或名师留学工作室，从托福、SAT培训到参加各种比赛的背景提升，还有暑期去美国名牌大学读一个夏校，再到留学申请……肯定要超过五十万元。家庭条件更好的，还会把孩子送到美国去念三年或四年高中，这就要两百万元的开销。

为了拿到一张美国名校的录取通知书，或者世界名校的录取通知书（有一部分中国学生会选择去英国的牛津剑桥等G5精英大学），家长和学生的付出是巨大的。想走这条升学之路，就千万不要抱怨花钱。好比是，培养一个奥运冠军需要花多少钱？只不过这笔钱是国家支出，而出国读名校是自己家庭支出。一些家长已经把这笔留学费用当作孩子的"消费"，而不是"投资"，如果是投资的话，是要求回报的，孩子毕业参加工作后也不知道什么时候能够把留学费用挣回来。

同样的一所美国名校，申请本科的难度远远高于研究生申请，我有一个学生，她是一个重庆女孩，一直梦想着想上哥伦比亚大学，我鼓励她说："哥大本科录取的中国学生很少，你可以争取在研究生阶段上哥大。"后来，我帮她申请到了纽约大学的传媒专业，她很满意，先去纽约大学念本科。

在所有国家的留学申请中，美国大学的本科申请是最具有技术含量的，也是最有发挥空间的，很考验一个咨询师的能力水平。我曾经帮一个福建男生申请到美国排名 20 左右的 UCLA（加州大学洛杉矶分校）本科，他跟我说，跟他条件差不多的同学在一家著名的留学连锁机构做申请，最后申请到的最好学校是一所美国排名 70 多的大学本科。这位男生的父亲后来告诉我，他儿子的学校张贴大学录取光荣榜，竟然把他儿子的 UCLA 录取名单放在清华大学前面（当年 UCLA 的世界排名比清华高）。

还有一个例子，有一位广州的母亲找我咨询，最后为了节省服务费，她让在美国念高中的儿子自己申请，她说她的儿子托福考了 105 分，ACT 考了 33 分（满分 36 分），还有 SAT 成绩也很高。以我的经验预估，她的儿子应该能申请到美国前 30 名大学，可是，她儿子自己申请的结果是美国前 50 名大学一所都没有录取。到了次年 3 月初，这位在大医院当专家的家长急匆匆找到我要我帮忙，这个时候，所有美国前 50 名大学早就关闭申请系统，还能申请的学校当中，最好的是排名 60 多位的匹兹堡大学。

家长赶紧让我帮忙申请，甚者连排名 80 多的爱荷华大学也要申请。家长说："张老师，您一定要帮我这个忙，因为当初是我拒绝你的服务的，我不该让孩子自己申请，如果孩子今年没有大学可以上，他会记恨我一辈子的。"我非常理解家长此时的心情，我说："如果去年 10 月份您把孩子的申请交给我，我有九成把握申请到美国排名前 30 的大学，至少也能申请到排名 30 多的加州大学圣地亚哥分校、波士顿大学或者威斯康星大学……"家长表示了歉意，她知道自己当初做了错误的选择。当天我帮她儿子开通学校的申请系统，最后她儿子拿到了匹兹堡大学主校区的录取，成为该校荣誉学院（学校最好的学院）的一名本科生。

申请美国名校是一个系统工程，特别是申请美国本科，几乎百分之百需要专业机构和专业人士帮助，靠自己申请成功的是有，但人数绝对不会超过千分之一。留学申请永远是在跟比自己优秀的人在竞争，别人都在找专业机构和专业人士帮助，如果自己不找人帮忙，那么就已经输了起跑线。绝大多数家长根本就不懂得怎么给孩子做留学规划，比如自己的孩子到底适合去哪个国家留学？想上什么大学？要怎么准备？最后弄得一团糟。我曾经批评一位女生的妈妈当家长不合格，这位女生是北京某国际学校的11年级学生，已经2月份了，她连托福都还没有参加培训和考试，离申请只剩下10个月时间，最后她妈妈连夜开车来北京找我，最后在我的规划下，每周拿出5天参加托福和SAT培训，一直到考出高分数为止，还有匹配背景提升项目，最后申请到了南加州大学。

以我经验来说，判断一个留学咨询师是否足够优秀，主要看两点，一是专业度，二是责任心。关于专业度，很多家长以为在美国留学过的咨询师的专业度更高，比如毕业于哥伦比亚大学或纽约大学等，其实，这种看法是片面的。我亲自带过也培养过留学咨询师队伍，我认为咨询师的能力在于经验，一定要在留学机构带过三年以上的学生申请，没有三五年的实战经验，不能称之为资深咨询师。如果家长找留学机构能碰到一个做过十年留学申请的咨询师，那是比较幸运的。

为了不让孩子留下遗憾，很多家长都愿意付出，都想花钱找到一家靠谱的留学机构给自己的孩子服务。这么多年来，我见过各种各样的家长，几乎什么类型的家长都服务过，有身价几十亿的房地产大老板，也有家里准备卖掉一套房子给孩子留学的普通收入者；有拿着钱当着我的面求着孩子出国的家长，也有每天陪着不自觉的孩子来上托福班的家长；有对孩子失望而在我面前痛哭流涕的家长，也有拿到美国名校录取通知书时狂喜的家长……

希望自己的孩子能上一所好大学，或者说上一所世界名校，不是因为虚荣，而是好大学对孩子的成才或未来确实很重要。上一所好大学可以接受更好的教育，好大学有相对较好的学习环境，年轻人有强烈的好奇心和求知欲望，因此很容易受周围同学的影响，那么在什么样的环境里上大学就显得很重要。我在北京两所差别很大的大学学习、生活过，在这方面感受很深。

去美国留学已经是一种现象，在美国就读的中国学生（拿 F1 签证）数量在最高峰时达到 37.2 万人，包括念小学、中学、本科和研究生等，中国连续十多年是美国大学国际生的第一生源国。即使是在疫情期间，美国名校的申请人数依然是有增无减。即使美国大学的学费每年都在增加，也阻挡不了中国学生留学美国的那股热潮！

我一直鼓励学生去美国名校读书，不管将来干什么，在 30 岁前要接受最好的教育，这肯定没错，这也是一种信念，能够坚持信念和不断超越自我的人，做什么都总有一天会成功。

又是一个金秋时节，又有一批中国学生兴高采烈地飞赴美国大学报到，开始自己的人生之旅。金秋九月，是收获的季节，也是感恩的季节。在这美好的时光里，迎来了新的希望和美好，也迎来了新的挑战和机遇。

突然想起十几年前的秋天，在清华东门的清华大学科技园，我租了一个办公室开始自己的留学咨询生涯。在清华科技园八楼的办公室，每当家长带着学生前来咨询，我会推开一扇窗，让学生走到窗前，学生看到美丽的清华大学校园时很惊讶，而我很真诚地问："你想上比清华更好的大学吗？"每个学生的反应不一样，有的学生愕然失笑，有的学生用一种怀疑的目光望着我，有的学生不好意思地回答："当然想了！"

我喜欢敢于挑战自己的学生，也喜欢这样问学生。在 2010 年的时候，清华大学在 QS 世界大学排名是第 54 名（现在的排名已经进入前 30 了），北京大学是第 47 名，而纽约大学、卡耐基梅隆大学、UCLA、伯克利的排名都比清华高，当年我帮很多学生申请到了美国本科前 30 名的大学，也帮很多大学生拿到常青藤学校研究生录取的 offer。

曾经陪伴过一个又一个申请季的学生，相处久了就有了感情，望着窗外，会想起那些学生……留学咨询不是一份简单的工作，而是需要有足够的爱心和责任心,因为帮助学生申请到一所理想的大学,很有可能会改变他的命运。

不管是在国内上大学,还是选择出国留学,本质上都是为了让孩子接受更好的教育。遗憾的是,在当今的社会,教育越来越功利化,教育呈现出明显的工具性特征,就是学生希望通过"教育"获得一些赚钱的技能,增强他们在就业市场上的竞争力,然后获得更高的社会地位和更多的物质财富。

绝大部分的学生上大学是为了毕业后找到一份高收入的好工作,这也无可厚非,但是,对于那些能够考上清华、北大的学生,或者能够被哈佛、耶鲁、斯坦福、麻省理工等美国顶尖名校录取的学生,他们的目标不能只局限于高收入,而是应该学习如何成为精英,将来拥有财富后反哺社会,以引领社会的进步。

我曾经也是一名留学行业的创业者,想把机构做得越来越大,服务更多的学生,但是,商业运作跟留学咨询是两码事,经历过风风雨雨后,如今渐渐归于平静。正如宋代平民宰相吕蒙正在《寒窑赋》里所写的那样:"马有千里之程,无骑不能自往;人有冲天之志,非运不能自通。"意思是:"马虽然能行走千里之遥,但没有人驾驭也不能到达目的地;人有远大的理想,但没有机遇就无法顺利实现。"一个人想在事业上获得成功,机遇或者说运气很重要。

非常感谢在我人生低谷帮助过我的家人、亲戚和朋友,我会把这份感激化作前进的力量,所有的恩情我都想去报答。

如今,我只想好好做一名留学规划师,把精力放在如何帮助学生申请到理想的大学上。我很想跟当年一样,为学生推开一扇窗,然后真诚地问学生:"你想上比清华更好的大学吗?"

如果能上一所比清华更好的大学,想一想都觉得挺美好的。"帮助学生上一所好大学。"这就是我做留学咨询的初衷。在留学行业折腾多年后,我内心找到了一份宁静,我想做一个小而精的留学工作室,每年只服务于一定数量的学生。从留学规划到背景提升,从留学规划到背景提升，从文书写作到网上申请……我都会亲自负责，全程跟进，还有一个美国藤校小团队一起完成申请。

想找我咨询出国留学的家长或学生可以给我写信（电子邮箱：jameszhang2020@163.com），或者加我微信（微信号：bjyanguang2018）。

为什么要写这本书？这是对自己过去十几年做留学咨询的总结，可以帮助到想出国留学的学生找到方向，也可以帮助家长提高认知。

我在1999年就早开始研究出国留学，二十年前在清华大学的时候，当时我住在14号楼的一个研究生宿舍，有一天，隔壁一个研究生对我说："你为什么不写一写清华、北大这些出国留学的学生……"于是便有了我的第一本留学书《寄托的一代》，出版后引起强烈反响，有一位被斯坦福商学院录取的北大男生跟我说："我们的一个教授在课堂上给我们讲课时，竟然跟我们说，如果你们想出国留学，一定要看张宏杰那本《寄托的一代》……"

如果把俞敏洪的托福红宝书比喻作面包，我希望自己写的留学书是牛奶，可以给准备留学的莘莘学子补充能量，让他们有力气走完这段艰难而充满挑战的留学申请之路。有了第一本留学书《寄托的一代》后，我陆陆续续出版了好几本关于出国留学的纪实作品。

关于出国留学题材的纪实作品，我还会继续写下去，目前正计划写一部中国学生在美国留学的故事。欢迎在美国留学的学长学姐分享自己有趣的经历，可以发到我的邮箱，或者留下联系方式，我可以通过远程网络访谈的方式写下来。这些真实的留学经历，相信可以帮助到后面想去美国留学的学弟学妹。

最后，非常感谢本书的责任编辑田小爽老师，她提了很多宝贵的建议，使这本书的内容更加实用。我在作家出版社已经出版了几本书，衷心感谢作家社的认可和大力支持。遥想2001年在作家社出版我的长篇小说《清华制造》，那年我才27岁，正是踌躇满志的时候，出版不到一个月就被制片人买了影视版权，最后改编成电视剧《中国造》在中央电视台播出，这无疑给了我继续写作的信心。

  我发表的小说处女作是在 22 岁写成的中篇小说《白与黑》，当时在清华大学图书馆写了半个月，一位图书馆管理员对我说："当年曹禺先生的《雷雨》就是在这里写成的。"我感到很惊讶，清华图书馆旧馆的桌椅古色古香，整个氛围很有艺术气息。中篇小说《白与黑》先是投给北京的一家文学杂志社，被退稿了，到了第二年投给上海的大型刊物《小说界》后顺利发表，后来被导演看中拍成了电影《难以置信》。年轻的时候，要有勇气去为了梦想去奋斗。在大学时代，成为一名作家是我的梦想，这个梦想算是实现了。

  还要感谢前新东方联合创始人徐小平老师给我的书写了一段推荐语，我跟他在十多年前就认识了，他曾经对我的鼓励和支持给了我一股战胜困难的力量。依然记得很多年以前那次跟徐老师见面的情景，在北京朝阳公园附近的一家咖啡馆，我跟一位毕业于斯坦福商学院的创业者一起拜见徐老师，他夸我很勤奋写了那么多本书，还赞誉我是"青年精英的代言人"。

  我一直有个心愿，带着我的新书到一些大学校园去给当代大学生做讲座，在这本书出版后，我准备开始这个计划。记得十多年前，我为了写那本《一切从大学开始》，一个人跑了好几个城市的 10 所名牌大学采访几百位大学生，在浙江大学做采访时，校学生会主席盛情邀请我在书出版后去浙大做讲座，而我一直没有去，也许有一天会去弥补这个遗憾。

  在漫长的人生旅途中，难免会有坎坷和波折，谁都想成功，如果到最后没有实现目标，也不要因此太消沉，更不能失去生活的勇气。既然选择走这条路，就注定看不到另一条路的风景。只要努力付出了，结果如何也无怨无悔。未来的路，不管迎接自己的是风雨还是阳光，都要鼓起勇气奔向远方……

张宏杰
2023 年秋于深圳

图书在版编目（CIP）数据

留学美国全规划/张宏杰著. -- 北京：作家出版社，2024.1
ISBN 978-7-5212-2382-8

Ⅰ.①留… Ⅱ.①张… Ⅲ.①随笔-作品集-中国-当代 Ⅳ.①I267.1

中国国家版本馆CIP数据核字（2023）第121711号

留学美国全规划

作　　者：张宏杰
责任编辑：田小爽
封面设计：李　一
出版发行：作家出版社有限公司
社　　址：北京农展馆南里10号　　邮　　编：100125
电话传真：86-10-65067186（发行中心及邮购部）
　　　　　86-10-65004079（总编室）
E-mail: zuojia@zuojia.net.cn
http://www.zuojiachubanshe.com
印　　刷：三河市北燕印装有限公司
成品尺寸：152×230
字　　数：341千
印　　张：27
版　　次：2024年1月第1版
印　　次：2024年1月第1次印刷
ISBN 978-7-5212-2382-8
定　　价：68.00元

作家版图书，版权所有，侵权必究。
作家版图书，印装错误可随时退换。